U0031653

世界不再是

The End of
the World
Is Just the
Beginning

Mapping the Collapse
of Globalization

平的

Peter Zeihan
彼得・澤汗
著

吳國卿
譯

後全球化時代的供應鏈重組與地緣政治預測

對我來說，無私奉獻很困難，因為我很⋯⋯幸運。我在正好的時代出生於正好的國家，因而能安全地長大。我的年齡夠老又夠年輕，讓我能從冷戰的核武威脅轉變到 5G 的時代中辨識出脫節和機會。

我曾受到無數導師的恩澤，而這只因為他們選擇扮演導師的角色才可能發生。我會進入我從事的領域只因為有那些走在我前面的先輩，而我能預測未來只因為那些想接棒的人問了我許多問題。沒有這整個社群，我的工作、甚至是我的生活⋯⋯將不可能存在。

所以感謝你。感謝你們所有人。

CONTENTS

本書原版彩色圖表

世界就是如此的方式終結，沒有發生爆炸，只是輕啜了一下。

——艾略特（T. S. Eliot）

假如我們有這麼幸運。

——德國諺語

逆思考，迎接截然不同的全球體系

過去大約一百年來的進步有點像經歷一場閃電戰。從馬拉車到客運火車，到家庭汽車，再到稀鬆平常的空中旅行。從算盤到計算機，到桌上型電腦，再到智慧型手機。從鐵到不鏽鋼，到鋁矽合金，再到觸控玻璃。從等待小麥收成，到採摘柑橘，到有人送你巧克力，再到隨時可以買到的酪梨醬。

我們的世界已變得更便宜，而且肯定變更好，而且絕對變更快。而且在近幾十年，改變和成就的步伐還進一步加快。我們在短短十五年內看到超過三十款愈來愈精密的 iPhone 手機推出。我們正以十倍於改用傳統內燃機引擎的速度，大規模地轉型到電動汽車。我寫作本書的筆記型電腦配備的記憶體，大於一九六〇年代末全世界所有電腦的記憶體總和。在不久之前，我還能以二・五％的利率再融資我的房子。（那實在好到太愚蠢了。）

不只是產品、速度和金錢，人類的生活水準也提高了。在過去七十年，全球發生的戰爭、占領、饑饉和疾病爆發大幅減少，使死於這

些原因的世界人口比率下降，創下有史以來的紀錄。從歷史觀點看，我們正生活在太富裕與和平的尷尬（embarrassment of riches and peace）中。所有這些演進都有緊密交織的關係，彼此密不可分。但有一個簡單的事實往往被忽略。

它們是人為的。我們一直生活在一個完美的時刻。

而它正在逝去。

過去幾十年的世界是我們這輩子有過最好的世界。現在這個世界不再變得更便宜、更好和更快，而是正在迅速地變成一個更昂貴、更糟糕和更緩慢的世界。因為這個世界——我們的世界——正在崩解。

我似乎太快說這些了。

在許多方面本書是我寫過的最典型的「我的」書。我的研究領域正好是在地緣政治和人口學的交會處。地緣政治學研究的是地方，探索有關我們的一切為什麼是我們身處何處的結果。人口學研究的是人口結構。青少年的行為和三十幾歲的人以及五十幾歲、七十幾歲的人不同。我把這兩個不同的主題混合起來以預測未來。我的前三本書討論的正是國家的衰亡和崛起，探究的是世界未來的「大圖像」。

未來大圖像

我真正的工作是公開演講人／顧問（地緣政治戰略家的時髦行銷用詞）的某種混合。

當有團體僱用我時，很少是他們想思考安哥拉或烏茲別克的未來。他們的需求和問題都與國內和他們的荷包較有關，包裝在一系列

有關貿易、市場和通路的經濟問題中。我的工作是把地緣政治學和人口學應用在他們的問題、他們的夢想、他們的憂慮。我剝開我的「大圖像」相應的部分，用在東南亞的電力需求，或威斯康辛州的精密製造業，或南非的金融流動性，或墨西哥邊界地區的安全和貿易軸線，或中西部的運輸選項，或美國政府更迭期間的能源政策，或南韓的重工業，或華盛頓州的水果樹等問題上。

本書除了探討這些和其他主題外，也涵蓋遠為廣泛的主題。我再度運用我可靠的地緣政治學和人口學工具來預測未來的全球經濟結構——或者更精確地說，很快就會失去的結構——和說明不久以後的世界會是什麼情況。

我們在地緣政治上和人口結構上面對的難題是，在過去七十五年來的大部分時候我們一直生活在那個完美的時刻。

美國人在第二次世界大戰後創造了有史以來最強大的軍事聯盟，藉以阻止、壓制和打敗蘇聯。這是我們已知的、不新鮮的事。不過，人們經常忘記的是這個聯盟只是全盤計畫的一半。為了鞏固這個新聯盟，美國人也建立一個全球性的安全環境，以便任何夥伴可以隨時通達任何地方，以任何方式與任何國家經濟交流，參與任何供應鏈和獲得任何原物料投入——完全不需要軍事的護航。美國的槍砲與奶油（gun-and-butter）協議的奶油面，創造了我們今日所知的自由貿易和全球化。

全球化首次為世界的廣大地區帶來發展和工業化，創造出大眾消費社會和緊密的貿易關係，以及我們都很熟悉的飛躍的技術進步。而這一切重新塑造了全球的人口結構。大規模的發展和工業化延長了壽

命，同時鼓勵了都市化。數十年來這意味更多的勞工和消費者——為經濟提供動力的人。其中一個結果是人類從未見過的快速經濟成長，而且持續了數十年。

美國人制定的戰後秩序觸發了條件的改變。藉由改變遊戲規則，使經濟情勢出現了全球性、國家性、地方性的轉變。這種條件的改變創造出我們所知的世界。一個擁有先進的運輸和金融、不虞匱乏的食物與能源、永不停止改進和難以置信速度的世界。

但所有事物都會逝去。現在我們面對一個新的條件的改變。

冷戰結束的三十年後，美國人已回歸自己的國家。沒有一個國家擁有能支持全球安全和伴隨而來的全球貿易的軍事能力。美國領導的秩序已讓位給脫序（Disorder）。在我們達到那種完美的成長時刻的同時，全球老齡化並沒有停止，它持續進行，而且持續至今。全球勞工和消費者正在大規模老化和退休。在我們急速的都市化中，接棒的世代並沒有出生。

從一九四五年以來，世界一直保持著歷來最好的狀況，保持著未來無法再更好的狀況。這是以詩意的方式來描述這個時代——我們的世界——注定要衰敗。二〇二〇年代將見證世界幾乎每個地方的消費與生產和投資與貿易的大幅滑落。全球化將崩解為碎片，變成區域化、國家化或小型化。這將帶來重大的損失。這將使生活變緩慢，更重要的是，這將使生活水準下降。沒有一個經濟體系能在我們即將面對的這種未來中運作。

輕描淡寫地說，這種去全球化的情況將不太妙。我們經歷數十年的承平日子才打造出我們的美好世界，要想像我們能輕易或快速適應

這種巨大的崩解，將需要我所沒有的樂觀。

但這並不是說我不能提供一些路標。

美國還有優勢嗎？

第一是我稱之為「成功地理學」的東西。地方很重要，非常重要。在前工業時代，埃及城市的存在是因為它們擁有水和沙漠緩衝區的完美組合。類似的，西班牙人和葡萄牙人的崛起不只是因為他們很早就掌握大洋航海技術，而是因為他們居住的半島地點避免他們捲入歐洲大陸的混戰。

當工業技術加入這個組合後，故事就不同了。大量應用煤、水泥、鐵路和鋼筋需要很多錢，而只有擁有許多能創造資本的可航行水道的地方拿得出龐大資金。在歐洲各國中，德國是最具備這項條件的國家，因此德國的崛起也是理所當然的事。但在世界範圍內，美國比任何其他國家更具備這項條件——因此德國的衰敗也無可避免。

第二，雖然你自己也可能已經想到，成功的地理區也無法倖免於失敗。隨著技術演進，贏家與輸家的清單也跟著輪轉。利用水力和風力的進步侵蝕了造就埃及歷史的特殊地位，為新一批強權的崛起提供空間。工業革命把西班牙打入邊緣地位，開啟大英帝國的興起。即將發生的全球脫序和人口結構崩解，造成的影響將不只是把許多國家掃入歷史垃圾堆，它也預告了其他國家將崛起。

第三，變數的轉移將衝擊幾乎每一件事。畢竟，全球化的世界意味全球性的影響。全球化世界只有一套經濟地理學：一個整體的地理

區。不管是貿易或產品，幾乎每一個程序至少會跨越一條國際邊界，較複雜的程序則會跨越數千條邊界。在我們正要踏進的世界秩序裡，那是極其不智的作法。去全球化的世界不但有不同的經濟地理學，而且有數千個不同且分隔的地理區。從經濟的觀點看，過去整體因為包容所有的部分而更強大，那是我們一直以來獲得財富、進步和加速的原因。但現在那些部分將因為分離而衰弱。

第四，儘管全球情勢劇烈變動並惡化，美國將大體上躲過即將來臨的災劫。這可能觸發你的鬼話偵測器。我憑什麼宣稱美國將輕鬆度過這場大變動？美國不斷升高的經濟不平等、日益緊繃的社會結構，和愈來愈惡毒和自我毀滅的政治惡鬥又會如何？

我了解這種反射性的不相信。我在臥倒並掩護（duck-and-cover，注：《臥倒並掩護》是一部由美國聯邦政府民防管理局於一九五一年製作的宣導影片，用以教導民眾應對原子彈攻擊）的年代長大，我為像是大學裡的「安全空間」（safe spaces）這類太過政治正確反而排斥不同觀點的情況、變性人洗手間政策，以及疫苗的利弊等議題已進入所謂的城鎮廣場感到憂心，當然不只是因為它們也排擠了像核武擴散或美國在全世界的地位等議題。有時候感覺好像美國的政策只是隨機想像和拼湊黏貼的產物。

我的答案？很簡單：問題與他們無關。問題從來就與他們無關。我說「他們」指的不只是當代美國的激進左派和右派不受節制的政壇怪咖，我指的是整體的美國政治人物。二○二○年代將不是美國第一次經歷政治體制的全面重組。對歷史感興趣的人應該知道這是第七次。美國人過去享有的昌盛繁榮是因為他們的地理區與世界大部分地

方隔絕，同時美國的人口結構比其他地方年輕。現在基於類似的原因，他們也將繼續昌盛繁榮。美國的優勢容許它辯論自己可能變得弱小，但這些辯論絲毫不影響它的優勢。

也許不久以後將發生的最奇怪的事是，在美國人為他們的衰弱和國內的分歧惋嘆時，他們幾乎沒有注意到世界其他地方正在毀滅！明燈將開始閃爍，然後熄滅。饑饉的利爪將深深刺入並抓緊。造就現代世界的投入——資本、原料和勞動力——的來源將逐漸枯竭，使現代生活難以為繼。不同地方的情況將不同，但基本的主題將清楚呈現：過去七十五年將成為人們記憶中的黃金時代，一個持續得不夠久的黃金時代。

本書的中心主題不只是有關世界的每個經濟部門的每個面向即將面對的改變有多深和多廣，也不只是有關歷史將再度往前邁進。本書的主題不只是有關我們世界的終結。本書真正的焦點是描繪從這個大改變的另一面看一切事物會是什麼模樣。未來的可能性的新變數是什麼？在一個去全球化的世界，新的成功地理學是什麼？

接下來會是什麼？

畢竟，世界的結束實際上只是個開始。所以，我們最好是從這裡開始。

從頭開始。

CHAPTER 1

一個時代的結束

結合地緣政治學和人口統計學，

我們知道未來將不會出現新的龐大消費系統。

更糟的是，拜美國的不作為所賜，全球經濟的餅不只會縮小，

而且還正在碎片化成為不整合的小塊。

1.1 | 開始是如何開始的

在一開始，我們是流浪者。

我們流浪不是想尋找自己；我們流浪是因為極度飢渴。我們隨著季節流浪到有豐富根莖、堅果和莓果的地方。我們在高海拔和低窪地帶流浪以尋找不同的植物糧食。我們跟隨動物的遷徙，因為那是肉類的來源。在需要時能找到的遮蔽處就是居所。通常我們不會在同一個地方停留超過幾週，因為我們很快就會把附近的食物搜刮殆盡。我們的胃將迫使我們重新開始流浪。

這種模式能帶來的改變十分有限。一個沒有輔助的人類唯一的力量來源是肌肉，先是自己的肌肉，後來是我們能馴服的少數動物的肌肉。饑荒、疾病和傷殘很常見，而且有很高的致命風險。任何大自然提供給你的植物根莖或兔子就是其他人吃不到的食物。所以，我們確實是「與大自然和諧共存」……換句話說，我們必須在看到鄰居出現時就痛揍他們。

很可能打鬥中的任何贏家會吃掉輸家。

很刺激，對吧？

然而，在那神奇的一天，我們開始某種新而且驚人的行為，讓生活變得較少暴力和較不危險，我們的世界也從根本發生了改變：我們開始在我們的糞便中種植東西。

定居耕種革命

人的糞便是奇怪的東西。由於人類是雜食動物，人的糞便是自然界營養濃度最高的糞便。由於人類知道自己的糞便堆積在哪裡，所以「庫存」和「取得新供應」是個簡單的程序*。

人類糞便證明是最佳肥料和生長介質之一，不只在文明前的世界是如此，而且直到十九世紀中葉大規模生產化學肥料前也是如此，甚至今日世界的部分地方仍然如此。管理糞便也讓人類首次出現階級性的區別。畢竟，沒有人真的喜歡蒐集、庫存和分發和……使用這種東西。這是印度的賤民曾經／仍然……不可碰觸的部分原因——他們做蒐集和分發「夜香」（night soil）的骯髒工作†。

糞便大突破（Great Poo Breakthrought）——更常被稱作人類第一套真正的技術方案：定居農耕——也為人類帶來第一條地緣政治法則：地方很重要，而且地方的重要性隨著當時的技術而改變。

採集時代的第一個成功地理學重點在於範圍和種類。營養良好意味能獲得許多種類的植物和動物。沒有人喜歡移動居所，所以除非一個地區已經全部採集，否則不會遷移。由於我們往往很快採集完一個地區，也因為饑餓會無情地把我們推向更綠的草地，我們必須確保自己能輕易遷徙。因此我們傾向於聚集在有高度氣候多樣性的地區，並

---

* 重大的地緣政治教訓。歷史——真實的歷史——不是給有潔癖者看的。

† 對那些著述於這個主題的人，這恐怕是我和我的編輯的胃能承受的最大程度了。我樂於推薦你們看賈德‧戴蒙（Jared Diamond）的《槍砲、病菌與鋼鐵》（*Guns, Germs, and Steel*），這本書對糞便種植革命在經濟—生物的影響方面，有達到痴迷程度的詳細描述。

留下相當稠密的足跡。山麓特別受歡迎，因為我們可以在相當小的水平距離間移動多種不同的氣候區。另一個受歡迎的選擇是熱帶漸入大草原的地區，可以方便我們在潮濕季節利用獵物豐富的大草原，和在乾季時進出植物豐富的雨林。

衣索比亞以其混合大草原、雨林和垂直條紋地帶為一個單一地理區，而特別受到狩獵／採集者喜愛。不過，這不是（糞便）農耕需要的條件。

從一個地方獲得所有你需要的食物需要一大片平坦的土地——不是那種可以維持狩獵者／採集者生存的曠野或多樣地形。狩獵者／採集者季節性移動的攝食大體上與隨時照顧作物的需求不相容，而收穫作物的季節特性也大體上與人類一年到頭想吃東西的需求不相容。而且你定居從事農耕並不表示你的鄰居也會這麼做。如果沒有適當的反誘因，你的鄰居會闖入你的田園掠奪食物，而你會損失幾個月的辛苦工作並處於饑餓狀態。許多部落可能開始農耕，然後因為行不通而放棄。

為了解決這些問題，我們不只需要學習用不同的方式餵飽自己，這些問題也迫使我們尋找不同的地理區以便取得食物來源。

我們需要一種季節性不明顯的氣候以便作物能一年四季成長和收穫，進而縮短饑餓的季節。我們需要持續的水源來灌溉這些作物，以維持我們年復一年的食物需要。我們需要大自然提供堅固自然藩籬的地方，以避免鄰居任意闖入和盜取我們的勞動成果。我們需要一個不同的成功地理學。

水力革命

地球上唯一符合所有條件的地方，是河流流經的低緯度和低海拔的沙漠地帶。有一些這類地帶明顯可見。

- 正如任何農民或園丁都知道，如果不下雨，你的作物就完了。但如果你在河岸旁邊挖一個水塘，你就不愁沒有灌溉的用水，除非有個蓄著大鬍子的人開始寫一本聖經。

- 低緯度地區全年有很長的日照時間；缺少季節變化可以促進多樣作物生長。更多時間種植更多作物意味較少饑餓，而沒有人喜歡挨餓。

- 高海拔的河流流速較快且較直，流經之處會切穿地表成為峽谷。對照之下，低海拔河流較可能緩慢流經平坦地帶，讓水接近較大片的潛在農耕土地。另一個好處是，當交織的河道因為春季的洪水而漫淹河岸後，會留下一層富含養分的土壤——沉積土。淤泥是很好的加強肥料。

- 位於沙漠地區可以遠離那些討厭鄰居的掠奪。聰明的狩獵者／採集者不會來沙漠邊緣，看著無邊無際的炎熱沙丘夢想著：「我敢打賭往那邊走會有一些美味的兔子和大頭菜。」特別是在草鞋還是最耐用鞋子的年代。

河流也具備一些同樣重要、但較不明顯的優勢。

第一是運輸。運送東西到各處並不是輕鬆的事。假設你能利用柏

油路或水泥路——那種直到二十世紀初才存在的道路——你在陸地上移動東西耗費的能量比透過水路多出約十二倍。在西元前第一個一千年的早期，頂級的道路是碎石路，耗費的能量比很可能是一百倍 *。

有一條流速緩慢的沙漠河流流經我們最早的家鄉，讓人類得以把東西從過剩的地方運輸到匱乏的地方。人力配送讓早期人類得以利用更多土地，增加木材和糧食的供應，並在不需要太靠近我們居所的地方做到這件事。這種優勢往往是巨大的成功（也就是每個人都不會挨餓）和巨大的失敗（每個人都吃不飽）的差別。還有幾乎同樣重要的安全問題：透過水路的士兵派遣讓我們得以抵抗那些愚蠢到跨越我們沙漠保護區的鄰居。

光是運輸的能力就讓早期的農耕者比其他人具備獨特的優勢。更多土地受到更好的安全保障意味能生產更多食物，進而能有更多和更穩定的人口，並進一步能有更多土地和確保更多的生產，成為一個循環。我們不再是流浪的部落，而能形成穩固的社群。

河流解決的第二個問題是……消化問題。

一種東西可以食用並不表示它採摘下來就馬上可以吃。像生小麥這種東西當然可以咀嚼，但它們往往會讓消化系統的各部分很難受，會讓嘴巴、胃部出血，造成血便。它不是老少咸宜的好東西。

生穀物可以煮成味道、外觀和質地都讓人噁心的稀粥，但烹煮既會破壞穀物的營養成分，而且需要大量燃料。對四處流浪和有充裕柴火供應、而且只有少數人需要餬口的部落來說，烹煮可能是不錯的補

---

* 我們直到西元前三世紀才有鵝卵石路。

充食物來源，但它完全不適合邊緣的沙漠峽谷環境。首先沙漠沒有很多樹木。沙漠和樹林交疊的地方當然會在河流旁邊，但柴火來源勢必與農地直接互相競爭。重點是成功的河岸農業創造大量的地方人口。在一個煤或電力出現之前的世界，每天為許多人——一個社群——烹煮食物根本不可行。

結論呢？清理土地，挖掘灌溉渠道，撒播種子，照顧作物，然後收穫糧食和打穀脫粒，這些都是早期農業容易做的部分。真正困難的工作是用兩塊石頭磨碎你收穫的穀物——一次一點點——成為粗糙的粉末，可以處理成容易消化的粥（不需要加熱），或者如果你與一個美食家住在一起，可以烘焙成麵包。我們唯一能用的動力是肌肉動力——包括人力和家畜的獸力——而磨碎穀物過程需要繁重的勞力，以至於人類一直無法跨越技術的鴻溝。

河流協助我們跨越這個難題。水車讓我們得以轉換一點河流的運動能量到碾磨機制。只要有流動的水，水車就能轉動，兩塊大石頭就能互相碾磨，我們只要把穀物丟進碾磨孔中。轉啊轉，很快就有麵粉了！

水車是最早的勞力節省裝置。剛開始幾乎所有的節省只用在灌溉農業的粗重工作，擴大可耕種的土地，使更多和更可靠的收穫變為可能。但隨著農場到餐桌的過程變得更省勞力，我們首度開始有糧食剩餘。這種情況進一步釋出更多勞動力，而我們也不經意地為這些勞動力找到出路：管理糧食剩餘。砰！於是我們有了陶器和數字。現在我們需要方法來儲藏我們的甕缸，並記錄數量。砰！於是我們有了基本的工程和書寫。現在我們需要方法來分配我們儲藏的食物。砰！道

路。所有我們的東西需要儲藏、管理和保護在一個中央化的地點，同時所有我們的技術需要傳遞給未來的世代。砰！都市化和教育＊。

在每個階段，我們從農業抽出一些勞力，並把這些勞力用在管理、利用和改善農業的新產業。勞動分工和都市化不斷升高先讓我們有了城鎮，然後城邦，然後王國，最後則是帝國。定居農耕可能給了我們更多卡路里，同時沙漠提供了更好的安全，但讓我們邁向文明的力量是河流。

在這些初始的年代，交通流量還很小。

農業推動的農業系統可以 —— 也確實 —— 在世界的許多河流沿岸崛起，但有嚴酷的沙漠保護的文明是少見的特例。定居農耕文明的首選地方是底格里斯河、幼發拉底河和尼羅河下游，和印度河中游（今日的巴基斯坦），以及略次一級的黃河上游（今日中國中部北方），還有……大概就這些了。

沿著密蘇里河或塞納河、長江、恆河或廣薩河（Kwanza River）的一些文化可能創造出利基，像是王國，甚至帝國，但沒有一條河足以隔絕其鄰居而長期存活。其他族群 —— 不管是文明或野蠻的族群 —— 最終以無情的競爭消滅了這些文化。即使是最大和最強盛的帝國羅馬，在早期歷史弱肉強食的世界也「只」存活了五個世紀。對照之下，美索不達米亞文明和埃及文明都延續了數千年。

殘酷的事實是，新技術變遷並沒有讓人類文化變隔絕而延續更久，反而因為進一步加劇競爭而變更短命。

＊ 是的，這些都很像席德·梅爾（Sid Meier）的《文明帝國》（Civilization）遊戲。這傢伙做了許多研究。

風力革命

在十七世紀，人類的磨粉技術終於突破一連串技術障礙，把磨輪和一種新動力來源結合在一起。我們不再使用槳輪連接一套利用水流動力的結構，而是把翅和帆伸展開來以利用風的力量。其他的機械——一根曲軸和一對研磨面——大體上保持不變，但動力來源的改變卻讓人類發展的地理學跟著改變。

在水力的時代，能夠享有剩餘勞動和勞動分工的地方只有擁有河流系統的地方。其他地方的人必須保留一大部分的勞動力來從事磨粉的辛苦工作。不過，藉由利用風力，幾乎所有人都能以磨坊來磨麵粉。勞動分工——和從它衍生的都市化——可以出現在任何有降雨和偶爾有強風的地方。這些條件並不苛刻，所以這類新文化應該能更穩定或更安全。但事實並非如此。整體來看它們比前風力時代的文化缺少戰略隔絕的優勢。但風力擴展了農業能創造一百倍剩餘勞動力的區域。

這些擴展到許多地方的新文化很快造成一連串新影響。

第一，文明生活因為成功地理學的條件從嚴苛變寬鬆而變得遠為普及，但生活也變得遠比以前更不安全。隨著城市紛紛在有降雨和風力的地方冒出，各文化之間的衝突也頻繁發生。擁有更多食物供應和技術能力較強大的文化之間會發生戰爭，這意味戰爭不但變得更常見，也更具破壞力。人口數量與特定基礎設施發生關聯的現象首度出現。藉由摧毀磨坊，你可以讓對手的人口饑餓。

第二，正如在跨進定居農耕的過程中成功的地理條件從各種高度

的地區轉向低海拔沙漠河谷地帶——從水力轉向風力的成功地理學偏好不同種類的土地。重點在於盡可能擁有愈大愈好而且容易流通的內部疆域。當然，河流仍然很管用，但現在任何種類的巨大開放平地都可以。擁有這些條件都能形成優良的對外屏障。沙漠仍然有用，但任何不能用來農耕的地方都是屏障。軍隊必須走路，而走路者只能攜帶有限的食物。在這個時代，通常大多數軍隊在侵略過程會沿途劫掠，所以如果你的邊界地區沒有可供劫掠的東西，通常你遭到劫掠的頻率會降低，損失會更少。

像蒙古人那樣擁有開放的疆域很可能毀掉你的生活。這個世界中像中國和俄羅斯這樣的國家往往戰亂頻仍。國內的地形太崎嶇，你可能永遠無法達成足夠的文化統一來凝聚所有人。沒有人想要像波斯或冰島那樣不斷為內部分歧傷腦筋。完美的地理區是那些具備堅固和嚴酷邊界環境和宜人中心區的地方：英國、日本、鄂圖曼帝國、瑞典。

第三，仰賴風力的新文化不必然能維持長久——事實上它們大多數只是曇花一現——但它們為數眾多，使得人類所能創造的技術勞工絕對供應量出現爆炸性的成長，並大幅加速了技術進步的腳步。

定居農耕的第一階段始於少數人開始定居的西元前一萬一千年。經過約三千年後，人類想出馴化動物和小麥的方法。水力研磨的大躍進終於在西元前的最後兩個世紀發生（並因為希臘人和羅馬人的推廣而普及）。研磨水車又經過幾個世紀的演進，直到第七和第八世紀才變得更加普遍。

但歷史從此開始加速。數以萬計的原型工程師不斷為成千上萬人聚居的地區改進水車的設計。這些工匠技藝自然對許多種與風力有關

的技術帶來分枝效果。

最古老的風力技術之一是簡單的方形帆。當然，它會製造一點向前的運動，但你只能往風吹去的方向前進——如果你不想往風吹來的方向移動，或者在一直有大浪的情況，那會是一大限制。一面更大的帆也幫不上忙（事實上，更大的帆幾乎保證你一定會翻覆）。

不過，所有這些對風力研磨的新實驗意味我們對空氣動力的了解逐漸增加。單桅、單四方帆的船隻讓位給多桅船，配備有多樣且形式特異的船帆，以因應不同的水況和風力的情況。運動、操縱和穩定能力的改善，刺激了從造船方法（鐵釘取代木釘）、航海技術（羅盤取代根據太陽位置判斷方位）到武裝（以砲口和大砲取代弓箭）的無數創新。

在「短短」八個世紀內，人類的海洋經驗發生巨大的轉變。一艘船能載運的貨物量從幾百磅增加到幾百噸，而且武器或船員的補給品還不列入計算。從北到南跨越地中海的航行在過去很危險，被認為幾近自殺，變成了長達數個月的跨洋和繞越大陸航程的第一個小站。

其結果是人類面對的世界局勢產生巨大改變。

能善用新技術的政治實體在競爭的奧林匹克跑道上獲得一大助力。它們可以創造大量的收入，進而利用這些收入來強化國防、教育它們的人口，擴大公共服務和支應軍事支出。北義大利的城邦變成完全獨立的區域強權，足以與當時的帝國相抗衡。

而進步則闊步向前。

在大洋航行之前，遙遠的暴君一直是難以抵抗的威脅，以至於貿易極為罕見。道路只存在文化體內部和沒有多樣產品卻需要貿易的文

化體間。（幸運而有可通航河流的地方是例外，而這類地方傾向於變成最富裕的文化體。）貿易的產品往往僅限珍奇的東西：香料、黃金、瓷器——才足以與食物等受到貿易商青睞的貨物競爭。

高價值產品也為自己帶來問題。一個從城外來的人駕著裝滿貨物的馬車要求購買一些食物，就好像在現代的機場有某個傻瓜在他受檢的袋子上繫著純銀的行李標籤一樣*。受限於食物，沒有一個貿易商可以走完商旅全程，因此貿易採取透過沿著貿易路線數百名中間人的形式，而每個中間人都讓產品成本增加一些。取道像絲路這類路線的跨大陸貿易勢必在過程中製造出一百倍的價格上漲。這使得貿易產品只限於重量輕、體積小和不會腐壞的東西。

大洋航行繞過了這些問題。

新船舶不但能一次出航幾個月到看不見陸地的地方，減少暴露於威脅的機會，它們巨大的容量也能減少停泊補給的次數。它們令人畏懼的軍械庫意味在需要停泊時，當地人不敢伺機搶奪船上的貨物。去除中間人意味降低奢侈品的價格多達九〇％——而這是在支持新大洋貿易商的強權開始派遣軍隊直接接管香料、絲綢和瓷器等珍貴產品的來源之前的情況。

較聰明的強權國家†不以接管來源和流通為滿足，還控制沿著航線的港口，以便它們的貨物和軍艦有停靠和再補給的地方。獲利大幅增加。如果一艘船可以沿著航線獲得補品，它就不需要裝載足供一年的補給品。這將釋出更多貨艙空間以載運高價值的東西。或者搭乘更多

---

* 來搶我吧，拜託！
† 我在看你，葡萄牙！

配備槍械的士兵以保護自己……或搶奪別人的東西 * ？

來自這些產品、產品通道和成本節省的收入，讓成功的地理區勢力益加強大。擁有大片高品質可耕地的需求仍未消失，但能夠確保土地免於被攻擊變得更加重要。正如透過海上貿易賺進鉅額金錢很重要，支持碼頭和船艦的基礎設施代表了只能花大錢才能利用的新技術。任何花在運作一支商船隊的現金，都表示減少維持一支陸軍的錢。

新的成功地理區不是以打造船艦或訓練水手取勝的地方，而是那些不用太擔心土地遭入侵，而且有可以思考未來戰略空間的地方。第一批大洋文化體多半位於半島地帶——具體來說就是葡萄牙和西班牙。當軍隊只能從一個方向接近，你就更容易專注於打造一支海軍。但位於島嶼的國家還更容易防守。長期的結果是，英國人超越了伊比利亞人。

有許多競爭落敗的文化體也擁有大洋技術，但它們卻未必能與西班牙或英國並駕齊驅。有一個實力接近的國家集團，成員包括法國、瑞典、義大利和荷蘭，它們展現出雖然大洋技術帶來了從飲食、財富和戰爭等各方面的革命，但即使所有國家都擁有新技術也未必能粉碎這種權力均勢。這種現象使得能善用新技術的文化體，與未能善用新技術的文化體間逐漸拉開一道鴻溝。法國和英國無法征服彼此，但它們能夠——而且確實辦到——航行到遙遠的土地，並征服那些無法趕上它們技術水準的民族。於是支配世界的政治體迅速地從隔絕的農業社會演變成足跡遍及全球的貿易大洋帝國。

---

* 我還在看你，葡萄牙！

在貿易路線不再以幾十英里而是幾千英里來衡量的時代，貿易的價值和數量呈爆炸性成長，且運輸成本大幅下降。這個改變以兩種方式塑造了都市化的趨勢。在新航海產業和各式各樣的貿易產品興起之際，帝國需要許多中心來開發、處理、製造和銷售一切東西。都市化和勞動分工的需求達到歷史高峰。單位船運成本大幅下降也創造出運送較不珍奇產品的機會，例如木材、紡織品、蔗糖、茶葉，或……小麥。來自另一個大陸的糧食現在可以供應帝國的中心。

這不只促成世界第一座巨型城市的興起，也創造出沒有人從事農業的都市中心，在這些中心每個人都從事加值的勞動。都市化和技術勞工的供應暴增更進一步加快技術的發展。大洋時代開始不到二百年後，倫敦——一個遠離歐亞大陸絲路貿易中心的城市——變成世界最大、最富裕和教育程度最高的都市。

這種財富和技術高度集中在一個地方的情況很快達到臨界質量。英國人全憑自己就創造出足夠多的新技術，用以推動他們的文明轉型。

工業革命

儘管在大洋時代不斷積累技術的種類和深度，人類仍然保留了許多從一開始就阻礙進步的限制。直到「晚近」的一七○○年，人類使用的能源主要仍分成三類：肌肉、水力和風力。過去一萬四千年可以總結為人類致力於更大量且更有效率地駕馭這三種力量，但如果風不吹或水不流，或肌肉沒有養分供應或休息，那麼什麼事也做不成。

利用化石燃料顛覆這一切。燃燒煤（和後來的石油）以產生蒸

氣，讓人類得以隨時隨地創造想要數量的能量。船隻不再需要依照季節揚帆航行世界各地，它們可以載運自己使用的動力。提高能量運用的大小和精確度兩個數量級，讓各類工業的發展全面改觀，例如礦業、冶金業、建築業、藥品業、教育業、軍火業、製造業和農業，讓它們創造出各自的技術系統，進而大幅度地開展了人類的經驗。

藥品的進步不只是改善健康，還使壽命延長一倍。水泥不只可以用來鋪路，也帶來高樓大廈*。染料的發展不只讓化學業欣欣向榮，也直接帶來使農業生產增加四倍的肥料。鋼鐵——比鐵更硬、更輕、更不易碎裂和更耐腐蝕——使每一種使用金屬的工業產能大幅躍增，不管是運輸業或製造業或戰爭工業。任何減少使用肌肉動力的東西都有助於終結體制性的奴役。同樣的，電力不只是提高勞工生產力，它也帶來光亮——而光亮就是時間。在祛除黑暗後，人們有更多時間（學習）閱讀，提高大眾的識字率。它也讓女性的生活不再局限於照顧菜圃、操持家務和照顧小孩。沒有電，就沒有女權運動。

新工業時代最大的限制不再是肌肉動力、水力或風力——甚至不是籠統的能源——而是資本。這個新時代的一切——不管是鐵路、公路、生產線、摩天大樓或戰艦——都是新的。它取代過去一千年的基礎設施，讓一切變得更輕、更堅固、更快、更好……而這一切必須從頭打造。這需要錢，而且是很多錢。工業化基礎設施的需求有賴於動員資本的新方法：資本主義、共產主義和法西斯主義紛紛崛起。

把產品從高供應地區移動到高需求地區的「單純」經濟學，隨著

---

* 超過三層樓的建築。

工業化的地點提供大量特定產品到其他提供類似大量特定產品的地點而變得複雜許多倍。這種擴張只受限於兩個因素：提供工業擴張所需資金的能力，和運輸產品到顧客所在地的能力。

成功地理區的邏輯因此而……分裂。回溯到從狩獵者／採集者經濟學到水車時代的轉變，位居河流岸邊一直是一項優勢。這一點沒有改變，但它已不足夠，而且沒有地點能兼具所有優勢。可航行河流的綿密網絡可以促進地方貿易和創造許多資本，但永遠不足以同時提供地方發展的資本和支撐持續的發展。貿易變得愈來愈重要，它可以同時提供資本和顧客來源。就前者來說，德國證明最為成功，因為萊茵河、易北河、奧得河（Oder）和多瑙河流域證明是工業世界最密集的資本創造區，使德意志帝國躍升為當代最強大的國家。但英國統治了海洋，並且因此控制了讓德國想成為全球霸權所需的貿易路線和顧客。

這個符合大洋時代法則的優勢地理區模式，在工業時代仍屹立不搖。擁有可航行河道和廣大領土的帝國變得更大、更強，並在工業化後變得更致命。大洋航行讓這些帝國通達全球，同時戰爭工業化帶來的機關槍、飛機和芥子氣，讓這種通達全球的能力更具致命性。更加重要的是，大洋航行和工業化的結合讓這些大洋帝國能夠對彼此施展各自的新軍事能力，不需要花幾個月或幾週的時間，而是幾天或幾小時。而且可以從地球的任何地點發動。

從最早真正的工業衝突——一八五三至五六年的克里米亞戰爭、一八六一至六五年的美國內戰，和一八六六年的普奧戰爭（Austro-Prussian War）——以後，工業時代只用了兩個世代就製造出歷史上最恐怖的殺戮，在兩次世界大戰中導致約一億人死亡。戰爭對生命帶來

如此巨大災難的許多原因之一是，工業革命的技術積累不但讓戰爭武器更具破壞性，也讓文化結構、技能、經濟活力和軍事對社會的影響更仰賴人為的基礎設施。戰鬥部隊會瞄準敵方的平民基礎設施，因為它們是能增強戰力的基礎設施。但同樣的基礎設施也能促進大眾教育、大眾就業、大眾醫療和消滅饑餓。

如果要說，世界大戰證明了地理學仍然很重要。因為在英國、德國、日本、中國、法國和俄羅斯忙著彼此摧毀與水力、風力和工業有關的基礎設施時，卻有一個相對新的族群——在一個新地理區——不但不是這種大規模破壞的目標，反而利用戰爭來大規模地使用技術提升他們領土的水力、風力、大洋和工業的能力……在許多例子裡還是初次這麼做。

也許你已聽過他們。他們叫做美國人。

1.2 │ 意外崛起的超級強權

美國是絕無僅有的國家。

有許多有關美國人的事製造出大量的興趣和反感、討論和爭辯、羨慕和忌妒、尊敬和憤怒。許多人指出的美國經濟的活力正是美國個人主義和多語言文化最根本的體現。另一些人強調，美國的軍事力量是它縱橫全球的決定因素。還有人認為，它憲法的彈性是持續近三世紀成功的祕訣。這些說法都正確。這些因素都對美國歷久不衰做出貢獻。但我的說法更直截了當：

美國的故事是一則完美的成功地理區的故事。這個地理區不但決定了美國的強大，也決定美國在世界扮演的角色。

史上最強大的河流和陸上強權

以當時的技術水準來看，美洲的殖民地基本上都是農業文化體。它們沒有一個是我們會以當代標準稱為麵包籃（breadbaskets）的文化。康乃狄克州、羅德島州、麻薩諸塞州和新罕布夏州等新英格蘭殖民地都是土地貧瘠而多岩石、天氣多雲和夏季短暫，限制了農耕的選擇。小麥和玉米是僅有的選項。該地的核心農業經濟混合了捕鯨、捕魚、伐木和釀製烈酒*。

喬治亞州和南北卡羅萊納州擁有較適合農業的天氣，因而增加了較好的農耕選擇，但土壤是另一種形態的貧瘠。皮埃蒙特土壤（Piedmont Soils）的主要成分是阿帕拉契山被侵蝕的殘餘——富含礦物的土壤，但未必含有有機養分。其結果是粗放農耕：農民清理土地、種植作物幾季直到養分耗竭，然後移動到另一片土地。要想停留在一個地方就需要人工施肥，而這在任何時代都是辛苦的工作。非標準的僱用模式如契約勞役工和奴隸制能在南方生根，主要原因之一就是必須改善土壤的化學成分。

初始的北美十三州最好的農地位於中大西洋殖民地的馬里蘭州、賓夕法尼亞州、維吉尼亞州、紐約州和紐澤西州。但我們談的可不是

---

* 或任何當時他們能釀造的黃色含酒精液體。

愛荷華州（中西部）或彭巴草原（Pampas，阿根廷）或博斯（法國）的品質水準*。它們被認為「好」是缺少競爭。這些殖民地除了沒有最差的土地和天氣外，也擁有北美殖民地的大部分航海口岸：切薩皮克（Chesapeake）和德拉瓦灣（Delaware Bays）、長島海灣、哈德遜河和德拉瓦河。密集的航線網絡鼓勵人口的集中（城鎮），而城鎮居民並不從事農耕。

不算理想的農耕條件，加上在人口上遭到不斷都市化的推擠，把生活艱困的殖民者推向非農業的方向，從事生產有附加價值的產品如手工藝品和紡織品……一些在經濟上與英國競爭的東西，而這些特定的經濟活動卻被英國視為帝國中心應該支配的部分†。

殖民地農業粗放和移動的特性需要一些有效的後勤運作。大多數地方的食物流通透過近岸航運，大體上那是沿海殖民地人口中心間移動產品的最有效方法。當革命在一七七五年爆發時，情勢立即起了變化，因為美洲的殖民統治者控制了世界最強大的海軍。許多殖民地的美國人陷入饑餓長達六年。美國革命最後雖然成功，但新國家的經濟卻岌岌可危。

擴張解決了幾乎所有問題。

大中西部本身擁有二十萬平方英里世界最肥沃的農地——比整個西班牙面積還大。中西部的土壤是肥沃的草原土壤，富含各種養分。中西部正好位於溫帶區，冬季可以殺死昆蟲，使病蟲害得以控制，降

---

* 稱呼紐澤西為「花園州」（Garden State）很可能引來人們的翻白眼。

† 這是一個我們將不斷反覆看到直到今日的模式。高附加價值的工作是至今我們仍然爭奪的東西。這類就業機會不但創造最高的薪資，也帶來最快的技術與資本積累和最大的稅基。

低殺蟲劑成本，並使土壤每年得以重生和進行分解過程，減少施用肥料的需求。四季分明的氣候帶來豐沛的降雨——包括冬季的降雪——通常可提供適宜的土壤濕度，使補充性的灌溉只局限於西部邊緣地區。

初始的跨阿帕拉契山脈移民取道坎伯蘭峽（Cumberland Gap），在俄亥俄留下最密集的足跡。俄亥俄可以通往大湖區，所以吸引紐約人興建伊利運河（Erie Canal），以便藉由哈德遜河以船舶運送俄亥俄豐富的農產品。下一波大移民則從俄亥俄分散到今日的印第安納州、伊利諾州、愛荷華州、威斯康辛州和密蘇里州。新中西部人藉由俄亥俄河和密西西比河把他們的穀物往西和往南運到紐奧良會便宜得多。從那裡可以再經由美洲離岸沙洲島的海岸航線，以低廉的運費輕易地（雖然距離較遠）運往莫比爾（Mobile）、薩凡納（Savannah）、查爾斯頓（Charleston）、里奇蒙（Richmond）、巴爾的摩、紐約和波士頓。

在大湖區和大密西西比地區間，所有頭兩波的移民都落腳在世界最適合航行的水道系統的一百五十哩範圍內，而這也是世界最好的農耕區之一。這其中的數學很簡單。以一輛現代低階掀背汽車的價格——在二〇二〇年約一萬二千五百美元——一個家庭就可以從政府獲得一塊土地、移民到這片新領土、整地耕種，然後在幾個月內出口高品質的穀物。

中西部的屯墾以許多方式為美國帶來巨大的轉變——包括對新領土和初期的十三州：

- 除了在一八一二年戰爭期間英國的封鎖，和後來內戰導致邦聯

政府崩解造成的物資匱乏外，饑饉是北美大陸人在獨立建國後從未有過的經驗。食物生產既可靠而且遍及各地，加上美國的國內運輸系統極有效率，使饑饉完全不是問題。

- 由於北方能夠從中西部獲得糧食，使中大西洋岸和所有新英格蘭的田野全都恢復成為森林，農業主要仍位於中西部——不適合葡萄、蘋果、馬鈴薯、甜玉米、藍莓和蔓越莓等特殊作物。這個去農業化的過程釋出許多勞動力以投入其他計畫，例如工業化計畫。

- 中西部的成長也推動南方發展經濟作物。種植蓼藍、棉花或菸草遠比種植小麥或玉米更勞力密集，中西部沒有足夠的勞力來種植這類作物，但拜奴隸制所賜，南方有。美國各地區根據各自的經濟地理學生產特殊的產品，而水路運輸則促進成本低廉且普及各地的州際貿易，創造出人類歷史上從未見過的規模經濟。

- 新中西部的所有土地品質都很高，所以各屯墾區沒有出現像阿帕拉契山脈地區那樣的巨大落差。這種相對密集的殖民模式與該地區的高生產力和低運輸成本結合，自然促進了這個心臟地帶的小鎮文化形成。小銀行紛紛在密西西比河系統各地冒出，以管理把產品銷售到東岸和歐洲所創造的資本。金融深入小鎮很快成為美國的特徵，這不但使中西部農業的領域和生產力得以持續擴大和提升，而且提供美國中部獨力推動基礎設施和教育等早期區域發展所需的資本。

- 河流網絡讓人員和產品可以輕易移動，進而迫使美國人定期彼

此互動，對有多樣種族背景的美國文化統一貢獻良多。

- 內戰顯然打斷了這個過程。中西部因此失去密西西比河─海岸貨運航線，直到戰爭結束。但一八六〇年代末開始的重建，和中西部的農耕密度達到臨界質量，使得源源運往東岸的農業產品變成一股洪流。美國過去人口最稠密和工業化的地區不再需要擔心自己的糧食生產，而且中西部穀物創造的大量資本流入美國，使原本邁開步伐的工業化和都市化過程得以加快速度。

除了經濟、文化、金融、貿易和結構等問題外，安全也是必須考慮的問題。

美國的領土只能以「安全」來形容。在北方，廣大且濃密的森林和巨大的湖泊隔開了大多數美國和加拿大的人口中心。一八一二年戰爭是唯一美國人與北方鄰國間發生的戰爭。即使是這次戰爭也應該正確地定義為與加拿大當時的殖民宗主國──當時是世界軍事超級強權──的戰爭，而非美國與加拿大的戰爭。從那次戰爭後，美國─加拿大間的敵意不但逐漸被中立和友誼取代，還演進成盟國和兄弟之邦 *。今日的美加邊界是世界上最沒有巡邏和圍欄的國界 †。

美國的南方邊疆對傳統的軍事攻擊來說實際上還更安全。跨越美國南部邊界的非法移民是一個美國的政治問題，凸顯出這道邊界對正式的國家主權並未構成威脅。像美國─墨西哥邊界這種崎嶇且高海拔

---

* 雖然兄弟之間免不了發生一些爭吵。

† 有趣的事實：川普政府為了在墨西哥邊界修建圍牆，必須先鋪設一個道路網以便利圍牆的修建和維護。這些新基礎設施反而讓毒品走私和非法移民變得更容易。

的荒蕪地區是最難測繪的地區之一，也是最難以維持足夠的人口、政府服務，甚至興建基礎設施的地方。

在這種嚴酷且偏僻地區進行軍事行動無異於自殺。美國─墨西哥間唯一跨越邊界的大規模入侵——一八三五至三六年墨西哥總統聖塔·安那（Santa Anna）嘗試鎮壓德克薩斯革命時——導致墨西哥軍隊體力過度耗損，以至於遭到一支人數只有它一半的非正規軍隊徹底擊敗，確保了德克薩斯分離主義者的成功。

難怪十年後在一八四六至四八年的美墨戰爭期間，美國一直等待大部分墨西哥軍隊在第二次嘗試跨越邊界沙漠地帶並通過無法返回的點時，開始利用海軍投送部隊到維拉克斯（Veracruz）。經過血腥的二百五十英里進攻後，墨西哥首都已落入美國人手中。

史上最強大的大洋霸權

世界大多數海岸都有一些問題。平直的海岸和極端的潮汐變動會使潛在的港口地點遭到無情的海洋沖刷，導致真正絕頂優異的港口城市相當罕見——但美國是例外。北美大西洋岸的中段不但有無數凹口很適合建成港口城市，而且這些港口地點還位於半島或離岸沙洲島後面，使美國的海岸進一步受到屏障。從德州─墨西哥邊界的布朗斯維爾（Brownsville）到佛羅里達州尖端的邁阿密，再到切薩皮克灣（Chesapeake Bay），離岸沙洲島提供美國的潛在自然港地點就超過世界其他大陸的總和。即使沒有離岸沙洲島，美國的超世界級海岸凹口提供了幾乎無所不在的海運通道屏障，遍布於從波士頓港到長島，和

從普吉特海灣（Puget Sounds）到德拉瓦以及舊金山灣各地。別忘了還有無所不在的河流：美國前一百大港口中，有一半在河流上游——有些深入陸地達二千英里。

還有一個不容輕忽的優點，不同於其他世界主要強權，只有美國同時有眾多人口居住在兩大洋的海岸。從經濟和文化的角度看，這使得美國人自然能與世界大部分地方進行貿易和獲得擴張的機會。但此處的關鍵詞是「機會」。美國的太平洋岸和大西洋岸分別與亞洲和歐洲大陸相隔遙遠的距離，這意味沒有互動的需要。如果大海對岸的地方遭遇衰退或戰爭——或者美國人只是感覺不想交往——美國人只要待在國內就好。井水不犯河水。

遙遠的距離也意味美國是極少數沒有面對其他海洋強權的短距離或中距離威脅的國家之一。位於太平洋或大西洋海盆的島嶼理論上可以用來對北美發動攻擊——關島、夏威夷，或太平洋的阿留申群島，或大西洋的百慕達、紐芬蘭或冰島——但它們要不是美國的領土就是關係密切的盟邦。

美國人——而且只有美國人——有能力在兩大洋，依照自己的主張與任何強權交往，不管是經濟的或軍事的主張。

史上最強大和最穩定的工業強權

工業化的成本高昂，而且不容易辦到。它需要全盤拆解過去的架構，並以更有生產力——和更昂貴——的鋼和水泥來取代木頭和石頭。以生產線、電力、鑄造鋼和可更換的零件，來取代在手提燈下一

次打造一件產品的工藝勞動。這必須推翻並拋棄延續數十年、甚至數百年的經濟、社會和政治傳統，並以新系統取代它們，而許多新系統對文化體來說是完全陌生的，正如那些似乎突然變得無所不在的新技術。任何發生工業化的地方必定帶來大規模的破壞，因為一切舊有的國家機能將被拋到一旁，並以全新的制度取代——通常從上而下推行。這個過程的財政和社會的成本通常是文化體最巨大的挑戰。

在歐洲，數世紀單純的居住地早已占據所有可得的土地，並因而提高了土地成本。歐洲勞工在那些土地上的每一吋從事活動，勞動成本也隨之升高。制度的任何改變需要大量資本，資本成本因而升高。任何即使是對土地可行性的小改變（例如水災或火災）或勞動供給的小改變（例如罷工或軍事攻擊）或資本存量的小改變（例如重大的對外移民或經濟衰退），都會導致失衡，使每個人負擔的成本大幅提高，並觸發大規模社會動亂。因此，前工業時代的大部分歐洲歷史充滿了活在刀鋒邊緣的感覺……

……然後工業技術降臨在這個世界，在每一個層面粉碎了這個脆弱的平衡。其結果是歐洲大陸各國競相把新技術應用在它們的體制，以便把自己轉型成工業強權，並帶來一連串有如雪崩般的社會動盪、革命、暴動、政治崩潰和戰爭。

- 英國經驗帶來全球規模的產品傾銷，進而導致大英帝國與每個主要強權的軍事衝突。
- 俄羅斯在二十世紀初的工業化同時打破了地主和農奴階級，但卻未能以更好的制度取代它們。隨之而來的動亂直接導致蘇聯

的大規模壓迫（進而製造出蘇聯特色的惡果）。

● 德國的快速工業化改變了該國軍事親王的權力，促使工業寡頭階級崛起，同時粉碎了中產階級，製造出一連串為世界大戰鋪路的革命和內戰。

● 日本初期的工業化努力造成新興的工業─國家主義者與舊封建領主的分裂，帶來武士階級的消滅和政治制度的激進化，急速地促使日本直接侵略韓國和中國，以及轟炸珍珠港。

● 中國的過程使權力集中化並緊緊掌控在少數人手中，導致大躍進和文化大革命等運動的浩劫。

沒有一個經歷工業化的國家在管理這個過程時沒有遭遇到社會和政治動盪。工業化是必要且不可避免的，但過程卻充滿艱辛。

美國卻是例外。要了解其原因必須先了解美國確實是一片豐足之地。

當工業化的浪潮在十九世紀初抵達美國沿岸地區時，美國才剛站穩腳步。美國廣大的面積意味土地成本很低，它的河流網絡意味資本成本很低，開放的移民制度則使勞動成本處於低水準。前工業化時代的低成本投入改變了美國工業化的經濟學，儘管缺乏地緣政治競爭意味美國沒有加速工業化的國家安全需求 *。

新技術並未在每個地方發展，而是先在能獲得最大利益的地方生根：土地和勞動的投入已經較昂貴的地方，通常是從華盛頓特區往北

---

* 這種加速一直到第二次世界大戰才首度出現，比德國晚了一百五十年，比英國則晚二百年。

到波士頓沿線的城市。然後工業化把這些城市連結在一個基礎設施網下。此後基礎設施才開始往外擴散，創造出郊區或連結較小的城市和鄉鎮，並深入到鄉間。

德國的工業化和都市化在不到一代間完成。比較之下，美國直到一九六〇年代甚至還未完成鄉村的電氣化。從很多標準看，美國甚至到今日還未完成發展。如果去除不適人居的土地如山地、凍土地帶和沙漠，美國至今仍是人口最稀疏的國家之一。屬於同一人口密度等級的國家大多數是晚近人口外流的國家（例如前蘇聯共和國），或者是像美國這類新世界國家（加拿大、阿根廷和澳洲等）。

如果要達到像德國在一九〇〇年的人口密度，美國將必須讓它二〇二二年的人口增為三倍（而這還未計算約占半數不適合居住的美國領土，例如落磯山脈區）。工業化可能且確實在美國發生，但這個轉變很緩慢且較不具破壞性，使得美國人可以用幾世代的時間來順應改變。

美國的工業化也沒有對全球造成重大的衝擊。和其他主要強權不同，美國的人口同時人數增加和變富裕。工業生產——特別是東北部和鋼鐵帶（Steel Belt）——可以較容易被美國自己的人口吸收。美國沒有必要藉出口來維持國內的平衡，也沒有必要發動像大英帝國著名的（且遭憎恨的）經濟戰爭。國內社區銀行融資地方發展的能力使美國得以避免採用迫害俄羅斯人和中國人的中央集權，或步上日本和德國激進化的後塵。

在美國工業化初期，美國與全球經濟的接口仍然透過其農業出口。雖然工業革命在十九世紀末帶來的化學肥料確實提高了美國的農業生產，但那只是像工業革命帶來現代藥品延長了人們的壽命。供給

與需求同步增加。美國對國際經濟的參與程度並未大幅度改變 *。

美國確實存在地區差異（過去和現在皆然）和自己的寡頭問題，但美國的寡頭——最著名的是所謂的強盜大亨（robber barons）——在私人部門有如此龐大的商機主要是因為還有那麼多資源可以開發，他們不需要為了商業目的而進入政府。經濟壓力不會自動轉變成政治壓力——反之亦然。

1.3 │ 美國踏上截然不同的發展道路

從第二次世界大戰開始，美國人才真正邁開他們的大步。經過三年狂熱的動員，他們不但崛起成為史上最大的遠征強權，同時在許多舞台上執行整合的軍事行動，並在戰後成為占領所有戰敗國的唯一交戰國。

還不只如此。在邁進羅馬、柏林和東京的路上，美國人發現自己控制了所有三個大陸、兩個大洋盆地的經濟、人口和流通的關鍵節點。藉由租借協議和直接的兩棲攻擊，美國人現在控制可以攻擊西半球和東半球的所有重要發射台。加上擁有龐大的戰時海軍，美國人很自然地變成歐洲和亞洲問題的決定因素，不管是金融、農業、工業、貿易、文化或軍事方面的問題。

如果歷史上有過一個強權有能力嘗試支配全球——成為一個新羅

---

* 附帶一提，我們不斷在美國看到這種拖延和時斷時續的發展升級，不管是道路、鐵路線、電力設施、電話或行動電話或寬頻網路。這類斷續的發展可能讓美國看起來比德國、日本、荷蘭或韓國等快速發展國家更落後，但這也意味美國的現代化過程成本遠為低廉，對國家財政能力較沒有壓力。這不是瑕疵，而是特色。

馬帝國──那就是美國。而如果有一個好理由讓美國做這種嘗試，那就是在德國的戰火平息後蘇聯崛起所引發的核子競賽。

但這並未發生。

反而美國提議與它的戰時盟友達成一項協議。美國人將派遣他們的海軍──唯一撐過大戰的大國海軍──巡邏全球海洋和保護所有國家的商務。美國人將開放市場──唯一撐過戰爭的大國市場──給盟國出口所有產品以協助它們恢復繁榮。美國將擴大戰略大傘以覆蓋所有國家，以使美國的所有盟邦不必再擔心被侵略。

但有一項但書。你必須在美國炮製的冷戰中選邊站。你可以既安全又富裕，可以盡情發展你的經濟和文化，但你必須與美國人站在一起（實際上是站在前面）對抗蘇聯。美國人無須打造一個全球範圍的帝國，只要賄賂盟國來圍堵蘇聯。這種作法的代表詞就是以新罕布夏滑雪勝地為名的布列敦森林（Bretton Woods）協定──在展開諾曼地登陸後不久，美國首次在這裡宣布這套體系。也許一般人較熟悉的是二次大戰後的自由貿易時代，或簡單的說是全球化。

聽起來這有點像逃避責任，是不是？既然已經獲得勝利，美國人為什麼要放棄打造世界帝國的大好機會？

部分原因是，這是一場數字遊戲。在一九四五年，美國人口大約等於西歐人口的總和，而西歐人口也約略與蘇聯人口相等。即使不計算人口眾多的東亞和南亞，美國在二戰結束時不但沒有維持所占領土所需的軍力，而且簡單的數學也顯示美國沒有足夠的軍力來維持一個全球帝國的運作。

部分原因是，這是一場遠距的競賽。即使美國海軍強大無比，大

西洋和太平洋都是不可小覷的護城河──對兩個方向來說都是如此。後勤和維繫數千英里外永久性前方駐軍體系的成本和難度，實際上使得競賽不可能成功。隨後的幾十年美國人發現，如果當地人不歡迎你，那麼占領一個遙遠國家將很困難。即使一次管理一個國家，韓國、越南、黎巴嫩、伊拉克和阿富汗都讓美國人感到難以處理。想像如果同時占領德國、法國、義大利、土耳其、阿拉伯半島、伊朗、巴基斯坦、印度、印尼、馬來西亞、日本和中國（以及韓國、越南、黎巴嫩、伊拉克和阿富汗）會是什麼情況。

部分原因和地圖有關。蘇聯是一個土地遼闊的帝國，以龐大、行動遲緩的軍隊打仗。美國的軍力是盟國中最大的，但美國主要是一個海上霸權。與蘇聯士兵一對一的拚戰不是美國的選項，因為大部分美國的軍力需要水，而且不是為了在距離盟國港口數千英里的地方戰鬥而設計。

部分原因是文化衝突。美國是現代世界第一個民主國家。民主國家很擅長保衛自己和拆解獨裁體制，並為真理和正義以及其他價值而戰。公然為了壓榨當地人而長期占領不是受歡迎的好點子。

部分原因是組織的不匹配。美國是一個聯邦國家──各州擁有的權力不下於國家政府──而且有充分的理由。美國可靠的安全與富足的地理條件意味聯邦政府不需要做很多。在美國歷史的前三個世代，聯邦政府的固定職責只有修築幾條道路、規範移民和徵收關稅。美國從來沒有卓越治理的傳統*，因為美國歷史的大部分時候並不真的需要

---

* 一個美國人驕傲地持續到今日的非傳統。

政府。管理兩倍於美國大小的領土對美國人來說將很困難。美國人真的很拙於政府治理。

如果美國——或不願意——打造一個帝國來對抗蘇聯，那麼美國人就需要有足夠人口的盟國，足夠接近蘇聯邊界來縮短美國的距離，有足夠的陸基戰爭技術以彌補美國的海上和兩棲專長，而且足夠富裕而能支應自己的國防支出，以及足夠願意為維護自己的獨立而在必要時不惜一戰。如果美國占領的軍隊駐紮在盟國的領土，同時美國的官員進駐它們的海關，這些條件將不可能存在。

但最重要的是，美國人並不想建立一個帝國，因為他們已經有一個帝國。美國占有的北美土地具有的潛力超越過去任何帝國。而在戰後美國人不但尚未實現這種潛力，而且數十年後也還沒做到。根據人口密度，我們可以（輕易地）宣稱截至二〇二二年美國還沒有做到。何必為了維繫一個全球帝國而把你的子女送到海外進行長期的流血戰爭，而你要做的只是在底特律和丹佛附近興建一些新道路就可以獲得相同的報償？

美國背離國際關係的傳統不只是放棄戰後贏者全拿的重新排列組合，它還延伸到人類生存的本質，從根本上改寫人類的生存情況。

在戰後，美國以布列敦森林協定創造全球化的秩序，從根本上改變了遊戲規則。美國沒有征服它的盟友和敵人，而是提供和平與保護。美國藉由把幾乎所有過去相互征伐的帝國——有些國家甚至彼此展開割喉式的競爭持續數世紀——拉攏在同一個團隊，以改變區域地緣政治。帝國間的敵對讓位給國家間的合作。布列敦森林協定的參與國間禁止軍事競爭，促使那些前帝國（和帝國的前殖民地）不再把目

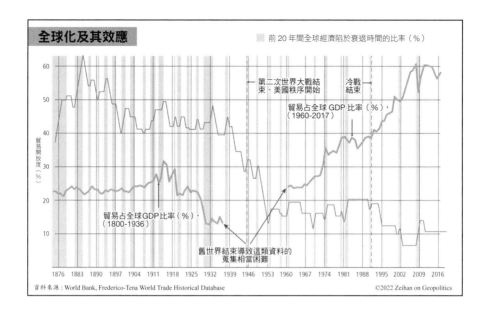

全球化及其效應　　　　　　　　　　前 20 年間全球經濟陷於衰退時間的比率（%）

圖中標註：
- 第二次世界大戰結束，美國秩序開始
- 冷戰結束
- 貿易占全球 GDP 比率（%），（1960-2017）
- 貿易占全球 GDP 比率（%），（1800-1936）
- 舊世界結束導致這類資料的蒐集相當困難

縱軸：貿易開放度（%）

橫軸：1876　1883　1890　1897　1904　1911　1918　1925　1932　1939　1946　1953　1960　1967　1974　1981　1988　1995　2002　2009　2016

資料來源：World Bank, Frederico-Tena World Trade Historical Database　　　©2022 Zeihan on Geopolitics

標放在陸軍、海軍或邊界，而是基礎建設、教育和發展。

這些國家不再為糧食或石油而爭鬥，而是每個國家都能獲得全球範圍的貿易通路。它們不再必須擊敗其他帝國，而是能獲得本國的自主權和安全。比起至今一萬三千年的歷史，這是相當好的交易。而且它運作得非常好。在布列敦森林體系「短短」四十五年間，它不但成功地圍堵蘇聯，而且讓它窒息而死。布列敦森林體系創造出人類歷史上最長和最深入的經濟成長和穩定期。

或者說，直到災難降臨前，它創造了最長和最深的經濟成長和穩定期。

直到美國人贏了。

一九八九年十一月九日，柏林圍牆倒塌。在接下來的幾年，蘇聯喪失對中歐衛星國的控制，俄羅斯喪失對蘇聯的控制，而且莫斯科短暫喪

失對俄羅斯聯邦的控制。美國的盟國網絡都在歡騰、慶賀和遊行*。但一個新問題接踵而至。

布列敦森林協定不是一個傳統的軍事聯盟。為了對抗蘇聯，美國人利用對大洋的控制和優越的經濟地理位置收買了一個聯盟。美國提倡全球貿易並為盟國的出口提供一個無限的市場。在沒有敵人的情況下，布列敦森林聯盟喪失了它存在的理由。戰爭既已結束，有什麼理由期待美國人繼續為這個聯盟花錢？那就像在你繳完房子的貸款後繼續付錢給銀行。

從一九九〇年代開始，美國人似乎懶洋洋地轉進到一個沒有固定形狀的中間地帶。只要歐洲人和日本人願意遵守美國人的區域防衛計畫，美國將繼續維持全球秩序。在蘇聯崩潰後，俄羅斯陷於混亂，伊斯蘭世界變得較平靜，歐洲人的成本似乎已下降，收益也隨之升高。北大西洋公約組織（北約；NATO）面對的最大問題是南斯拉夫的分裂——一場相當深奧難解的事件，其影響並未危及任何北約國家的安全。中東最熱的事件是偶爾爆發的巴勒斯坦—以色列衝突。在亞洲，崛起中的中國逐漸解開毛澤東的教條，但中國是嚴重軍事威脅的說法還是一個笑話。在如此有利的環境下，沒有人會想破壞這種穩定的情勢。

一九九〇年代對大多數人來說是美好的十年。美國提供強大的安全保障。沒有嚴重的國際衝突。全球貿易深入前蘇聯世界，也深入沒有參與冷戰的國家。美國照管安全和提供市場通道的成本逐漸增加，但在和平與繁榮的環境下，一切似乎還能管控。德國統一。歐洲統

---

* 幹得好！

一。亞洲四小龍長吟。中國快速發展，壓低了全球的消費者產品價格。資源生產國，不管是非洲、拉丁美洲或南方大陸國家都大發利市，促進了世界更多區域的工業化。跨越全球的供應鏈不但使數位革命變得可能，而且不可避免。黃金時代。我們都認為這是常態。

但它不是。

後冷戰時代之所以可能，全因為美國繼續承諾一個暫停地緣政治競爭和資助全球秩序的安全典範。隨著冷戰安全環境改變，這項政策不再與需求匹配。我們認為常態的時代實際上是人類歷史上最扭曲的時刻。實際上它極其脆弱。

而它已經結束。

1.4 │ 「我們」的故事

不同的人群有不同的行為。我說的不是地理區造成多樣的族群如羅馬尼亞人、俄羅斯、盧安達人和羅斯維爾人（Roswellians）間的文化差異。我思考的是一個社會裡的水平層面：年齡的差異。

小孩的行為不同於大學畢業的年輕人、中年的父母、空巢期的父母，以及退休者。把他們疊加起來就得出一個現代經濟。將他們分開你就能辨識許多衝擊全球系統的當代趨勢。現代人口結構——專業詞是「人口統計學」（demographics）——是工業革命直接帶來的結果。

放棄農場

　　我們住在哪裡很重要。二戰後時代的最大特徵是大規模都市化。這個都市化的過程在不同時期以不同速率和多樣的方式發生。時間是很重要的差異化因素。工業革命的一切不是同時發生的。

　　被普遍接受的看法是，工業革命的第一步發生在昏昏欲睡的紡織世界。工業革命前的紡織工作通常是家庭手工業。多樣的工廠和獸力投入需要多樣的加工方法，包括從切割、揉布、清棉、櫛梳、煮沸、浸漬、剪切到梳棉。一旦原料經過加工後，它可以紡成紗或捻成線，再撚成更粗的紗，最後以織布機織成布，或加以針織或編織。所有這些工作都很繁瑣，是典型的勞力密集工作，很少人真正喜歡它*。

　　這並不表示無利可圖，所以英國人最早大規模地投入這個產業。剛開始它僱用最便宜的印度勞工從事所有最繁瑣和麻煩的工作。東印度公司創立於一六〇〇年，為的是帶進香料以使英國食物變得較不折磨人的靈性。帝國公民全都知道可以買到精美的棉花、平紋細布、印花棉布，甚至絲網。在嚐過用別人的勞力賺錢的甜頭，並發現從印度來的一切東西都比英國本土紡織業使用的羊毛好後，一場把產品做得更好的競賽隨即展開。

　　隨著十八世紀揭開序幕，英國開始進口棉花——先是從印度次大陸，然後從獨立成美國的美洲殖民地——並開始興建更大規模的家庭工廠混合同業公會的紡織工業。隨著時間一久和來自棉花加工和紡織

---

*　也許除了現代的潮客，而他們的喜歡可能帶著嘲諷。

品製造的利潤增加，工人和老闆開發出增進生產力、複雜性和耐用性的新奇方法。飛梭、紡車、水力紡紗機、珍妮紡紗機（spinning jennies）、走錠細紗機、蒸汽動力、軋棉機、甲卡提花織機（Jacquard looms）、變速紡織機、人造染料。不斷增加的新發明提高了速度、產量和產值的可能性。到一八○○年，所有這些發明已遍及英國各地。

從新發明創造出新發明的效應，使得十九世紀初的棉花產品占英國出口值的比率達到四○％。這個故事還沒有結束。在英國實驗一百萬種紡紗、織布和縫製方式的同時，他們也從使用木炭轉換成使用焦煤和煤，從生鐵轉換成鍛鐵、鑄鐵和鋼，以及從水車轉換成蒸汽引擎。手工打造的工具讓位給車床和銑削機，以便製作可以生產化學品的工具。

逐漸地，人們在這些新技術的開發、操作和改善中找到就業機會。幾乎所有新技術需要在安裝設備的特定工作場所有巨大的空間。舊家庭工廠紡織系統位於農場或牧場，並使用風力（或者更可能是人力）。新工業的條件是位於都市和使用煤動力。鄉間的人力因為人們追逐金錢而枯竭。城鎮變成都市。新的人口集中區製造出新挑戰，推升醫療、衛生、運輸和流通等領域的需求和創新。成百上千的技術進步改變了人類與經濟、資源和地方的關係。

政府開始促進或提供公共服務——從電力到醫療等服務——而這些服務在人口稠密的都市比人口稀少的鄉間更容易提供。大批人口從農場移往城市，追求他們認為可以用較少的個人努力獲得的較高生活水準。

工業革命的第二個面向也一樣能輕易改變人與地理區的關係：化

學肥料、殺蟲劑和除草劑。它們在十九世紀中葉被採用後,許多國家的每英畝農業生產就增為三倍(或更多),同時勞力的投入也減少。農業經濟學從此出現不可逆轉的改變。從此以後不再是城鎮吸引農場的人口,而是農場把人們推進城市。

新都市工業加上農村獲得新超高生產力的結果是,幾乎所有人都開始過城市生活,並衍生出各式各樣人類直到今日仍嘗試解決的問題。其中影響最大的出生率的問題。在農村,生養小孩往往是出於經濟的考慮多過於喜歡小孩。兒童是免費的勞動力,事實上被鎖在父母的經濟需求上。有一種根植於一千年文化和經濟準則的觀念是,子女在父母老邁時將接管農場,或者至少他們不會遠離家園。擴大的親族形成一個隨時支援彼此的部落。這種文化─經濟的動力從有文字紀錄以來就存在,甚至持續到帝國和民族國家的世界。

讓我母親感到十分懊惱的是,都市化把這些準則全都丟到窗外。從一個寬廣的農場遷移到小鎮的四分之一英畝田地──更不用說搬到人口稠密的大都會公寓高樓──子女經濟學也隨之崩潰。子女將不會再有那麼多工作要做,但子女仍需要穿衣吃飯。由於農場的生產不再由父母控制,食物必須花錢買來。雖然小孩可以在夏季打工和送報紙,但最盡心的父母最多也只能期望子女有一個從零開始的財務起跑點。

從小鎮遷移到城市後,養小孩很昂貴很快變成家庭裡的話題。雖然當孩子終於搬出家庭時父母會悲喜交集地十分感傷,但他們很少會感覺到像在前工業時代生存維艱的農場上孩子離巢時可能引起的恐慌。當生育小孩的大部分經濟理由消失時,人們自然會做的事是:少

生小孩。

然而，人口成長在整個工業化過程持續不墜。部分原因是流通系統大幅改善，加上合成殺蟲劑和除草劑以及特別是肥料的發展和運用，創造出愈來愈可靠的糧食生產，消除了饑荒對人口的限制。

部分原因則較不明顯：下水道和廢棄物處理減少了疾病的發生。城鎮生活減少了意外事件，更容易獲得醫療也降低死亡率——尤其是嬰兒死亡率。更好的藥品降低了已經比較不普遍的疾病和傷害的死亡人數。所有人的壽命延長了。如果不靠人們生育更多小孩，在一個世代間提高平均壽命一倍將使人口增加一倍，因為人們將有更長的生育小孩年數。

但這不是說一切都馬上發生。以被普遍認為是工業革命早期最重大突破之一的動力織機為例，它增加了平均勞工每小時的生產十五倍。第一台動力織機的原型出現在一七八五年，但它後來經過五十年、十七次不同階段的改進。然後它又花了近一百年的改造，使織布機的整個運作過程完全自動化，讓梭子在布料用完時無須關掉整部機器。

工業革命的「革命」部分有點誤導人。新技術不是神奇地馬上發展出來或應用的，而是經過設計、原型、改進、大量製造、大量應用，然後歷經兩百年孕育一代又一代更新的技術。從農場到城鎮的轉變花了一段時間。從子孫滿堂的大家庭文化與經濟準則（平均成人壽命僅三十歲），轉變為視子女為麻煩與移動威脅的小家庭（成人活到六十多歲也很常見）需要不少時間。英國家庭的平均人口增為三倍也花了一段時間。

對英國來說，整個轉變花了七個世代。但只有英國是如此。

1.5 | 歷史加快速度

英國發展的工業技術沒有一項注定會是英國獨自擁有的。正如過去的定居農耕、水力、風能技術和大洋時代的往外擴散，紡織、蒸汽、鋼鐵、電力和肥料的工業技術也是如此。因為發展和操作這些新技術的大部分工作已經完成，它們在新土地上的應用速度就變得更快，而這意味它們對人口結構的衝擊也會加速。

第二個經歷工業化大轉型的大國是德國。在一九一四年第一次世界大戰之前的一世紀，德國從一個分裂且經常遭到鄰國掠奪的同業公會式的前工業經濟系統快速演進，變成一個統一的工業、經濟、技術和軍事強國，並在驚人的短暫期間打敗了丹麥、奧地利和法國。德國人口就像之前的英國那樣，因為工業化和都市化而增加到近三倍。德國人口也像之前的英國那樣，因為死亡率降低而壽命延長。德國人口就像之前的英國，出生率大幅滑落。但德國人口和之前的英國不同，可以追隨別人已經走過的道路，所以從頭到尾的整個過程只花了四代人就完成[*]。

在英國和德國的過程中，三個額外的——且完全無關的——問題強化了工業化造成的都市化趨勢。

第一個是女權運動的崛起。

---

[*] 德國工業化過程的速度加上德國的地理區，促成了恐怖的世界大戰。德國人缺少一個海外帝國來吸收他們的過剩人口。即使在一次大戰前的最強盛時期，德國也不夠大，而且一半的領土過於崎嶇而無法輕易開發。一旦工業技術讓德國人口可以擴增，德國人很快發現他們沒有地方擴張，這是希特勒執迷於併吞鄰國的重要原因。

就女權的核心來說，女權運動一直到一八四八年歐洲的革命浪潮時才真正興起。工業時代的技術激起歐洲各地的大規模經濟和政治動亂，以一連串激烈的內戰達到高峰，因為各國內部與國際間的舊政治和社會結構無法因應不熟悉的壓力。新技術有一個共同點：它們需要人，大量的人。一些新技術像是生產線需要大量的非技術勞工。其他技術如石油化學需要有真正技術知識的人——因為，你知道，一不小心就會爆炸。但對所有勞工階級來說，新需求推升勞動成本。文化和倫理道德擺一邊，不管是女人照顧農場而由男人去鎮上的工廠工作，還是由女人自己到新工業紡織工廠上班以賺取比農場年輕工人多一倍的工資，女性從此有了一個成為自己人生主人的經濟理由。

　　傳統社會的女性往往固著於一個特定的地點：農場和家庭。如果發生饑饉或戰爭，冒險外出覓食或上戰場的都是男性，留下照顧家庭的則是女性。這些限制確保了女性人口通常是……不虞匱乏。因此前工業社會的女性一生中生育超過六個小孩很常見。然而工業化打破了家庭和農業的連結，促進女性接受教育，容許女性賺取收入。即使是想要有大家庭的女性也很快發現，職業生涯往往排擠她們工作清單的其他項目，部分原因是每週在工廠工作花數十個小時減少了懷孕的機會。

　　第二個鼓勵生育率下降的因素正好位於女性權利和工業技術的交會點：生育控制。在工業革命之前的時代，最可靠的生育控制方法是算對時間。工業化擴大了選項清單。在一八四五年，美國政府授予查

爾斯‧固特異（Charles Goodyear）一項橡膠硫化專利*，為工業生產低廉、可靠的保險套鋪路。這些進步加上早期的女權運動促進了許多致力於兩性平等的政治和經濟明星崛起——但付出的代價是整體生育率降低。

第三個抑制出生率的因素要歸功於美國在二次大戰後謀劃的國際秩序。在世界大戰摧毀舊制度前，都市化的趨勢已如火如荼地前進，但在自由貿易秩序展開後，世界最先進的經濟體——特別是西歐國家和日本——終於擺脫了不斷重複發生熱戰的負擔。各國可以專注在做它們最擅長的事（至少是它們想擅長的事），而且新秩序帶來的安全環境讓它們得以從半個世界外的地方進口食物。

布列敦森林協定的全球化過程透過擠壓世界各工業化國家的農業而抑制了出生率。在自由貿易前的世界，大量進口糧食幾乎是不可能行得通的選項，這迫使政府做各種經濟和戰略性的計算。

氣候多雲而夏季短暫的德國從來不以富饒的農業系統著稱，但在一九四五年之前大體上戰火不斷的歐洲，德國人不得不盡可能從他們貧瘠的土地生產更多糧食來維繫國家的生存[†]。糧食品質低落的英國能走不同的道路只因為它是一個島國。到了十九世紀末，帝國系統讓英國人能從遠離歐洲的殖民地獲得糧食，而在不同的時期，來源國是埃及[‡]、南非[§]、

---

*　沒錯，就是那個固特異。
[†]　例如，難以下嚥的德式酸菜（Sauerkraut）。
[‡]　美味的烤肉串（kebabs）。
[§]　美味的玉米糊（pap）。

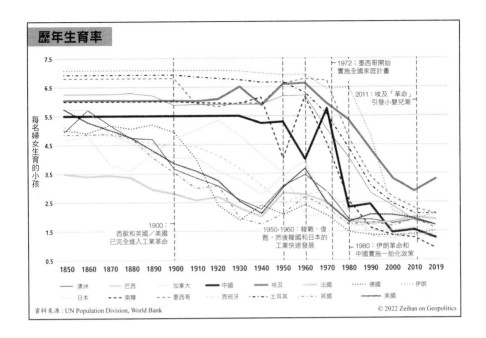

歷年生育率

每名婦女生育的小孩

- 1972：墨西哥開始實施全國家庭計畫
- 2011：埃及「革命」引發小嬰兒潮
- 1900：西歐和英國／美國已完全進入工業革命
- 1950-1960：韓戰、復甦，然後韓國和日本的工業快速發展
- 1980：伊朗革命和中國實施一胎化政策

圖例：澳洲　巴西　加拿大　中國　埃及　法國　德國　伊朗　日本　南韓　墨西哥　西班牙　土耳其　英國　美國

資料來源：UN Population Division, World Bank

© 2022 Zeihan on Geopolitics

印度*、澳洲和紐西蘭†。這些來源選項讓英國人不但得以專注在工業革命的製造面，而且也從遍及全球的帝國獲益。

新秩序藉由執行全球安全體制而顛覆了這套體系，粉碎了各帝國，打開了世界貿易，並促成工業革命農業技術的散播，而美國人也不經意地把「全球農業」推廣到全世界。各國不再需要藉由征服遙遠的農地來保障糧食安全。舊帝國網絡的許多地方現在可以讓生產最大化，以滿足全球的需求而非其帝國宗主的狹隘需求。

全球化世界不但帶來增加的機會，而且帶來規模。更多資本流入更多地方，激發農業的轉變。

---

* 美味的溫達盧咖哩（vindaloo）。
† 美味的帕芙洛娃蛋糕（pavlova）。

更大的農場可以更機械化，以較少的勞力達成更大的效率和產量。這種優化使它們獲得要求更低原料價格的經濟分量。大農場不再從地方商店購買幾十包肥料和簡單的農具，而可以直接與石化公司和製造商直接簽約。這正是小城鎮逐漸沒落的原因。

全球化不只是讓農村空洞化，它也摧毀各地較小的社區，迫使每個人遷進大城市。這不只在美國的內布拉斯加州或澳洲的新南威爾斯州是如此，在像巴西的塞拉多（Cerrado）或俄羅斯的黑土區或中國的稻米帶莫不如此。每一個改變帶來相同的改變：種植更多食物和流通更多食物，但都只需要較少的勞力。

工業革命的初期階段藉由提供工業僱用來吸引人口離開農場，同時合成農業原料的發展也把人口推向城市，但新秩序造成的全球競爭更把農民趕出他們的土地。而即使是如此也是假設崛起的巨型農業公司不會併吞小股東，或各國政府不會強制整併小田地成為更大、更有效率的大農場*。

這種趨勢因而蔓延開來。從有歷史記載以來就缺少區域安全和資本的國家，突然之間首度可以獲得全球資本，變成重要的糧食生產國──甚至出口國。不但糧食的產量增加，成本也下降。這對已開發世界的舊生產國帶來壓力，迫使它們採用新技術以增加產量，或放棄糧食生產以專注在它們較擅長的領域。口味開始多樣化。大多數情況是，國家放棄種植品質不佳的糧食，並大幅增加它們可以種出好品質的作物。美國禁止它的盟國發生軍事衝突消除了各國對糧食可能短缺

---

* 前者在中央控制較薄弱的國家較常見，例如阿根廷、巴西和烏克蘭，而後者在以國家發展計畫著稱的國家則是普遍的作法，例如印度、中國和南非。

的戒懼。全球農產品貿易開始呈現爆炸性成長，國家和帝國自給自足的需要已成為歷史。

美國改變了全球安全和經濟的架構——或更正確地說，美國創造了世界第一個真正的安全和經濟架構——使得過去二百五十年來歐洲獨有的工業化和都市化經驗普及到全球。

第一波全球化衝擊了新秩序聯盟初期的國家：西歐、戰敗的軸心國、受保護的國家如南韓、台灣和新加坡，以及其他盎格魯移民國家：澳洲、加拿大和紐西蘭*。正如之前的英國和德國，這些國家的人民經歷大規模開發、大規模都市化，和死亡率大幅度下降、壽命大幅度延長、人口大幅度增加，和出生率大幅度降低（按照這個時間順序）。事實上，從一九六五年以來已開發世界人口增加——整體而言超過五〇％——幾乎全歸功於壽命延長。正如德國人步上英國人的後塵並經歷更快、更壓縮時間的人口結構改變，二次大戰後的第一批這類國家的情況也很類似。

畢竟，這條道路已變得更容易走。水力——不是電力——提供了最早的工廠動力；這大大限制了古代的城市可以興建工廠的地方，進而限制了所需要的工人。同樣的，可替代的零件和生產線興起比電力早。雖然這類早期的工業努力在規模上超越了過去的製造業常態，但它們仍需要風力、水力，或人力等能源。這限制了它們被採用的速度、規模，並使地點局限在很特定的成功地理區，降低了都市化的衝

---

* 嚴格說，許多西半球國家也屬於新秩序的第一波國家，因為它們也是布列敦森林協定的簽署國，但它們大部分只擁抱這套架構的安全面，而未真正參與經濟面。

擊。但到了一九四五年，德國人已證明電力是唯一可行的道路。突然間工廠可以蓋在任何地方。歷史的速度加快了。雖然英國人領先走在發展的路上，但為所有國家鋪路的是德國人。

英國人花了七個世代時間的發展，德國人只花了四個世代，加拿大人、日本人、南韓人、義大利人和阿根廷人只花了兩個半世代，而一群後來跟進的國家——西班牙、葡萄牙和希臘——只花了兩個世代。

但故事並未到此結束。

冷戰結束後，美國人對前中立國和前蘇聯世界開放加入新秩序成員國的資格，其結果是複製了創造一九五〇年代和一九六〇年代歐洲和日本榮景的資本來源、資源來源和技術來源，不同的是擴大到更廣的世界和更大部分的人類。

更廣大的開發中世界從此得以加入工業化、都市化和人口結構的改變，其中最大的玩家是中國、印度、印尼、巴基斯坦、巴西、奈及利亞、孟加拉、俄羅斯、墨西哥、菲律賓、越南、埃及、衣索比亞和土耳其。正如工業化的工具箱添加了電力加速了這個過程，數位革命也產生同樣的效應。資訊不再鎖在個人的腦袋，而是在電子的河流中自由流動，按按鍵盤就能分享專業知識。創新從一個花費數年的過程縮短到只要幾週。既有的知識可以在幾秒內散播，研究合作可以跨越大陸和海洋。

正如德國人能比英國人更快走這條路，也正如日本人能比德國人更快跑上這條路，以及西班牙人比日本人更快跑在這條路上，現在已開發世界較先進的國家——特別是中國、巴西和越南——能比西班牙更快奔馳在同一條道路。

然而，儘管有眾多意料不到的改變，似乎所有進程不但很順利，而且順暢無比。後冷戰時代真正驚人、甚至神奇的不只是戰爭和饑饉大體上已從世界消失，而且是所有這些國家的人口——老齡化，並且以各不相同的速度增加——為史無前例的極快速經濟成長創造了完美的基礎。

　　從大約一九八〇年到二〇一五年，所有國際連結的系統可以歸於兩個廣泛的類別。

　　第一個類別是人口結構轉變相對較早的國家。死亡率快速下降和壽命快速延長，但出生率下跌還未導致年輕勞工災難性的銳減。這些國家的胃口奇大，而且不只是對食物。大多數個人的支出發生在十五歲到四十五歲的年齡——那是人們購買汽車和住宅、生育子女和追求更高教育的人生時期。這類消費活動是經濟向前的動力，而這個類別的國家有強大的消費能力。

　　第二類的國家是人口結構改變還更早的國家。死亡率仍在下降，壽命仍在延長，但速度減緩了。這些國家工業化開始的年代通常較早數十年，但它們的出生率下降也開始得較早，它們人口結構中兒童所占比率減少也很顯著。優先順序改變了。較少子女意味需要較少花在養小孩和教育的資源，而有更多錢花在買汽車和公寓。較年長的人口已累積較多資本，有更多錢可以儲蓄和投資。這些老齡化社會並沒有變得較不活躍，反而是更活躍，因為它們可以更快速發展和使用科技。生產力大幅成長，製造的產品變得更精密。這些國家缺少的是沒有夠多的年輕人來消費它們生產的東西。

　　美國偶然地為這個問題找到了解決辦法。新秩序的中心原則之一

是美國對所有國家開放市場，同時美國維護世界集體文明的安全承諾意味這些人口結構較老化的國家——這些出口導向經濟體——可以通達全世界的消費者市場。消費導向和出口導向的系統不只得以保持約略的平衡，美國人解決世界的安全隱患還使得真正的全球化得以實現，而且可以欣欣向榮。

但這種情況一點也稱不上正常。全球化一直仰賴美國對全球秩序的承諾，但自一九八九年柏林圍牆倒塌後這個秩序並不符合美國的戰略利益。如果沒有美國在後面驅趕，東亞或中東或俄羅斯周邊會發生什麼事（我不知道，例如一場戰爭）導致這套全球系統崩潰只是遲早的問題⋯⋯這是假設美國不自己放棄這套系統。

但即使美國選擇繼續支撐世界的集團文明架構，這也與全球化能否維繫它的全盛時期無關。一九八〇至二〇一五年一帆風順的日子已經結束。從一九六〇年代在已開發世界、和一九九〇年代在開發中世界各國開始的出生率大幅滑落，到今日已出現持續數十年的效應。

加速工業化的變化因素也加速了人口結構的改變。在一七〇〇年，英國女性平均生育四‧六個孩子。這個數字幾乎與一八〇〇年德國女性平均生育的孩子相同，或與一九〇〇年的義大利女性、一九六〇年的南韓女性，或一九七〇年代初期中國女性平均生育的子女數一樣。現在在所有這些國家，新的平均數字是一‧八個，有些國家還遠低於此*。到二〇三〇年，孟加拉女性平均生育的子女數很可能降到這個水準。

---

* 截至二〇二二年南韓和中國的最新數據顯示的平均子女數是一‧二。

現在談談人口的另一個面向。

每一個伴隨工業化的成長故事都有一個核心因素，就是大部分經濟成長來自人口大幅增加。大多數人未注意到的是工業化加上都市化過程還有一個步驟：低死亡率使人口增加的速度遠超過出生率下跌……但只持續數十年。長壽的好處最後達到最大限度，使一個國家有更多人口，但小孩卻減少。昨日的較少小孩，變成今日的較少年輕勞工，再變成明日的較少成熟勞工。現在，明日已經到來。

在二○二○年代，出生率不再只是下降，它們已很長一段時間如此低，連年齡結構較年輕國家的年輕成人——生育小孩的年齡層——都已減少。隨著已經變少的二十幾和三十幾年齡層進入三十幾和四十幾，出生率將不只是持續長期的下降，它們將崩跌。而且一個國家一旦老年人多於小孩，下一個可怕的階段將無可避免：人口急遽減少。由於許多開始這個過程的國家如今的年輕成人人口已開始減少，這些國家將永遠無法復甦 *。

更糟的是，就像英國帶領世界走上從農村到都市的轉變過程不斷加速一樣，從有大量小孩到有大量退休者的人口結構轉變也已加速。前端的轉變和成長愈快，後端的人口減少也愈快。

發生這種不幸的人口壓縮現象最嚴重的國家是中國。淵遠流長的中國歷史直到尼克森（Richard Nixon）一九七二年會見毛澤東前一直還是處於相對的前工業化階段，那次會見後來證明成功地促使赤色中國反對蘇聯。與中國人結盟的代價很直截了當：加入美國領導的全球

---

* 除非低成本的平民克隆技術出現突破。

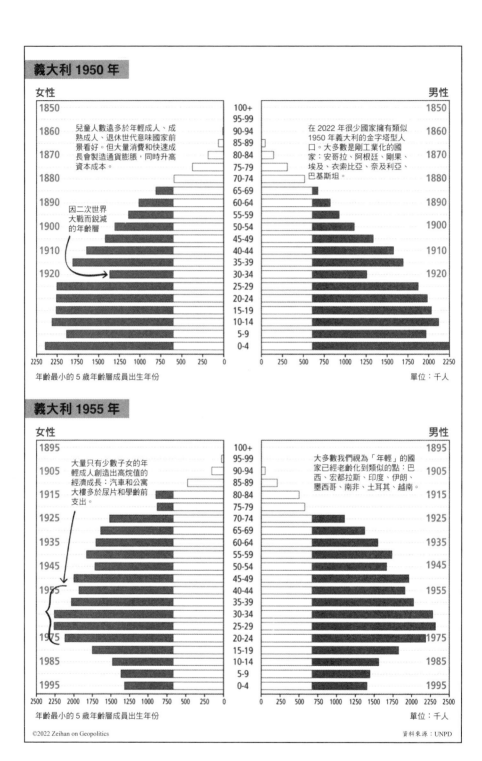

義大利 1950 年

女性   男性

兒童人數遠多於年輕成人、成熟成人、退休世代意味國家前景看好。但大量消費和快速成長會製造通貨膨脹，同時升高資本成本。

在 2022 年很少國家擁有類似 1950 年義大利的金字塔型人口。大多數是剛工業化的國家：安哥拉、阿根廷、剛果、埃及、衣索比亞、奈及利亞、巴基斯坦。

因二次世界大戰而銳減的年齡層

年齡最小的 5 歲年齡層成員出生年份   單位：千人

義大利 1955 年

女性   男性

大量只有少數子女的年輕成人創造出高烷值的經濟成長；汽車和公寓大樓多於尿片和學齡前支出。

大多數我們視為「年輕」的國家已經老齡化到類似的點：巴西、宏都拉斯、印度、伊朗、墨西哥、南非、土耳其、越南。

年齡最小的 5 歲年齡層成員出生年份   單位：千人

©2022 Zeihan on Geopolitics   資料來源：UNPD

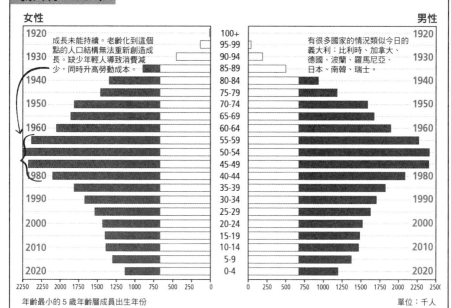

義大利 2020 年

女性　　　　　　　　　　　　　　　　　　　　　　　　　男性

成長未能持續。老齡化到這個點的人口結構無法重新創造成長。缺少年輕人導致消費減少，同時升高勞動成本。

有很多國家的情況類似今日的義大利：比利時、加拿大、德國、波蘭、羅馬尼亞、日本、南韓、瑞士。

年齡最小的 5 歲年齡層成員出生年份

單位：千人

義大利 2040 年

女性　　　　　　　　　　　　　　　　　　　　　　　　　男性

到這個點將只有少數儲蓄者或勞工，以至於義大利的財政和經濟將宣告死亡。

從來沒有國家曾達到這個水準，但現在似乎所有國家都競相墜入谷底。

年齡最小的 5 歲年齡層成員出生年份

單位：千人

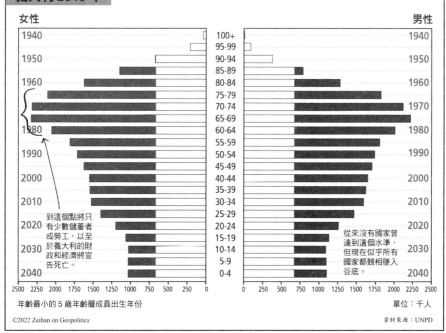

資料來源：UNPD

秩序。約八億名中國人開始踏上工業化之路——一條現在已不是新闢小徑的路，而更像是有雙向高乘載道路的十四線超級高速公路。中國也追隨大部分其他國家建立的模式，死亡率下降了四分之三，人口也等比例擴增。和其他國家一樣，中國的人口從一九七〇年的不到八億人，到二〇二一年時已超過十四億人[*]。

被世界許多國家視為威脅的東西——中國在經濟、軍事和人口的快速崛起——實際上是把兩百年的經濟和人口轉變被擠壓進高速進行的四十年，並因而徹底改變了中國社會和全球的貿易模式……

……以及中國的人口結構。不管你如何分析數字，二〇二二年的中國是人類史上老齡化最快的社會。中國人口的增加已經停止，因為中國的出生率已在一九九〇年代跌落到替代率以下。完全替代的出生率是每位女性生育二‧一個小孩。截至二〇二二年初，中國公布的不完整二〇一一至二〇二〇年人口普查資料顯示，中國的出生率接近一‧三，是人類史上任何國家的最低水準。中國的人口萎縮發生的速度和它擴張時一樣快，人口結構完全崩潰可能在一個世代間就會發

---

[*] 如果這些資料和時間軸看起來有點壓縮，那是因為它們確實如此。從地理上，中國是一個極其複雜的國家，也創造出一個複雜和分歧的政治歷史。地理多樣性和政治鬥爭使得中國的發展並非遵循單一的道路。像上海等地方早在一九〇〇年就開始展開（不均衡的）現代化，而中國北方大多數地方直到一九五八至一九六二年的災難性大躍進運動，才開始實驗這個進程。造成的人口成長也一樣不均衡：部分沿海地區經歷人口大幅增加比其他地區早。整體來看，從一九五〇年到一九七〇年，中國人口從五億四千萬人增加到八億一千萬人。在這個過程中，大躍進製造出人類史上最嚴重的饑饉之一，造成一千五百萬人到五千五百萬人死亡，視不同的記錄而定。所以在尼克森訪問前，「中國」是否完全未工業化？不是。中國當時的碳排放已占全球五％。但中國很龐大，因此那些排放是來自住在最進步沿海／南方城市只占中國很小比率的人口。

生。中國確實很驚人，但不是因為大多數人以為的原因。中國將很快從工業化前的財富和健康水準，在一個人的有生之年間進入到後工業的人口崩潰。剩下的時間可能沒有多少年了。

但中國不是唯一快速老化的國家。工業化過程有早有晚的性質——先從英國，繼之以德國、俄羅斯、西北歐國家，然後日本、韓國、加拿大，以及西班牙——加上這個過程穩定地加快的性質，意味大部分的世界人口將在大約同一時期面臨大量人口退休，和繼之而來的人口崩潰。世界人口結構已經在二十到四十年前，通過了無法回頭的點。二〇二〇年代將是它整個崩解的十年。

對差距巨大的各個國家如中國、俄羅斯、日本、德國、義大利、南韓、烏克蘭、加拿大、馬來西亞、台灣、羅馬尼亞、荷蘭、比利時和澳洲，問題不在於這些國家何時將老齡化到過氣。所有人將看到勞工年齡層在二〇二〇年代進入大規模退休。沒有一個國家將有足夠的年輕人，甚至無法假裝能更新它們的人口。所有國家都將進入人口發展的末期。真正的問題是它們的社會將如何和多快崩解？還有它們是否默默地凋零，或者會在垂死的暮光中頑抗不屈？

緊緊跟在它們之後的是另一批出生率下跌還更快的國家，它們將在二〇三〇年代和二〇四〇年代面臨同樣的人口結構瓦解：巴西、西班牙、泰國、波蘭、澳洲、古巴、希臘、葡萄牙、匈牙利和瑞士。

再更晚的二〇五〇年代是另一批出生率下降略晚的國家，如果它們能讓今日二十幾和三十幾歲的年輕人生一大堆小孩，它們可能還有機會避免一場人口幻滅，不過老實說，這些國家出生率下跌的情況如此嚴重，所以未來的展望不容樂觀：孟加拉、印度、印尼、墨西哥、

越南、伊朗、土耳其、摩洛哥、烏茲別克、沙烏地阿拉伯、智利和捷克共和國。

另一批國家——大多數位於拉丁美洲、下撒哈拉非洲或中東的較貧窮國家——甚至還更應該擔心。它們的人口結構年輕很多，但那不表示它們的情況較有利，因為影響經濟和人口結構健康的因素不只是人數和年齡。

這些國家大多數是開採經濟體（extractive economies），出口各種原料商品，並以收入來供應進口糧食和／或消費者產品給它們的人口。它們已經以許多方式受到工業化過程的部分影響——主要是低死亡率、較可靠的食物供應、都市化程度升高，和人口激增——但沒有經歷能讓進步持續不墜的部分：教育水準提高、現代化國家、附加價值型經濟系統、社會進步、工業發展，或技術成就。

在一個安全而全球化的世界，這種混合模式可能緩慢發展，只要商品能繼續流出和錢持續流入。但在不安全而分裂的世界，貿易受到許多限制，這些國家面對的最大問題將不是直接的國家崩潰。這些國家的人口極易受遙遠海外發生的改變影響。降低死亡率和提高生活水準的工業技術不會消失，但如果貿易中斷，這些技術可能斷絕。如果有任何事影響到這些國家的商品流出或收入和產品的流入，很可能整個國家將因而瓦解，同時出現嚴重的大規模饑荒。經濟發展、生活品質、長壽、健康和人口增加，都取決於全球化的運作。或者——就這種情況來說——去全球化。

1.6 ｜ 學習一個可怕的詞：去文明化

讓我們用較不理論性的方式討論：

我住在海拔七千五百英尺的科羅拉多州山間農村。下雪不是冬季才會發生的，而是日常生活的一部分。我剛搬到這裡時對自己想：「我自己一個人嗎？重新開始？住新家？做新的『你』？我們讓身體動起來吧！」我開始幾乎每天健行，而碰到下雪時，我會展開熱烈的攻擊！用一把鏟子。

只有一把鏟子。

那是我做過最蠢的一件事。

一個月後我準備了一台汽油驅動的 Toro 牌吹雪機。原本要花二十四小時、幾乎讓我累癱的苦役，現在變成不到兩小時的輕鬆工作。

那二十幾個小時的勞役只是清理我的車道和走道。只是我的家。從我的車道到附近的山腳下要步行兩英里，然後要走七英里半蜿蜒的山谷進入丹佛市所在的高地平原。那需要鏟無數的雪。沒有汽油驅動的鏟雪設備，我位於海拔七千五百英尺的房子根本不可能興建，理論上甚至不可能維護 *。

而我們是在丹佛，坐落於過去很恰當地稱為美大荒（Great American Desrt）的高原。從低濕的中西部往西走，地勢穩定地上升並

---

* 對那些認為我應該用電力驅動取代汽車的綠能擁護者：我嘗試過。用鏟子可能更快些，電動馬達的力量根本無法快速鏟雪。碰上四英寸的積雪時，我大約得花五小時清理我的空間。超過這個厚度時，電動馬達就有燒壞的危險。更糟的是，每隔很短的時間就有這種危險。

變乾燥。丹佛位於落磯山脈的佛蘭特山脈（Front Range）東側，正好是背風少雨地帶，每年的降雨量不到七英寸半。高海拔意味任何降雨會很快蒸發。在「一里高」的丹佛，濕度極低，小雪直接昇華為水氣的比例多過於融化。科羅拉多州約四分之三人口居住在大陸分水嶺以東類似條件的地方，但落在科羅拉多州土地的降雨有約四分之三降在分水嶺西邊。

丹佛——科羅拉多州——以兩種方式解決這個問題。第一是在每個地方興建水壩。看所有地圖上位於佛蘭特山脈東部邊緣每個像丹佛的都市，你會注意到湖泊，許許多多的湖泊。但它們不是湖泊，而是設計用來盡可能蓄積更多春季融雪洪水的蓄水池。科羅拉多州的都市已修改它們周邊的地形，以竭盡所能貯存所能獲得的每一滴水。

這還不夠用。第二個方法是鑿通落磯山脈以連結該州分水嶺的西部和東部的人口。目前有二十幾條這種跨盆地的大型引水道。整體來看，貯存每一滴水和每年引水約二百五十億加侖水，讓科林斯堡（Fort Collins）、埃斯特斯公園（Estes Park）、格里利（Greeley）、波德（Boulder）、科羅拉多泉（Colorado Springs）、普韋布洛（Pueblo）和大丹佛得以生存。該州幾乎整個農業區也是如此。

如果沒有興建和維護這套水管理系統的技術，佛蘭特山脈附近各城市可維繫的最大人口將從它目前的約四百五十萬人，銳減到只剩十分之一。

世界各地人口居住的地方大多數也有類似的故事。也許它是基礎設施的問題。也許是氣候。也許它與資源、食物或安全有關。但結論永遠一樣：不管任何原因使得產品和服務、能源、食物的全球流動中

斷，人口、政治和經濟的地圖將隨之改變。

在後全球化世界，擁有多樣資源的大國如美國可以調度國內的產品以使一切運作順利。我完全不擔心我無法為我的吹雪機（在明尼蘇達州製造）買到汽油（以科羅拉多州生產的原油在科羅拉多州提煉），以整理我房子（木頭來自蒙大拿州）的汽車道（瀝青來自奧克拉荷馬州），讓我可以在這裡遠距工作（我的電信網路由來自俄亥俄州的鋼鐵、肯塔基州的鋁和德州的塑膠組合而成）。

極少地方有這種多樣性、觸角、通道和冗餘。大多數地方依賴——往往是完全依賴——全球化來實現即使像清理積雪這種「單純」的事情。我們忍不住要問，上海要是沒有石油會是什麼情況？柏林沒有鋼鐵又如何？利雅德沒有……食物呢？去全球化不只意味一個更慘澹、更貧窮的世界，而是遠為嚴重的情況。

一個分崩離析的情況。

要說明這種分崩離析可能像什麼，目前全世界有兩個令人不安但可以理解的例子：辛巴威和委內瑞拉。在這兩個例子中，超乎尋常的錯誤管理摧毀了兩個國家生產出口產品的能力——辛巴威是糧食，委內瑞拉是石油和石油產品——導致資金極度匱乏，以至於進口能力幾乎全面崩潰。在辛巴威，最終的結果是長達十多年的負經濟成長，並陷入比大蕭條時期更慘澹的情況，大部分人口退回到只能餬口的農耕生活。委內瑞拉沒有這麼幸運，在經濟崩潰前它仰賴進口超過三分之二的食物。委內瑞拉石油生產急遽減少，甚至使該國缺少播種作物所需的燃油，導致西半球歷史上僅見的嚴重饑荒。

我不是隨便舉這些例子。你要用來描述這種結果的搜尋詞不是

「去全球化」或「去工業化」，而是「去文明化」。

　　我們對人類文明所知的一切是建立在組織這個單純的概念上。當一個政府規定一些像是「不得殺害你的鄰居」的基本準則後，人民就開始做人會做的事：建立家庭、種植食物、製作工具。人民開始貿易，以便農民不需要磨麵粉，鐵匠不需要自己種植糧食。這些分工讓我們在我們選擇的領域更有生產力——不管是農耕、磨麵粉或打鐵。社會變得更富裕和更擴大。更多土地，更多人，更多分工，更多互動，更多國內貿易，更大的規模經濟。

　　這個模式從文明初期就一點一點發展出來，但經常發生的不只是挫敗，而是崩潰。帝國興起並衰亡，而當它們衰亡時，它們的大部分進步也隨之消失。美國領導的秩序不只是改變遊戲規則，它也讓秩序體制化，進而讓工業化和都市化擴散到全世界。這造成全球人口結構從有許多小孩轉變成有許多年輕和成熟的勞工，創造出人類過去從未經歷過的持續消費與投資的榮景。在安全獲得保障和資本、能源和食物不虞匱乏下，六千年的盛衰起伏被無法阻擋的進步列車所取代。

　　在美國的秩序和這個神奇的人口結構下，我們已變成如此專業化和我們的技術已進步這麼多，以至於我們變得完全沒有能力做過去很基本的工作。試試自己發電或生產足夠生活的食物，同時繼續你的全職工作。讓這一切成為可能的是連續性（continuity）的概念：我們今日所享受的安全到明日還會存在，而且我們可以把我們的生活交給這些系統。畢竟，如果你很確定政府明天會崩潰，你可能不在乎你的經理人要求與工作相關的顏色分類細節有多重要，而會把時間花在學習醃漬蔬菜。

勞動的超級分工已經來臨並成為常態,而貿易已變得如此複雜,以至於出現各式各樣的經濟分支部門(放款專員、鋁擠型工人、倉庫規劃顧問、拋砂工人)。這種專業化也不限於個人。在世界和平下,各國也能分工。台灣專精於半導體。巴西專精於生產黃豆。科威特的石油。德國的機械。文明化過程不斷朝向終極、最佳化的高峰。

但「最佳化」和「自然」不是同樣的東西。此時的一切——從美國重新建構安全架構到史無前例的人口結構——都是人造的。而它正在崩壞。

每個國家進入人口結構和全球化崩解階段的方式各不相同,但它們有一些共通點:減少互動意味減少管道,進而意味減少收入,進而意味較少規模經濟,進而意味較少勞動分工,進而意味減少更多互動。匱乏迫使人民——迫使國家——照顧自己的需求。連續性和勞動分工的附加價值優勢因而消失。每個人變得效率降低。生產力降低。而這意味一切都減少:不只是電子產品減少,電力也減少;不只是汽車減少,汽油也減少;不只是肥料減少,食物也減少。部分的加總比總和少。而且它有複合效應。電力短缺傷害製造業。食物短缺減少人口。較少人口意味較少需要勞動分工才能運作的東西,例如道路營建或電力網或食物生產。

這就是「去文明」的意思:一連串的崩塌造成的不只是損壞,而是摧毀現代世界運作的基礎。在美國秩序之前,不是每個地點都有建立文明的合宜地理條件。在這個秩序終結後,不是每個地點都能維繫文明。

一個像墨西哥這樣與美國緊密連結的國家,在沒有進口亞洲零件

的情況下將難以維持工業成長是一回事。一個像南韓這樣的國家在失去進口石油、鐵礦砂、糧食的管道和出口市場下，將難以為繼則是另一回事。

最糟的是，許多較不先進的國家完全仰賴其他地方建立的文明。辛巴威和委內瑞拉是國家選擇某種去文明道路的例子。對大多數國家來說，去文明將因為它們無法影響（更別說控制）的另一個大陸或更遙遠地方的事件，而強加在它們身上。即使像巴西、德國或中國的小危機，都會中斷對玻利維亞、哈薩克或剛果民主共和國的原料需求，使這些弱國損失收入，並因而無法進口它們維持基本現代化的產品。況且這個世界的巴西們、德國們和中國們，面對的將不只是小危機。

在不斷惡化的慘況中有幾個亮點。

少數難得的國家在保持高度發展的同時避免了出生率大幅下跌。這份名單少得可憐：美國、法國、阿根廷、瑞典和紐西蘭。就這幾個國家。即使政治氣氛和諧，即使每個國家都有一致的想法，即使所有美國人、法國人、阿根廷人、瑞典人和紐西蘭人都願意把世界的的需要擺在他們的需要前面，整個人類人口結構大規模的轉變意味這些國家加起來還不足以形成支撐新全球系統的基礎。

從大多數衡量標準看——特別是教育、財富和健康——全球化取得豐碩的成果，但它原本就不可能長久持續。從戰略和人口結構的角度看，你和你父母（甚至你的祖父母）認為是正常、良好和正確的生活方式——這是指過去的大約七十年——實際上是人類歷史上的異常。特別是一九八〇至二〇一五年這段期間是歷史上特別獨特、孤立和得天獨厚的一刻。但這一刻已經結束。這個時刻肯定不會在我們這

一生再度來臨。

而這還沒有說到壞消息。

1.7 │ 更多已不可得

在大洋航行之前的舊時代，人類經驗的高點並不怎麼高。大多數統治系統是帝國和封建制度的混合。

問題在於人和國家能到達的範圍。

少數幾個具備豐饒條件的地理區把自己建設成帝國中心，並利用它們的財富對外進行軍事和經濟的擴展以控制其他領土。有時候這些中心會發明或採用一種改變區域權力均勢的技術，創造更大的成就和攫取更多土地。羅馬人利用道路更快速地派遣軍隊到各地。蒙古人發展出鐵馬鐙，讓蒙古鐵騎幾乎所向無敵。

但這些技術終究都會散播到競爭的國家，並因而消除了強國的財富優勢。當然，沒有人想要變成其他國家占領下的臣民，每個國家都嘗試發展或採用對手的技術。著名的迦太基名將漢尼拔（Hannibal Barca）曾馴服一些幼象，利用牠們以出其不意的方式攻擊羅馬的核心領土。波蘭人蓋了一系列能抵擋馬匹的城堡，讓他們在蒙古騎兵席捲下逃過災劫。

這是大圖像的情況，但並不是很精確的描述，或者至少不完全。從組織的角度看，帝國的擴張不是常態。當然，我們知道這些技術和反技術的鬥爭都已是歷史，但每有一次成功的帝國擴張就有一次帝國

崩潰，還有無數轉眼間就失去的領土。

小圖像確實很小。

在地方的層面，生活並沒有這麼戲劇性。大多數人是農奴，過著喝稀粥、勉強餬口的農耕生活。農奴能過安全的生活完全仰仗他們與地方領主的關係。這些領土控制有防禦工事的城鎮或城堡，當劫掠者或小軍隊入侵時，農奴會慌忙地躲到城堡中直到威脅過去。為了「交換」這種安全，農奴向封建領土繳納稅金、糧食和勞力*。由於最常見的納稅方式是交出一些剩餘糧食，所以不同的領主間沒有多少產品差異可以進行貿易。那不是一個鼓勵廣泛的互動、教育、進步或發展的系統。沒有很多變化。長期以來一直如此。

這兩個系統的經濟學不幸地很類似。封建制度只是安全的交易：領主提供農奴保護，而農奴把人生交給他們的領土；交換完成。帝國系統沒有多大的不同：任何大規模的「交易」必須存在於帝國境內。確保獲得新產品的唯一方法是冒險跨越邊界和征服。由於任何優勢都是暫時的，最重要的莫過於帝國中心與其各省分的安全與忠誠的交換，並由帝國的軍隊來確保其執行。

餅不是很大。它只能慢慢變大。它通常是變小。沒有國家能有取得一切東西的通路，而地理法則又嚴重限制貿易。人類的確彼此爭鬥，嘗試控制帶著霉味且破碎的餅。

然後，突然之間——從歷史觀點看——一切都改變了。

哥倫布在十五世紀末的探險開啟了一連串交互關聯的連鎖反應。

---

* 「交換」意味心甘情願的關係。農奴基本上是鏈在土地上的奴隸。如果貴族出售他的土地，通常農奴包含在交易中。

大洋航海先是促成西班牙和葡萄牙、然後是英國和眾多其他國家向外擴張,與藉由海洋能到達的每一片土地互動。帝國仍然存在,但它們的經濟基礎已經改變,因為它們可以取得任何地方的幾乎任何產品。在更廣大的經濟基礎和更大的系統下,地方封建系統的經濟學隨之崩潰。帝國戰爭需要更多人口。帝國的經濟擴張需要更多勞工。帝國的貿易創造新工業。在所有例子中,封建領土是絕對的輸家,除了僅能餬口的生存外,他們無法提供任何東西。

隨著幾百年過去,經濟的改變帶來預期心理的改變。餅不再只有一片和發霉,它開始變大,而且它將不斷變大。而那正是我們今日所知的世界。

更多產品;更多玩家;更大的市場;更多市場;更方便的運輸;更多連結;更多貿易;更多資本;更多科技;更多整合;更普及的金融。更多和更大,以及更大和更多。

一個更多的世界。

從哥倫布航向大洋以來,人類的經濟學一直是以這個更多的概念為定義。世界在更多的概念中演進,而這個合理預期更多的概念,最後變成摧毀大洋時代之前的帝國和封建制度舊經濟學的東西。新的產品、市場、玩家、財富、互動、相互依賴以及擴張,都需要管理新關係的方法。人類發展出許多新經濟模式,其中最成功和持久的模式證明是法西斯統合主義(fascist corporatism)、指令式共產主義(command-driven commanism,注:此用語來自指令式經濟,指國家在生產、資源分配及產品消費皆由政府事前規劃,義同計畫經濟)、社會主義和資本主義。這些系統間的競爭成了過去幾世紀人類歷史的重要標記。

在核心層次上，所有經濟模式都是分配的系統：決定了誰得到什麼、在什麼時候，以及如何得到。

- 資本主義是大多數美國人最熟悉的。這個概念就是政府應該盡可能不干預，並把大多數決定──特別是有關消費與生產、供給與需要、技術和通訊的決定──留給私人部門的市民和公司。資本主義是美國的經濟基準，但美國人不是世界唯一的資本主義國家：日本、澳洲、瑞士、墨西哥、台灣、黎巴嫩和波羅的海國家都有各自版本的資本主義制度。

- 社會主義是基準（如果你是在歐洲），或者是敵人（如果你支持美國的政治右派）。在現代的社會主義制度下，公司、政府和人民處在一個不斷改變的合作與鬥爭的萬花筒。不過，所有真正社會主義架構的核心概念是，政府屬於經濟系統，是這個系統不可分割的部分。爭議之處是政府角色應該有多核心，以及政府應如何使用其權力和觸角以塑造或維繫社會。加拿大和德國可能是當代管理良好的社會制度的典範。義大利、巴西和南非版的社會主義可能⋯⋯還需要加把勁 *。

- 我也相信有一些古典政治科學家和／或理論家把「社會主義」和「勞工擁有生產工具」相提並論。那從未發生過，而我傾向

---

* 值得注意的是，許多自稱社會主義的制度實際上完全不是。例如，最讓美國右派無法接受的是委內瑞拉的「社會主義」。在委內瑞拉，社會主義是菁英用來當作政治掩護的品牌，實際上他們卻為個人私利劫掠看上的一切東西。我們應該害怕這種社會主義，但那不是社會主義，而是竊盜統治。那絕不是一種能運作的主義。

於忽視從未發生過的事。當代經濟學家把「社會主義」這個詞與歐洲優渥的福利國劃上等號，而我覺得沒有必要與他們爭辯。

- 指令式共產主義是極端荒謬形式的社會主義。它的概念是，一切資本主義會外包給私人部門做的事情都得由政府來決定。取消私人的選擇——和整個私人部門——使政府得以指導社會的所有力量，以達成需要達成的目標。蘇聯是使用指令式共產主義的最大和最成功的國家，但其他版本也出現在許多政治菁英特別擅權的地方。冷戰年代早期的南韓是一個管理良好、相當封閉的命令式體制，但在政治上卻積極「反共」[*]。

- 法西斯統合主義是我們不常想到的一種主義，它融合企業領導和國家領導。政府做最終的決定，而它顯然會協調公司以達成政府的目標，但關鍵詞是「協調」。公司是與政府支持並由政府指導的，但不一定由政府經營。在管理良好的法西斯經濟體，政府可以拉攏私人部門以達成廣泛的政府目標，例如興建一條高速公路或消滅猶太人。但大部分時候日常管理由公司自己決定。希特勒統治下的德國顯然是現代法西斯統合主義制度的主要例子，而冷戰後期的南韓實施了二十年的法西斯主義後，才轉向比較資本主義／社會主義的方向。當代的「共產主

---

[*] 我相信有幾個理論家和／或經濟學家讀到這裡時會想知道我對「真正」或「純粹」共產主義的看法：國家是一個公平的機制，把有能力的人所提供的產品和服務分配給需要的人。從馬克思（Karl Marx）以來，沒有一個國家嘗試這個概念……未來也不會有國家嘗試，因為人就是人，而在這種制度下有能力者如果不是變成懶漢，就是會出走。不同意？長大吧。要不然回到你自己的星球，去和不是人類的物種居住吧。

義」中國更像法西斯主義國家，而非像社會主義，更不用說共產主義了。阿拉伯之春後的埃及也是如此。

每一種模式各有利弊。資本主義犧牲平等以使成長最大化，包括經濟和技術的成長。社會主義犧牲成長，以成就包容性和社會和諧。指令式共產主義消滅活力，換取穩定和特定的成就。法西斯統合主義嘗試達成國家目標而不犧牲成長或活力，但代價是否定民眾意志、大規模國家暴力、史詩級的嚴重貪腐，以及少數人就能決定發動國家支持的恐怖種族滅絕。資本主義和社會主義往往能包容民主和隨之而來的政治雜音。指令式的共產主義和法西斯統合主義的政治則遠為……安靜。

但這些我們在近幾個世紀發展並在近幾十年修正過的主義都將面臨一件相同的事，就是我們的世界即將缺少一種東西：更多。

地緣政治學告訴我們，二次戰後和特別是冷戰後的經濟榮景是人為的，而且隨時可能改變。就定義看，回歸較「常態」的軌道意味需要……收縮。人口統計告訴我們，大量消費驅動的經濟體的數量和集體的人數已達到高峰。在二〇一九年，地球上超過六十五歲以上的人口出現有史以來僅見的比五歲以下的人口多。到二〇三〇年，世界上的退休者將是現在的兩倍。

幾乎所有占據有利發展的地理條件、而且沒有美國安全保障的國家都已經發展了。幾乎所有這些國家的人口結構惡化都已持續了數十年。幾乎所有這些國家的人口年齡都已進入老齡化階段。

另一方面，那些不具備有利地理條件而需要美國資助的國家都已

錯過時間窗口。夾在中間的是那些地理條件中等、並在過去數十年來在美國協助下發展的國家，現在都發現人口結構和地緣政治的條件已經消失。

結合地緣政治學和人口統計學，我們知道未來將不會出現新的龐大消費系統。更糟的是，拜美國的不作為所賜，全球經濟的餅不只會縮小，而且還正在碎片化成為不整合的小塊。

想想你居住的城市。如果它需要的一切製造業產品、食物和能源都必須自己供應呢？即使你的城市是上海或東京、倫敦或芝加哥，你將不可能再過你現在的生活。如果美國秩序所做的是把世界的大部分地方裝進一個單一的「城市」，我們都專精於各自擅長的事——不管是摘酪梨或切削金屬、純化丁二烯或組裝快閃硬碟、架設風力渦輪機或教導瑜伽——然後我們以販售我們擅長做的事所獲得的收入，購買我們不擅長做的產品和服務。這並不完美，但它促成了人類有史以來最偉大的技術進步，帶我們進入數位時代，並創造了對愈來愈高階教育的愈來愈大的需求。

但這些都不是「常態」世界的自然結果，而是美國創造的安全和貿易秩序的人為結果。如果沒有世界和平，世界將變小。或者更精確地說，一個大世界將碎裂成幾個小世界（而且經常是相互敵對的小世界）。

老實說，我們既有的各種主義都完全沒有能力管理未來的挑戰。

- 無法帶來成長的資本主義將製造大規模的不平等，那些已經有政治關係和財富的人將操縱制度，以控制愈來愈大部分的愈來愈縮小的餅。其結果往往指向社會爆炸。看眾多例子中的三個

就能了解情況將如何惡化：大蕭條期間美國的無政府主義運動、鏽帶（Rust Belt）的去工業化導致川普在該地區的崛起，以及黎巴嫩內戰引發的全面社會崩潰。

- 社會主義的前景還會更黯淡。即使餅能變大，社會主義也無法創造資本主義所創造的成長水準，何況餅正變小。社會主義也許能保持經濟平等，但那也不太可能拯救這個模式。與至少菁英可能勉強度過難關的資本主義不同，社會主義下的所有人情況將逐年惡化，其終局可能是大規模動亂和國家分裂。

- 法西斯統合主義可能藉由外包經濟的實際管理工作給大公司而提供一個選項，但最終它將面對和資本主義與社會主義一樣的問題——權力集中在大公司造成的不平等、經濟大餅縮小的退化性停滯——而由於政府顯然控制大局，其結果將是從互相指責轉變成揭竿起義。

- 最後剩下指令式共產主義。悲哀的是，它可能是四種主義中最可能存活的一種。但它只有藉由《一九八四》式的政治宣傳獨裁統治鎮壓輿論，粉碎人民的靈魂到一定程度才能辦到。當然，它仍會具有我們已知這種模式有的各種缺點：只有在管理這種指令式經濟的人猜對哪些技術將能勝出，和哪些產品將被需要，以及如何取得製造它們的相關原料投入，它才真正行得通——而且每一次都必須猜對。

我們將不只是面對一個人口結構導致的經濟崩潰，而是面對一個五百年經濟歷史的終結。

截至目前，我只看到兩種既有的經濟模式可能在我們即將演（退）化的世界中管用。兩種模式都十分老派：

第一種是單純的舊帝國主義。這種模式要能行得通，國家必須擁有一支軍隊，特別是具備大規模兩棲攻擊海軍能力的軍隊。這支軍隊冒險征服領土和人民，然後任意剝削被征服的領土和人民：強迫勞工製造產品，奪取被征服領土的資源，對待被征服人民有如獨享的市場以銷售自己的產品等等。大英帝國在最強盛時最擅長做這些事，但老實說，其他後哥倫布時代自稱「帝國」的政治實體也不遑多讓。如果這聽起來像大規模的奴隸制加上一些主人和奴隸間的人口和法律置換，你想的方向就大致正確了。

第二種是所謂的重商主義（mercantilism），一種嚴格限制任何其他國家出口任何東西給國內的消費群，同時極力把國內生產的一切產品強賣給其他國家的主義。這種強賣往往帶著摧毀他國生產能力的目標，以便目標市場長期依賴你的供應。帝國時代的法國當然從事這種重商主義作法，但所有後來崛起的工業強權也是如此。英國人在十九世紀初期以傾銷產品給德國人著名，而德國人在十九世紀末也對他們能通達的國家採取這套作法。我們可以公允地說，重商主義在二○○○年代和二○一○年代正是中國標準的國家經濟政策（在美國戰略掩護下執行）。

基本上，兩種可行的模式會在吸乾其他國家的目標下執行，以便把整體經濟錯置的痛苦從侵略者轉移到被侵略者。實際上這就是從變小的餅攫取更大份的餅。兩種模式理論上在一個變貧窮、更暴力、更碎裂的世界可能行得通——特別是結合這兩種模式時。但即使結合兩

種模式，帝國重商主義的一些版本仍面對一個超過能力而可能致命的問題：

太多槍，但士兵不夠多。

在舊帝國（和重商主義）時代，當英國人（或德國人、法國人、荷蘭人、比利時人、日本人、葡萄牙人、西班牙人、阿根廷人）出現時，他們把槍砲帶進軍事技術仍停留在矛和刀的地區。新來者通常只要懲一儆百就能讓當地人乖乖就範，照他們的話做。擁有這麼銳利且明顯的科技優勢意味占領者可以用極少的武力控制領土。最好的例子可能是在英屬印度。英國人在這個南亞殖民地的駐軍通常（遠）少於五萬人——有時候不到一萬人——就能控制超過二億的當地人口。以一名占領者控制四千名占領者的高比率，那就像以我家鄉愛荷華州馬歇爾鎮的人口，嘗試占領美國西部的密西西比州。

在一邊已工業化、另一邊未工業化的時代，以這種不平衡的人數還可能行得通。但隨著印度人技術更進步，英國人繼續維持控制的想法很快就從遭到質疑變成被視為異想天開。印度人把英國人送回老家只是遲早和政治意志的事 *。

今日的世界當然有一部分地區比其他地區更工業化（和有更強大的軍備），但工業化世界和前工業化世界的差距已不再像十九世紀那樣巨大。想想美國（一個幾乎是最工業化的國家）嘗試重新塑造阿富汗（一個幾乎墊底的國家）會有多好玩。你不需要專精於生產槍砲、鐵路、瀝青、電力、電腦和手機，才能擁有槍砲、鐵路、瀝青、電

---

* #GandhiIsBadass.

力、電腦和手機。

二〇二二年後的世界還可能維持海外帝國的國家，將是那些具備三項條件的國家：有明顯的綜合文化優勢、有可以投射到無法有效抵抗地點的軍事力量，以及擁有有許多、許多、許多、許多可用的年輕人。

過去曾同時擁有上述幾種條件的國家是第二次世界大戰後的美國。美國在十九世紀和二十世紀初的崛起歸功於技術、地理、人口和經濟等因素，當戰火在一九四五年停息後，美國人更同時擁有科技、地理、人口、經濟、軍事，以及戰略和數量的優勢。但即使是在當時，美國人選擇不占領他們已經占領的領土——即使他們的潛在屬地把美國人視為解放者並歡迎他們。今日我們生活在一個人口結構加速崩潰的世界。沒有一個國家敢宣稱同時擁有年輕人和擴張能力的組合，能夠以用具成本效益、且能長久持續的方式投射力量到毗鄰的地區之外。

最可能管理的是在一個前大洋的時代區域性帝國建立區域性的超級強權地位，並以最粗暴的方式支配毗鄰地區：透過直接脅迫和／或征服。即使如此，我認為除了法國或土耳其——擁有穩定的人口結構、強大的工業基礎，和科技優勢凌駕未來潛在新殖民地的國家——以外*，很少有其他國家有能力採取這種作法。剩下的將是一個在很少地區的很少國家理論上能玩的數字遊戲，而且實際上能否得到好處也還未可知。此處有關可能的經濟模式的討論不是要讓你沮喪（雖然我

---

* 我的前一本書《不聯合國》（*Disunited Nations*）談到有關這兩個國家過去、現在和未來的許多為什麼和如何。

認為那是完全合理的結果），甚至也不是要預測最可能的結果。

討論的目的是要凸顯兩種結果：

第一，一切都將發生改變。不管世界發展出哪一種或許多種新經濟系統，我們現在都不可能確定它們能否存活。我們未來可能需要遠為大量的資本（退休者像海綿那樣吸收它們），但我們將只有遠為不足的資本（較少的勞工意味較少的納稅人）。這表示經濟成長和科技進步（這兩項都需要資本的投入）將陷於停滯。而這只是其中一個面向。資本主義、法西斯主義和其他主義設計用來平衡或管理的一切——供給、需求、生產、資本、勞動、債務、稀缺性、物流——並沒有隨著世界改變而扭曲到人類從未經驗過的形式。我們正進入一個極端轉變的時期，我們在戰略、政治、經濟、技術、人口和文化上的常態正同時發生改變。當然，我們將轉換到一套不同的管理系統。

第二，這個過程將是充滿痛苦和創傷。「更多」的概念數世紀以來一直是人類的指路明燈。從某個觀點看，過去七十年的全球化只不過是強化版的「更多」，它大大提升了我們長期以來護持的經濟概念。在人口結構反轉和全球化終結下，我們不只是結束了對更多的長期經驗，也不只是開始進入一個更少的可怕新世界，我們還將面臨經濟的直線墜落，從文藝復興以來支撐人類經濟生存的一切事物將突然一起瓦解。

在全球秩序崩潰和全球人口結構反轉之後，舊規則顯然將不再管用，而我們可能需要數十年才能想出哪些新規則可用。不同的國家將感受舊系統以不同速度和不同方式崩解，它們將使用由它們的優點、弱點、文化和地理位置塑造出來的方法因應這類刺激。新主義的發展

也不會在一段安適的期間、在控制的情況下完成。它將發生在人口結構和地緣政治崩潰的時刻。

我們不會在第一次嘗試就做到完美。我們不會走相同的路徑。我們不會抵達相同的終點。我們的世界經歷許多世紀才摸索出目前的四種經濟模式。它是一個過程，而且不是一個可預測、穩定、直線的過程。上一次人類與需要新經濟模式的變動因素鬥爭，是因為工業革命加上第一波全球化浪潮。我們曾激烈辯論哪一種制度最好。我們爭鬥；我們戰爭；我們引發世界大戰，而且大多數不是冷戰。

人類的生存史總是充滿混亂。

1.8 | 混亂的模式

現在讓我們看兩個例子以便了解成功可能是何種模樣。由於我們的世界從未經歷過我們即將經歷的事，一些國家的人口和地緣政治現實，已迫使它們比其他國家更早處理這種轉變。我們可以從兩個地方汲取靈感，或看到標竿。或至少知道哪裡有地雷。

舉兩個國家供你思考。

俄羅斯⋯⋯一個成功的故事

雖然在俄羅斯的一切事情是、而且總是按照它特殊的方式完成，不可否認的，俄羅斯是頭一批工業化的國家之一：在英國之後、與德

國大約相同時期。事實上，俄羅斯和德國交織的人口和工業化故事，就是從十九世紀初到今天的歐洲故事 *。

但德國人利用美國領導的秩序在附加價值階梯上大幅躍升，把經濟從工業化轉向更出口導向和技術官僚的結構，而蘇聯則因為是美國秩序的目標而無法做到這些。相反的，蘇聯走上指令式共產主義的道路。在軍事領域之外，俄羅斯也無法趕上美國引領世界的技術活力。隨著時間從幾年變成幾十年，蘇聯經濟的複雜性進入高原期，幾乎所有一九六〇年代和一九七〇年代的經濟成長不是來自技術或生產力，而是來自工作年齡人口的擴增。更多投入、更多產出。

如果要相信蘇聯可以長期運作下去，你必須相信蘇聯人口會繼續成長，但這似乎不太可能。除了兩次世界大戰的破壞，史達林的都市化和集體化努力、赫魯雪夫統治下的大規模錯誤管理，以及布里茲涅夫時期的組織性停滯，使得蘇聯停止創造足夠數量的新勞工。到了一九八〇年，人口來源已經乾涸……然後崩潰開始發生。蘇聯崩潰的創傷呈現在經濟、文化、政治、戰略和人口等層面。從一九八六年到一九九四年，出生率降低一半，而死亡率幾乎翻倍。今日的俄羅斯正同時出現去工業化和人口崩潰。

很慘？是的，但俄羅斯可能還是大部分去工業化世界中最理想的假想情況之一。畢竟，俄羅斯至少國內有充裕的能力供應自己的食物和燃料，同時有足夠的核子武器讓潛在的侵略者在發動攻擊前三思（或者再三十思）。在貿易和資本受限的世界中，我們可能陷於嚴重的

---

* 《不聯合國》也有一個長章節詳細介紹這兩個國家盤根錯節的關係。

困境，遠不如仍然有戰略縱深和相對可靠的食物、燃油和電力供應的國家。

但為因應後成長時代做準備的標竿出現在別的地方。

日本：在祥和中老去

日本已步上人口結構崩毀的道路超過五十年。二次大戰後極度都市化成為常態，東京無處不在的公寓大樓沒有足夠空間可以養育小孩，更不用說容納大家庭。老化的過程如此深入日本社會，以至於每年有約三萬名日本人死在他們的公寓中沒有人發現，直到……傳出氣味。日本在一九九〇年代已超過人口結構無法恢復的轉折點，但日本政治和企業界並沒有坐以待斃，而是採取了反映該國人口弱點——和優點——的變通方法。

日本公司發現國內人口結構極其惡劣，但他們也發現在國內大規模製造產品需要它們已經缺乏的年輕勞工，同時傾銷產品到其他市場並不受歡迎，因此日本想出新方法：在銷售地製造的「當地化」（desourcing）。

日本公司已遷移大部分工業生產能力到其他國家，以利用當地更充分的勞工，生產通常在當地市場出售的產品。然後將一部分這些當地銷售的收入流回日本，以支撐（愈來愈老齡的）日本人口。設計、科技和極高端的製造工作——年齡較大的高技術勞工做的那類工作——留在日本，但幾乎所有其餘的製造業供應鏈都遷移到其他國家。基本上日本人在一九八〇年代已看到這個結果。他們知道美國對

他們的安全保證代表產品傾銷，並展開數十年的努力，把產品製造移到他們的目標市場。這個「在銷售地製造」的概念已變成豐田的新企業準則。

這個新工業模式讓日本能夠以相當優雅的方式老齡化。但它還有兩個明顯的問題。

第一，日本的經濟已陷於停滯。根據調整通膨後的數字，二〇一九年的日本經濟規模比一九九五年小。無法靠你自己的人口生產並銷售給自己的必然結果是，你必須降低一些標準。在後成長世界中，即使是最耀眼的經濟成就也不會有多快的成長。

第二，日本的路徑幾乎是無法複製的。畢竟，日本從一九八〇年到二〇一九年的經驗在許多方面都是獨一無二的。

- 日本轉型到後成長系統發生在美國提供的強大安全保護下。東京從來不需要擔心自身的安全問題。現在美國逐漸失去提供保護的興趣，意味大多數國家將再也無法獲得這種保護。
- 日本企業在海外沒有遭遇嚴重的安全威脅，部分原因是後冷戰世界四海一家的氣氛，部分原因則是美國人避免任何安全威脅發生。美國與世界漸行漸遠意味大多數國家——大多數貿易路線——將失去日本人崛起所依靠的那種強大保護。
- 日本的轉型發生在日本公司獲得全球消費者市場通路的時候，最顯著的是美國市場。除非人口結構老化外，美國的政治系統已大幅轉向孤立，以及美國已不準備維持世界的自由貿易。美國更不可能做的是再讓世界各國對美國消費者市場傾銷產品。

- 日本在它的轉型初期極度富有。以人均財富看，日本在一九八〇年代末變得和美國一樣富裕。所有日本人在海外興建的工廠都必須花錢，而且日本人必須自己花錢，但他們有能力自己花錢，因為雖然他們的人口結構正在轉變，但還沒有整個改變。當日本人在一九九〇年代開始當地化時，他們仍然有約二十年的可運用勞動力可以汲取。今日只有極少國家從一開始就擁有如此富裕的有利條件，而且沒有一個國家擁有可以持續超過十年的稅基或足夠的勞動力。

- 日本的人口是世界最同質性的，有超過九八％的人口是純種日本人。這種同質性能夠避免在較多樣的人口中進行社會和經濟轉型可能觸發的大規模動亂。

- 日本極容易防衛。日本是一個從未被成功入侵的群島，即使美國人也不敢嘗試征服日本的主島，而是選擇以原子彈轟炸廣島和長崎以迫使日本投降，而非派遣陸戰隊進行肉搏戰。重點是：在一個沒有監管的世界，日本的防衛需求是可管理的，而且日本海軍的規模足以承擔本國的防衛任務。

- 最後，正如有關人口結構的一切事情，日本具備一項最關鍵的資產：時間。經濟轉型無法一夕間發生。從舊日本經濟模式在一九八九年股市和房地產市場崩盤中被打破後，日本已經花了三十年轉變到今日的新常態。

很少自稱擁有技術勞工和資本的國家像日本那樣嘗試去當地化。我能想到的有丹麥、荷蘭、英國、新加坡、南韓和台灣。上榜的歐洲

國家有可能在有限的美國協助下，或者在與人口結構較穩定的法國結盟下照顧自己的安全。至於亞洲國家，除了尋求日本的協助外，它們將無法照顧自身的安全需求。

但所有這些國家在談到它們將當地化到哪裡時，都會碰到一個棘手的問題。

形成初始歐盟核心的西歐國家，都或多或少於二〇〇〇年代嘗試在中歐運用當地化策略，但平均而言中歐國家老齡化甚至比西歐國家快，所以這套策略將在二〇二〇年代被自己壓垮。亞洲的小龍國家有可能當地化到東南亞國家，而且的確在一些國家已經發生。但它們都沒有軍事能力可以不靠外力援助而維繫這種關係。除了美國這個明顯的例外，任何人口結構健康的國家都較可能是經濟和／或安全的競爭者，並因此不是它們明智的投資地點。

轉移到一個新系統永遠是一件痛苦的事，而且大多數國家永遠無法成功。當我在二〇一六年開始形成本書的核心概念時，我想我們會有十五年的時間想清楚所有事情。要以這麼短的時間顛覆五百年的歷史確實可笑，但總比沒有時間好。然而，在二〇二〇年開年的幾週突然發生了悲慘而恐怖的事，讓一切希望隨之破滅。

去你的新冠病毒

冠狀病毒疫情不只是奪取我們的生活，它也奪取我們因應未來人口結構毀壞所需的最重要東西。它奪走我們任何人都無法讓它變更多的東西。

它奪走我們的時間。

在二〇一九年十一月，這個後來被稱為新型冠狀病毒（Covid-19）的病原體開始在中國湖北省蔓延。好面子的地方當局禁止報導感染率上升，甚至對上級政府和醫療人員隱瞞疫情。雖然各層政府在管理這場危機時發生層出不窮的錯誤，但初始隱瞞資訊的決定導致一場地方性的醫療問題變成全球性的瘟疫。新冠病毒是從麻疹流行以來最具傳染性的疾病，其致死率更是麻疹的五倍。截至本書寫作時（二〇二二年二月），全世界已有超過三億人被確診感染新冠病毒，有六百萬人死亡*。

HIV 可以藉由保險套阻絕。癌症不具傳染性。心臟病大體上是生活方式的問題。感染破傷風需要被鐵刺網勾住。但如果是以呼吸散播或感染能摧毀健康的病毒呢？那問題就大了。人居住在室內，大部分生意在室內做，大部分食物在室內吃。大部分運輸工具關著窗戶。新冠病毒深入我們生活的每一個面向。

處理呼吸傳染疾病的唯一有效方式是限制接觸。戴口罩有幫助，但隔離更有幫助。控制新冠疫情的努力並沒有封鎖一切，但是它一次又一次重挫大多數經濟體。

這麼容易傳染的病原體帶來眾多的後果，但就本書的主題來看，有四個特別凸顯的後果：

第一，減少和受限制的人際接觸直接造成減少和受限制的經濟活

---

* 以國家來看，新冠疫情的統計數字混沌不明，全球的數字更是如此。這不（只）是反映政策的無能。超過四〇％的新冠病例屬於無症狀感染，所以真正的感染和死亡病例無疑的遠高於這些數字。

動，或者換一個大家熟悉的技術名詞：經濟衰退。直到二〇二〇年八月，我們已經很確定經濟下滑不會一次就結束，而會持續到總人口達成群體免疫。再到了二〇二一年十月，我們已知道當時主要的新冠病毒 Delta 變種製造的免疫反應已有很大改變，更重要的是，一些免疫保護只持續幾週。我知道打疫苗是唯一可行的方法[*]。幸運的是，一系列疫苗在二〇二〇年十二月開始上市，只不過受到對疫苗的質疑和生產限制的影響，大部分已開發世界在二〇二一年無法達到避免社區傳染所需的九〇％施打疫苗比率，而且新變種病毒還不斷推高對抗疫情「成功」的標竿。

第二，經濟「常態」的性質空洞化。開發程度最高的三十個經濟體都實施封鎖並出現中斷。直接衰退已經夠糟糕了，生活方式受到嚴重干擾更改變了每個人消費的產品組合：更少服務、更多產品，和更多特定種類的產品如電子和電腦產品。每一次封鎖和／或解封都使我們的消費組合改變，每一次封鎖和／或解封也都促使全世界的製造商嘗試改變它們的努力以滿足改變的需求。每一次這種努力需要更多員工、更多投資和更多時間。用技術性的說法：每一次努力都極具通膨性……在愈來愈多嬰兒潮世代退休並投資在固定收益工具時。在寫到本章的二〇二二年初，全世界的製造商已進行了九次與新冠疫情有關的重新整備。

第三，如果目標是經濟穩定，那麼世界上逃過新冠疫情的地區就是……錯誤的地區。下撒哈拉非洲的疫情不算嚴重，但老實說，該地

---

[*]　或至少這是大部分人得到的結論。

區大多數地方的預期壽命太低，所以超過七十歲的人口並不多。（所有新冠疫情的死亡人數有超過半數屬於七十五歲以上的年齡層，所以人口組成中最易受這種疾病侵襲的人在該地區並不多。）第二個地區是東亞，在那裡高效率的政府因應很快就降低了病例數。遺憾的是，在全球系統中，下撒哈拉非洲是小玩家，只創造全球 GDP 的一・九％，而所有東亞經濟體都是出口導向經濟體。即使它們未受感染，對全球消費也幫不了忙。它們損失了可以銷售的市場。

第四，不相干的問題在新冠危機期間加劇了全球關係的碎裂。具體地說，川普政府掀起與中國的貿易戰，而中國則落入自戀式的民族主義。這兩個原因促使所有消費導向的體系——包括美國——盡可能把它們的製造需求遷回國內。不管是基於民族主義的恐懼，或民粹主義、醫療、國家安全、政治或就業等原因，數十年來愈來愈支配製造業的複雜供應鏈正在鬆脫。

在寫作本章時，新冠疫情已導致全世界消費導向的地區陷於混亂長達兩年。世界出口導向的地區在二○二○年代勢必從出口導向滑入後成長的情況，其中大部分的下滑將發生在前五年期間。新冠疫情削弱了出口導向和消費導向經濟體的連結，把大多數消費導向經濟體隔離在它們相對隔絕的世界，同時也使出口導向經濟體無法出口支持它們系統所需的產品，並縮短了它們的系統適應去全球化所需的轉變時間。

全球化的遊戲不只是正在結束，而是已經結束。大多數國家將永遠無法恢復它們在二○一九年經歷的穩定或成長程度。現在大多數國家已喪失了嘗試轉換到一個更新、更適配的立足點的機會。

當然，最後一句話的關鍵詞是「大多數」。

1.9｜最後一點「更多」

　　極少數的國家很幸運能保持人口結構的活力。但即使是這些國家也將發生改變，只不過不會那麼快、那麼嚴重，或那麼負面。其中有一個重要性超過其他國家總和的國家就是美國。

地理與戰略

　　讓我們照慣例從地理和戰略談起。

- 美國比任何其他國家有更多高品質溫帶區的可耕地，而且美國的整個農業供應鏈都在北美洲內。這使美國成為世界最大的農業生產國和出口國。食物安全完全不成問題。
- 美國比世界任何國家有更多適宜居住的土地——適宜的氣候、相對平坦、容易接近的水源、較少害蟲等。以人均可利用土地看，美國可以支持兩倍於目前三億三千萬的人口，而且不會感覺過度擁擠。
- 藉由水路運輸產品的成本只有陸路運輸的十二分之一。拜無處不在的國內水道所賜——比世界其餘地方的總和還多——美國的國內運輸成本比任何其他國家都低 *。
- 頁岩油革命不但讓美國變成世界最大的石油生產國，而且不再

---

* 如果美國人能鬆綁他們的國內法規，還能進一步降低成本。

是淨石油輸入國，頁岩油生產的副產品也讓美國享有世界上最低的未補貼電力價格。

- 美國是位置最靠近赤道的第一世界國家，讓它比任何其他國家都具備太陽能潛力。美國的山脈與海岸的相對位置使它比任何其他國家更有風能潛力。不管是以綠能或化石能源發電提供的電力供應，都永遠不會是美國的問題。

- 較便宜的投入──不管是土地或能源等形式的投入──有助於美國最早從二○一○年就展開大規模的再工業化過程。這使得美國能率先進行廣泛的工業重組，並將於二○二○年代的全球性崩解占有支配性地位。

- 美國從一八四○年代起就未曾面對來自北美大陸內的安全威脅。沙漠和高山讓從南方入侵根本不可能，湖泊和森林（以及十比一的人口不對稱）也使從北方入侵的想法只出現在低品質、充斥詛咒聲的動畫影片 *。

- 美國、加拿大和墨西哥形成一個整合的製造與貿易區，擴大了經濟規模，進而得以建立一個品質和成本都達到世界級的區域製造基地。

- 大西洋和太平洋讓美國能夠避免跨越大洋的侵略。很少國家擁有能在沒有輔助的情況下跨越大洋的船隻。任何國家若想入侵美國，必須先打敗美國海軍，而美國海軍的力量則是其餘國家

---

* 《他們殺了肯尼！混蛋東西！》（They killed Kenny! You bastards!）。

海軍總和的十倍 *。

- 美國有核武器──數千枚核導彈。在每次玩猜石頭、剪刀、布、蜥蜴、史巴克、核彈遊戲（rock-paper-scissors-lizard-Spock-nuke），核彈總是贏。

結論是：在一個沒有更多的世界，美國不但還有很多，而且有能力保有它。

截至目前美國人大體上能夠逃脫大部分全球發展和人口結構的陷阱。

嬰兒潮世代和千禧世代

在第二次世界大戰期間，超過一千七百萬美國男性奔赴海外參戰，這些人數約佔全美男性人口的二○％以上。在這些士兵中，除了約四十萬人未能歸來外，其餘的幾乎都回到了他們的家園。他們回來準備繼續過日子。軍人權利法案（GI Bill）協助他們受教育。一九五六年艾森豪的州際公路法案興建的全國公路系統，讓那些退伍軍人可以遷移到任何地方。新的住宅貸款計畫使年輕的退伍軍人得以購買或修建他們的第一棟住宅。這些計畫促成了我們今日所知的郊區興起。

所有這些新政府計畫在許多方面都是美國首次進行的計畫，它們的目的大多數是為了避免上一次數百萬名美國士兵返鄉導致的經濟災難。第一次世界大戰後大批士兵返國並湧入勞動市場導致大規模供給過剩，觸發惡性通貨膨脹，進而造成大蕭條。

---

* 而且世界第二和第三最強大的遠洋海軍──日本和英國海軍──都是美國盟邦。

新計畫的核心理論之一是，利用政府支出以吸收過剩的勞力，或鼓勵退休軍人進入大學以延遲這種痛苦幾年。許多人爭論（且至今仍然爭論）政府的角色因為那些計畫而大幅擴張，但不可否認的是，實施那些計畫使美國出現有史以來最大的嬰兒潮。從二戰結束到一九六五年，有七千萬名嬰兒誕生在這個戰前人口不到一億三千五百萬人的國家。嬰兒潮的可怕效應從此影響了所有人。

有關美國嬰兒潮世代有說不完的故事，他們是在一九七〇年代達到成年的一代，他們創造出被認為是美國文化的東西。迪斯可（Disco）？他們的錯。他們創造了美國的福利國制度，而因為福利制度他們正在進行式的退休將摧毀美國的聯邦預算。他們在戰後世界其他地方還是一片廢墟時目睹美國新製造業複合體的興起，然後又怨恨地眼看著那些同樣的廠房設施被遷移到在美國秩序下復甦的世界各地。從越南到阿富汗，從詹森到川普，從民權到長途通勤，從性革命到科技無效，他們的集體決定和弱點決定了今日美國的樣子。

大多數世界其他地方也有嬰兒潮世代，形成的原因也類似。戰爭結束加上美國資助下展開的新（大體上沒有戰爭的）時代，使各國政府忙於重建人民的生活而無須自己承受國防的重擔。特別是歐洲的政府花很多時間和精力嘗試讓人民過舒服的生活，而不再嘗試殺死它們的鄰人。全世界有許多國家開始發展，並第一次享有和更先進國家一樣的低死亡率。世界各地的人口都大幅增加。

但比起戰前的人口，美國嬰兒潮世代的人數所占的人口比例遠比世界其他國家高。即使是在獨立一百七十年後的人口增長了三十倍，美國仍享有大量的空地。美國仍然繼續遷入他們消滅了原住民後空出

的土地。大量有用的土地意味嬰兒潮世代享有大量低成本、高報酬的機會。對照之下，歐洲人在幾十年前就達到土地負載力的高峰，而且國內邊區已找不到多少新土地。即使在新開發的國家，鄉村地區也沒有很多未利用的領土。

但那是當時，不是現在。隨著我們進入二〇二〇年代，嬰兒潮世代是一個大體上已消耗殆盡的年齡層。二〇二二年和二〇二三年將是大部分世界的嬰兒潮世代跨越六十五歲並退休的時候。

這對勞動市場帶來雙重打擊。嬰兒潮世代是歷來人數最多的世代，所以少了他們就人數來說將造成巨大的衝擊。他們也是仍在經濟上活躍的最老世代，意思是說他們的人數占所有技術勞工的一大部分。在短期內失去這麼多高技術勞工，意味未來勢必出現勞力短缺和勞力通膨。

接下來的世代是 X 世代，一個目睹前一世代辛苦開創和挫敗……但並不喜歡這些所見所聞的年齡族群。由於嬰兒潮世代的人數如此多，以至於 X 世代進入市場時彼此競爭薪資而壓抑了勞動成本。這迫使許多嬰兒潮世代認為雙收入家庭是唯一能勉強度日的方式。這不但進一步抑制勞動成本，而且對人際關係帶來相當大的壓力，導致嬰兒潮世代的高離婚率。X 世代嘗試避免這種結果，並相當程度成功了。X 世代遠比前一世代更可能有單收入家庭，因為他們重視自己的時間至少和重視錢一樣。

X 世代已經是人數較少的世代，而且永遠無法填補嬰兒潮世代離開後留下的巨坑，但在勞動參與率降低的情況下，結果將是遠為巨大的勞力短缺。這對 X 世代是好事——他們選擇工作時將有截至目前任何世

代的勞動力更好的議價力——但對整體勞動市場顯然會是一場災難。

　　墊底的是 Z 世代。他們是勤奮的工作者，但人數卻很少。Z 世代是 X 世代的子女，一個人數少的世代製造一個人數更少的世代。所有要出生的 Z 世代都已經出生了，但即使他們都跟隨嬰兒潮世代的腳步——而非他們父母的腳步——全部進入勞動力，他們的人數也不足以填補未來二十年減少的勞動力。

　　截至這個時候，嬰兒潮世代、X 世代和 Z 世代是全球一致的現象，但接下來的情況將變得分歧，因為美國的嬰兒潮世代做了其他國家的同輩沒做的事。他們生育小孩，而且生很多。不管你怎麼說美國的 Z 世代——是的，我們有很多可說的——他們有一些其他國家的 Z 世代沒有的優點。

　　整體來說，美國的 Z 世代人口群體可分成兩個類別。第一類符合坐享權利、懶惰，和在大學與進入勞動力這段期間享受延長的青少年

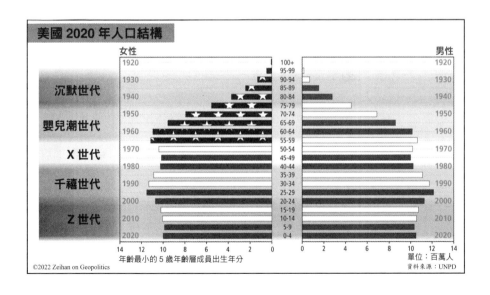

期等刻板印象。第二類……處處碰壁：他們想成為大人，但遭遇嬰兒潮世代排擠出勞動力之外，以及二〇〇七至〇九年金融危機引發的大規模失業的雙重夾擊。其結果是，Z世代失去許多年有意義的工作經驗，而且現在是現代美國歷史上同等年齡層中最缺少技能的世代。

但他們的人數眾多。以人數看，美國的Z世代已經是勞動力中最大的人口組成。那很好。那很重要。

但真正的希望是在他們的小孩。美國Z世代的人數提高了他們將來會有夠多小孩以填補勞動力缺口的可能性。但這種情況的發生最快也要等到那些小孩進入勞動力……一個將從二〇四〇年代中期才會開始的過程。而這其中仍有風險：Z世代必須先生育那些小孩。截至目前，Z世代的出生率是美國歷史上最低的。

所以美國的情況是：Z世代雖然不完美，但他們還是填補勞動力到某個程度。從許多標準看，這個程度還不足夠，但Z世代的存在現在是優點，未來則是希望的來源。

在美國以外的地方情況黯淡得多，原因是世界大部分的嬰兒潮世代沒有生育很多小孩。不生小孩的原因在各國大不相同。東亞的人口已經很稠密，大規模都市化也不利於生育孩子。大部分歐洲國家把錢花在技術升級而非更容易的生育小孩。加拿大過於寒冷，以至於愈來愈多人集中到城市，而公寓建築則是家庭規模縮小的終極因素，不管是在任何地方，或人們選擇住在公寓的原因是什麼。

是的，美國的嬰兒潮世代進入退休年齡將帶來沉重的財政負擔，但由於他們的人數比起全球常態相對較小，和他們的子女對美國政府財庫的貢獻日增，所以他們帶來的財政負擔比起可能摧毀中國、南

韓、日本、泰國、巴西、德國、義大利、波蘭、俄羅斯和伊朗等國政權的巨大挑戰，將顯得微不足道。美國 Z 世代的存在意味美國將至少可以從二〇三〇年代的財政壓力部分復甦，到二〇四〇年代可能出現的勞力短缺也可望部分紓解。但對世界其他國家來說，未來的情況將永遠不可能回到二〇一〇年代。永遠。

美國將有為數不多的同伴：

戰後一直刻意增加人口以超越西德的法國，變成了全世界最適於組織家庭的國家之一。瑞典版的社會民主制度提供家庭從出生到終老的支持。紐西蘭有很大的發展空間，而且在過去的年代受到澳洲和美國政策的影響，一直刻意壓制國內原住民以增進白人的機會。但這三個國家和美國是常態的例外。其他國家的嬰兒潮世代生育的小孩完全跟不上替代率。六十年之後，先進經濟體的 Z 世代將少到甚至在理論上無法保證國家的長期存在。

根據人口學和統計學的跨界學者所做的粗略數學計算，人口條件從普通到不佳的國家如西班牙、英國和澳洲，未來的 GDP 成長將受到拖累而每年降低約二％。在真正條件惡劣的國家如德國、義大利、日本、南韓和中國，GDP 將減損至少四％，而人口年輕的美國和法國將只減少一％。只要累計這些減損持續十年，我們不難想像一些「無可避免地將崛起」的國家如德國和中國甚至可能生存都很困難，更不要說維持運作或稱霸了。

更好的是，美國還有更多的「更多」。

文化多元性

美國是世界四大「移民國家」之一，這個名詞表示大部分美國人追溯他們的祖源並非來自現在的美國領土。在十八世紀和十九世紀，這些抵達的美國人大多是年輕人。由於老年人無法（也不願意）忍受長達數週大海航行的惡劣情況，這表示抵達的新移民（1）比較不可能死於老年，（2）較可能立即生養許多小孩，（3）有能力擴張到各種開放的土地，並（4）吸引愈來愈多艘載運年輕人的船抵達埃利斯島（Ellis Island）。這累積出一個很年輕、很快速擴增的人口。當然，這些都是發生在很久前的事，但這股人口趨勢持續很久的一段時間。（俄羅斯直到現在才開始嚐到一次世界大戰和二次大戰前史達林整肅運動的苦果。）

作為一個移民國家，美國傾向於對它的政治認同更有自信，對移民也比其他國家友善。這甚至達到美國是極少數國家公布有多少公民是出生在其他國家的程度。在其他國家，即使蒐集這類資料（遑論公布）可能被視為破壞政治安定和叛國的事。但這不應該令人驚訝：除了原住民以外，幾乎沒有美國人來自美洲。內部移民在過去很長一段時間經歷許多次潮起潮落，取決於美國和全球的經濟情況以及美國國內政治文化的輪轉，但大體上美國的移民占總體公民的比率遠高於幾乎世界每個國家。

這大部分與國家認同的特性有關。大多數國家是民族國家：政府的存在是為了服務特定種族（民族）在特定領土（國家）的利益。法國為了法國人，日本為了日本人，中國為中國人，諸如此類。在民族

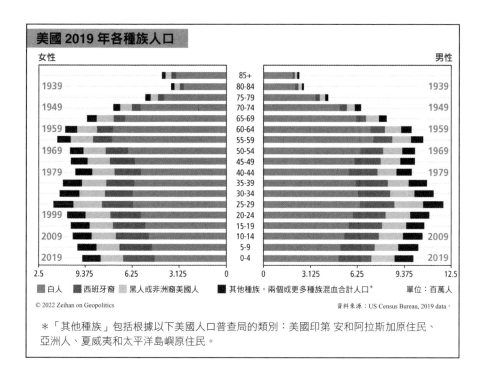

美國 2019 年各種族人口

女性 / 男性

1939, 1949, 1959, 1969, 1979, 1999, 2009, 2019

85+, 80-84, 75-79, 70-74, 65-69, 60-64, 55-59, 50-54, 45-49, 40-44, 35-39, 30-34, 25-29, 20-24, 15-19, 10-14, 5-9, 0-4

2.5　9.375　6.25　3.125　0　　0　3.125　6.25　9.375　12.5

■ 白人　■ 西班牙裔　■ 黑人或非洲裔美國人　■ 其他種族，兩個或更多種族混血合計人口*　單位：百萬人

© 2022 Zeihan on Geopolitics　　資料來源：US Census Bureau, 2019 data。

＊「其他種族」包括根據以下美國人口普查局的類別：美國印第 安和阿拉斯加原住民、
亞洲人、夏威夷和太平洋島嶼原住民。

國家，中央政府傾向於決定國家政策，因為它知道為誰的利益服務。
這種政府屬於一元政府。

　　但不是所有政府都是民族國家。一些國家是由不同的民族在不同
的地理區組成，它們有各自的地方統治當局，但因為歷史、戰爭、需
要和偶然的變遷，而集體設置一個共同的政府。其結果是混合的制
度，有不同的階層式政府——通常分成地方、區域和國家級——各有
不同的權利、管理機構和責任。一些政府例如加拿大、巴西、瑞士或
波士尼亞是這種鬆散的聯盟，它們的國家政府甚至連名稱都不像政
府：它們是邦聯（confederal）。其他國家如美國、印度或澳洲，各層

級政府的權力大致上相等：它們是聯邦*。

這些政治差異的重點是，在美國，聯邦政府——總部設在華盛頓特區——的設計明確表達不是為了服務任何特定種族的利益。即使是批判性種族理論（CRT）的支持者也完全承認，在美國政治上和經濟上具支配地位的族群——高加索白人——本身也混合英國、德國、愛爾蘭、義大利、法國、波蘭、蘇格蘭、荷蘭、挪威、瑞典和俄羅斯裔（按照這個順序）。

這個相當寬鬆的「美國人」定義使美國和籠統的移民國家，以及更廣泛定義的任何聯邦或邦聯制度，更容易吸收大量新移民。在一元制度下，新移民必須受到邀請才能加入支配的文化。如果不是如此，他們只能淪為下層階級。但在美國，新移民通常被允許定義自己是更廣大社群的成員。

即將來臨的世界將有一個大不相同的特性。世界上的消費導向經濟體將開始生產愈來愈多自己需要的產品，並變得與其他國家隔離，因此將不會有許多經濟機會讓工作年齡的成人生活在出口導向的體系，後成長的體系就更不用說了。即使這些變衰弱的國家能生存，它們的勞工將必須繳納穩定升高的稅率以支持它們的老齡人口，否則只能離開自己的國家。許多國家剩下的勞工——特別是高技術勞工——很快將開始敲美國的大門。每一個在這種情況下移民到美國的人，將使美國相對於其他國家的地位更加提升。

---

* 德國也是聯邦體制，雖然不是出於選擇。二次世界大戰結束後，德國憲法由協約國制定。結果是一套設計來阻礙快速達成國家決策的憲法架構，特別是為了阻止德國欺負它的鄰國。截至目前一切順利。

除了移民的機制外，美國還有一張王牌。

墨西哥

墨西哥因素有一部分顯而易見：在二〇一二年，墨西哥人平均比美國人年輕近十歲。作為一個直接的移民來源，墨西哥正好投合幾個美國的需求。墨西哥移民可以降低美國的平均年齡，有利於控制半技術和低技術勞力成本，並填補廣泛的人口缺口——特別是在深南部（Deep South），那裡如果沒有墨西哥人流入，人口結構將類似快速老齡化的義大利。

墨西哥因素一部分則較不明顯：製造業的整合。墨西哥的體制在提供電力、教育和基礎設施給人民上效能不彰。這不但壓低墨西哥的薪資，也阻礙墨西哥人的技能組發展和勞工的生產力。任何多階段的製造業體系將包括高技術和低技術的步驟。熔化鋁土礦比擠製鋁容易。拼接電腦的零件比編寫電腦軟體容易。挖掘地溝比製造埋在地溝裡的纜線容易。撮合工作和技能組——也就是分工——將使生產得以最大化和成本最小化。全球化供應鏈最重要的是利用不同技能組合的勞動成本結構，以創造最具經濟效益的結果。很少地方像美國和墨西哥那樣幸運，兩個接壤的國家擁有完美的技術互補。

墨西哥因素有一部分完全違反直覺。在墨西哥占多數的人口是來自西班牙的族裔，而美國的多數「種族」是白種高加索人。在墨西哥人眼中兩個族裔沒有多大差別。西班牙裔墨西哥人多少有點輕視原住民墨西哥人，他們對來自中美洲的移民感覺類似美國人對中美洲人。

墨西哥人移民到美國後通常很快就同化。第二代墨西哥裔美國人大多自認是白人——到第四代更是如此。在他們自己的社會階層中，墨西哥裔美國人把「白人」從一個排外的名詞重新定義為包含「他們」——尤其是所謂的「外國人」（gringos）——的包容性名詞，成為不只是「我們」，而是「我們所有人」。

美國的同化能力證明對墨西哥人特別有效，甚至比對過去數波的移民好。幾乎沒有例外的，美國英語會在二到三代內消滅移民的語言。不過，就墨西哥裔美國人來說，這很少超過一代。在晚近的年代，墨西哥裔美國人是最熱切的美國夢追求者，不只是在經濟上，也在文化上。

當然，美國不是遍地陽光和墨西哥捲餅。

儘管吸引移民帶來經濟、財政和人口結構的益處，文化的吸收再快也有一個限度，所以到了二〇一〇年代和二〇二〇年代初期，似乎美國的吸納已達到其極限。這不只是一種感覺。看看資料就知道為什麼：

移民美國在一九七〇年代——美國的嬰兒潮世代達到成年的十年——降到歷史上的相對低點。對絕大多數是白人的美國嬰兒潮世代來說，他們對跨種族政治的主要經驗是民權運動，而這個運動牽涉的人是當時還年輕且政治傾向自由派的美國嬰兒潮世代。

然後移民美國的人數穩定增加，直到二〇一〇年代達到接近歷史高點（同樣也是相對高點），而這時候嬰兒潮世代已接近退休年齡，並因此在政治上變得較保守。在嬰兒潮世代年齡變老的每個十年，人數最多的移民族裔一直是墨西哥裔。在許多嬰兒潮世代心目中，墨西哥人不只是「外人」，而且是移入愈來愈多的「外人」。有這麼多嬰

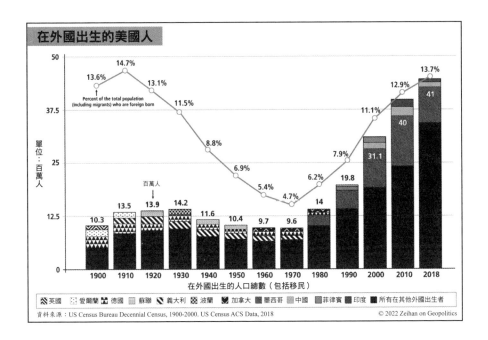

在外國出生的美國人

單位：百萬人

13.6% ← Percent of the total population (including migrants) who are foreign born
14.7%
13.1%
11.5%
8.8%
6.9%
5.4%
4.7%
6.2%
7.9%
11.1%
12.9%
13.7%

| 1900 | 1910 | 1920 | 1930 | 1940 | 1950 | 1960 | 1970 | 1980 | 1990 | 2000 | 2010 | 2018 |

10.3 13.5 13.9（百萬人）14.2 11.6 10.4 9.7 9.6 14 19.8 31.1 40 41

在外國出生的人口總數（包括移民）

英國　愛爾蘭　德國　蘇聯　義大利　波蘭　加拿大　墨西哥　中國　菲律賓　印度　所有在其他外國出生者

資料來源：US Census Bureau Decennial Census, 1900-2000. US Census ACS Data, 2018

© 2022 Zeihan on Geopolitics

兒潮世代支持像川普這種本土主義者的一大原因是，他們對美國社會改變的速度感到震驚。這並非一個集體幻覺，而是真實的情況。

這是萬花筒的一面，呈現出美國的政治為什麼在二○一○年代和二○二○年代初期大幅轉向孤立。但不管你對嬰兒潮世代、墨西哥人、種族、貿易、同化或邊界有什麼看法，有幾個觀念要牢記在心。

首先，墨西哥人已經移民到美國。不管你是否擔心美國文化的改變或勞動市場受到何種影響，來自墨西哥的大移民潮不但已經發生，而且已經結束。墨西哥人移入美國的淨移民人數在二○○○年代初達到高峰，而且從二○○八年後的十三年間有十二年呈負數。正如工業化和都市化壓低已開發世界的出生率，同樣的過程已在墨西哥展開，只是晚了幾十年。今日的墨西哥人口結構顯示，它將再也無法成為大

規模美國移民的淨貢獻國。從二○一四年以後流入美國的大批移民主要來自幾近失敗的宏都拉斯、薩爾瓦多和瓜地馬拉等中美洲國家。*

再者，即使是最本土主義的美國政治思想派別也不主張完全禁絕墨西哥移民。在短短兩年內，甚至川普本人也從公開譴責墨西哥移民是強姦犯和「壞傢伙」，轉變成以貿易和安全協議擁抱墨西哥，使兩國出現歷史上最友善和最有建設性的關係。川普協商的北美自由貿易協定（NAFTA）最重要的條款明確地把促進製造業回流北美訂為目標。這不只是美國的目標，也是其他簽署國的目標。墨西哥顯然是川普訂立這個條款考量的重點。

另一方面，墨西哥裔美國人正轉變成本土主義者。針對美國人口做的民調中最反移民的不是白人，而是（非第一代的）墨西哥裔美國人。他們支持家庭團聚，但只限於他們自己的家庭。別忘了，反移民並興建圍牆的川普在二○二○年的競選中幾乎囊括南方邊界每個郡的選票。

最後，美國和墨西哥仍擁有大多數其他國家沒有的東西：更多。而且兩國的結合將擁有更多的更多。

但天際仍有一些烏雲。美國的人口老齡化雖然緩慢，但仍在持續進行中。而雖然墨西哥人較年輕，他們老齡化的速度卻比美國人快。到了大約二○五○年代中期，墨西哥人平均很可能比美國人還老。

但即使在最壞的假想情況——就人口結構而言——在美國秩序的世界，美國擁有幾乎所有其他國家正快速耗盡的東西：時間。

---

* 這三個國家的集體人口結構正經歷與墨西哥相同的出生率崩跌，只是時間晚幾年。不管如何，不久後將不再有大量移民前往美國。

其他國家將必須在幾年內解構和修正它們的制度，並設計和執行一套新主義，但美國和墨西哥卻有數十年時間，至少到二〇五〇年代。作為較晚老齡化的國家，美國和它的墨西哥夥伴將能夠觀察全世界，從其他國家嘗試的過程學習。

但也許最重要的不是美國人（與墨西哥人結盟）面對即將來臨的全球調整期時將感受最小的痛苦，而是未來的世界將是美國的天下。

道理很簡單：美國的人口夠年輕，甚至即使沒有墨西哥或外來移民，它的人口將繼續增長至少數十年。

我們所知的世界秩序即將終結

和中國做比較：中國的人口問題二十年前就已進入末期。視你參考誰的統計數字而定，中國人的平均年齡在二〇一七年到二〇二〇年間已超越美國人。中國的勞動力和整體人口在二〇一〇年代達到高峰。在最好的假想情況下，中國人口到二〇七〇年將不到二〇二〇年人口的一半。較晚近洩露的中國人口普查資料顯示，這種情況可能提前到二〇五〇年就出現。中國已經開始崩潰。

這個算法甚至還沒有把一旦全球化徹底結束後全球（和中國）會陷入何種情況納入考慮。大多數國家（包括中國）進口絕大部分的能源和用來種植糧食的投入。大多數國家（包括中國）不只仰賴貿易來維持財富和健康，也維持繼續生存。如果全球化終結，全世界（和中國）的死亡率將上升，同時既定的人口趨勢意味出生率將繼續下跌。

在世界大部分國家人口結構崩潰和美國的人口結構穩定下，美國

占全球總人口的比率肯定會在下兩個世代內提高——可能提高一半以上。而美國將繼續控制全球的海洋。而美國人將有時間適應他們的體系。而世界其他國家很可能在經濟系統崩潰後陷於爭奪殘餘碎片的慘況。

在寫作本章的二〇二二年，我已經四十八歲。我不預期到了二〇五〇年代當這個新世界崩塌時我還能有什麼作為。未來的世界會是什麼樣子，當美國終於再度壯大時世界將是何種情況，這將是未來另一本書的主題。本書的目的是描述我們的轉變將是何種情況。我們將經歷的未來世界感覺起來會是如何？我們所知道和了解的有關食物、金錢、燃料、移動、工具和我們從地下開採的東西，會有什麼改變？

好，有了這個概念後，讓我們談談世界結束後的生活。

CHAPTER 2

運輸

我們對運輸習慣的一切如今已經死亡。

更大、更慢、更分工的船舶對剛好在特定區域出現的私掠者或海盜來說，

無異美味的浮動自助餐檯。

更大的船在團結的低威脅世界可能使效率最大化，

但在碎片化的高威脅環境中，它們的風險也最大。

2.1 | 長路漫漫

讓我們從泡菜墨西哥薄餅（kimchi quesadillas）談起。

我是一個融合料理（fusion food）愛好者。酸辣培根、早餐披薩、辣肉餡千層麵（Enchilasagna）、焦糖起士蛋糕餛飩、鳳梨漢堡、奶油烤布蕾帕芙洛娃（Creme brulee pavlova）、起司油鴨澆汁馬鈴薯條（Butter duck poutine）。全都上桌吧！

你可能覺得很驚訝：你不能走進一家超市並直接從冷凍食品部購買現成的壽司熱狗（很遺憾）。你能做的只是購買壽司熱狗的食材：玉米粉、麵粉、喜馬拉雅岩鹽、青花椒、托比那多糖（turbinado sugar）、紙盒裝的低膽固醇蛋、壽司級鮪魚、米醋、日光溫室小黃瓜、煙燻鮭魚、山葵、蛋黃醬、海苔片、多彩胡蘿蔔、味噌醬、豆瓣醬、芝麻和紅花子油。

今日的一般超市有大約四萬種單獨的產品，遠多於二十世紀初的約二百種。不起眼的超市是一項技術奇蹟，讓我隨時想實驗一些最狂想的新菜餚組合時＊，能買到來自任何地方的任何產品。瑞典菜？泰國菜？摩洛哥菜？季節不對？沒問題。食材幾乎從沒缺過貨，而且總是用不會特別昂貴的價錢就能買到。不只是買得到和低價格，而且是可靠的供應和可靠的低價格。

把這種可靠供應的概念推衍到幾乎一切東西，你就能想像支撐現代全球化經濟的無與倫比的連結性。今日工業和消費者產品的原材料

＊　有趣的事實：我的感恩節大餐已變成傳奇。

能隨時買得到，是因為它們能絕對安全地以低成本、快速地從半個世界以外的地方運送過來。手機、肥料、石油、櫻桃、丙烯、單一麥芽威士忌……你能想像的東西都正在運送途中。所有東西、任何時間。運輸是終極的促成者。

大多數科技不會從根本上改變我們。想想當代的智慧型手機。它集手電筒、音樂播放器、照相機、遊戲主機、電子票、遙控器、圖書館、電視、烹飪書和電腦於一體。它沒有讓我們做多少基本上全新的事，而是結合了十多種既有的裝置成為一個裝置，增加了效率和便利。重要嗎？絕對是。但這種改善性的科技並沒有從根本上改變我們是誰。

另一方面，運輸科技從根本上改變我們與我們地理區的關係。今日你能在幾小時內跨越大陸。在過去並非一直是如此。事實上，過去從來沒有這樣過。在距今兩百年之前，很少人離開自己的家超過幾英里。在六千年人類歷史中，人們真的是緩慢地走在漫漫長路上。

如果能了解我們如何從 A 旅行到 B 的演進和革命，了解讓我們的現代超級市場和智慧型手機變為可能的連結性，你就能了解為什麼世界會形成今日的樣子。

以及未來數十年我們所有人將面對什麼神奇和恐怖的事。

運輸物理學的苦惱問題

就運輸產品來說，人類身體既脆弱又極其低效率。

想像你是從智人崛起一直到十八世紀中葉間任何一個時代隨機的一個人。很不幸的，你的腿是你運輸的唯一工具。獨輪車一直到約公

元一百年才開始流行。二輪車因為太昂貴，所以一般農民直到幾世紀後才使用，即使已經有道路可以拖著它們走。即便是像腳踏車這種老式交通工具也直到十八世紀末才出現（如果要有踩踏板得等到十九世紀中葉）。貿易商隊甚至到今日還使用駱駝是有原因的。

對大多數人來說，你的生活、你的小鎮和你的生計，都受限於你願意一天內背負重擔走多遠的路。

這讓城鎮一直保持小規模。在工業技術重塑世界前，「都市」地區的每個居民需要半英畝農地才能避免饑餓——是今日我們今日使用土地的七倍多，另外還要一百倍的森林地以生產木炭，用來煮飯和讓人口度過寒冬。這也讓城市保持小規模。城市若太大就必須（一）食物來自太遠的地方（換句話說，你會挨餓），或者（二）你得砍伐森林以便在當地種植更多作物，而且當時的先進技術——火的使用——卻跟你過不去（你會挨餓並且凍死）。

輪子幫了大忙，但沒你可能想像的那麼大。我相信你們都聽說過羅馬著名的道路是現代之前最偉大的成就之一。有幾個重點：

羅馬的道路從格拉斯哥延伸到馬拉喀什、巴格達，再到奧德薩，總長度大約等於今日緬因州所有道路的長度。羅馬的道路網花了六百年，相當於十億個工作天，這還不包括需要不計其數的勞力來維護道路。

當時「貿易」的概念還很模糊。你不能事先打電話確定隔壁的城鎮是否需要你想賣的東西……還有產品腐壞的問題。除了少量高價值的產品外，你無法載運太多東西到遠方貿易。

水泥和瀝青、化學防腐劑和冷凍等麻煩的工業時代技術，一直到

十九世紀才出現。大體積產品的高效率、定期陸路運輸——即使是相對的短距離——在整個人類歷史上一直是很困難、很不經濟的事。

即使是糧食生產區也很難可靠地餵飽自己。從一五○○年到一七七八年，法國發生數次全國性（和數十次地區性）饑荒。是的，就是法國——一千年來一直是歐洲最大和最可靠的糧食生產國，國內有三個不同的農業區，而且擁有前工業世界最佳的國內運輸系統。

從陸路運輸東西就是不划算。

所以我們想出運輸東西的不同方法。我們想出如何浮在水上。

雖然駱駝可以載運四分之一噸或牛車可以載運約一噸，即使是最早期的散裝貨船也可以用很低的每噸運費運輸幾百噸貨物。羅馬人以從埃及進口大部分糧食供應他們的首都著名。記得那些世界一流的羅馬道路嗎？在公元三百年，以那些道路上運送貨物七十英里的成本，高於從埃及用船運送一千四百英里到羅馬的成本。水路運輸壓倒性的經濟性使得一些文化（荷蘭、阿茲特克、中國）調整它們的治理系統，動員它們的勞動力以簡單的鎬挖掘綿延數百英里、穿過崎嶇多岩地形的運河，只為了浮起公元一千多年後才成為人類運輸技術高峰的工具：卑微的駁船。

到了十四世紀，歷史終於開始加快速度：船帆和釘子、槳和舵、船艙和甲板、槍和砲、羅盤和星盤。還有瘋子。別忽視了那時候出了許多瘋子。傳說西方發現季風的人是一些願意航行到大洋中的希臘瘋子，雖然他們不知道會有什麼遭遇。這一切加上更新、更大、更堅固、更快、武裝更好的船，帶我們在十五世紀末進入大洋時代。

當然，那是在工業革命過了很久以後、人們輕鬆地回顧過去時的

看法。

大洋時代的運輸

人類現在可以用船舶長途運輸產品,並不表示過去我們有能力經常這麼做。

在後大洋、但前工業的時代,以船舶運送穀物從波羅的海地區到西歐大陸並非經常進行的事。即使英國人和荷蘭人的爭議沒有阻礙運輸,即使瑞典人沒有劫掠你的船,即使波蘭立陶宛聯邦有過罕見的好光景,有一半的終端產品成本仍然來自運輸,另外四分之一成本則是倉儲費。在內陸生產的穀物不管土地生產力多高,往往留在當地。到了十八世紀末,美洲殖民者和獨立的美國人確實曾運送一些穀物跨越大西洋,但並不是穩定的流通。很少事情比六週的勞累航行後發現英國的穀物大豐收更令人氣結。

但即使航運愈來愈有效率,技術和地緣政治的交會仍然讓世界陷於分裂。

地緣政治的要求是,任何帝國不向其他帝國購買糧食。即使在罕見的船運被認為可靠的情況,敵對君王的脾氣和胃口也難以預料。地緣政治的考量認為糧食運送的成本和風險太高。但玉石、胡椒、肉桂、瓷器、絲綢和菸草呢?完全合乎要求!大多數奢侈品不會腐壞幫了(很大的)忙。茶葉這種不算奢侈的產品也是穩賺不賠的交易[*]。

---

[*] 即使那只是因為歐洲人怪異的偏好。

奢侈品「貿易」被視為「全球性」只是因為牽涉遙遠的距離。事實上，帝國間的貿易很少。更正確的描述是一連串封閉的系統共有少數的接觸點，並且在這些點進行不穩定的接觸。貨物僅限於真正有價值的東西，和絕對必要的東西。當你看到一艘跨洋的貨船時，掠奪它肯定能讓你發大財。西班牙人稱這種掠奪者為「英國人」。英國人稱這種掠奪者為「法國人」。今日我們稱這種掠奪者為「海盜」*。

這種導致斷絕的行徑使得毗鄰的國家更不願意貿易，反而兵戈相向。所謂「文明」世界†存在於幾近永遠競爭的狀態，要在這種混亂中建立秩序完全不可能。當時擁有海軍力量優勢的國家——十七世紀和十八世紀初期的西班牙，或十八世紀後半葉的英國——都嘗試說服各國它們的力量最強大，應該發號施令，但那是雷達和巡弋飛彈發明之前的時代。有許多海洋必須巡邏，競爭敵手間有各種破壞秩序的戰略和經濟理由。任何「秩序」只能存在於它們的軍艦所能監視的範圍。

工業時代早期——紡織業興起後、鋼鐵船艦出現前——的新技術擴大了能以經濟的方式運輸的產品範圍，進而促使新一類國家興起：在敵對帝國間媒介或轉運產品的中間人。那是高風險的事業。一個帝國在星期一歸類為「經紀」的交易，經常到了星期四被重新歸類為「奸商」。荷蘭人——所有歐洲人都喜歡的中間商——憑著他們在歐洲貿易套利發財而崛起，但也因為英國人、法國人或德國人決定不再容忍荷蘭人與敵手交易而沒落。

美國人很早就學到這個教訓。美國建國初期的地緣政治危機都與

---

* 哎！
† 以那個時代歐洲人的用語。

像荷蘭這種國家的貿易有關。

- 美國的第一場主要衝突是一七九八至一八〇〇年的美法戰爭
  （Quasi War），焦點是法國俘虜駛向英國的「中立」美國商
  船。英國人幸災樂禍，唯恐美法的衝突不升高，並向剛獨立的
  美國人說法國的壞話，最後因為美法各退一步而大失所望。
- 短短十二年後，美國再度發現被夾在英國與法國的戰爭中間
  （如果把美國獨立算進去就是英法的第三次戰爭[*]）。這次法國
  是由拿破崙統率。英國人對他們認為觸犯封鎖令的美國船特別
  嚴苛，甚至強徵掛美國旗商船上的船員入伍皇家海軍[†]。總之，
  發生不少事，說了不少話，扳機扣了，火把也丟了，很快英國
  人就在白宮的火爐炭烤棉花糖，而加拿大人再也無法確定他們
  能否信任洋基佬了。

但是，但是，但是，令人驚訝的是大部分的事並沒有改變。

在前工業時代結束時，大多數經濟體仍然是自給自足或在某一
方面處於匱乏狀態，而有適於航行河流或安全海岸的城市大體上擁有支
配地位。雖然數世紀來海外旅行的經濟性和方法大幅提升，陸上旅行
卻只出現偶然的改善。

這並不是說沒有任何進步。培育馬匹一直穩定進步，富含營養的

---

* 而且應該這麼算。
† 英國人在這段期間都是蠢蛋。他們不承諾歸化的美國公民身分。因此任何出
  生在「殖民地」的人都可以強徵入伍。（出生於一七七五年？出生地費城？
  喂，你還是英國屬民！給我加入海軍！）

飼料、挽具等。每走得更遠一些就意味能汲取更多一些供應工業的資源，或建立能與外面世界貿易的新城鎮。但與進步一千倍的水路移動不同，一八二〇年的陸路移動看起來仍然很像羅馬時代，甚至許多地方的道路還更糟。即使到了奧勒岡小徑（Oregon Trail）的時代，你還是不會快樂——如果你的牛車一天能走十五英里你就應該滿足了。雖然像馬蹄鐵和鋼鐵車軸這類東西的進步為未來奠定了重要的基礎，這些技術並未從根本上改變我們移動自己或其他東西的方法。

而且它們無法改變。它們不會改變。這是說，一直等到一套全新的技術突飛猛進才改變了一切。

2.2 | 挣脱束缚：工業化運輸

在工業時代初期，倫敦就像大多數早期的大工業城市，已經成長到超出它砍伐森林以製造木炭的能力。砍伐森林推高木頭的價格，也提供了替代能源的經濟效益：煤。愈來愈高的煤需求導致煤礦愈挖愈深。

這些愈來愈深的礦坑深入地下水位之下，必須以幫浦把水抽出坑外。肌肉的力量完全無法排出地下水，所以蒸汽機派上用場以解決這個問題。它確實管用，但新蒸汽機需要動力，而動力來自於煤，而煤來自愈來愈深且含有愈來愈多水的礦坑，所以礦場主人沒能真正解決問題，工業化僅局限於礦坑的規模。

有了愈來愈大和愈來愈貴的蒸汽機後，一些供應商前往更遠的地

方，在未與倫敦直接毗鄰的礦層尋找煤的來源。這本身也需要一些設施：運河和船，以便把這種黑東西運輸到繁華的倫敦。很快的英國民間半數的船就被用來運煤，製造出船運價格高漲的問題。

在不得不考慮其他選項下，一些有創意的煤供應商把更新、更強大的蒸汽機和鐵軌結合起來，用在礦場間運輸礦車，而這種礦車採用一種只有煤能冶煉的金屬製造：鋼。砰！鐵路就這樣誕生了。

鐵路由能源賦予生命。把人送上月球確實很酷，但人類至今最偉大的發明是打造機器以便把五十英里外內陸生產的穀物運送到水邊。而且這麼做還能有利潤！水路運輸東西仍然比較便宜，但鐵路可以建造到任何較平坦的地方，而且透過鐵路運輸的成本「只有」船運的兩倍。比起在鐵路之前的陸路運輸成本是水路的二十倍以上，現在只要支付兩倍成本確實是一大革命。世界上最多產而且直到今日我們仍然仰賴的農地，不但維持了現代社會的動力，而且實際上還養活了每個人；現在它們終於對世界開放了。在歐洲，從馬車進步到鐵路降低了國內的運輸成本八倍，使得以可持續的經濟價格大量運輸各式各樣的產品變為可能，不管是糧食、煤、鐵礦砂或士兵。

俄羅斯提供了這個轉變有多巨大的最佳例子。

俄羅斯南部的大部分領土是一個大草原的氣候區：夏季炎熱、冬季寒冷，而且平坦、單調得令人感到乏味。降雨量起伏不定，但在潮濕的年頭農業生產可能猛增。問題是如何往外運輸穀物。俄羅斯適於航行的河流並不流向歐洲或需要穀物的地方，而是大部分流入北極區。

在任何時代以馬和馬車載運成千上萬噸穀物穿越俄羅斯廣大的土地，都太辛苦和成本太高。只有少數產品的貿易值得進行：重量輕而

高價值的東西，例如昂貴的布匹和貴金屬。由於大草原空曠且雨量多寡決定了景氣的榮枯，難怪騎馬的蒙古人可以輕易征服整個地區，並占領長達三世紀……同時憑藉向絲路的北方支線徵稅過著優渥的生活。

高國內運輸成本意味在後蒙古的俄羅斯帝國，要想出口任何產品必須向靠近港口的地方購買。在十八世紀，約七〇％俄羅斯出口的穀物不是來自帝國內較肥沃的地區，而是俄羅斯的波羅的海省分愛沙尼亞和利伏尼亞（Livonia）*。俄羅斯內陸的農地不管生產力多高，基本上都與俄羅斯市場隔絕，更不用說世界市場。

改變這種情況需要兩件事：

第一，在十九世紀中葉，凱薩琳大帝（Catherine the Great）擴張俄羅斯領土到黑海，讓俄羅斯首度獲得不凍港。不但今日烏克蘭的大部分肥沃地區被納入俄羅斯版圖，而且黑海也毗鄰俄羅斯在高加索北部的黑土地區。

第二，在一八五三至五六年的克里米亞戰爭，幾個工業化的歐洲國家不只打敗、而且徹底羞辱了大體上還未工業化的俄羅斯軍隊。為了避免這種災難不再發生，俄羅斯在亞歷山大二世（Alexander II）統治下首度真正展開工業化。想想俄羅斯的幅員多廣大，和即使在帝國人口較密集的領土運輸東西有多困難，所以修築一個鐵路網便成為他待辦清單中最優先的項目。

突然間俄羅斯的穀物可以通達國際市場了。俄羅斯的鐵路計畫從一八六六年積極展開，在短短十五年內俄羅斯的鐵路網擴大約四倍到

---

*　即今日的拉脫維亞。

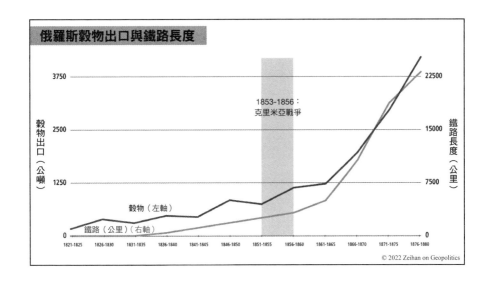

近一萬五千英里，增加的軌道超過歐洲在之前半個世紀所增加的還長。在同一期間，俄羅斯穀物出口也增加近四倍，達到四千二百公噸。在這個例子中，交互關係就是因果關係。

工業革命也發生在水路運輸上。基於幾個不很明顯的技術原因，它只是花了更長的時間。

第一，蒸汽機早在鋼鐵能夠大量製造之前很久就已發明。早期的蒸汽船仍以木頭製造。蒸汽機採用煤動力。燃燒煤的熱度超過攝氏三千度。不需要有化學博士學位的人就能了解可能發生什麼事。

第二，煤燃燒後就沒有了，而風永遠都有（如果你的航行規劃正確的話）。燒煤的蒸汽船航行到距離故鄉遙遠的地方會讓航行變得很昂貴。工業時代早期大部分時候大英帝國的後勤需求牽涉建立和保護遙遠的加煤站，像是濱曼德海峽（Bab el-Mandeb）的亞丁（Aden）和丕林島（Perim）、東南亞的香港和新加坡、中太平洋的范寧島

（Fanning Island）和斐濟、南太平洋的澳洲和紐西蘭、印度洋的迪戈加西亞（Diego Garcia）、加拿大的哈利法克斯（Halifax）、中大西洋的百慕達，以及地中海的直布羅陀和馬爾他。英國人的確縱橫四海，但建立一個帝國耗費很多時間和精力。技術條件有助於帝國擴張，反之帝國擴張也有助於技術進步。

　　儘管如此，需要是成功之母的說法仍然有其道理，而且每個人都覺得生命苦短，什麼事都想快一點。

　　早期的蒸汽船可以運載約一千公噸，每小時航行五到八英里，相當於慢騎腳踏車的速度*。鋼船殼在一八六〇年代問世，大體上解決了可能燒掉船的問題，還有其他限制速度的麻煩，像是必須清理船體附著物。到了一八九〇年代，這些和更多進步的技術已把數世代的勞累工作拋到後面，為更大、更快的船隻鋪了路。到一九一四年，一些全鋼造的商船已經能以令人刮目相看的每小時十二到十五英里速度航行。再加上蘇伊士和巴拿馬運河（分別在一八六九年和一九一四年）啟用，產品開始能運到更多地點而無須繞過大陸。更新的技術，更省的成本。

　　到一九四〇年，石油動力的內燃機開始取代煤動力蒸汽，增進了航行的距離，降低了燃油成本與貨物的比例，並打破了商船與帝國管理的加煤站的關係。正如煤動力的蒸汽力從鐵路擴展到海上航線，現在石油動力內燃機從相反方向擴展回去。每一次進步都協助跨洋和內陸的運輸變得更定期和可預測。成本直線下降，貨物量大增，可靠性

---

*　聽起來好像很慢，但平均而言它仍然是工業時代前船隻航行速度的五倍。

提升，產品的運輸擴增到過去無法想像的規模。

　　大宗商品真正的國際貿易首度成為可能。從一八二五年到一九一〇年間，棉花和小麥的運輸價格在調整通膨後下跌了九四％。從一八八〇年代到一九一〇年，從美國運往歐洲的小麥價格運費所占比率從一八％降至八％。現在運輸從限制因素變成了促進因素，任何有選擇的英國人都不再吃當地的食物。從一八五〇年到一八八〇年代，英國人飲食中的當地麥片所占比例從五分之三降至五分之一。

　　不只是東西，人也是如此。正如工業化前的大洋運輸提供許多工人新機會，鐵路和蒸汽船容許一般人考慮過全新的生活。長途旅行變得更容易、更快、更低廉，更重要的是更安全，世界從此更開放。或者至少歐洲白人習慣居住的溫帶地區變得更開放。三千萬名歐洲——主要是英國人和愛爾蘭人——遷移到另一個國家。

　　對留在國內的人來說，城市從根本上改變了。過去只能消費當地的食物，而且森林逐漸消失。現在連農民*都發現從別的地方進口食物往往更容易。更容易取得的食物供應，再加上鋼鐵生產增加，使得城市不但可以往外擴張，也可以往上發展。人口密度提高與城市規模變大、城市規劃、新醫療技術和人口成長攜手前進。工業化前的城市往往仰賴一定的人口流入以取代死於饑饉或疾病的人，工業化後的城市不再是死亡的同義詞。它們可以維持人口，並因此快速成長。

　　到了一九二〇年代，先後為水路運輸和鐵路帶來革命的內燃機已縮得夠小，並帶來了另一波與運輸有關大改變：卡車。與水路運輸需

---

*　特別是英國農民。

要港口不同，也與鐵路運輸只局限於坡度小於一％的地區不同，卡車可以開到道路通達的任何地方。能源生產的需求進入一個全新的時代。火車支配超過五百英里以上的運輸，但卡車占有幾乎所有其他旅行，特別是最重要的最後一英里的運送。水泥和瀝青開始取代泥土和磚頭，成為主要的道路營建材料。羅馬帝國衰亡十五世紀後。馬糞終於神奇地、突然地、謝天謝地從都市的街道消失。

到一九四五年，鐵路、駁船和卡車都裝滿了工廠產品、農業產品，而像煤和小麥等大宗商品也愈來愈容易生產。從人類走出非洲大草原邊緣的森林後一直限制我們發展的運輸和流通阻滯，終於消退為遙遠的記憶。歷史不只是加快速度，而是突飛猛進。我們在一個人的壽命期中從最早期的蒸汽、死於痢疾和《荒野女醫情》（Dr. Quinn, Medicine Woman），躍進到開汽車度假文化。

從此以後我們就不必再「走到任何地方都得背著重擔」了。

2.3 | 貿易美國化

現代之前的全球貿易數量極小且時斷時續，以二十一世紀的標準來看實屬微不足道。東印度公司在十九世紀初一年交易約五十噸茶葉，到了十九世紀末增加到一萬五千噸。今日每隔四十五秒就進行一萬五千噸茶葉貿易。但是別小看了「微不足道」的貿易量。殖民化、強權戰爭、工業革命和奴隸貿易都是那些「微不足道」數量的後果。重點是我們已經比昔日大幅躍進。在一九一九年帝國擴張到極限的時

代，所有帝國與其他國家間的貿易量只達到國內生產毛額（GDP）的一〇％，而在已結束的美國秩序時代，這個比率增加為三倍——在沒有帝國的世界。

這要怪罪美國人。

美國在第二次世界大戰後崛起時正值財政的顛峰，僅存的海軍仍然相當強大。西歐國家耗盡國力且搖搖欲墜，同時歐洲人感覺資本主義在大蕭條期間辜負了他們，他們的領導階層在兩次大戰期間更是徹底無能。美國同意重建歐洲國家，條件是貿易不能再孤立於各自的帝國體系。相反的，攔截對手的船隻被徹底禁止。還有一件事：此後完全不能再有帝國。

美國換來的是真正巨大的轉變。美國人將確保所有大陸的所有國家得以任意進出全球各大洋。過去激烈競逐的戰略環境轉變成一個單一、全球的、安全、有機制的內部航道，熙來攘往地行駛著柴油驅動的巨大鋼鐵船。過去兩百年發展的技術終於可以在沒有戰爭的陰影下完全運作（或者美國人會負責處理這種陰影）。沒有劫掠，沒有海盜。沒有帝國沒收。「全球」運輸從帝國間的相互掣肘，轉變成解脫束縛的全球經濟循環系統。

雖然工業革命讓產品從 A 地運往 B 地變便宜，但要靠美國的全球秩序才能讓它更安全。在技術變遷和地緣政治變遷的作用下，成功地理學擴展到……幾乎每個地方。而這也把我們推向一些意料之外的方向。

影響一：更大、更好，但速度變慢的船

在全球化的時代，所有國家都加入全球通路、製造，和大眾消費。附加價值工作不再局限於帝國中心。在其他地方製造需要燃油和原料。擴大其他地方的工業基礎和基礎設施也需要這些東西。擴大其他地方的中產階級需要的還更多。

世界需要更多船舶來運輸更多產品，但在一個帝國中心的競爭不再決定全球環境特性的世界中，安全已不再是最重要的考量。競爭不再靠槍砲和大洋與航線的控制，而是靠成本。這使效率得以取代安全成為企業最關切的事，而這意味世界不只是需要更多船，也需要不同種類的船。

運輸的規模經濟來自四個因素：大小、船員、燃料和集裝。前三個因素一目了然。

建造一艘船的資金成本隨著船的大小而增加，但這種增加並非線性的。船的大小增加一倍，建造成本可能「只」增加約八〇％*。把船的大小從載運七十五個貨櫃擴大到一百五十個、三百個、六百個、一千二百個、二千五百個、五千個、一萬個，到今日最大的載運量二萬個，你的每個貨櫃節省的成本將累進到超過八〇％。同樣的，照顧一萬個貨櫃或五千噸礦砂所需的船員數，不會比照顧一千個貨櫃或五百噸礦砂的船員數明顯增加。燃油使用率比照船隻大小的一般原則：增加船的大小一倍可以減少單位燃油使用率約二五％。

---

* 具體細節視哪一種船和它用來載運何種貨物而定，但增加八〇％是經驗法則。

在高風險環境中的戰爭風險保險成本估計

船舶種類	最大單位載運能力	百萬美元					額外保險費每單位在高風險區每七天（USD）	船舶約略大小 - 船長、船寬、船深公尺
		二手船估值*	一般貨物價值**	2.5%年船險成本	5%戰爭險七天保費	0.375額外貨物險		
Maersk Triple E	1,800 TEU	$180	$630	$4.50	$9.00	$1.89	$605/貨櫃	400x59x15
Panamax 貨櫃船（擴裝後）	12,500 TEU	$130	$438	$3.25	$6.50	$1.31	$625/貨櫃	366x49x15
Panamax 貨櫃船（擴裝前）	5,000 TEU	$7.0	$175	$0.18	$0.35	$0.53	$175/貨櫃	290x32x13
VLCC 油輪	2,000,000 桶	$62	$200	$1.55	$3.10	$0.60	$1.85/桶	330x58x31
Aframax 油輪	80,000 桶	$18	$80	$0.45	$0.90	$0.24	$1.43/桶	245x34x20
Capesize 散裝船	196,000 公噸	$33	$16	$0.83	$1.65	$0.05	$8.66/公噸	280x45x24
Panamax 散裝船（擴裝後）	83,000 公噸	$20	$7	$0.50	$1.00	$0.02	$12.29/公噸	225x32x14
Panamax 散裝船（擴裝前）	59,000 公噸	$12	$5	$0.30	$0.60	$0.01	$10.41/公噸	190x32x11

＊估值是根據五年船齡的船舶，和可取得資料的十年船齡 Handymax 和 Aframax 船以及新造的 Triple E 級船計算。價格是根據二〇一七年三月的報告數字。
＊＊根據石油價格 $100 ／桶、煤 $80 ／公噸，和衣服 $35,000 ／ TEU。
資料來源：Athenian, Clarkson, Maersk, ZoG Research
© 2022 Zeihan on Geopolitics

　　然後是速度。燃料成本占航運成本很高的六〇％比率，航行速度較快的船消耗燃油比較慢的船多。解決之道呢？如果安全不是問題，船航行的速度就較慢。現代的船隻很少航行速度超過每小時十八英

里 *，大多數散裝船很少航行達到十四英里。

　　當然，如果所有船都緩慢航行，那麼任何時間就有更多貨物在海上航行。解決之道不只是使用更多船或更大的船，而是更更多和更更大的船。

　　其結果是，當代的貨船不只是更大，而是超級大。從美國的墨西哥灣沿岸載運黃豆前往中國的船，是二次大戰期間自由級和勝利級貨船的約八倍大。從現代標準看，這還不是很了不起的成就。比起一九四五年的標準，現代貨櫃船有十六倍大，而現代油輪往往是四十倍大。數量隨著船和貨物的種類而大不相同，但原則是，今日船隻運載每單位貨物的總成本——船員、燃料、或大或小的船，和其他一切成本——只有二戰時代船隻成本的四分之一 †。

　　我相信你注意到我只討論前面的三個因素：大小、船員和燃料。第四個因素——集裝——把我們帶進一個全新的方向。

影響二：貨櫃化——打造一個更好的箱子

　　冷戰背景下誕生的布列敦森林協定人為地創造了自由貿易和下一回合全球化的必要條件，但底層的現實和我們今日所知的情況完全不同。運輸成本可能已大幅下降，但錯綜複雜的摩擦仍存在於整個

---

* 　喜歡航海的人用的術語是十五節（knot）。

† 　想想今日的巨型商船有多巨大——世界最大的貨櫃船是南韓製造的Evergreen-A 級貨櫃船，它比當代世界最大的建築還大——我們可能已經達到造大船的極限。畢竟，這些巨無霸仍必須能進入港口，而大船需要的吃水深度可能超過最大的港口所能提供的深度。

體系。

把貨物裝上卡車、開出倉庫、送到碼頭，由一批碼頭工人把貨物搬上棧板，由另一批碼頭工人用堆高機送進船艙，再由另一批碼頭工人把棧板繫牢以準備好航行，這整個過程是很費勞力的事。然後這艘船才能駛入大洋。航行到目的地港口後，另外一批碼頭工人把棧板卸下以供檢查，另一批碼頭工人再把棧板吊上卡車，由卡車送到鐵路集散場，再由更多工人將棧板裝進火車車廂，送它們到卸貨設施，以便棧板被卸至另一輛卡車。最後，這輛卡車終於才開往貨物被真正購買的地方。

而且，所有過程都必須一次一件地處理所有貨物！

從流通和成本的角度看──最糟的部分是港口本身。成千上萬件產品的每一件都必須分別卸至碼頭，供人員親自檢視，有時候必須重新裝載回船上（因為它們堵塞在碼頭上），然後重新卸下，然後逐一再搬運到當地的倉庫，最後才能運往消費者所在的地方。更多和更大的船需要更多和更大、距離港口更遠的倉庫，而這製造出更長、更堵塞的貨物轉運，和一直回堵到船隻本身的瓶頸。一般的港口程序消耗五天的時間，需要多道碼頭工人的處理，以及大量船員和水手的工作。整體而言這是極其繁複和勞累的事，製造出各層級的盜竊和貪腐的機會。難怪在進入二十世紀時港口費用往往占總航運成本的一半。

直到我們想出如何把貨物裝進箱子裡。

到了一九六〇年代，愈來愈大量的貿易製造出迫切的需求，必須終結集裝／再集裝的痛苦。解決方法是推出兩種款式的貨運箱子──特別是二十呎貨櫃單位（TEU）和四十呎貨櫃單位（FEU）的箱子。

你可能知道它們就是通稱的「貨櫃」（containers），而且一定看過它們可以用火車、卡車和半掛貨車（semis）運載。

貨櫃化改變了整體的運輸方式，特別是全世界的商船和港口作業的程序。

現在的製造商只需要把它們的貨物裝進標準化的貨櫃，然後加上封條。貨櫃以卡榫鎖在一輛卡車上，拖運到港口，接著被分門別類堆疊在一起。當船準備好裝載時，吊車便直接把貨櫃吊到船上（依照重量平衡原則配置在適當的位置），由一小群熟悉電腦操作的船員把它們飄洋過海載運到目的地港口，吊到港口邊的貨櫃堆疊場。由於集裝和再集裝完全不在港口裡處理，港口不再需要倉庫，而只需要設備和操作人員。現在他們只需要一個平坦的堆置場，以便堆疊無盡的貨櫃。在適當的時間，貨櫃可能以軌道短程運送，然後由吊車直接吊到卡車上，由卡車運到最終的目的地以供卸載。

理論上——而且通常實務上也是如此——被運送的貨櫃全程完全沒被打開過。

讓我用貼近個人的方式說明。如果你搬過家，你就知道大多數人可以把所有東西裝進一輛十八輪大卡車。這輛大卡車運載的貨艙長四十英尺、寬和高約八英尺（也就是一個四十呎貨櫃單位），內部空間相當於二千七百立方呎。想像你搬家時必須把你的東西儲存幾天，你會希望把東西包裝好堆在一個儲存設施，等你準備好時再打開包裝重新堆進另一個容器，或者就把所有東西堆在停車場那個初始的四十呎貨櫃，直到你拿到新家的鑰匙，對不對？

現在增加一個跨越大洋的過程，並每年重複這個過程二億次，你

就能明白全球經濟會發生多大的改變。貨櫃裡裝什麼東西不是重點。起亞（Kia）汽車或金橘樹，鋁土礦或吧檯用具，只要貨櫃的總重量不超過上限，所有貨櫃都可以照同樣方式處理。

是什麼條件促成這種標準化發生？美國的秩序。全球安全、全球商務、全球資本、全球規模，和一種強大無比的意願，想提供可靠性以使整個世界統一在一致的大小、重量、形狀和卡榫的標準，讓無所不在的貨櫃無縫地在供應鏈中移動。到了一九六六年，它帶來的影響已經很明顯。港口的船舶周轉時間從三至五星期縮短到二十四小時以下。港口成本從占總船運成本的一半降到五分之一。到二〇一九年，貨櫃船載運的貨物價值占全球貿易的比率從一九六〇年代初的零提高到約五〇％。

不只是船和處理貨物的方法經歷全新的設計，港口也隨之改觀。

影響三：港口——更大、更少⋯⋯建在別的地方

港口向來必須容易連接內陸，不管是為取得原材料投入或為流通產出。在工業革命之前，這意味一條河流。想想漢堡、紐奧良或上海。至少港口需要一片毗鄰海洋的平地。想想聖彼得堡、洛杉磯或曼谷。不過，現代貨櫃的彈性意味港口需要的只是道路（和最好有鐵路）的連接。現在港口不再需要稀少而昂貴的地理組合，而可以位於城市之外、但具備土地、勞工和電力成本低廉條件的地方。想想天津、薩凡納（Savannah）或聖約翰（St. John）。

成本降低再加上貨櫃的彈性，使港口位置的條件大為放寬，但對

港口本身的條件要求卻更高。現在一切東西都可以集裝在貨櫃裡運送，港口也必須能扮演超大數量貨物的中轉站。而隨著船舶變得愈來愈大，不是所有港口都能扮演這個角色。

首先落馬的是中等規模而無法處理新跨洋巨船的區域港口。貨物若不是轉向更新的巨型港口，就是流入處理地方流通的很小型港口。隨著巨型港口吸引愈來愈多貨物並變得愈來愈巨大，連小型流通港埠也漸漸消失。畢竟，鐵路線可以連接到較大的港口，而且可以連接小港口的流通網絡。河流上游的港口，特別是無法處理航行海洋船舶的較小港口，很快就變成多餘。

這類經濟重安排發生在世界各地，並引發全面的港口競爭，以成為區域航運中心。為服務單一都會區而設計的港口紛紛隕落，例如巴黎、倫敦、布魯克林、聖路易或芝加哥等港口。相反的，能轉型為處理大量貨櫃流通的地點迅速崛起，例如鹿特丹、費利克斯托（Felixstowe）、紐澤西、休斯頓和塔科馬（Tacoma）。

愈來愈大的船舶在愈來愈少的港口間航行，而這些港口本身也逐漸變得愈來愈大。

整體來說，前述的三個影響造就了海上運輸的至尊地位。

從二○○○年到二○二○年，運送一個貨櫃橫渡大西洋或太平洋平均要花七百美元。換句話說，一雙鞋要花十一美分。即使是傳統的扼制點也開始發揮不了作用。世界最大等級的貨櫃船之一——快桅三E級貨櫃船（Maersk Triple-E class）——必須支付約一百萬美元以通過蘇伊士運河，但這筆成本由約一萬八千個貨櫃分攤。算下來每個貨櫃約五十五美元，或每雙鞋子不到一美元。運輸的成本變得如此低，以

至於二〇一九年中國的資源回收業必須限制低品質回收垃圾的進口。

加上船舶變得更大和更慢，貨櫃化使運輸產品的成本降到產品總成本的一％以下。在工業化之前，這個數字通常是超過七五％。大洋航行前的這個數字往往是九九％以上。除了你無法在倫敦和東京、上海和雪梨、紐約和里約之間以卡車或鐵路運輸貨物外，即使是有道路或鐵路等基礎設施，比較成本也會高得荒謬。如果你希望一列火車的運力能與穿過晚近擴大的巴拿馬運河的巨型船舶競爭，它的長度將必須超過四十英里。或者，你需要一支六萬五千輛卡車的車隊。

在今日運輸成本的比率降至幾乎零的情況下，其他一切條件的計算也跟隨著改變。

影響四：城市——都會的爆炸性成長

在工業革命前，風力、水力和肌力是讓一個城市得以匯聚原材料的唯一力量來源。這對城市規模設下難以突破的上限。

工業時代的技術使城市通達的範圍擴大了一個數量級，並使資源利用集中能以前所未聞的方式辦到。但這種擴大使城市的胃口變得更大。更大的城市有更多經濟活動，也需要更多投入來供應這種活動。這有點像古訓所說的城市需要一百倍的土地來確保木炭來源，但現在它們需要的是小麥以供應糧食、鐵礦砂以製造鋼鐵、石油以提煉燃油、石灰石以生產水泥、銅以製造電線，以及無數東西。

城市出於需要而擴大觸角到更廣的地區。地區擴大它們的觸角到帝國也是出於需要。美國人征服西部，並把它豐饒的農產品和原料資

源輸送到東岸的城市。日本人在滿洲做同樣的事。歐洲人收割他們的殖民地。新技術的性質同時刺激了帝國的擴張，和爭奪通路引發的衝突，進而導致以世界達到高點的競爭和相互怨恨。

快轉到二次世界大戰後，美國的秩序去除了一個城市可以擴張到何種程度的理論限制。煤、糧食，甚至人，現在都可以從別的地方引進。從任何地方，到每個地方。掌控一個城市想收穫——需要收穫——的地區已不再必要。現在有了全世界可以收穫，所有城市都可以擴大規模。

影響五：供應鏈——當地製造，全球銷售

前工業化世界的核心特性是帝國中心。所有這些中心都具備氣候溫和、地形平坦和有海洋／或河流通路的一些絕佳組合，這不但幫助它們在地區的競爭，而且能有足夠力量和穩定可以往外擴張和征服更多土地。在工業時代萌芽時，所有帝國都能利用數百年來積累的財富和知識以從事大規模製造。

但所有帝國面對相同的限制。不是所有製造程序都需要相同的通路和相同的投入，有些需要更多鐵礦砂，有些需要更多勞力，有些需要更多煤，有些需要更多有博士學歷的人。但因為帝國間永遠不會彼此信任，所以每個帝國中心都會在自己排外的系統裡嘗試進行所有製造程序。

美國領導的秩序建立後改變了整個情況。美國人不只是明令禁止其盟國間的衝突，還保衛所有的全球航運，好像那是他們國內的商

務，因而把運輸帶進一個成本極其低廉的時代。

在一個所有國家都能確保「安全」的世界，那些「成功的」地理區不再能宰制或／剝削其他地方。這種情況的意外副作用之一是，降低了地理條件在決定一個國家成敗中所扮演的角色，使它變得無關宏旨。那些過去落後的地理區現在可以在安全的環境中欣欣向榮。

但舊帝國對此並不會過度擔心。舊帝國不擅長的程序——例如把鋁金屬延展成鋁線或修補鞋子等低附加價值的程序——可以外包給全球化體系崛起的其他新興地點，因為後者可以做得更有效率和更有競爭力。不斷下降的運輸成本加上美國保證的運輸安全，使過去全都在一個城市做的工作被打散到遍布全球的數百個不同的地方。

過去僅限於運輸原料投入和成品產出的船運，現在運輸的品項納入包羅萬象的中間產品。現代多步驟的製造業供應鏈系統應運而生。到了一九六〇年代這類供應鏈已變得稀鬆平常，特別是在汽車和電子產品製造業。

南韓、巴西、印度和中國只不過是突然扮演重要角色的數十個重要國家中四個最大的。在布列敦森林協定之前數十年表現優異的「核心」地區和國家，像是美國的鋼鐵帶和挖鑿運河後的英國，很快就面臨這些過去聞所未聞的競爭者的攻擊。

冷戰和後冷戰時代擴大的全球穩定使愈來愈多國家加入這場盛宴。新玩家不但先後加入賽局，而且以不同的速度進步，使整個世界有愈來愈多技術精密程度截然不同的國家。

截至二〇二二年，西歐、日本和盎格魯美洲有先進的技術官僚國家；東北亞和中歐有先進的工業經濟體；東南歐、拉丁美洲、安那托

利亞和東南亞有快速工業化的經濟體；中國、南亞、拉丁美洲和前蘇聯有混合經濟體。愈來愈複雜的供應鏈把它們連結起來。所有這一切都因為愈來愈低廉的運輸推動了更快的經濟發展和整合，進而反過來推動更低廉的運輸。

再加上更大的船舶、貨櫃化和新形式的港口，消弭了許多限制國家與鄰國貿易的摩擦，甚至使真正全球性的多步驟貿易不但變為可能，更成為每日的常態。截至二〇二二年，約八〇％的全球貿易量和七〇％的全球貿易值是透過大洋船舶的運輸。

拆解製造程序

隨著技術成熟和運輸系統變綿密和分散化，現代體系可以用兩個交織且相對照的概念來定義：

第一，工業科技變得愈來愈容易應用。冶鍊鋼鐵比把它們鍛造成鐵軌更困難，鍛造鐵軌比把它們鋪設成鐵路困難，鋪設鐵路比操作一列火車困難，操作火車比裝滿一節火車廂困難。當帝國系統結束時，荷蘭人和日本人無法把他們興建的鐵路系統打包帶回家，他們的前殖民地可以輕易地占用和操作這些資產。不像工業化前的技術需要專精的工匠，大部分工業時代和特別是數位時代的技術都可以隨插即用（plug-and-play）。

第二，工業技術已變得愈來愈難維護。把供應系統分散到遠地的能力意味把製造拆解為數十個、甚至數千個不同步驟是一種有經濟效益的作法。製造各種小零件的工人變得很擅長各自的工作，但他們對

其他程序一無所知。純化二氧化矽的工人不負責、也不知道如何製造矽晶圓,他們不負責、也不知道如何生產主機板和設計程式。

這種通路和分工的結合指向一個很明確且可以預測的結論:一個地方的人消費的產品不再反映一個地方的人製造的產品。消費和生產的地理區不固定,我們不再需要安全的大量運輸以便把生產和消費結合起來;現在我們需要安全的大量運輸以支持生產和消費本身。

這在許多方面是很理想的情況。工業化加上全球化不只創造出史上最快的經濟成長,還大幅度提高全世界數十億人的生活水準。不像極度不平等的前工業世界,工業化╱全球化的結合達成了似乎不可能的二元性,使低技術者得以擺脫赤貧的生活,同時把人類知識和教育的前沿推向更前進、更快和更寬廣的紀元。

但在很多方面,這是個極糟糕的情況。

2.4 | 大逆轉

讓我們先看看以下幾個重點。

- 現代船舶是笨重的大傢伙。貨櫃船全速航行每小時不超過二十九英里,散裝船的速度更只有一半。速度最快的民用船船舶是遊輪,主要因為它們的船艙大半是空的。把它們改裝用來運送玉米就不好玩了。
- 現代跨洋貨櫃船可以裝載數千個貨櫃,其中超過半數裝著製造

幾乎所有製造業產品所需的中間產品。

- 這些半成品是由只知道如何生產某個特定產品零部件的工人所製造，特別是低品質類的產品。

- 聰明的國家可以做較不聰明的工作。一家為伺服器農場製造晶片的半導體工廠，也可以為汽車或玩具製造晶片。但反過來卻做不到。

- 現代港口的數量少，彼此距離遙遠，規模超級大，且通常位於它們服務的人口附近。

- 現代城市也很巨大，且它們的經濟體專門化到它們需要經常出入不只是一大片領土，而是整個世界。

這些特性能夠運作的核心決定條件是安全、低廉的運輸。缺少這個條件，其餘的一切條件將瓦解。

雖然工業技術容易應用使它容易散播，它的逆轉也一樣容易。畢竟，由於人口中只有很少數人具備技術能力，如果今日無所不在的運輸連結因為任何原因而崩解，將使維繫世界工業化的榮景變得困難重重。勞動人口的高度分工和幾乎都是低技術工人，證實這個世界的確比我們想像的更陌生。更糟的是，現代城市生活需要始終能夠連接散布在世界各地的許多人和地方，而城市卻毫無能力影響這些人和地方。簡單的說，區域的去工業化的速度可能比它們工業化還快，而關鍵的因素是運輸發生什麼變化。

去工業化發生的速度可能比你想像的快。想想那些巨大、肥胖、緩慢行駛的船。

簡短地說一個戰爭的故事：一九八〇年代的兩伊戰爭。到了一九八三年，伊朗和伊拉克的衝突已達到僵持不下的情況，包括兩國都對彼此的船運發射飛彈，嘗試扼制對方的經濟。總共有約三百艘船被擊中，其中約五十艘失去能力，有十幾艘沉沒。比較當時全球船運的規模，這些損失只是九牛一毛。

但這少數的事件幾乎摧毀了全球的⋯⋯保險業。

美國對船運的安全保證被認為堅如磐石。畢竟，數十年來只發生過屈指可數的事故。甚至從大約一九五〇年到一九七五年這段期間沒有發生任何攻擊貨運船隻的事件。因此，海運保險的損失準備金一直是很低。為這類事故準備鉅額現金就好像在伊利諾州準備數十億美元等著地震賠償。但當兩伊戰爭的保險索賠提出時，保險公司很快用盡營運資金。所以它們向自己的再保險公司要求理賠，後者也很快耗盡資金。一時間所有保險公司發現整個產業搖搖欲墜。火險、汽車險、房貸保險、醫療保險，所有保險都一樣。由於大多數保險公司透過大型金融公司而與大多數債券市場息息相關，災難眼看就要發生。

唯一阻止大規模全球金融崩解的原因是雷根政府做的三個決定：（1）實體上護衛波斯灣上的非伊朗船運，（2）讓所有這些船運掛上美國旗，和（3）提供所有這些航運全面性的主權賠償（sovereign indemnity）。一個地方性的軍事爭端發生在兩個甚至沒有金融業的非商業強權之間，很快就擴大到只有一個有軍事、金融和法律力量的超級強權才能避免一場全球金融崩潰。

想像如果今日發生類似的事件。從一九七〇年到二〇〇八年，美國人幾乎總是有一個航空母艦戰鬥群駐守在波斯灣（而且從一九九一

年的沙漠風暴行動後通常有兩個）。在一九八三年護衛商業航運只需要小幅修改巡邏模式，但從二〇一五年後，美國經常一連幾個月在該地區沒有大型軍艦駐守。到了二〇二一年，美國已從該地區撤走所有常規地面部隊。少了美國後，有足夠軍事力量能到達波斯灣地區的強國只有法國、英國、日本和中國。其中只有日本有進行軍事行動的技術能力，而且所有國家都沒有必要的船艦來執行有意義的護衛任務。

想像需要護衛的是貨櫃船而非散裝船。一艘船將載運數千個貨櫃，裝著數萬或數十萬個產品。在一九八〇年代的事件中，即使那些沉沒的船也很快被打撈起來並恢復服役。這種事不可能發生在裝於現代貨櫃的貨物。（何況，你會買一台主機板曾泡在波斯灣海底幾天的電腦嗎？）

想像如果這種事件發生在一個不同的地方。伊朗和伊拉克在一九八〇年代是毫無附加價值的經濟體，地方消費十分有限，也未參與製造業供應系統。如果船運是在攸關歐洲和亞洲製造業的波羅的海或東海發生中斷，會是什麼情況？現代貨櫃航運不是運送單一產品從一個港口到另一個港口，而是巡迴運送。它們經過多個港口，接受和卸下裝著各式各樣產品的貨櫃。如果任何一艘船無法運送或卸下它的貨物，連鎖的影響將傳遍許多產業和許多地區的許多供應鏈。即使是在少數幾個港口的短暫延遲，都足以迫使整個產業做調適，整艘船沉沒就更不用說了。正如有人說，製造一輛汽車需要三萬個零件，如果你只有二萬九千九百九十九個零件，你有的只是一個超大的紙鎮。

想像如果這種事件不是一次性的。一九八三年與二〇二二年事件的規模大不相同。今日全球海運貨物牽涉更廣大的供應鏈、更多的財

富和國家，其總值是一九八〇年代的六倍。根據過去二十五年的數據做粗略的計算顯示，運輸成本每下降一％，就能帶來貿易量增加約五％。你不需要反過來計算就知道，由貿易賦予力量的現代世界會多快逆轉成美好的回憶。

結論是：我們所知的世界極其脆弱。這是說當它依照設計運作時。今日的經濟環境已不再像當年那樣極度依賴美國的戰略和戰術監控。去除美國的影響力後，長途海運的盛況將從常態退步為例外。因為人口結構崩潰而喪失大眾消費後，整個經濟大規模整合的論證將隨之瓦解。不管是以何種方式，我們的「常態」即將結束，而且很快會發生。

即將到來的世界：合縱連橫與趨吉避凶

美國領導的秩序最神奇和意想不到的結果是，它改變了過去很少、甚至從未參與任何大規模多國貿易系統的一些地區。世界的大多數地方缺少能自然鼓勵經濟活動的地理條件，像是西歐或北美洲常見的溫帶氣候或綿密的河流網絡。

美國的秩序降低了地理條件的重要性。現在美國會保護你的邊界和你的對外商務，這種結構讓過去從未發展的地理區，或遭到帝國踐踏的地理區得以崛起成為獨立的玩家。一九四五年以來人類最偉大經濟成長，就是這些直到晚近一直被忽略和經濟失能的地理區展現的基數效應性成長。這意味當美國人退化到一種各人自掃門前雪的心態時，這種破壞（disruption）的傾向和影響將不只是發生在上述的地

點，它們也會發生在更多地方。

第一類很快會天下大亂的地理區是亞洲第一島鍊的領土和海岸，包括日本、中國、韓國和台灣，以及較小程度的菲律賓、越南、印尼、馬來西亞、泰國和新加坡。如果你從南往北走，將發現資源漸漸減少，而製造業的金額和數量將呈現反向的分布。這是一個激烈競爭的地區，其特性是密集的資源需求、地球上最長的供應線，以及高度的出口依賴性。結果將是如何？處處可見的中間產品，而且全靠水路運輸。

脆弱和整合共存只會發生在一個外部力量迫使每個國家守規矩的安全環境。東亞從未發展出一個區域合作系統，甚至沒有可以避免軍事衝突的外交壓力釋放閥。中國仇視日本，日本（現在可能是下意識的）想殖民韓國和一部分的中國，台灣希望有核武嚇阻能力，而南韓則不信任任何人。

更糟的是，除了日本是明顯的例外，該地區的強權都沒有能力確保自己的供應或貿易路線。我們很難評估誰處在最惡劣的地位：南韓和台灣幾乎完全仰賴美國的戰略海軍監護，或者中國將必須打通海上的多重敵對軍力（包括島鏈內所有國家）和六個以上的扼制點，才能通達任何市場或取得資產 —— 但整體來看中國海軍只有近岸行動能力*。

中國法西斯主義截至目前很成功，但基於國內消費因為人口老齡化而崩潰、去全球化導致喪失出口市場，以及無力保護國內運作所需

---

* 好吧，我收回這句話。中國將處於極不利的地位。

的進口能源和材料等因素，中國所擁抱的自戀式民族主義將面臨國內動亂擴大以至於拖垮共產黨。或者至少那是中國歷史上當政府無法提供人民產品時（不斷重複）發生的事。

日本似乎將繼承該地區，但未來將不會那麼順利。當然，日本優越的海軍投射力量意味可以在幾個星期內壓制中國，並選擇大洋衝突的時間和地點，但即使軍力較弱的中國也有能力打擊其海岸幾百英里內的目標。這並不包括日本本土的島嶼，但涵蓋大部分南韓和整個台灣。中國如果沒有發生治理崩潰的情況（事實上在整個中國歷史發生過許多次），將使整個區域變成一個任何形式的海上船運的危險區。

沒有一個區域比這裡從美國秩序獲得更大的利益，也沒有一個區域會因為這個秩序的結束而遭到更大的打擊，只要有人在這裡對任何一艘商船開砲，我們所知的現代製造可能從此結束。

第二個令人擔憂的區域是波斯灣。要解釋其原因並不困難。該區的氣候是乾燥的沙漠氣候，通常會使人口保持稀少，但這裡的石油改變了一切。

在全球化下，美國沒有別的選擇只能在波斯灣執行軍事巡邏行動，並深切介入該區域的政治。石油推動全球貿易，全球貿易推動美國聯盟，而美國聯盟推動美國安全。如果波斯灣無法維持相對的和平——以歷史標準看，波斯灣從一九五〇年來一直保持相對和平——美國的全球戰略將無法確保成功。

波斯灣的石油加上美國在該區域的存在，改變了該區域的可能性。波斯灣地區從此不再只有遊牧的貝都因人、沿海的採珍珠村落，和長年灌溉造成的土地鹽中毒，而是蛻變成一個未來城市、人口過度

密集的巨型都會、戰爭蹂躪的內陸，以及許多地區存在幾近奴隸的下層階級的奇怪組合。

該區域出口石油和天然氣……幾乎不出口任何其他產品。它進口食物、科技、電子產品、白色家電、衣服、行動產品、電腦產品、機械、飛機、汽車、建築材料；幾乎一切東西，包括勞工——高技術和低技術勞工。甚至進口駱駝。幾乎所有碳氫化合物產品都藉由水路出口，而且幾乎所有進口產品也以水路輸入。在一個國際船運崩潰的世界裡，避開荷姆茲海峽的航線終究價值有限，它們是為迴避伊朗的威脅而設計，不是為了美國秩序的崩潰。

這不表示波斯灣地區會從人類集體的雷達上消失。波斯灣有的東西——石油——正是南亞、東亞和歐洲迫切需要的東西。但該地區的所有國家都苦於缺少可以有效巡邏自己海岸線的海軍，更別說護衛該地區的海上交通，確保進出荷姆茲海峽的油輪和來自遠方供應商的散裝船及貨櫃船的安全了。

也沒有任何其他國家有能力以美國式的安全傘來保障這個區域。也許是為了展現美國軍力不容輕疑，美國海軍的投射能力是世界其他國家海軍總和的十倍。如果全世界沒有能力在該區域維持和平秩序，將帶來長達數十年的全球蕭條，並促使六個國家——日本、英國、法國、印度、土耳其和中國——徒勞無功地嘗試填補該區域的權力真空，以避免陷於血腥的混亂。那將是一個天下大亂的局面。

第三個值得注意的區域是歐洲。我們把現代歐洲視為一個有文化、民主和和平的區域。而且似乎已經擺脫了它的歷史包袱。但這種擺脫大體上是因為美國重建了歐洲的一切。在這種平靜的歷史虛飾

下，歐洲實際上是地球上最飽受戰爭摧殘和戰略不穩定的一片土地。現代歐洲是它最盛時期的精華和布列敦森林體系極致工藝的結果。

歐洲的未來有許多問題，但有四個最凸顯。

- 第一是能源：歐洲人比亞洲人更依賴能源進口，而且沒有兩個歐洲大國同意這個問題能以一致的方法解決。德國人擔心無法與俄羅斯人達成協議意味著戰爭。波蘭人完全不想與俄羅斯人達成協議。西班牙人知道唯一的解決方法只能在西半球找到。義大利人擔心他們必須占領利比亞。法國人想要強迫阿爾及利亞達成協議。英國人覬覦西部非洲。每個國家都對，每個國家都錯。

- 第二是人口結構：歐洲國家早已老齡化到超過理論上可以人口再成長的點，這意味歐盟現在是一個出口聯盟。如果沒有美國領導的秩序，歐洲人將喪失任何出口產品的可能性，進而也喪失維持歐洲社會目前形式的可能性。

- 第三個是經濟偏好：也許現在這主要是潛意識的，但歐洲人很清楚他們血腥的歷史。歐洲領導人做了許多有意識的決定，以重塑他們傾向社會主義的制度，使他們的人口願意接受這個集體制度。這個方法有效，而且運作良好，但原因是在美國的秩序下，由美國支付大部分國防成本，讓歐洲人得以達到憑藉自身力量無法達到的成長。去全球化後的歐洲人口結構和缺乏全球觸角，意味永久衰退只是過度樂觀的地緣政治預測。我認為歐洲的社會主義—民主模式未來的生存堪虞。

- 第四也是最後一個問題：不是所有歐洲國家都是生而平等的。有強大的英國，就有不成材的希臘。有孤立的法國，就有脆弱的拉脫維亞。一些國家很安全或很富裕，或者有強大軍力的傳統；另一些國家脆弱或貧窮，或者向來有任人宰割的歷史。也許更糟的是，最大的經濟玩家是沒有選擇地必須承擔歐洲全局的德國，而最有能力走自己路的國家法國和英國，卻兩頭押注而從未真正與歐洲其他國家整合。我們有理由期待法國人將利用他們的通路來造福歐洲，但卻沒有理由期待二〇二〇年正式脫離歐盟的英國提供助力。

　　遺憾的是，歷史提供我們一些很清楚的未來指向。隨著長途海運的可靠性消失和美國——歐洲最大的市場——走自己的道路，歐洲人將必須支付額外的成本來保護他們擁有的東西：他們自己的供應鏈和他們自己的市場。歐洲在美國秩序的年代已開始成為最保護主義的經濟體，這一點在未來將使歐洲的地位更加不利。

　　最終的結果將是，隨著歐洲主要強國嘗試擴大它們的經濟、文化和（在某些例子裡）軍事影響力到更廣大的區域，而創造出幾個小歐洲。英國、法國、德國、瑞典和土耳其將各行其是，並嘗試吸引和／或強迫特定的鄰國與它們結盟。歐洲的整合將因此受害。對了解波斯、希臘、羅馬、拜占庭、鄂圖曼、德國、英國、法國、中世紀，或早期工業歷史的人來說，這將喚起令人不安的熟悉感覺。畢竟，歷史沒有終局。

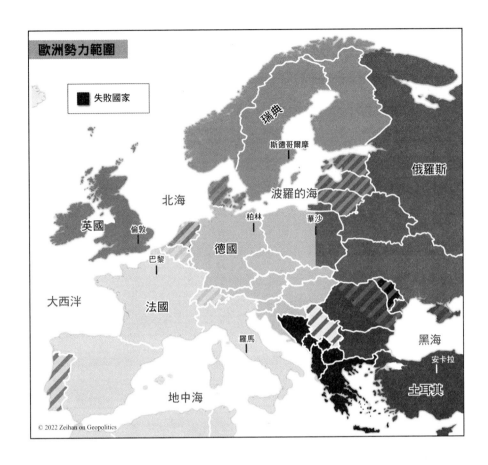

歐洲勢力範圍

失敗國家

瑞典

斯德哥爾摩

俄羅斯

北海

波羅的海

英國

倫敦

柏林

華沙

德國

巴黎

法國

大西洋

羅馬

黑海

安卡拉

地中海

土耳其

© 2022 Zeihan on Geopolitics

　　歐洲人將對地中海有特殊的偏愛。在美國秩序下，地中海一直是
歐洲大陸一條可愛的內部航道，但展望未來，它很可能回復到是世界
最擁擠航道的歷史常態。透過蘇伊士運河，地中海是歐洲連結波斯灣
石油和東亞製造業產品的航道。埃及無法保護運河區，但任何歐洲國
家也無法獨力支配埃及。透過黑海海峽，地中海是歐洲連結前蘇聯國
家的能源和剩餘農業產品的航道。土耳其可以確定將接管黑海海峽，
而且沒有一個國家有能力在土耳其的前院挑戰土耳其。

這些競爭對歷史系的學生都不新鮮。新鮮的是美國人數十年來壓制了所有這些國家。

想相信全球化將在沒有一個無遠弗屆的執法者和仲裁者下能夠持續，你必須相信三件事：

第一，一個區域內的所有國家，必須同意依照區域內最強大國家的要求做事。也就是日本人和台灣人必須同意由中國重新定義的東亞的結構、經濟、政治和軍事安排；法國人、波蘭人、丹麥人、荷蘭人和匈牙利人（以及其他人）必須積極轉移財富和控制權給德國，儘管德國人的時代已經過去；沙烏地阿拉伯、伊拉克、科威特、卡達、巴林和阿拉伯聯合大公國（UAE），將在區域控制和石油政策等議題上順從伊朗；烏克蘭、愛沙尼亞、拉脫維亞、立陶宛、瑞典、芬蘭、波蘭、摩爾多瓦和烏茲別克，將不抗拒俄羅斯主張再度控制它們全部；巴基斯坦將同意印度因為更大，所以可以發號施令；伊朗、伊拉克、敘利亞、俄羅斯和德國，將不抗拒土耳其崛起且進入強權俱樂部；非洲的眾多國家將默默接受新一波的殖民浪潮。

美國人從一九四五年開始暫時阻止了所有這些發展。現在美國所保障的安全環境即將消失。用新眼光看看地圖。用新眼光看任何地圖。

第二，你必須相信特定的國家管理工具將不會被動用，特別是軍事工具。你必須相信德國人、俄羅斯人、伊朗人和中國人，將不會動用軍事力量來強加他們的意志於鄰國，那些有軍事投射力的國家——例如法國、英國、土耳其和日本——將不會使用它們的能力來阻止較弱小競爭者的行動。歷史不但充滿了反例，而且歷史大多數是反例——當然，一九四五年至今的歷史除外。

第三，你必須相信支配區域的強權間不會爆發衝突。你必須相信俄羅斯人和德國人、中國人和印度人、俄羅斯人和中國人、土耳其人和俄羅斯人、土耳其人和伊朗人間將意見一致。我隨時可以舉出在一九四五年以前任何一個世紀都有十個反例。在大部分時候，這種意見不合強忍長達七十五年不爆發……唯一的原因是美國人改變了遊戲規則。

不管發生什麼問題，遠洋運輸將立即受害，因為遠洋運輸不只需要特定的區域保持絕對和平，而且需要所有區域保持絕對和平。遭到破壞的遠洋運輸將占所有能源、製造業產品和農產品船運的四分之三。

2.5 | 風暴中的港口

混亂的情勢，沒錯，但那不會是一個所有國家與所有國家為敵的世界。一些仍會有商業船運的「安全區」將可分為兩個類別。

第一，一個區域超級強權建立區域和平秩序，以在它偏好的地理區執行它所定義的安全。日本將在東北亞建立這種秩序，隱而不宣的目的是牽制中國的崛起。法國將支配西歐，但備受英國和德國的鄙視。土耳其將宰制東地中海，很可能與以色列結盟。美國將更新門羅主義（Monroe Doctrine），並把西半球轉變成一個僅限邀請的美國遊戲場。不管這類安全區的控制是不拘形式或鐵腕的制約，是為了促進或阻止區域貿易，是出於善意或惡意，它們將取決於一系列文化標準、經濟需求、戰略命令，以及地方的需求和機會的混合。每個安全

區都不相同。

第二，一些國家群集將能聯合巡邏它們自己的區域。英國可能與斯堪地那維亞國家結盟以創造一個區域秩序。德國將與中歐國家做同樣的事。東南亞國家將與澳洲人和紐西蘭人聚集經濟力量和軍事力量。

區域超級強權和集團間的衝突是必然發生的事，但這不表示這類衝突一定是長久的或不變的。法國人和土耳其人將在地中海的兩端盯著彼此，正如法國人和德國人將找到跨越比利時的合作主題。荷蘭人和丹麥人將尋求在英國和德國領導的集團取得雙重成員國身分，而這兩個集團本身可能合作對抗俄羅斯的勢力。每個人都愛澳洲人……但澳洲人將很樂於當美國大棒子的眼線。

這個新時代的最重要特性是，我們將無法都站在同一邊。雖然有人可能說我們向來就是如此，但讓美國秩序得以運作的是，我們都同意國與國間的競爭不能不擇手段。沒有國家可以用軍力來對付經濟競爭者。最重要的是，沒有國家可以攻擊或劫持商船。

這種常態的終結將讓我們踏入許多黑暗的道路。

長途運輸的日子大體上已經結束。除了日本和美國兩個明顯的例外，沒有國家能持續投射海軍力量跨越大洋，而且即使對這兩個最大海軍力量來說，巡邏廣大的海洋面積以確保沒有護衛下的貨物貿易也已超越它們的能力。美國的秩序有效是因為只有美國擁有一支全球海軍，而且所有國家同意不以船舶為攻擊目標。那個世界已經一去不復返。

長途運輸把一切東西從高供給區帶到高需求區，不管參與者是誰。就任何重視供給或需求的產品來說，要預期市場將崩潰。特別重

視供給的產品包括石油、黃豆、鋰金屬和中低端微處理器。特別重視需求的產品包括液化天然氣（LNG）、鋁土礦、高速火車車廂和烏賊。同時得面對供給和需求兩面夾擊的產品包括鐵礦砂、氦、可可豆和印表機碳粉匣。

打破規模經濟和緊密交織的世界所不可或缺的供應線，將衝擊所有國家，但每個國家受到的衝擊將不同。西半球在糧食和能源方面受影響有限，但它需要建立自己製造從筆記型電腦到鞋子等各式各樣產品的能力。德國集團的製造能力大體上已具備，但支持製造業的原料完全付之闕如。日本人和中國人將必須努力確保食物、能源、原料和市場。日本喜歡在銷售的地方製造產品並部署有效的海軍是一件好事。壞事是中國的海軍即使在承平時期也無法投射到越南以外的海上。

真正重要的是，每個區域集團都必須把保護船運視為優先要務。複雜的製造業系統在有更多參與者時效率最高，而參與者包括有較大的消費群和更差異化──也因此更有效率──的供應鏈系統。集團愈大，區域的製造業就可能愈成功和長久持續。俄羅斯人勢必會利用碎片化的世界來剝削他們的石油和天然氣顧客，但這將促使德國人、土耳其人、英國人、日本人和中國人從其他地方購買能源，因此而開啟和升高全球的競爭。諷刺的是，在碎片化的世界，行駛最慢的船舶──那些無趣的散裝船──可能變成最重要的船。畢竟，如果貨櫃化的船運崩解，世界大部分國家的經濟將因為製造業崩潰而瓦解。但如果散裝船運──運輸糧食和燃料──崩潰，世界許多國家的人民將挨餓、孤立和陷於黑暗中。

集團間因為船運發生衝突將成為新常態，但別忘了大多數國家缺

少長臂海軍。這意味船運衝突事件將發生在集團無法掌控和船舶無法召喚協助的無人海域。

在這種環境中，船運商將面對三重安全問題。

第一重、也是最明顯的是海盜*。任何沒有當地海軍力量保護的海域，勢必遭遇索馬利亞式的海盜騷擾。

第二重、但較不明顯的是私掠者——基本上是由國家資助的海盜，以騷擾他們的競爭者。這些私掠者獲得特權可以在盟國的港口尋求救援、燃料和船員（並出售他們的「戰利品」）。由於資助私掠者至少有可以否認的掩護，所以距離全面戰爭還有一步，除非每個國家都加入這種遊戲。

第三重安全顧慮不會局限在無人海域：國家海盜行為。在我們正要進入的世界裡，進口任何東西的能力——不管是進口鐵礦砂、柴油、肥料、電纜或圍巾——將遭到大幅削弱。簡單的派遣海軍從其他國家掠奪你需要的東西是一個古老的方法，比相對晚近的哥倫布大洋冒險早得多。

- 要預期國家海盜將再度盛行，特別是在土耳其集團內。土耳其人（和以色列人）將快樂地（和無情地）劫掠任何敢於嘗試經由蘇伊士運河和東地中海運送原油、而不先支付安卡拉和耶路撒冷保護費的船。
- 印度是另一個應該提防的國家，但情況略有不同。印度海軍可

---

*　哎！

東半球的運輸風險

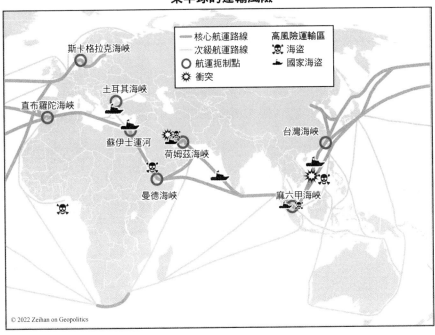

核心航運路線
次級航運路線
航運扼制點
衝突

高風險運輸區
海盜
國家海盜

斯卡格拉克海峽
土耳其海峽
直布羅陀海峽
蘇伊士運河
荷姆茲海峽
曼德海峽
台灣海峽
麻六甲海峽

© 2022 Zeihan on Geopolitics

能不怎麼行，但在印度洋內它所向無敵。印度次大陸也是船運出了波斯灣的第一站。船運貨主將別無選擇，只能乖乖奉上新德里堅持的任何「通過」費。這些貨主比較幸運，印度可能在付費上很有彈性。印度可能方便地接受以直接原油轉移作為支付，而該國擁有大型且精密的煉油設備意味它甚至能吸收貨主的所有貨物，並以精煉後的油品來交易。

● 在船運受到限制的世界，維繫現代製造系統所需的投入──各式各樣的原物料，從高級矽、鈷、鎳、稀土到鋁土礦──都是一級目標。攔截那些移動緩慢的散裝船要比為礦產占領一個國家容易得多。非洲和東南亞的海岸可能成為覬覦的目標，不

只是因為許多必要的材料來自這裡或經過附近海域，也因為這兩個區域沒有強大的海軍力量足以嚇阻海盜——特別是國家海盜。

- 東半球整體來看是個食物淨進口區域，這種失衡在亞洲東部和西南部邊緣特別明顯。可以預期日本人將發現，從西半球運輸食物到亞洲大陸的「監管」是一門大生意，也是絕佳的戰略槓桿。

- 別忘了美國。美國的後秩序外交政策將變化無常，但美國人對全球事務興趣缺缺並不意味他們有意放棄全球影響力。我們可以預期美國海軍和海軍陸戰隊將編組一套次級任務，包括積極的制裁執行。也許所有國家和公司都必須順應的——也最引發爭議的——問題是，美國不會只是放棄它作為全球秩序的擔保人，而會轉變成脫序的活躍行為者。

　　我們從一九四六年以來對運輸逐漸習慣的一切如今已經死亡。更大、更慢、更分工的船舶對剛好在特定區域出現的私掠者或海盜來說，無異美味的浮動自助餐檯。更大的船在團結的低威脅世界可能使效率最大化，但在碎片化的高威脅環境中，它們的風險也最大。

　　下一代的船舶將更類似一九四五年以前遠為較小的船舶。這類船舶必然航程較短和只能載運較少貨物，不只是因為它們較小，也因為它們將耗費更多單位貨物燃油以便加快航速。它們的設計將不能讓貨物堆放在甲板上。畢竟，如果海盜和私掠者能從遠處辨識船的種類，將使劫掠過程更有目標。光是這個特性將使貨櫃船的載運能力降低三

分之二。對仰賴海運的整合製造業供應鏈說再見吧。

這種轉變即使不同於安全環境的改變，也證明了我們所熟悉的經濟常態現在已經終結。

現代港口——特別是現代巨型港口——的功能只能扮演巨型船舶的轉運和流通中心，但那些巨型船舶已不再適合航行。這將減損貨櫃化的吸引力，轉而回到一個較靠近消費點的較小港口的結構。更安全？當然。但成本也更高。在船舶和港口改變之際，我們可以預期運輸成本將升高到我們已習慣成本的至少四倍。而這是在未來的集團仍保證相當程度安全的情況下。最大的贏家是誰？那些因為國內地理區具備綿密的水道，和相當程度遠離威脅而能在工業時代之初昌盛的地方：美國、英國、日本、法國、土耳其和阿根廷，且依照這個次序。

更糟的是，隨著運輸成本上升，低利潤的非能源和非食物產品被運輸的可能性將降低。這不只會進一步削弱仍然維繫的經濟關係，而且意味被運輸的任何東西將較可能是石油或食物，或其他較高價值的產品。古老的「如果是船運，就表示價值較高」的時代正要回來了。最大的輸家？那些位於運輸線終點，而且缺少海軍力量護衛自己商船的國家：南韓、波蘭、中國、德國、台灣、伊朗和伊拉克，也是依照這個次序。

如果船運的貨主無法仰仗安全的環境，而且貨主已決定非把貨物運送到某個地點不可，那麼唯一合理的作法是確保船有能力照顧自己……藉由武裝它。這種作法在被視為常態的十七世紀和十八世紀時製造出許多病態的設計圖紙，反映出步槍和大砲等船艦軍事技術的盛況。現在被派上用場的將是飛彈，還有無人機，還有從無人機上發射

的飛彈。回到武裝商船的年代將為時不遠。你以為世界各國的人很擔心現在一些國家出口武器不設限嗎？想像當韓國人、以色列人或法國人開始銷售專為配備在印度、沙烏地阿拉伯或埃及散裝船上而設計的防呆反艦武器吧。

現代製造業——特別是現代科技製造業——只能在大量中間產品可以無摩擦地快速運輸的世界中運作。只有內部的製造業供應能與需求位於相近地點的集團，才不至於遭遇災難性的中斷。這對德國製造業是個嚴重問題，因為它的許多供應商遠在天邊之外，而且大約半數顧客不在歐洲。

對亞洲製造業問題還更大，因為所有藉由海上運送的中間產品（德國與供應鏈夥伴間的中間產品至少可以藉由鐵路運輸）和幾乎所有原料和終端市場都在數千英里外。特別是中國的製造業依賴遠在其他大陸的國家，或有歷史怨恨或地緣政治敵意的國家，以獲得幾乎所有高附加價值的零件。在運輸成本大幅上漲的情況下，製造業供應系統中依賴低成本（例如低廉的運輸）的低利潤產品，將面臨最嚴重的破壞。

未來安全環境的不確定性也是一大問題。支持多個地點的多環節供應鏈所需要的工廠，需要多年的時間才能建立起來。需求組合每次發生改變——不管是中間產品或成品——通常需要一年的時間進行重新整備機械以適應體系。我們已從新冠疫情學到這個教訓。改道航行的每艘船或每一場衝突都會破壞供應鏈的某個部分，並且也需要同樣長時間的調整和適應。在這種環境中，任何區域內的多環節供應鏈若沒有堅實的地方安全保護和地方消費，將難以長期生存。那些供應鏈

必須集中在愈來愈小的地理區，大多數需要將變成完全來自特定國家。如果不符合這些條件，將出現持續的不匹配和無法製造終端產品。

現代城市——特別是東亞的現代巨型城市——尤其脆弱。它們得以存在全都要歸功於美國的秩序讓它們能輕易獲得工業化體系的積木，以及獲得它們出口產品的終端市場。去除全球體系和去除全球運輸後，這些城市將必須為自己的食物、能源和工業投入負責。

換句話說，這將是不可能的任務。只有影響力夠廣大的集團裡的城市，才可能保持人口有工作做，並能不愁溫飽。對大多數全球人口來說，這指向同一個方向：大規模去工業化和人口減少，迫使人們返回鄉間。都市的群集愈大，災難性失能的風險也愈大。至少半數的全球人口將面對逆轉數十年來的都市化。

所以，本章的最後一個問題是：哪些地區的城市還可能利用執行現代機能所需的土地？

美洲大陸整體看來沒有問題，這有一部分要歸功於地理。美洲兩個大陸生產的食物和能源超過它們的人口的消耗。這是個好的開始。

這也歸功於經濟因素。西半球（也是全世界）人口結構最穩定的開發中國家墨西哥，已緊密地與西半球經濟體量最大和人口結構最穩定的已開發國家美國整合在一起。兩個國家以現代世界未曾見過的方式強化彼此。

地緣政治也是原因。美國有利益和有能力阻止東半球的欺騙侵入西半球。雖然美國人可能正在放棄他們建立的全球秩序，但他們仍會維持西半球的秩序。

坦白說，這可能已經超過美國人實際上需要做的事。美國是一個有活躍的內部商業活動的大陸經濟體，相對於一個有活躍的外部貿易的全球經濟體。只有半數的美國國際貿易和不到三％的國內貿易——總共只占 GDP 的一〇％——是透過水路運輸。美國人不依賴國際海運貿易提供他們的食物和能源供應，甚至美國國內需要的國際供應鏈也不依賴海運。

即使是美國最繁忙的全球港口加州的洛杉磯／長灘港也很獨特。不像亞洲和歐洲的港口主要是轉運中心，洛杉磯／長灘港是目的地港，它不處理各式各樣的中間產品，而是在其他地方組裝的成品的終點港口。這類貨物都被卸載到卡車和鐵路車廂上，以便流通到美國各地。供應破壞當然會造成影響，但並非歐亞大陸各地將會出現的系統癱瘓。

第二個能「共同」協助城市生存的地區是澳洲大陸加上紐西蘭島嶼群。和西半球一樣，這兩個西南太平洋國家擁有的資源和食物遠超過它們所能消耗。正如墨西哥和美國現在號稱已建立能相互強化的關係，澳洲人和紐西蘭人也將與東南亞國家建立這種關係。

東南亞各國的財富和技術水準參差不齊，從超高技術官僚統治的新加坡到幾近前工業化的緬甸不等。從大多數人的觀點看，這種多樣性是特色，不是缺陷。它促進多步驟的製造系統在該地區興起，而不致過度需要區域外的資源。這個集團內有充足的食物和能源供應，再加上澳洲和紐西蘭的協助，應該使這個區域能禁得起考驗。

這個東南亞集團的問題是（1）沒有一個國家大到能發號施令，（2）集團缺少照顧其多樣利益的軍事能力。這不表示結局會是災難，

而且也不太可能如此。美國人和日本人將有理由和東南亞國家（包括澳洲和紐西蘭）建立經濟和戰略盟友的關係。建立這三方關係的關鍵在於保持日本和美國觀點在大方向的一致。如果發生嚴重的分歧將為國際換日線以西的任何國家帶來嚴重的後果。

即使能做到這些，該區域的情況仍然難以預測，且可能迅速改變。

俄羅斯有許多東南亞國家需要的東西，但克里姆林宮長期以來利用它富饒的資源來換取其顧客的地緣政治讓步。俄羅斯的戰略政策可以總結為⋯⋯失敗。在冷戰前的時代，俄羅斯的戰略在俄羅斯鎮壓這些顧客與這些顧客侵略俄羅斯間擺盪。在冷戰和後冷戰全球通路大開的時代，其他供應國的競爭讓這套戰略已不再管用。今日的俄羅斯人認為他們的西伯利亞鐵路理論上可以在東亞和歐洲間運輸大量產品，是打破美國控制海路的絕佳方法。

現實不同意這種看法：一艘大型貨櫃船能運輸的貨物超過二○一九年全年西伯利亞鐵路的總載運量。結論是：我長期以來發現，俄羅斯人在二十一世紀使用十九世紀的教戰手冊讓他們屢遭挫敗。俄羅斯的戰略非但沒有終於奏效，反而可能重蹈歷史覆轍，帶來慘痛的結果。

中東蘊藏豐富的石油，但進口超過三分之二的食物需求。我們可以預期未來這個區域將隨著全球商品貿易銳減而出現大規模的快速人口調整。法國和土耳其將充分利用該區域的豐富的燃料以滿足其需要和野心，可能日本人也趕來湊上一腳。這三個國家可望和美國一樣，在這個區域大展鴻圖。

下撒哈拉非洲仍然是全球貿易的最後邊疆。它在許多方面面對類

似中東的限制。該區域已部分工業化並擴增其食物生產——但如果失去持續的全球參與將難以維繫其發展水準。在許多方面它具備類似西半球豐饒的條件——它低程度的工業化意味它的工業商品遠超過它所能使用，而這將吸引外來的國家。

要預期這將引發新一波的瓜分非洲，但這已經不是十九世紀。下撒哈拉非洲雖然工業化程度不像歐洲，但也不是完全未工業化。這一次歐洲人將無法享有當年帝國在武器和軍隊人數上的技術優勢。這次非洲人有能力也有意志反擊，所以帝國式的征服或占領將不可能如願。因此歐洲人（主要是法國人和英國人）將需要與地方當局合夥以取得所需的原材料投入。這些外來國家會多快得出這個結論將決定未來幾十年的非洲歷史。

這個新解構的最大輸家將是中國。

現代中國的一切——從它的工業結構、食物來源到它的收入——是美國秩序的直接結果。沒有美國人，中國將失去能源的管道、來自製造業銷售的收入、進口原料以製造產品的能力，以及進口或種植自己的糧食的能力。中國絕對會面臨史詩級的大規模去工業化和去都市化。中國肯定會面臨政治崩潰，甚至去文明化。而且中國將在人口結構瓦解的過程經歷這一切。

有關中國的一切還不確定的問題是：它會完全崩解嗎？或者一部分的中國將能勉強保持，以至於外來國家可能對待它正如它們對待下撒哈拉非洲那樣？如果是後果，那就預期幾個海岸城市如上海的合作。畢竟，中國南方海岸的城市有與外國往來的悠久歷史——特別是攸關民生的食物貿易——遠比它們與北京的關係久。

深呼吸

　　運輸是把世界連結在一起的結締組織，而你剛才看到的只是運輸史的開端。例如，各式各樣的現代船舶需要柴油。柴油需要石油。供應石油給世界需要穩定的美國秩序。想想後美國秩序世界的石油運輸要如何維持相同的數量和可靠性？你認為石油和柴油短缺將對運輸造成何種影響？這一切就像一條吞食自己尾巴的蛇。我還有五個充滿地雷和驚奇的篇章要給你。

　　所以休息一下，也許打個盹，喝杯飲料。等你準備好時，我們來處理另一半的全球連結性問題。

　　錢。

CHAPTER 3

金融

資本短缺的黑暗時代即將回來。
再加上各種帶來不安全感和不穩定感的問題，
你可以預期世界許多國家的人將試圖把他們的錢——在許多例子裡，
包括他們自己——轉移到更有希望、更安全的地方。

3.1 │ 貨幣：探索人跡罕至之境

在寫作本篇的二〇二二年初，世界所有國家都已經歷過後冷戰時代的多次金融危機和市場崩潰。如果你認為這預示了深刻的結構性問題，你想對了。如果你認為一切都將無法持續下去，你又對了！如果你無法想像為什麼中國人能發展如此快，你再一次想對了方向。而如果你擔心美元的崩解……你想的還不夠大。

這些折磨人的問題是現代金融的故事。

即使是我們認為已經找到這些問題的答案也很難令人滿意。你胸口的那團鬱結是不是我們的金融理論只不過是一路瞎編而來的？傾聽你的感覺，它完全正確。金融的規則不是在美國領導的秩序之初大幅改變的，而是在之前的許多年。在二〇二〇年代，它們將再度改變成我們從未見過的東西。

這需要一點倒敘。

同樣的，讓我們從頭開始。

貨幣的漫長來路

在美元或英鎊、甚至埃及金幣之前的世界並沒有真正的交易媒介。當進行貿易時，你必須期待你的交易夥伴想要你剩餘的東西，而你也想要對方剩餘的東西。但即使你們的期待能匹配，還有價值這個棘手的問題。一大塊香柏木價值多少？你的貨物是否值一籃銅礦砂或

兩籃？今年的價值是不是和去年一樣？我能不能用一捲紙草引起你的興趣？以物易物「市場」的行情經常變動，你必須來到市場並展示你的產品才知道行情的方向。

如果是古代世界各民族間隔絕的情況，那不只是一個大問題。

埃及的沙漠緩衝區是古代最好的自然屏障。埃及人的主要貿易路線是上溯尼羅河谷進入蘇丹（即努比亞〔Nubia〕），人口密集的埃及南方的尼羅河水流湍急（不適合航行）且有許多峽谷（河流斷續）。貿易商必須經過空曠的沙漠……在一個駱駝馴化前的時代。這一切雖然保障了埃及人的安全，卻也表示他們沒有很多東西可以購買。

我們對古代印度河文明所知的事和我們對我們最早的祖先一樣少，但我們知道的事並不是那麼風光。最合理的猜測是一場地震或洪水（或兩者一起）一度把印度河的河道往東南移動幾十英里，使洪氾區許多強大且獨立的城邦突然地勢變高和變乾燥。許多人感染肺癆更是雪上加霜。不管印度河文明早期的居民是如何死的，但他們生前是黑暗中的亮光。他們的西方即今日的巴基斯坦和伊朗的俾路支（Baluchistan），是比撒哈拉還乾燥的沙漠，而毗鄰的恆河流域或興都庫什山脈的山麓，則是較晚從狩獵／採集經濟崛起的民族。印度河流域可能不像尼羅河那樣隔絕，但在當時人們的感覺可能不是如此。

這讓美索不達米亞人變成了中間人。

與尼羅河和印度河流域不同，美索不達米亞流域需要貿易，因為它只生產食物。木材、大理石和金屬都必須進口。幸運的是美索不達米亞不只有三大初始文明中的兩個支托，它也被從它衍生的子文明環繞：安那托利亞（今日的土耳其）、札格羅斯山脈（Zagros

Mountains；今日的伊朗）、黎凡特（Levant；今日的以色列、黎巴嫩、敘利亞和約旦），以及波斯灣的沿海社會。美索不達米亞是這一切的中心。而由於美索不達米亞人從未建立像印度河城市*那種大型都市基礎設施，或埃及人†那種無所不在的虛榮計畫，所以他們可以生產愈來愈多可以用來貿易的大麥剩餘。

大麥？大麥是交易貨幣超過兩千年。為什麼？

簡單。地點很重要，不管對什麼事來說。

初始三大文明的早期灌溉系統都是洪水促成的。工人把季節性的春季洪水引到田地以淹沒一切。由於三大文明都位於低海拔、低緯度的沙漠河流谷地，蒸發效應讓滲入土壤的山區徑流所含的微量鹽分逐漸濃縮，長年下來升高了土壤的鹽分。大麥比其他植物更能耐受這種鹽分‡，使它變成三大文明各處備受歡迎的作物。

好，現在我們有了衡量價值的基準，問題就變成運輸了。一夸脫大麥的重量約為一磅。體積和重量的問題限制了運輸，尤其是如果你的計畫是搬運幾噸東西穿過沙漠。由於美索不達米亞人迫切需要貿易，他們必須解決這個大麥的難題。

在西元前二千年的解決辦法是謝克爾（shekel）。三個百分之一謝克爾可以交換一夸脫大麥。一謝克爾等於十一克白銀。長期下來謝克爾變成我們現代貨幣概念的同義詞。一謝克爾可以支付一名工人一個月的勞動。二十謝克爾可以讓你買一名奴隸。到西元前一千七百年，

---

* 西元前二千年前一般大眾使用的室內水管系統。
† 所有那些金字塔！
‡ 也更適合釀啤酒。

漢摩拉比法典規定如果有人傷害你，你可以選擇以謝克爾的形式來賠償或是以眼還眼。砰！金融誕生了！

有了大家都同意的交易媒介後，勞動分工突飛猛進。一個向來以種田為生的農民改行做其他工作的風險降低了。做其他工作的收入能以已知的費率交換大麥。畢竟，謝克爾真的能用來交換食物。

這個突破實在很方便，謝克爾的使用很快擴散開來。幾千年前的可靠資料很難得，但美索不達米亞的一切如此重要，連埃及人和印度河文明的人在從事罕見的跨區域貿易時，都採用美索不達米亞的謝克爾標準。

這種情況持續了很久才停止，不只是貨幣，文明也是。

初始的三大文明可以回溯到西元前四千年或三千年，但它們只是故事的開始。毗鄰初始三大文明的部落學會一些文明貿易的技巧後，也建立起自己的摹仿文明。美索不達米亞給了波斯人和西台人（Hittites）靈感。埃及的擴張鼓勵了努比亞和腓尼基的興起。印度河文明孕育了雅利安分支*。它們都沒有持續長久，因為它們都沒有最重要的沙漠屏障可以保護它們。侵略者可以長驅直入。對新手來說降雨比灌溉重要，所以歉收經常發生，而歉收往往意味所有人餓死。或者至少餓死或逃走太多人以至於無法積累任何文明進步。

從約西元前一千六百年到西元前八百年特別是一段文明混亂的時代，不只是因為這些繁衍的文明崛起又衰亡、又崛起和衰亡，而且有時候整個區域的所有繁衍文明一起滅亡。中國經歷過真正史詩級的崩

---

* 很可能如此。印度河流域文明在大約西元前一千三百年的崩潰來得很突然和很全面，甚至於沒有留下任何簡短的災難如何發生的記述。

解。在這段期間的兩次大規模文明衰亡嚴重到美索不達米亞文明和印度河文明一起崩潰，印度河文明從此未再復興。即使是永恆的埃及也一度搖搖欲墜。考古學稱該期間發生的一段歷史為青銅時代晚期崩潰（Late Bronze Age Collapse），即基督徒、猶太人和穆斯林熟知的出埃及記（Exodus）時代。

到了大約西元前七世紀，三件事發生了變化——對文明和對金融來說。

第一，當一個文明崩潰時，很少會像印度河文明那樣所有人、產品和思想都從地球上消失。人變成倖存者。倖存者變成離散的移民。離散的移民融入並形成新社群。那不只是人的融入，思想、產品和技術也一起融入。人需要交易的媒介以潤滑增加的變化。貨幣因而應運而生。

第二，崩潰後的融合自然會因為各方離散移民的技能混合，和渴望重新復興崩潰的文化而帶來技術的蓬勃發展*。更多技術進步、更大的產品差異，和更外向的心智結合在一起，不但賦予我們更多能力、穩定性和人口，也對從青銅時代進步到鐵器時代做出貢獻。這個技術加速向前的部分結果是大量的新農業工具和技術，並以古典希臘的興起和它最重要的水車發明達到高峰。人類的文明的前途仍有許多崎嶇和險阻——像是羅馬帝國滅亡、黑暗時代、抖臀舞、二〇二〇年美國總統辯論等挫敗和可怕的事——但這個崩潰後的大融合把技術限制大

---

* 在現代，我們已清楚地目睹這個趨勢。如果不是蘇聯崩潰後大量人才流入，美國在一九九〇年代和二〇〇〇年代的科技爆炸性發展將無法達到如此的規模。

舉向前推，讓人類永遠不再遭遇大規模的崩潰事件。而如果文明崩潰的野狼不在門口，你就比較願意接受以硬幣而非大麥作為支付工具。

第三，隨著穩定性和經濟活力持續增加，貿易商對他們想貿易的城市、國家或帝國更有信心，或對交易完成返回時自己的城市、國家或帝國仍然健在更有信心。人類史上首度對發展一種比大麥還理想的貨幣有一套地緣政治性的解釋。

我們同時在許多地方發展出金屬硬幣以作為交易方法：在中國、在印度、在東地中海。後來發生的事大家都已經知道。產品的剩餘或缺乏不再需要以物易物來解決，拜金屬硬幣所賜，我們隨時可以知道貿易產品的價值。氣候、季節、文化和產品的稀缺與過剩，不再是阻礙經濟活動的因素，反而能助長經濟活動。

建立信任

但從歷史觀點看，人們有很長一段時間未能嚴肅看待貨幣。一般來說它只在很特定的地區有價值，並由特定的政府管理。一旦離開那個地區，外國錢幣只能拿來當成低品質的紙鎮。

有兩個方法解決這個問題。第一個是用人們想要的東西當作你的錢幣。黃金、白銀、金銀合金、銅都是不錯的選擇，但一個文化視為有價值的東西都可以用。歷來各時代的選擇包括大麥、鐵塊、可可豆*、海豚牙齒、馬鈴薯搗碎器、鬱金香、帕馬森乳酪，以及我最愛的

---

* 嗯，好吃。

海狸皮*。

這種制度有一個絕對不小的缺點。一個窮人可能做幾年的工能賺到幾枚銀幣，但一個富人可能擁有成噸的銀幣。攜帶三百磅銀幣並不實際，更不用說那會讓你變成強盜的目標†。

這帶我們來到第二個選擇：讓你擁有的公開流通貨幣可以交換有價值的東西。同樣的，有高價值的金屬是理想的選擇；你只是把實際的金屬存放在政府的地窖，而不實際持有錢幣本身的價值。四川盆地——今日中國城市成都和重慶所在的地方——附近的富裕商人在十七世紀創立一套像這樣的系統，使用一種可以用來兌換白銀的期票。

那就是基本的架構。看到問題了嗎？你必須能說服人們相信你真的有有價值的東西存在某個地方，而且它可以應需要而兌換。

管理不良、不當、不明智的國家引發的金融崩潰多如天上的星星。在不成功的系統裡，政府往往發現自己支出的需要大於收入的能力。這時候的誘惑是發行更多貨幣而不同時取得擔保它的資產。技術用語叫做「貶值」（debasement）。這麼做可以支撐一陣子……直到人們停止相信政府說的話。

一旦消息傳出你對政府金窖裡有多少黃金（或帕馬森乳酪）說謊，人民就會開始停止接受官方貨幣的支付，或者在只有官方貨幣流通時拒絕提供服務。畢竟貨幣最重要的是信任。缺少信任就是俄羅斯人長期以來喜歡用他們的盧布換取德國馬克、英鎊或美元，然後把這些較有信用的貨幣塞在家具裡的原因。

---

* 啊，加拿大！

† 攜帶三百張海狸皮只會讓你看起來很可笑。

一旦信任受到傷害，你流通的貨幣量將因為人們拋棄它而大增。然後你貨幣的相對價格將因為供給過剩而重挫。在這時候，連很重要的人物也會失去人們的信任。魁北克人曾經用遊戲紙牌支付他們的士兵[*]。日本帝國因為戰時金屬短缺而發行紙幣[†]。

民眾會改用替代的東西，不管是較可靠的實體資產，甚至是其他國家的貨幣。以物易物雖然有許多限制，但基於需要會再度流行。在這時候，政府和公共服務的崩潰往往已經不遠，領導人發現自己很快就要被掃進歷史的垃圾堆。

大多數人不知道的是，雖然糟糕的經濟管理顯然會在貨幣崩潰達到最高點，良好的經濟管理也是如此。

在一個成功的體系中，貨幣所提供的穩定性能創造經濟分工和成長。經濟分工和成長需要愈來愈大量的貨幣以潤滑愈來愈大量的經濟活動。愈來愈大量的貨幣需要愈來愈大量的東西以作為貨幣的擔保。

要獲得愈來愈大量的「東西」卻是知易行難。

羅馬帝國就是這一點的絕佳例子。

羅馬帝國是人類歷史上建立的最穩定的政治實體，這種穩定性鼓勵了發展和技術進步，以及羅馬體系內的貿易。那需要更多貨幣和更多貴金屬作為貨幣的擔保。這個需要迫使羅馬人不斷擴張，超越能輕易到達和能創造財富的地方，進入愈來愈遙遠的土地以尋找礦產。

有一些地方像是伊比利半島（Iberian Peninsula）距離羅馬不遠，可以輕易平定和整合。另一些地方如安那托利亞南部的托魯斯山脈

---

[*] 魁北克人輸了那場戰爭。
[†] 日本人也輸了那場戰爭。

（Taurus Mountains）則相當遙遠，需要與遠方頑強的敵人爭鬥長達數百年。還有一些如包含今日馬利（Mali）境內薩赫勒（Sahel）的地方，可以獲得來自現代迦納和奈及利亞的黃金（過去以「黃金海岸」聞名之地）。羅馬人不是為了曬膚色而穿越撒哈拉，但如果為了維持國內的金融穩定，他們也不得不這麼做。最後羅馬擴張到超過它防衛領土的能力。一旦羅馬人停止向前進（到供應黃金的地方），帝國的經濟便陷於停頓，政治穩定和軍事力量也隨之消失。

「向前進」並不必然是以軍隊攻擊地理區，它也可以是以體制攻擊經濟體。一些政府並不併吞他國的資源，而是選擇從自己國內吸納毗鄰地區的資源。中國唐朝就是用這種方法：唐朝不擴張實體帝國以獲得更多白銀，而是擴增作為貨幣「擔保」的金屬種類，包括銅。唐朝採用銅作為貨幣成功地穩定了它的金融系統，但付出的代價是導致整個帝國的金屬短缺，進而削弱了……所有其他東西。

這種功敗垂成的情況凸顯出，人類歷史上每個看似成功的貨幣制度最終都會走上的命運，包括最大和最成功的一些例子。

特別是那些最大和最成功的例子。

準備貨幣：重量級的貨幣

如果你想知道現代世界開始的地方和年分，那應該是一五四五年在玻利維亞高地的秘魯總督區，當時瓦爾帕（Diego Huallpa）——一位為西班牙征服者做合約工作的當地人——被一陣強風刮走，跌落在一片鬆軟的土地上。瓦爾帕站起來，拍掉身上的泥土……但泥土裡竟

有閃亮的銀塵。不到一年後這個意外變成了波托西（Potosi）銀礦——人類六千年歷史首度發現的最大單一白銀蘊藏地。

既然我要告訴你整件事，讓我先說說醜陋的部分。

白銀往往和鉛一起開採，所以開採時會有毒性。十六世紀和十七世紀的純化方法使用水銀，所以冶煉過程會有更多毒性。當時的礦業技術並沒有所謂職業安全與健康管理局（OSHA）核可的標準，它們包括讓工人背著幾百磅礦土，爬進幾百英尺深的地底深洞，唯一的亮光是綁在你額頭上的一支蠟燭。

沒有人會為了那種工作從西班牙移民到那裡，所以西班牙人經常突襲原住民人口以俘擄勞工。當時的西班牙法律規定，只要你讓你的工人受洗，他們是不是活著就不重要了。如果這還不夠糟，那麼還有最後一項：波托西的海拔有一萬三千英尺。在工業化之前的時代，在一個海拔是猶他州帕克城兩倍高、但降雨量只有一半的地方種植作物是很困難的事。即使你克服一切難題，你還是很可能挨餓。

西班牙帝國對會計不是很在行，但最合理的猜測是，在波托西銀礦開採作業期間約有四百萬到一千二百萬人死亡。（提供一個參考點，一六〇〇年時西班牙的總人口只有八百二十萬人。）

西班牙人並不是真的很在意，因為他們是老大。建立第一套真正全球化的制度需要兩件事，第一是可以跨越數個大陸的單一經濟和軍事結構。第二是足夠數量的貴金屬以支持一種全球貨幣。波托西的白銀資助了第一件事，並提供了擔保第二件事所需的原料。在十六世紀和十七世紀的數十年間，波托西生產的白銀比世界其他地方的總和還多。

很快的，西班牙人不只是潤滑在伊比利亞和附近的經濟交易，而

且在世界各地所向無敵。盟友、合夥人、中立者，甚至於敵手，紛紛開始使用西班牙的八里亞爾幣（pieces of eight）作為他們唯一的交易工具。葡萄牙帝國——當時西班牙的頭號對手——沒有別的選擇，只能在國內商務使用西班牙銀幣 *。即使是在西班牙人稱霸的晚期和英國人正在崛起之時，西班牙銀幣流通的數量仍如此龐大，其純度如此可靠，以至於它在英屬美洲被使用仍比英鎊普及。西班牙貨幣在連結英屬美洲、加勒比和非洲的蘭姆酒—蔗糖—奴隸三角貿易中特別受歡迎。

但一切都會隨著時間流逝。

對也有金屬擔保貨幣的其他國家來說，歷久不衰的大量西班牙銀幣流通就是準經濟戰爭。只要西班牙人覺得在戰略上有顧慮的任何國家，大量西班牙銀幣的長期流通實際上就是戰爭。同樣糟糕的是，當西班牙人利用秘魯的白銀吸光資源、產品和勞動時，其結果永遠只有一種：失控的通貨膨脹，不只在西班牙，而且在任何供應西班牙所需物資和人員的領土。想想西班牙的帝國在當時是全球性的，幾乎是無所不在。控制波托西銀礦意味西班牙可以熬過通貨膨脹，但其他國家未必可以。

經過兩個世紀的擴張、戰爭和通貨膨脹，混合了舊西班牙極具創意的戰略與經濟管理錯誤，加上拿破崙一世令人不安的侵略鄰國的習慣，導致西班牙帝國整體的衰敗和特別是西班牙貨幣的式微。一八二〇年代上半秘魯和玻利維亞的獨立結束了西班牙對波托西的控制，進而以粗暴和冷酷的結局為西班牙帝國送終。

---

* 當然，非官方的。

但全球貿易的可能性已被從瓶子釋出，像玻利維亞獨立這種小事將無法再把精靈塞回去。

　　隨著西班牙衰敗，英國人崛起。初期的英「鎊」（pound）實際上就是一磅重的白銀，但英國人沒有自己的波托西，而且不管如何努力嘗試，他們無法擄獲足夠多的西班牙寶藏船來支持大規模的貨幣供給。

　　幸好牛頓（Isaac Newton）在主持皇家鑄造局的三十年間，發現一個繞越這個問題的方法。他發起一項長達一百多年的計畫，竭盡大英帝國的能力以蒐羅黃金——最著名的地方包括今日的澳洲、加拿大、南非和非洲的黃金海岸——以非正式地建立與西班牙抗衡的貨幣準備。到了十九世紀中葉，我們所知的以黃金擔保的英鎊已經建立起來。

　　到了十九世紀末，英國控制的海上航線通常就是貿易扼制點。德國在中歐的崛起導致歐洲各國相繼出現通膨升高和戰略崩潰，促使許多歐洲人尋求相對穩定、與歐陸沒有牽扯的英鎊。對德國人來說，這是值得一戰的許多事情之一……但終究沒有獲勝。到了第一次世界大戰進入第三年時，所有歐陸國家都貶值自己的貨幣以支應戰爭經費，觸發了貨幣崩潰和通膨失控……而這只有加快英鎊變成歐洲唯一最受歡迎貨幣的速度。

　　那沒有持續很久。在一戰後的混亂和經濟崩潰中，連大英帝國也證明不夠大到足以支撐在歐洲人人都需要的貨幣。和過去的羅馬人和西班牙人一樣，英鎊的需求製造出貨幣性的通貨膨脹，再加上戰爭導致整體經濟混亂、五百年的殖民／帝國經濟系統崩解，以及全球性的關稅戰，使得大蕭條看起來無可避免。

　　這帶我們來到美國。到了一九〇〇年，美國已經完全取代大英帝

國成為世界最大的經濟體。此外，美國人是在第一次世界大戰進行三年後才加入戰局，並因此能夠成為歐洲人的債權人，而不必貶值貨幣以繼續戰鬥。英鎊貶值幅度不及法郎、德國馬克或盧布，但美元完全沒有貶值 *。

更好的是，美國人很樂於提供第二次世界大戰協約國需要的一切東西——石油或燃油、鋼鐵或槍砲、小麥或麵粉——只要以黃金來支付。到戰爭結束時，美國經濟不但遠比之前更大，而且歐洲遠比以前更小。美元不但是整個西半球唯一合理的交易媒介：美國已吸光歐洲的所有黃金，並因而避免東半球出現任何長期的貨幣競爭者。這聽起來似乎不像是真的。畢竟，金屬擔保的歐洲貨幣是有歷史記載以來所有時代的所有人類文明，搜刮全球貴金屬的最高點。

現在它們都存在諾克斯堡（Fort Knox）。

在歐洲大陸的兵災和英鎊供給不足的情況下，幾乎所有歐洲國家放棄它們與貴金屬掛勾的貨幣制度，轉而接受以美元作為它們貨幣的準備（而美元則以不久之前還屬於歐洲人的黃金作為準備）。

成功是失敗之母

當一九四五年八月的第二週槍聲未再響起時，過去五世紀的所有強權國家都已被摧毀、變貧窮、失去活力，並與廣大的世界隔絕，只有美國擁有擔保一種跨越國界、甚至世界性貨幣所需的貴金屬。只

---

* 美元也還很新。美國人直到一九一四年才建立他們的聯邦準備理事會（Federal Reserve），和正式推出我們今日所知的「美元」（dollar）。

有美國有把這種貨幣帶到世界遙遠地方的軍事力量。唯一理論上能成為全球交易媒介的候選貨幣就是美元。它不需要布列敦森林協定的正式化就會發生*。

全球規模的黃金擔保美元化是必然發生的事。同樣必然的是，黃金擔保的美元化注定終究會失敗。

美國的秩序開始實行意味過去彼此掐脖子的國家不但能和平共處，而且被迫站在同一邊。突然之間，過去被強迫必須支持遙遠帝國主權的地方經濟體，現在能根據自身的發展和擴張來重新建設。突然之間，任何人和所有人都能交易任何東西和所有東西。更多國家獨立、快速重建、快速成長、快速現代化、快速工業化、快速都市化、進行欣欣向榮的貿易。像德國和日本等遭到基礎設施轟炸的國家再度證明，它們有能力建造任何東西，而且很快建造。

這一切都需要錢，而且大部分需要強勢貨幣，而且只有一種強勢貨幣可供選擇。

潤滑這樣一個快速成長的體系需要大量的美元，特別是當中間產品的貿易從國內轉向國際時。美國開始擴張它的貨幣供給以滿足全球經濟擴張的需求，但這也意味美國人需要愈來愈多黃金，作為不斷擴增的貨幣供給的準備。

這些數字不但兜不攏，而且不可能兜攏。在整個人類歷史製造的黃金可能不超過六十億英兩（約四億二千萬磅）。假設美國政府能獲

---

* 英國人曾有一個天真的想法，認為美國人會以慷慨的信用條件無限量借黃金給他們，以便英鎊能恢復霸權地位。美國的反應是大方地同意英國人掌管布列敦森林會議的座位安排。這當然是開玩笑。美國童軍會包辦這件事。

得所有開採的黃金，那也只夠「擔保」二千一百億美元的全球貨幣供給*。從一九五〇年到一九七一年，全球貿易擴大到這個數字的五倍，而這不包括美元也是美國本身的貨幣——當時的美國 GDP 還大於總全球貿易額。美國秩序帶來的和平與經濟成長也使全球人口從二十五億人增加到三十八億人，這意味對未來以美元計價的貿易需求將愈來愈大†。即使在政治上完全沒有問題，但金本位制注定要失敗。

美國人笨拙且痛苦地自己發現，歷史悠久的資產擔保貨幣問題不但無法應付快速的成長，而且資產擔保貨幣的新問題與全球和平——作為美國的反蘇聯聯盟基石的和平——無法相容。

美國人發現自己變成自己大計畫的人質，而這在政治上肯定是不完美的。

布列敦森林協定有一則為了確保對新體系信心而設計的條款，那就是任何簽署國隨時可以用美元兌換任何數量的黃金。在整個一九六〇年代，法國一直這麼做，而且樂此不疲地愈兌換愈多。正常情況下對黃金的需求增加會推高金價，協定把黃金價格固定在每英兩兌換三十五美元以便建立最重要的信任。由於「正常的」價格發現機制被移除了，唯一可能的結果是推升了對美元本身的需求。結果呢？交易媒介——美元——愈來愈短缺變成對戰後秩序的經濟成就的一大威脅。法國（和其他國家）當時押注整個體系將失敗，所以為了因應後果而囤積黃金。

---

* 以一九五〇年的價格計算。

† 我可能還大幅低估了對黃金的需求。雖然美國透過戰爭的獲利取得了歷史最大規模的黃金準備，但人類製造的黃金有大約九〇％被鎖在像博物館展示和婚禮首飾等用途上。

面對全球經濟蕭條可能使美國必須單獨對抗擁有核子武器的蘇聯，美國人做了他們唯一能做的事。在一九七〇年代初的一系列措施中，尼克森政府斷然採取美元自由浮動的匯率制度。

　　這是一個大國政府首度不再假裝自己的金窖有任何黃金。現在開始，美元的唯一擔保「資產」就只有對美國政府的「完全信心和信用」。美國一九七一年後由全球化驅動的聯盟戰略實際上就是建立在滑頭尼克森（Tricky Dick Nixon）說的「相信我」的基礎上。

　　當我們手牽著手，快樂地滑下未曾走過的法定貨幣（fiat currency）之路時，我們完全不知道會發生什麼事。

3.2 ｜資本大冒險

　　如果一九七一年以前的金融有一條規則的話，那就是錢永遠嫌不夠。貨幣價值一直是與某種資產直接連繫，而貨幣的數量則取決於主權國家的能力和交易範圍。這兩個特性都有極大的局限性，不管是對發行貨幣的政府，或對使用貨幣的人和公司（和他國政府）來說。

　　在這個陌生的新世界，貨幣以有限數量存在的唯一規則消失了。錢不再是以有限的數量存在，不再是因為如此稀缺而必須謹慎管理，資本的可得性也不再有任何具體的限制。限制變成一個純政治的問題。

　　對美國人來說，這個「限制」很直截了當：繼續擴大貨幣供給直到有足夠的貨幣來支持整個全球化的貿易系統。但對以美元作為貨幣擔保的所有其他國家來說，「限制」的定義意味任何個別政府認為它

需要什麼定義。這種寬鬆的分歧在資產擔保貨幣的世界發展出過去未曾存在的各種工具和選項，進而催生了在法幣時代之前不可能存在的全套治理系統。

憑空而來的錢：亞洲金融模式

一切都從日本開始。

早在兩次世界大戰之前很久，甚至早在美國海軍將領培里（Matthew Perry）迫使日本打開鎖國之前，日本就有一種獨特債務觀。在日本，資本的存在不是為了滿足經濟的需求，而是政治需求。為了達成這個目的，舉債被允許、甚至鼓勵……只要它不變成主權的問題。回溯到西元七世紀，如果債務阻礙了天皇或幕府將軍的目標，天皇或幕府當局往往宣布要求債權人免除債務的特別法令。旱災？免除債務！洪水？免除債務！饑荒？免除債務！政府出現赤字？免除債務……同時都要收一〇%的手續費！

因此，債務傾向於增加，尤其是債務已經很普遍時。畢竟，整體的金融情況愈糟，天皇出現在他的陽台、揮動他雅緻的眼鏡，宣布這種或那種債務將獲得豁免的機會就愈大。這種事發生得如此頻繁，以至於銀行家必須想盡辦法保護他們的經濟和人身福祉：他們經常把特殊附加條款寫進貸款合約裡，讓借款人無法指望債務被取消，雖然他們仍得住在有高牆的宅邸裡，以避免在當局宣布特殊債務免除時，暴民衝進他們的家裡，打死他們並燒掉借據，使這類附加條款無法執行。

總之，這裡的重點是，雖然經濟學和政治學總是緊密交織，日本

是首開把金融變成國家工具先河的國家。一旦開了這個特殊的先例後，日本政府把高得嚇人的鉅額現金分派給它們想進行的計畫就容易多了。在大多數例子中，這類現金是採取借款的形式，因為有時候政府發現可以方便地豁免自己的債務，然後另起爐灶。特別債務免除總是讓別人背黑鍋，但在二次大戰前法令不完備的日本，社會中往往會有某個派系剛好與中央政府不對盤，所以……就不管那麼多了。

二次大戰結束觸發另一次債務重整，但不是因為帝國的命令，而是因為一切已經改觀。想想外國人帶給日本的極度破壞和羞辱，使得戰後的日本在文化上保持團結一致變得很重要。沒有人會被拋棄不顧。

解決之道是把日本人對債務的奇怪態度用在大規模的重建努力上，對任何可能的發展計畫都投資鉅額的資金。當局的焦點比較少放在修復和擴張實體基礎設施和工業廠房，而是較多放在市場占有率和生產量的最大化，以作為達成大量就業的手段。收買人口的忠誠和快樂感——他們感覺被戰時的領導階層出賣——比創造獲利或發明東西重要。忠誠和快樂的人口自然會變得擅長發明東西。

從西方的經濟觀點看，這種決策會被稱為「拙劣的資金配置」，因為最終完全清償這些債務的可能性很低。但重點不在這裡。日本的金融模式目的不在於達成經濟穩定，而是為了確保政治穩定。

這個重點也必須付出成本。當目標是市場占有率和就業時，成本管理和獲利性便悄悄地退到幕後。在一個不在乎獲利性的債務導向體系，任何短缺都可以用更多債務來掩蓋。舉債以僱用員工和購買原料。舉債以開發新產品。舉債以行銷產品給新顧客。舉債以協助新顧客融資新購買。

舉新債以延展舊債務。

日本不是唯一這麼做的國家。戰爭結束後有一群新玩家開始仿效日本的作法。南韓、台灣、新加坡和香港都曾經是日本的保護國，並受到最多的日本文化影響。這種影響延伸到日本對金融的看法，即金融對達成政治和國家目標與對達成經濟目標一樣重要。

這四個國家和地區善用這些信念，藉助來自西方（和日本）的大量資金，以飛快的速度在發展、工業化和都市化的過程突飛猛進。在一九五〇年代和一九六〇年代，它們憑著向外國大量舉債和投資於徹底改造體系的每個層面，而達到此一成就。德國人花了超過一世紀的工業化過程——而且德國人向來以能快速建立和改革著稱——台灣人、新加坡人和香港人花了不到三十年。南韓人更是只花不到二十年。

到了一九七一年，突然間（以黃金作準備的）外國資金對國家的成功變得比較不重要了。如果獲利無法支應債務的清償，那麼出口盈餘可以辦到。如果出口盈餘辦不到，公司可以再借更多錢。如果借不到錢，政府永遠可以擴增貨幣供給以推動經濟繼續向前。（擴增貨幣供給還可壓低亞洲貨幣的匯率，使它們的出口更有競爭力，進而增加出口收入。）

在第一波的亞洲發展中，農業讓位給紡織業和重工業。在一九七一年後的第二波，重工業讓位給各式各樣愈來愈進步的製造業：白色家電、玩具、汽車、電子產品、電腦、行動通訊產品。資本驅動的成長使得這四個國家和地區在兩個世代內轉型成為現代工業化體制，其先進程度媲美世界上許多最完備的城市。想想它們在開始時都是地球上開發最落後和最貧窮的地方，它們集體的改造稱得上是人類史上最

成功的經濟故事。

有三個重要的助力：

第一，美國人漸漸地把自己的工業外包給這些亞洲國家。這提供了亞洲由債務驅動的模式能夠行得通的基礎，並確保美國（以及後來的全世界）對亞洲產品無饜的需求。

第二，外國的需求殷切且穩定，讓亞洲的出口產品有足夠的獲利，進而使這四個地方得以成長並償還債務（大體而言做到如此）。

第三，最熱中採用法定貨幣的亞洲人把可能性推到極限，甚至讓美國人和歐洲人對亞洲金融感到有點不安。除了操縱數字外，亞洲人利用一連串法律和文化阻礙以限制外國人進入他們的金融市場。例如，大多數亞洲財團在自己的公司結構中設立銀行，以利於財團的金融操作。這種成長、獲利和控制的組合讓亞洲國家能偶爾發生半計畫的債務危機，以解決最糟的金融失衡問題，但不危及它們的政治或經濟系統。

長期下來，這種模式散播到其他亞洲國家，並得到好壞參半的結果。新加坡演進成一個全球金融中樞，運用西方的資本，（大體上）遵循西方的規範以執行吸引西方人的項目，同時也運用亞洲資金在東南亞各地進行較不透明的項目。馬來西亞和泰國利用亞洲的金融策略，成功地跨入半導體和電子產業，並且（較不成功地）嘗試跨入汽車業。印尼較專注繼承的貪腐機會，兌現得來全不費功夫的錢。這四個國家（加上南韓、日本和台灣）做的許多拙劣的資本分配決策，在一九九七—九八年的亞洲金融危機算總帳時一一爆開來。

亞洲金融模式最大的擁護者當然是中國。中國人並沒有以任何全

新的方式應用這個模式，而是把這個模式帶到幾乎從每個標準看都很荒謬的極端程度。

荒謬的部分原因純粹是規模。當中國在一九八〇年踏上發展的道路時，它已經有十億人口，比從日本到印尼的其餘東亞國家人口總和還多。

部分原因是時機。中國直到尼克森與毛澤東高峰會、毛澤東去世，和一九七〇年代末進行廣泛的經濟改革後才進入全球秩序。到了中國人準備好和全世界做生意時，金本位制已經結束近十年。現代共黨中國只知道法定貨幣時代和廉價的資金。它沒有要戒除的好習慣。

部分原因是北京的統一目標。南韓、馬來西亞和印尼有半數人口聚居在較小面積的地方（南韓的大首爾地區、馬來西亞的馬來半島中西部海岸，和印尼的爪哇島）。日本在工業化前是全世界人種最純的國家。新加坡是一個城市。這些亞洲國家一開始都有相當統一的人口。

中國不是如此。中國有多樣的人口。

即使不算沒有人居住或人口稀少的地區，中國有超過一百五十萬平方英里，面積大約和整個西歐一樣。這些有人口居住的地區跨越從幾近沙漠到幾近苔原、再到幾乎熱帶的氣候區*。即使較「單純」的中國華北平原，也曾經歷比地球上任何其他地方都多的戰爭。中國中央的長江流域有人類歷史上最複雜的經濟體。中國南方多山的地形曾居住最貧窮和技術最落後的許多民族，但也有最高超技術官僚管理系統

---

*　中國無人居住的地區實際上是沙漠、苔原和熱帶。

的香港。

每一個國家都最重視政治統一。每一個國家都為達成它而發生內部戰爭。中國統一內部的努力是全世界最激烈的，可以回溯到四千年來數十次斷斷續續的衝突。最晚近的重大鬥爭——毛澤東的文化大革命——至少導致四千萬人死亡，是美國人在所有戰爭殺死人數的二十五倍。中國人深信內部政治鬥爭、壓迫和宣傳的必要性並非空穴來風，而是被視為避免夢魘式內戰的必要現實。解決方法呢？

花錢！

中國政府分配資本給一切事務。基礎設施發展。工業廠房建造。運輸系統。教育體制。醫療系統。一切讓人民有工作做的事。這完全達不到「明智的資本配置」的標準。它的目標不是效率或獲利性，而是達成一個單一的政治目標，即阻礙統一的區域、地理、氣候、人口、種族和數千年歷史的障礙。為達這個目的可以不計代價。

而且實際上也付出了代價：

中國在二○二○年的新債務約為人民幣三十四兆九千億元（約五兆四千億美元），這個數字即使以中國經濟學家認為被誇大的 GDP 統計數據來看，也達到 GDP 的近四○％。最樂觀的預測是，截至二○二二年，中國的企業債務總餘額已達到 GDP 的三五○％，相當於人民幣三百八十五兆元（五十八兆美元）。

中國人擁抱法定貨幣時代的熱烈程度一如他們擁抱亞洲金融模式。中國定期印製貨幣的速度是美國的兩倍多，有時候是美國的五倍。而且在美元是全世界儲存價值的貨幣和全球的交易媒介時，人民

幣甚至直到二○一○年代才在香港使用 *。

中國金融模式的基本原則是沒有上限。由於體系把無限量的錢投入在重要項目上，所以一切都巨大無比。發展不容許有任何阻礙。價格不是問題，因為信用的數量不是問題。結果之一是瘋狂地競標任何數量有限的產品。如果對水泥、銅或石油的殷切需求推升產品價格上漲，那麼體系就只要配置更多資本以取得它們。

類似的情況發生在一九八○年代日本的房地產市場，在一段短暫但很奇特的時期，東京鬧區一平方英里的土地價格超過整個美國西部沿岸地帶的價格。日本人很快意識到那一定不是什麼好事，而且一定是出了什麼離譜的差錯。中國人還沒有意識到這個差錯，特別是中國的榮景造成二○○三年到二○○七年的全球商品市場緊俏，導致調整通膨後的油價在二○○七年一度攀至歷史高點，達到每桶約一百五十美元。

另一個結果是大規模的生產過剩。中國擔心的是失業問題而非獲利。中國絕對是世界最大的鋼鐵、鋁和水泥的出口國，因為它生產的這三種產品遠超過中國無饜的胃納所能消化。各方討論的中國一帶一路全球基礎設施計畫——許多非中國人認為那只是中國人交換影響力的戰略布局——在許多方面只是處理過剩問題的手段之一。

中國人採用的亞洲金融模式可能沒有盡頭。其他亞洲國家最後都接受的龐大債務，終究會徹底失控，而這也是這種金融模式的特質。

---

* 我對中國體系從來不抱信心的（許多）理由之一是中國人自己也沒有信心。幾年前中國政府放寬資金轉移的限制，嘗試讓人民幣成為全球準備貨幣。結果造成反效果。在不到六個月的時間，中國人轉移超過一兆美元的資產到中國政府管轄不到的地方。北京很快放棄這套計畫，關閉了轉移的管道。

日本在一九八九年崩潰，並花了三十年時間想從債務中復興。日本的復甦花了這麼久的時間，以至於日本損失了它所有的人口紅利，並且很可能再也不會有明顯的經濟成長。印尼在一九九八年崩潰，並兩度摧毀了它的政府，至今仍深陷混亂中。南韓和泰國也在一九九八年崩潰，並汲取痛苦的教訓而強化文官統治的轉型（其中南韓獲致比泰國更持久的結果）。

這些選項都不可能被北京考慮。中國共產黨只從經濟成長獲得合法性，而中國唯有的經濟成長來自驚人數量的金融。每一次中國政府嘗試緊縮信用和讓中國的經濟更健康或更可持續，成長就會崩潰，國內就開始議論可能發生大規模的示威抗議，然後政府又再度把信用水龍頭開到最大。在中國共產黨的觀念裡，斷絕對債務的依賴就等於是現代的中國、統一的中國和中國共產黨的終結。在這一點，黨可能是正確的。因此中國共產黨偏好把他們的財富存在美國貨幣……存在中國以外的地方，也就不令人意外了。

大合併：歐元模式

歐洲人在金融方面遠比亞洲人保守，但那就有點像說瓊‧瑞佛斯（Joan Rivers）和雪兒（Cher）一樣不愛整形手術。

獲利的動機在歐洲被視為理所當然，從購置住宅到工業擴張都受到有多少資金的限制。但歐洲人要求來自政府的更高水準服務、穩定性和支持，而大多數歐洲政府也藉由修改金融系統——最主要是要求銀行配合——來確保這種服務、穩定性和支持。

最常見的修改是什麼？指示「私人」銀行投入資本來支持國家的融資，包括直接貸款給國家批准的計畫或公司，或透過購買債券來支持政府預算。這種國家部分控制金融業的作法有很廣泛且有時候很明顯的影響。其中一個明顯的影響是歐洲股市遠不如美國股市大，部分原因是沒有很多閒置的私人現金來滿足這種特定的創造資本方法。較不明顯的影響是歐洲共同貨幣的存在，也就是歐元。

根據傳統的（而且當然是非亞洲的）金融作法，抵押品的要求、信用管道和貸款成本等問題是根據多項因素共同決定的，包括個人或公司歷史、既有的債務和直接的可信度判斷等。這並不複雜：如果你想貸款，你最好能證明你過去一直能償付債務，而且有能力償付新貸款的債務，以及你不會輕率地使用借來的錢。再添加一些根據廣泛經濟條件而定的決定級距，並搭配目前政府的整體金融政策，就能推出一套貸款政策了。

這種模式有一個明顯的特色是，沒有兩個經濟體是相同的。國家層次的信用也有規模和多樣性等特性。德國似乎較容易獲得授信，不只是因為德國的財政向來儉約且債務很少，因此是較好的授信對象，但也因為德國經濟評級優良、多樣化、總體經濟穩定且生產力高，而且德國公司和政府的治理者往往是節儉的德國人。在義大利借貸成本較高，因為義大利政府和人口對清償債務較鬆垮，正如他們對一切事情那樣。希臘經濟完全依靠觀光業，而希臘人對德國人是如何成功的似乎缺少了解。每個國家略有不同。歐洲有三十個不同的國家，各有不同的信用傳統。

歐洲人不知道從什麼時候開始錯用了這個基本了解。他們把擁有

統一的貨幣將加深區域經濟整合的概念，和將推動歐洲邁向全球強權的目標混為一談了。

基於只有在當時才說得通的理由，一九九〇年代和二〇〇〇年代初期歐洲的主流觀點是，歐洲的每個人應該能以過去只提供給最謹慎歐洲人的條件來進行貸款。此外，這種貸款應該不限數量地提供給任何層級的政府或企業的任何計畫。奧地利的銀行把大量幾近無成本的資金，借給匈牙利的次級房貸市場。西班牙的銀行毫不遲疑地為國內有影響力的政治人物設立行賄基金。義大利的銀行不只是大量放款給自己的黑手黨，而且提供聯合貸款給巴爾幹半島的組織犯罪。希臘政府大手筆舉債，而借來的錢卻全部分發給每個人；政府營建整個新城鎮，卻沒有人想住在那裡；工人獲得一個月和兩個月的年終獎金；市民無條件獲得政府的支付；希臘完全靠舉債主辦一次奧林匹克運動會；大規模的貪汙舞弊；每個人都能（也確實）搞到錢。

希臘變成了確保發生金融災難的模範生。儘管從二〇〇一年才開始採用歐元，希臘的國家債務到二〇一二年已超過 GDP 的一七五％，這還不計算私人銀行體系的呆帳也達到 GDP 的二〇％。但希臘不是唯一的例子。基於各不相同的原因，總共有九個歐盟成員國需要紓困。連沒有加入歐元區的英國也不例外。在借貸歐元和某種與鄰國競爭借貸的心態下，歐洲金融危機最後讓英國五家最大銀行中的兩家陷入被接管的境地。

真正驚人的是，歐洲一直未從歐洲泡沫爆破恢復過來。一直到二〇一八年歐洲人終於對他們的銀行業，採取類似美國在二〇〇七年金融危機開始後第一週就採取的減輕危機措施。在二〇一九年冠狀病毒

危機開始時，各國的債務占 GDP 比率都高於二〇〇七年。在二〇二〇一二一年新冠疫情同時把所有國家拖下水前，歐元區大部分國家都曾數度陷入衰退並復甦。曾經歷信用崩潰的國家 —— 最著名的是希臘 —— 到了二〇二二年仍處於被接管狀態。

從新冠疫情復甦的唯一方法需要更多債務 —— 要另外再花相當於六・五% GDP 的錢。[*]那將是永遠無法清償的債務，不只是因為今日的歐洲早已超過人口結構的不歸點，也因為大多數核心歐洲國家已老齡化到絕對無法回到二〇〇六年的經濟情況。歐洲面臨一大堆問題，但如果不是它們把財政搞到如此糟，歐洲人原本應該還有一些強大的工具能度過難關。但這已經不可能了。整個歐洲體系現在只是走一步算一步，直到共同貨幣不可避免的將崩潰。

在你批判亞洲人或歐洲人前，請了解他們絕不是唯一利用現今世界超廉價資金的人。美國人也不例外。

景氣興衰又興衰：美國模式

在一九七一年前的世界，資本的稀缺意味能源業的管理都是由上而下的，只能容許最少數的玩家，以便於管理風險。埃克森（Exxon）在外國生產原油，然後用油輪把原油運回美國。埃克森自己在煉油廠把原油提煉成燃油，然後將燃油配銷到零售加油站。埃克森的加盟加油站網把燃料賣給消費者。

---

* 這是平均的數字。新冠疫情讓歐洲大陸每個國家陷入各自不同的混亂情況，所以數據所呈現的結果在各國也大不相同。

不過，從一九七一年以後，規範資本的法律不是被撤銷就是大幅放寬。新的資本結構幾乎從定義上就支持承擔風險。新公司紛紛冒出以執行尋找客戶、運輸或提煉原油等分開的工作，而非從頭到腳的全套服務。這些新公司與主要能源玩家的內部系統並肩運作——甚至是在大玩家的內部運作。

　　安隆公司（Enron）應運而生。在一九八〇年代末，安隆開始擴張，並以變成整個美國能源業不可或缺的中間人為目標。它創立天然氣「銀行」以便扮演生產商和消費者之間的結締組織。在一九七一年前的世界，投入成本把天然氣這種產品那樣貯藏在每個消費地點是很可笑的點子*。但一九七一年後，充沛的資本願意嘗試各式各樣的新創意。安隆把初始的天然氣業務擴大到石油，然後再擴大到電力、紙漿與紙、電信，以及資料傳輸[†]。

　　安隆實際上不擁有任何資產，甚至傳輸的設備都沒有。但安隆靠買進和賣出對未來的承諾和交付多種產品而獲利。期貨市場是真實的東西——它在交付前連結生產商、消費者與合夥人，提供可靠性給他們——但扮演中間人需要極精確可靠的簿記。

　　安隆對簿記很在行。精確可靠嗎？那倒不是。結果是，當你沒有擁有任何資產，或者不做任何事，或增添任何價值時，你唯一的收入就來自你分類帳裡的東西。安隆變得很擅長在帳冊裡轉移東西，在帳冊裡「增添價值」來模擬收入。他們擅長到許多人相信安隆是未來的潮流，所以搶著購買它的股票。在最高峰時，安隆是美國市值第七高

---

*　由於天然氣是氣體，所以較難貯藏。如果管理不當，也較容易爆炸。
†　如果你看不出這些產業自然的關聯，那是再正常不過了。

的上市公司。

安隆真正做的事就是「詐欺」。

當安隆推出天然氣期貨並把它的座右銘改變成「世界最好的公司」時，連該公司最大的啦啦隊也嗅到出了問題。在消息走漏的頭五個月，安隆原本飆漲的股價暴跌到只剩幾美分，公司已確定會破產。由於公司只持有少許資產，它的債權人也求償無望。

一個更極端的例子是：當二〇〇〇至〇一年被安隆拖累的衰退逐漸復甦成一波強勁、低通膨且持久的擴張時，美國房市隨即展開迅速的成長。

美國夢的必要組成是你將享有比前一世代更好的經濟生活。從一九五〇年代到一九八〇年代，美國的中產階級白人共同定義的「美國夢」是「擁有房屋」。在文化標準的演進和政府的鼓吹下，這個夢的定義在一九九〇年代和二〇〇〇年代受到更多人的認同。銀行業者在房地產市場扮演愈來愈重要的角色。房屋營建公司的家數和營運逐漸擴張。政府機構比以往更直接干預市場，以降低房屋購買者的交易和利率成本。

在政府、金融機構和文化力量的廣泛支持下，一種全新的公司應運而生。這種新的「抵押貸款開辦」（mortgage origination）公司會招徠潛在的購屋者，提供融資以協助他們購屋，然後把開辦的抵押貸款賣給投資人。這些投資人把抵押貸款組合成套，然後將它們切成小單位以便在債券市場流通。這個概念是：抵押貸款是最安全的投資（人們會竭盡所能以避免失去他們的房子，而且他們已投入大量資金）。藉由把抵押貸款變成債券（明確地說叫「抵押擔保證券」〔mortgage-backed securities〕），可以讓更多種類的更多投資人把錢投入市場，為每個人降低融資成本。

由於資本不再像過去那樣是限制的因素，信用條件因而逐漸變寬鬆。潛在購屋者不再需要支付一半的頭期款，現在只要先支付四分之一，然後再降至五分之一……十分之一……二十分之一……然後變成零……甚至變成支付你五％現金。信用查核變得比較不嚴格，最後變成完全不需要查核。漸漸的抵押貸款開辦公司開始把抵押貸款授予它們知道無法償付貸款的購屋人，而且往往在安排售屋交易後幾天內、甚至幾小時就轉售購屋者的抵押貸款，以免有人發現它們的把戲。抵押擔保證券很快從最安全的投資劣化成連安隆都會避之唯恐不及的資產。新購屋者開始付不出抵押貸款，甚至在第一筆支付前就違約。整艘船就這樣翻覆了。接踵而至的二〇〇七—〇九年金融危機經濟大屠殺我們都知道了。

影響更深遠的例子：美國在二〇〇〇年代是全世界最大的石油消費國和進口國，因此對全球石油市場的趨勢與變化十分敏感。從二〇〇四年開始，石油市場發生劇烈波動，油價在不到四年內翻為四倍。油價大幅攀升刺激美國的一連串的新發明，以增加國內能源的供應。

其中一些創新你一定已經聽過：水平鑽掘提供了傳統生產技術無法獲得的新原油來源，水力壓裂技術使無數小區塊的石油可以流入豎井，改善的循環利用技術降低了需要使用的水量超過九〇％，更好的流動管理去除系統的毒性，效率更好的資料管理使鑽探業者可以微調運作，以便只鑽掘含有石油的特定地點。所有這些進步被稱為「水力

壓裂」或「頁岩油革命」，並使美國躍升為全世界最大石油和天然氣生產國。

但頁岩油有一個面向是大多數人忽略的：金融。

發展新技術所費不貲，垂直鑽探一英里深要花不少錢，從這個垂直鑽井再水平鑽探兩英里不便宜。把水加壓以裂解三英里外地下鑽井中的岩石並不便宜。花伺服器時間以詮釋地震的反向散射，以便優化壓裂程序也不便宜。訓練工人做過去沒有人做過的工作並不便宜。然後是石油業的所有「正常」部分——最主要是興建收集和流通的網絡工作如管線和鐵路等基礎設施——更是不便宜。整體來看，在二〇一二年生產一桶頁岩石油的成本大約是九十美元。

在美國被視為正常的現象之一是大多數快速演進產業——例如頁岩油開採——的技術創新是由小型業者創造的。如果小型業者有一個共通點，那就是它們需要資金管道。但由於油價攀升時期美國在戰略和經濟上迫切需要更多國內原油生產，再加上法定貨幣時代金融的可能性大增，使得這個問題完全消失。華爾街大量挹注資金在頁岩油業：商業貸款、直接貸款、債券、購買股票、金融集團以合資鑽探的形式直接挹注現金。所有這些作法都把資金注入這個成長中的產業。

從事後觀察，這些現象並不是全都很合理。頁岩油井往往在它們約二十多年的生命週期前幾個月貢獻絕大部分的生產。這意味那些資金如果不是很快獲得償還……就是永遠得不到償還。在許多例子中，確實是一直未償還。但過去十多年來卻只有很少公司被追究責任，反而這些小公司總是能一再回到市場取得更多鑽探的融資。生產、生產、生產的單調工作——但未必能獲利——令人想到某種熟悉而怪異

的中國人特質。這種重複的可疑融資決定在一九七一年前的世界絕不會發生，但由於它們能在法定貨幣的世界出現，使得美國創造了以絕對值看歷來單位油田石油生產量的最高紀錄。

別以為美國的這種肆意揮霍只限於金融、房地產和能源業。上一位還願意假裝關心財政審慎的美國總統是比爾·柯林頓（Bill Clinton）——一個以不……審慎聞名的傢伙。在他主政下，美國政府確實達成了聯邦預算平衡。接著是小布希（George W. Bush）的政府出現美國自二次大戰以來最大的預算赤字。他的繼任者歐巴馬（Barack Obama）把赤字再增加一倍。下一任總統川普，再翻它一番。在寫本書的二〇二二年初，接任的總統拜登把他的政治前途押注在數項支出計畫，而如果這些計畫真的執行，將使赤字再增加一倍。

這些——安隆、次貸危機、頁岩油、聯邦財政赤字，還有歐洲共同貨幣或現代中國——如果沒有法幣時代幾近無限的資本，都不可能發生。

3.3 ｜ 災難是相對的

歷來對法幣時代缺點的種種嚴厲批評可以歸為三個方面：

第一，法幣時代讓不管大小的經濟體和不管遠近的國家，都可以用印鈔票來粉飾它們的問題。那些讓過去的時代許多地方得以成功的因素——成功地理學——比起無限供應的低成本資金都相形見絀。當然，我們在法幣世界看到過許多財政泡沫，但最重要的教訓是那些錢

改變了經濟歷史。在法幣時代，任何區域的任何國家都可以成功，只要錢能不斷湧進來。

第二，每個國家——我是說真的所有國家——都這麼做。今日唯一未擴大貨幣供給的系統是那些刻意選擇放棄經濟成長以支持物價穩定的國家。通常它們是曾發生經濟震撼和嘗試站穩腳步的國家。在晚期資本主義（late-capitalism）時代，這種例外很少出現，對整體大勢也無關緊要。

第三，沒有國家印鈔票的速度是相同的。

是的，美國人可能擴大貨幣供給超過合理的數量，但嘗試理解一些觀點：

- 美國在次貸泡沫爆破時住宅市場上的空屋數量達到歷史最高紀錄（約三百五十萬棟），但那是當時。美國的人口成長率仍然是正的，所以人們想買那些房子。它們不是擱淺資產（stranded assets）。二〇一〇年代和二〇二〇年代初搬進獨棟住宅的世代是千禧世代——美國史上人數第二多的世代。而且每年有約一％的房屋被破壞，原因是老舊、火災和拆除。到二〇一二年空屋數量已劇減到歷史新低的七十萬棟。我不是想輕描淡寫從二〇〇〇年代以來的拙劣資本配置，但如果沒有次貸震撼，美國的住宅問題到二〇二〇年代將遠為嚴重。

- 類似的平衡作用發生在頁岩油業。因為銀行業變聰明，因為華爾街對頁岩油前景產生戒心，也因為能源市場的價格震撼使財務不佳的公司無法生存，對頁岩油業的信用條件開始大幅緊

縮。到二〇二二年，頁岩油營運商的家數已比二〇一六年減少三分之二。是的，許多小公司因為信用成本低廉而繼續存活太久，但它們集體努力發展出的新世代技術將使美國人在未來數十年保持領先。

- 美國在二〇〇七至〇九年金融危機期間的貨幣擴張是為了避免金融末日，那是完全必要的作法，部分原因是進行與危機有關的改革，所以美國的銀行現在是全世界體質最為強健的銀行。相對來說，金融危機時的擴張也不是那麼大，整個期間的總貨幣擴張「只有」約一兆美元——只占貨幣供給不到一五％。

比較起來，始於二〇〇六年的歐洲貨幣擴張是為了挽救銀行業，因為歐洲銀行業是全世界最不穩定和體質最差的。在不到兩年內，歐洲銀行危機導致的信用擴張使歐元貨幣供給增加了八〇％。而那不只是為了緩解危機。只要有政治目標必須達成，歐洲人和日本人就會定期擴張貨幣供給，而這種決策會讓大多數非歐洲人和非日本人避免持有或交易歐元和日圓。其結果是，歐元和日圓的貨幣供給往往超過美國的貨幣供給——儘管歐元和特別是日圓已不再是真正的全球貨幣。

但貨幣擴張第一名的是把貨幣擴張視為標準作業程序的中國。從二〇〇七年——人人開始談論中國人正接管地球的那一年——以來，人民幣的供給增加超過八〇〇％。

在中國之外，人民幣唯一受歡迎的地方是香港，而且只有香港扮演中國和世界其他地方的金融交易中心。在其他地方，人民幣幾乎不存在。即使以最狂熱中國民族主義者的吹噓來看，中國經濟的規模仍

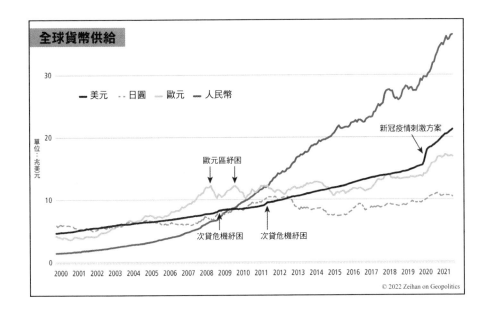

全球貨幣供給

美元　日圓　歐元　人民幣

單位：兆美元

30

20

10

0

新冠疫情刺激方案

歐元區紓困

次貸危機紓困

次貸危機紓困

2000 2001 2002 2003 2004 2005 2006 2007 2008 2009 2010 2011 2012 2013 2014 2015 2016 2017 2018 2019 2020 2021

© 2022 Zeihan on Geopolitics

遠小於美國經濟，但中國的貨幣供給比美國大已經長達十年——而且往往是美國的兩倍大。因此，人民幣當然不是許多人認同的價值儲存貨幣。從中國流向美元資產的資金外逃每年都超過一兆美元。

中國的金融系統加上中國瀕臨末期的人口結構，使它注定成為一個非消費導向、甚至非出口導向，而是貸放導向的經濟體。這將使中國很容易受到世界任何地方發生的原料供給、能源供給或出口航線危機的影響——北京無法影響，更別說控制的危機。中國已經走在這條毀滅的道路將近半世紀。這不是那種有前瞻思維、有領導能力、能看到遠方的災難並設法控制情勢的政府會犯的錯誤。

那麼，美國人是否過度輕率地處理他們的貨幣政策？也許是。那會不會在未來產生後果？可能會。這些後果會好過嗎？可能不會。不過，未來真正要擔心後果的是歐洲人和日本人，還有中國人恐怕會面

對狂風暴雨，並遭到巨大的漩流吞沒而無法脫身。規模很重要。

特別是在規則改變時。

重點是法幣時代的資金可得性普遍大幅升高只是問題的一半。還有第二個更傳統的因素在晚近幾年刺激了資本供給並壓抑了資本成本。而這個因素正面臨一個內爆的過程。

3.4 │ 人口結構和資本逆轉

這是一個簡單的年齡問題。

從文明初始直到工業時代中期，各年齡層──兒童、年輕勞工、老年勞工和退休者──存在一個粗略的平衡，只有在邊緣會發生改變。這創造出一個很穩定、儘管很有限的資金供給。年輕人會借錢擴大他們的支出，而且有許多年輕人對資金有需求。

老年勞工傾向於較少支出，同時他們是社會中較富裕的人。他們在前半輩子累積了較多財富，同時花的錢比他們年輕時減少。他們的財務產出──不管是出以投資或納稅的形式──形成了社會的骨幹。但人無法長生不老的事實意味他們的人數不會太多。較少儲蓄者，較多支出者。供給與需求。借貸成本居高不下。

工業化改變了這個遊戲。較早工業化的國家經歷壽命延長和子女輩的死亡率降低，導致它們的人口大約增長為三倍。在此同時，工業化觸發大規模都市化，經過一段時間後導致較小的家庭和老齡化的人口。關鍵詞是「經過一段時間後」。不是每個國家都同時以同樣的速度出現人

口結構的改變。整體來看，較早工業化的國家改變的速度最慢。

然後美國人利用美國秩序把全球化和穩定擴展到整個人類家族，包括中國在內。每一個國家都展開工業化和都市化的進程。較晚加入者可以跨越整個工業化的階段，直接從鐵進步到鋼，從鋁進步到玻璃纖維，從銅管到聚氯乙烯管（PVC）再到軟管，從固線電話到行動電話再到智慧型手機。一個國家愈晚開始都市化的進程，其都市化的速度就愈快，出生率下跌的速度也愈快。

從冷戰結束後，幾乎所有人都變更富裕，但對金融世界更重要的是，現代化過程的壓縮時間特性意味所有國家的人都變更長壽。在一九九〇年到二〇二〇年的世界，這是很理想的情況，因為那意味所有最富裕和最容易向上流動的國家，或多或少都同時處於老齡過程的資本富足階段。在整個三十年期間，有許多國家有大量從四十六歲到六十五歲的人口，而這個年齡階層正是創造最多資金的人。他們投資的美元、歐元、日圓和人民幣流入全球金融系統，且往往忽視國際邊界。他們的儲蓄集體推高資金供給，並壓低資本成本——影響及於所有國家和所有事物。從一九九〇年到二〇二〇年，這些廣泛因素的匯聚帶給我們人類史上最低廉的資金供給，和最快速的經濟成長——而這一切都建立在法幣時代的全面總瘋狂，和美國秩序時代的超高速成長上。

抵押貸款利率一直處於歷來最低點，而先進國家的政府偶爾還能以負利率舉債，同時主要股市不斷創歷史新高。無所不在的史上成本最低的資金，也一直提供低成本的融資給為任何想創立新生產線，或清理新農業用地，或寫新軟體，或建造一艘新船的人。過去十年來工

業產出和科技進步的爆炸性成長，主要歸功於布列敦森林體系殘留的影響，加上人口結構中數量龐大的過剩老齡勞工——和他們的錢。

同樣的資金也要為晚近的愚蠢行徑暴增負責。在二〇二一年初一群賭徒聚集龐大的資金並投入電腦遊戲平台遊戲驛站（GameStop），使該公司一度成為美國最有價值的公司，儘管它已瀕臨聲請破產保護。像比特幣（Bitcoin）等加密貨幣沒有政府的擔保、無法隨時交易、不能任意用來支付、沒有內在價值，而且主要由中國想繞過制裁的巨頭所創造，但所有加密貨幣的總價值卻超過二兆美元。我個人偏好的是稱為狗狗幣（Dogecoin）的加密貨幣，它實際上是一個諷刺加密貨幣投資人有多愚蠢的玩笑。狗狗幣的總價值有時候超過五百億美元。所有這些都是一個中國規模的過度資本化的教案。當資金成本夠低廉，連豬都能飛。

但也只能飛一次。

回到人口結構。人們不會因為時機很好而停止變老。美國緩慢老化的人口，和日本及歐洲穩定老化的人口，以及先進開發中世界快速老化的人口，都集中在將於二〇二〇年和二〇三〇年代退休的大量勞工。而當他們退休——當他們都同時退休——他們將停止提供一直以來推動世界成長的資本。在大約同一時候，美國也開始停止支撐天花板。

兩件大事因而發生。

第一，這個新發展帶來了更多的生產和消費，不管支撐一個經濟體的現實情況如何。這鼓勵政府大舉增加支出（想想歐記健保〔Obamacare〕，或川普政府的聯邦預算，或希臘債務危機）。這鼓勵了消費者大舉支出（想想義大利銀行業的債券，或美國次貸房地

產）。這鼓勵了過度生產無數種可能不符合經濟效益的產品（想想中國的製造業或網路泡沫）。低廉的信用讓人和公司參與幻想所向無敵的遊戲。但在好時光感覺自然、明智和可長可久的事，卻不會——無法——永久持續。當錢停止流動和融資的成本升高，一切將隨之崩垮。

第二，一切就這樣崩垮。這不需要任何地緣政治預測，而只要基本數學。世界上大部分的嬰兒潮世代都將在二〇五七年代的頭五年進入退休年齡。退休者將不再有可以用來投資的新收入。

這對金融界來說是一個比聽起來嚴重很多的惡耗。

不只是沒有新東西可以投資，而且他們的投資傾向是從高獲利的股票、公司債和外國資產，重新配置到防通貨膨脹、防股票市場崩盤和防貨幣貶值的資產。例如撤出中國科技新創企業基金公司、盧安達基礎建設債券和玻利維亞鋰礦計畫，然後重新投資於美國公債、貨幣市場和現金。如果不重新配置，那麼一次市場修正可能虧損數十年的儲蓄，使退休者喪失一切。這對個人來說是明智和邏輯的作法，但對整個系統卻不是好事，有兩個原因。

第一個原因顯而易見。信用是現代經濟的命脈。如果你是一家公司的老闆，貸款幫助你支付薪資，提供擴張的資金，購買機械，和興建新廠房設施。每個人每天都在利用信用：大學貸款、汽車貸款、購屋抵押貸款、房屋淨值貸款、信用卡。它是讓許多事變為可能的潤滑劑。沒有信用，購買大多數東西將必須支付現金——一次全額付清。你要花多少時間賺到足夠買汽車、支付大學學費，或購買房子的錢——並一次全額付清？

提高信用成本將使一切慢下來，甚至完全停頓。在二〇二一財年，美國政府支付約五千五百億美元的利息。只要提高政府舉債成本一個百分點，這些利息將增加一倍。美國政府有能力扭轉利息的上升。但巴西呢？或俄羅斯？或印度？讓我們從較個人的層面談這一點。提高標準的抵押貸款利率二．五個百分點——將使抵押貸款利率仍然遠低於半世紀以來的平均水準——你每個月支付的利息將增加一半。這將足以使大多數人買不起房子。

第二個原因較不明顯，但一樣可以察覺。老齡勞工不只是創造許多收入和資本，他們還繳納許多稅。整體世界和特別是先進世界近幾十年來有許多高齡勞工，使政府的財庫呈現歷來最充盈的情況。這是大好消息！這使得教育、執法、醫療、基礎設施和災難救援等項目的支出不虞匱乏。

或者說，至少在那些老齡勞工退休前一切將很完美。但老齡勞工一旦退休後，他們不但不再挹注經濟體系，而且將以提領退休金和醫療成本的形式從體系提款。把二〇〇〇年代和二〇一〇年代有許多高齡勞工繳納高稅金的環境，換成二〇二〇年代和二〇三〇年代有眾多退休者的環境，那麼二次大戰後時代的治理模式不但不再適用，而且將導致社會毀滅。

再說一次，近幾十年確實是人類史上最美好的時代，但我們將永遠無法回到這個時代。更糟的是，我們也無法回到一九五〇年代式的政府服務——當時的年輕勞工、高齡勞工和退休者保持相對的平衡。對世界大部分國家來說，我們將迎向的是大多數政府還沒有提供服務前的一八五〇年代式政府服務，而且將沒有伴隨的經濟成長能容許人

們有機會照顧自己。

3.5 ｜ 信用概況

法幣時代的揮霍無度和誇張，加上人口結構的起伏和變化，使我們經歷了人類歷史上最大的信用激增。在美國，我們知道這種激增最顯著的是在次貸時代。從次貸產業誕生的二〇〇〇年到它終結的二〇〇七年，美國的總信用大約增加一倍。這種非理性榮景導致的崩潰，在經濟重新站穩腳步前的兩年間摧毀了約五％的美國 GDP。

雙倍的信用。五％的經濟衰退。這是一個很好的基準。現在讓我們看看其他國家……

- 大家都聽過希臘發生的危機。儘管並不符合任何債務和赤字方面的條件，希臘還是獲准加入歐元區。然後希臘人變得好像一個大學中輟生揮舞著遠方繼父的白金信用卡。希臘的總信用在短短七年內擴增了七倍。繳帳單的日子終於到來，希臘財政隨之崩潰，並且在接下來的三年希臘經濟內爆的嚴重程度相當於美國在大蕭條時期的兩倍。到了二〇一九年，希臘的情況看起來……如果沒有好轉，至少已不再那麼糟糕。新冠疫情爆發後，仰賴觀光的希臘經濟再度自由落體式下墜。如果希臘能夠倖存，它也將成為其他國家的被監護國。
- 不令人意外的，德國是另一極的對照。德國人和德國政府在處

理財政事務上相當保守。要符合抵押貸款的條件首先必須連續數年像繳納抵押貸款那樣，把錢存入一個隔離的銀行帳戶，以證明態度和誠信。德國人因而能在二〇〇七至〇九年金融危機避免像歐洲大多數國家發生的災難性金融崩潰。其結果之一是德國經濟率先回升，並且回升速度最快，促使歐陸各國的公司紛紛把蛋放進德國的籃子，而歐洲其他國家則陷於長期衰退。為德國人乾兩杯！但只有兩杯。德國在歐洲核心建立的一切規制都引來歐洲各國的憎惡。

- 其中一股不算小的憎惡在英國扎根，刺激在二〇〇七至〇九年金融危機後興起的經濟與種族民族主義者，發起英國脫離歐盟的運動。在這股爭鬥中，英國的政治右派和左派都發生內爆。最後民粹主義掌控英國的政治右派，並領導英國經歷始料未及的所謂英國脫歐（Brexit）過程，而左派則暫時落入赤裸裸的新法西斯主義者的控制。

- 匈牙利在二〇〇〇年代累積的信用在歐洲各國中名列前茅，擴張的倍數高達八倍。大多數資金流入房地產市場，其方法可能令美國的次貸金融家為之汗顏，導致許多只有微薄收入和信用紀錄的人購買他們無法假裝買得起的房屋。更糟的是，大多數貸款是外幣貸款，所以在無法避免的貨幣波動發生時，連正常情況下買得起房屋的人也發現他們的抵押貸款支付金額突然倍增。伴隨的經濟和金融混亂刺激匈牙利政治轉向極度排外，並使總理奧班（Viktor Orban）奪得該國所有金融和政治領域的掌控。

- 新加坡也有巨大的信用足跡，從二〇〇〇年以來信用擴增了五倍。但新加坡是一個金融中心，所以隨時在投資本身以外的其他地方。它的大部分「私人信用」是發生在外國經濟體。此外，新加坡有一個政府投資機構——淡馬錫（Temasek）——負責導引許多該國的資金進入海外的項目。如果去掉這些項目，情況看起來就沒有那麼泡沫化。再者，新加坡位於麻六甲海峽——世界最繁忙的貿易路線——並且是世界最大的轉運中心，所以它的儲油槽儲存並管理如此多原油，以至於變成決定全球價格的標準之一。如果全球貿易的速率發生任何改變，新加坡以貿易為中心的經濟將很快受害，即使該國的金融管理非常卓越。

- 在經濟多樣性升高、政府政策歡迎外來移民，和各種礦物蘊藏多到足以滿足中國無饜的需求等條件支持下，澳洲已避免衰退長達一個世代。注意到澳洲的外國資金紛紛擁進該國，以搶搭人類史上最長的連續經濟成長列車。這導致澳洲大陸變成信用最擴張、但尚未出現信用崩潰的西方國家。澳洲的信用從二〇〇〇年以來擴張了六倍。房市和家庭債務的確令人擔憂，但流入的信用推升澳元升值到難以持續的高水準，侵蝕了礦業以外的所有經濟部門的競爭力。政府嘗試以監管措施降低需求，卻遭到一項稅法的阻礙；該稅法不但鼓勵擁有房地產，還鼓勵已擁有房地產的人購買更多房地產。這在各國都是一個問題，但在澳洲尤其嚴重。澳洲看起來可能像有很多土地的國家，但澳洲的內陸地區對住宅房地產卻毫無用處。絕大多數澳洲人口

居住在不到十個大致上彼此隔絕的都會地區，嚴重限制房地產土地的取得，並推升營建新住宅的成本。這個問題終究會爆開來，問題是何時？

● 在哥倫比亞，信用從二○○三年開始的十年間擴增了五倍，但哥倫比亞的一切事情都是特殊情況。過去一百年來大半時候深陷西半球最慘烈內戰的哥倫比亞，在一九九○年代末的一段特別暴力時期把經濟推落懸崖。二○○三至一四年的信用擴張與戰爭攜手並進：隨著哥倫比亞人重新制定和整頓他們的政治和軍事策略，政府也成功地把敵對軍事勢力壓制在愈來愈小的地區，直到在二○一五年達成最終的和平與準投降協議。政治和軍事的勝利伴隨著一波經濟復甦。哥倫比亞的信用「狂歡」事實上是收復失地。未來的挑戰將是如何向過去交戰的雙方證明停止交戰有利於做生意，藉以繼續維持和平。最可能的道路是什麼？所有人都能享有的寬鬆信用，可以刺激基礎建設和消費者活動。哥倫比亞的信用狂歡不在過去，而是在未來。

● 印尼是一個我很看好的國家，有幾個理由：有龐大、年輕、向上移動的人口；政府專注於治理人口（過度）稠密的爪哇島，使它得以把努力集中在相當明確且政治統一的地理區；各類能源的安全；跨越世界最繁忙貿易路線的絕佳地點；鄰近有大量礦產和農產品出口的澳洲和紐西蘭，和有工業與金融互補性的新加坡、泰國和馬來西亞。除此之外，我還要加上出奇保守的信用組合。是的，東南亞國家整體的信用已擴增超過七倍，但經濟成長也超過這個倍數。在二○○○年時，整體信用約等於

GDP 對一個像印尼這樣貧窮、國土分散的國家來說通常會令人很擔憂，但儘管在接下來的十七年信用絕對值逐年增加，信用對整體經濟的比率實際上卻下跌三分之一。印尼仍面對一大堆挑戰——技術勞工不足、老舊的基礎設施、貪腐（在評比名單中排名居冠或最嚴重）——但該國過高的信用遠不如名目數字那樣值得擔心。

- 巴西的信用狀況與希臘遙相呼應：增長了六倍，在二〇一四年達到頂峰。在那一年，投資人的信心和巴西政治制度同時崩裂，引發了政治危機和深度衰退，直到寫本書時還沒有緩和的跡象。更糟的是，巴西的憲法和貨幣只能追溯到一九九〇年代。這不但是現代巴西第一次真正的政治和經濟危機，而且是一場全面的憲法危機，衝擊了造就巴西的一切基礎。如果巴西的政治體系能在短期內重生（沒有跡象顯示會發生），而且巴西的治理機構沒有再受到破壞（這似乎也只是幻想），巴西也將面臨多年的嚴重衰退才能從信用過度擴張中恢復過來。巴西並不是正面臨失落的十年，而是二十年，至少。

- 由於沙烏地阿拉伯過去五十年來一直是世界上最大的石油出口國，所以當人們想到該國時通常不會聯想到「信用」這個詞。但沙烏地人已相當成功地利用他們的石油收入為其體系的各部門取得大量信用，並從二〇〇〇年以來創造了一個擴大七五〇％的信用榮景。由於這種信用有源源不斷的收入支撐，它不像巴西或澳洲的情況那樣可能出問題——當然更不像希臘那麼糟。但大部分信用流向建在沙漠中的虛榮工程，或是流向對人

口的補貼以收買人民的忠誠。萬一資金中斷——總有一天會——忠誠也將崩潰。對於沙烏地領導階層來說，幸運的是國內的安全部門是全世界最有效率的……在鎮壓異議者時。

- 印度的信用從二〇〇〇年來擴增高達十倍，在過程中幾乎不曾下降過。經濟擴張的穩定步伐使印度在政治上呈現一片平靜，掩蓋了持續不斷的饑荒以及宗教和種族勢力的動盪。當修正無可避免地到來時，它將是史詩般的。在地緣政治和人口結構方面，我完全有理由看好印度的未來，但同時我也對未來的嚴重金融危機十分悲觀。

- 土耳其的情況正變得愈來愈複雜。從二〇〇〇年到二〇一三年，總信用增加超過十二倍——是全世界增加幅度最大和最持續的國家之一。信用大幅擴增提供了總理（和現任總統）艾爾段（Recep Tayyip Erdogan）掌控國內經常分裂的體系所需的政治資本，讓他得以消弭數十年來他領導的安那托利亞宗教保守派，與大伊斯坦堡地區的親西方現代化派，以及自認是國家保護者的世俗化軍隊間的歧異；現在只有艾爾段。但在二〇一三年，信用擴張突然停止。經濟正當性消失、敘利亞內戰帶來三百萬難民的壓力，以及來自歐洲、俄羅斯、伊拉克和美國的地緣政治敵意加劇，意味艾爾段的統治將變得脆弱、嚴厲和愈來愈獨裁。而這一切將發生在土耳其遭遇不可避免的信用修正前。

- 在二〇二二年二月二十八日添加這段文字時，俄羅斯正被排除於全球金融體系之外，以作為對烏克蘭發動戰爭的懲罰，制裁

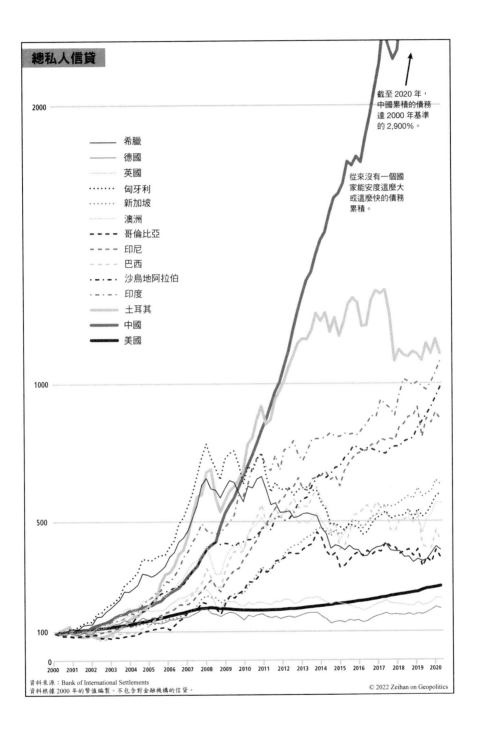

總私人信貸

截至 2020 年，
中國累積的債務
達 2000 年基準
的 2,900%。

從來沒有一個國
家能安度這麼大
或這麼快的債務
累積。

圖例
希臘
德國
英國
匈牙利
新加坡
澳洲
哥倫比亞
印尼
巴西
沙烏地阿拉伯
印度
土耳其
中國
美國

資料來源：Bank of International Settlements
資料根據 2000 年的幣值編製。不包含對金融機構的信貸。

© 2022 Zeihan on Geopolitics

的對象還包括俄羅斯央行。當你讀到這段文字時,世界將看到一個真正金融瓦解的奇妙而可怕的案例研究。俄羅斯的麻煩還不只如此。在人口老齡化和其體制已放棄教育下一代的情況下,俄羅斯的信用崩潰只是眾多能終結俄羅斯這個國家的因素之一。問題不在於俄羅斯人能否在國際社會橫行無阻——俄羅斯入侵烏克蘭將證明這一點——而是他們還會向誰橫行?信用過度擴張的國家要當心。信用崩潰可能被任何行動或不行動引發,它們不一定要是戰爭,或制裁。

- 不需要我特別強調,但最大的金融爆炸將會是中國已創造的人類史上最大和最難以持續的信用榮景——不管是以絕對和相對標準來衡量都是如此。中國人將像他們進入現代世界一樣離開現代世界:以一個大浪花。唯一的問題是什麼時候。如果我有答案,你就讀不到這本書了,因為我就不會那麼辛苦寫書了,而是在維京群島過逍遙的日子。

3.5 | 欺瞞未來助長失敗

在法定貨幣的失敗和人口結構改變下,廉價、容易取得、無處不在的融資時代正要結束。其影響和結果不但在性質上各有不同,在應用上也是如此。

我們當然必須從成功的地理學的改變談起。在任何一個資本受限的世界裡,較多的錢往往被用在有較容易賺大錢的地方和人口。在平

坦的溫帶地區建造和維護基礎設施，比在山區或熱帶地區容易和更便宜。同樣的，維持已受過教育人口的技能，比提高低技能水準更容易和更便宜。但在美國秩序的高資本環境下，這些簡單的規則變模糊了，因為有這麼多錢！這種環境已經結束了。在二○二○年代和二○三○年代和以後，我們從過去的歷史看到的較熟悉模式將捲土重來，再度成為主流模式，部分地區將比其他地區更有能力創造和應用資本。北歐將優於南歐、優於印度、優於俄羅斯、優於巴西、優於中東、優於下撒哈拉非洲。

科技產業將陷於混亂。伺服器農場、智慧型手機和軟體並非神奇地自己造出來的，它們是數千個同時出現且往往彼此不相關的趨勢帶來的結果。從最廣的意義看，一個健康和不斷成長的技術產業需要一個巨大的市場來創造收入和推動發展，需要大量的技術勞工來動腦筋和執行工作，還需要幾近無限量的融資供應來促進研究、營運化和大規模應用。

這三個廣泛的條件都即將消失。去全球化將使全球縮小，並把其餘的一切打碎成分隔的市場。全球老齡化正導致技術勞工的供應崩潰。而金融萎縮將使一切變得更昂貴和更困難。

也許最糟的一面將是，隨著資本和勞動力供應萎縮，獲得資金的計畫將是那些最能減少僱用成本的計畫——特別是牽涉到通常會外包給低勞動成本地點的那類製造時。

我們將達到一個新平衡，但它不會是一個所有船跟著水漲船高的技術烏托邦。那些尚未能夠參與技術產業的國家現在甚至無法嘗試參與。其他已踏入門檻的人將失去立足點。這將不是一個已開發國家富

裕而開發中國家貧窮的故事，而會是一個少數已開發國家富裕而其他國家一無所有的故事。

我預期將聽到很多資金外逃和資本管制的事。在美國秩序下或多或少較一致的世界裡，資本可以跨越國界來回流動而沒有太多限制。很少有國家會刻意限制，因為普遍的共識是任何減緩資本進出的措施都會導致對該國的投資枯竭，而這將付出代價：經濟成長、就業、旅遊、技術轉移和參與現代世界的機會。從歷史上看，這種開放性是異常現象，正如美國秩序下的其他一切事物一樣，並且出於同樣的原因。在「常態」下，這個世界比較是一個惡性競爭的世界，而資本是用來囤積的東西。

這種資本短缺的黑暗時代即將回來了。再加上各種帶來不安全感和不穩定感的問題，你可以預期世界許多國家的人將試圖把他們的錢——在許多例子裡，包括他們自己——轉移到更有希望、更安全的地方。

資金外逃已經是美國秩序晚期的一個特徵。美國對私人資本採取不干涉態度的信譽眾所周知，這使它成為名符其實的全球金融中心。中國的高度金融化模式（在較小程度上，東亞各國有類似的金融體系）已導致不定期的大量資金流向美國。自二〇〇〇年以來，歐洲的動盪提供了美國更多資金。這方面的數據很難獲得，檢驗還更困難，但合理的推測是，從二〇〇〇年以來每年有一兆到二‧五兆美元的外國資金流入美國。隨著美國的經濟成長和穩定與全球的蕭條和不穩定差距擴大，預料這個數字將會膨脹——很多。

這對美國人來說是好事，並可能略微紓解資本成本上升帶來的壓

力，但對於資金外逃國家來說，這是潛在的災難。快速退休的人口增加了對國家支出的需求，同時工作年齡人口的萎縮削弱了政府籌集資金的能力。任何想把錢轉移出去的人都將被視為幾近叛國。對這種資金外逃的限制——亦即資本管制——就是解決方法。

結果將很快顯現。當公司認為它們無法從一個國家獲得利潤時，它們從一開始就不太可能對該國的業務有興趣。資本面臨的最大風險將出現在人口老齡化速度最快的地方，以及勞動力退休速度最快的地方：俄羅斯、中國、南韓、日本和德國，而且依照這個順序。

通貨膨脹將在每個國家興起。簡單的經濟學告訴我們：

通貨膨脹發生在成本上升時，而且可能由任何供給與需求的脫節引起：當有人劫持一艘貨櫃船造成供應鏈中斷；當年輕和／或饑餓的人口需要更多的住宅和食物；當流行每個人非有不可的椰菜娃娃（Cabbage Patch Doll）時；或者當貨幣當局擴大貨幣供給量以刻意增加需求時。通貨膨脹水準低於二％通常被認為不是問題，但任何高於二％的水準都會變得愈來愈難被接受。

通膨緩和（disinflation，或稱反通膨）是一種非常特殊的價格下跌。當你的智慧型手機或電腦獲得更新，讓你能更好、更快地完成某些事時，那就具有通膨緩和性。當新的油田、汽車工廠或銅冶鍊廠上線並增加供應時，也是如此。價格下跌，但構成市場的關係並沒有過度調整。大多數人都喜歡一點通膨緩和。我知道我肯定是如此。

然後是通貨緊縮（deflation）：價格下跌，但這是因為有些事情出了大差錯。也許是一個國家的人口老化速度比住宅市場或工業廠房調整的速度還要快。需求大幅下降會導致電力、公寓或電子產品等基本

產品的供過於求。如果不去除一部分生產，市場就無法進行調整，但去除生產會傷害勞工，並進一步減少需求。日本從一九九〇年代經濟崩潰以來就飽受某種版本的通貨緊縮困擾，而從二〇〇七至〇九年金融危機以來，歐盟也有相同的問題。通貨緊縮可能也已經在中國流行，因為不計代價增加生產在那裡被國家奉為圭臬。

有了這些概念後，讓我們談談未來。

貨幣擴張會促進通貨膨脹。地區性的資本短缺把通貨膨脹直接注入金融。老齡化人口的消費下降具有通貨緊縮效應，而供應鏈中斷則有通貨膨脹性。建造新的工業廠房以取代國際供應鏈在過程中有通貨膨脹性，一旦工作完成就有通膨緩和性。新數位技術往往具有通膨緩和性，除非需要國際供應鏈來保持它們的運行，在這種情況下它們具有通貨膨脹性。貨幣崩潰對出問題的國家有通貨膨脹性，因為每個人都會想花掉現金購買可以囤積的商品，但這種崩潰在逃離的資本尋求庇護的國家具有通膨緩和性。大宗商品短缺幾乎總是具有通貨膨脹性，但如果短缺是由供應鏈中斷造成的，那麼它們可能為商品來源附近帶來通貨緊縮，這意味價格會下降，導致產量減少，進而造成價格上漲，因此再次具有通貨膨脹性 *。

我在這裡的結論是完全不要做預測：未來的通貨膨脹、通膨緩和或通貨緊縮將因為我們無法影響、更無法預測各式各樣的因素，而在每個區域、每個國家、每個產業，視每種產品而不同，而且將發生劇烈的變化。我討厭當債券交易員。

---

* 如此周而復始真的很累。

我預期會出現更多民粹主義。全球人口正在迅速老化，大多數老年人都相當……不願意改變。但更重要的是，退休者依賴他們的養老金。大多數退休金計畫的資金來自稅收或者大規模持有債券獲得的債息。債券的相關收益往往較低且穩定。這意味退休者需要穩定的價格。債券的相關收益往往會在長期衰退中崩潰。對於許多（或大多數）國家來說，持續十年或二十年的蕭條幾乎一定會導致這種情況。在去全球化、人口結構崩潰和新冠疫情之下，大多數國家將永遠無法復甦到二〇一九年的經濟水準。在一個通貨膨脹水準上升和變動的世界中，大多數退休金將隨風而逝。

　　退休者作為一個投票群體不光是害怕改變，而且會不斷抱怨，導致既反動又難相處的文化。其結果之一是政府愈來愈迎合民粹主義者的要求，在經濟上逐漸與其他國家隔絕，並在軍事問題上採取更激進的立場。你是否曾經對父母和祖父母的投票模式感到驚駭？想像一下，如果他們的退休金收入沒有著落，他們會支持什麼樣的人。

　　美國將是個例外。位於世界最好的地理位置將使美國的開發成本保持在低水準。富裕世界最好的人口結構將使美國的資本成本增加幅度較小。美國千禧世代的崛起顯示，到二〇四〇年代——千禧世代終於要進入富有資本的年齡級距時——資本供應將再次上升，進而降低資本成本上升的壓力。美國貨幣政策的相對保守，加上美元作為唯一準備貨幣的地位，使美國人在彌補資本損失上有更大的餘裕，並保證美國人可以獲得從動盪的世界出逃的資本最大的部分。

　　而且，最怪異的是，美國持續的不平等問題實際上可能會提供一些助力。

還記得人們的收入如何隨著工作經驗增加而增加，以及投資的收入比例也同樣增加嗎？這發生在富人就像發生在「一般」人。這兩個群體的分歧出現在退休時。「一般」退休者不得不把他們的持股轉移到低風險投資中，因為他們不能忍受波動性，但富人有太多的資金準備，使他們能以不同的方式做兩件事。

第一，超級富豪只需要保留一小部分資產來維持他們的生活方式。他們可以忍受更高的風險水平，因此保持他們的大部分投資組合——通常超過一半——完全投入股票和債券市場。第二，富人更有可能意識到他們不能帶走財富，而且沒有理由在臨終時銀行裡存著一億美元。他們傾向於在去世之前很久就開始把資產轉移給下一代或慈善機構。

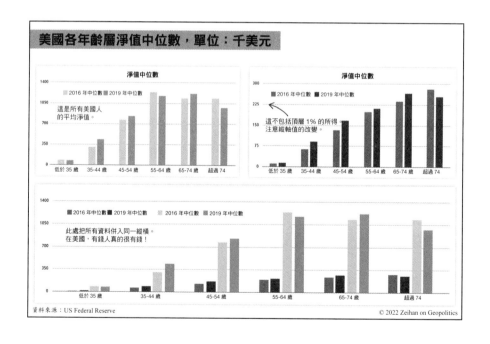

在大多數國家，這些差異並沒有多大的影響力，但在美國，最富有的一％人控制所有金融資產的一半以上。如果這一％的人的資本有一半沒有結算而繼續留在股票和債券市場（或者轉移給會以較一般模式配置資本財的年輕人），那麼轉向資本受限環境的整體改變就不會那麼難受了。但這只適用於擁有龐大資本市場和高度不平等的先進國家。而這是一份只有一個國家的清單。大量的流動資本不能解決一切問題，但在資本受限的世界呢？是個不錯的開始。

如果這些聽起來都不特別像是資本主義，那是因為它確實不是。允許資本主義存在的環境是我們都已很習慣的「更多」的世界，資本主義能否在沒有持續經濟增長的情況下存在，是非常值得懷疑的。

我的觀點並不是資本主義已經死亡，而是即使是美國——世界上最年輕和最富有的先進國家，其人民擁有最多的「更多」——也已經開始積極從一個資本主義和全球化的體系轉向……不管接下來會出現的任何體系。最重要的是，如果我們所知道的、或至少我們認為我們知道的東西已在此時此地的美國逐漸消失，那麼世界其他地方如何指望能知道未來會變成如何？

現在每個人都開心起來了，讓我們來談談當燈滅時會發生什麼。

CHAPTER 4

能源

我們有史以來可以隨時隨地做任何事。

更好的是,「我們」指的不是哪個時代最強大的帝國,

而是指每個人。

4.1 | 能源與進步

讓我說一個瘋狂的小故事。

在前蘇聯哈薩克共和國有一個叫卡沙干（Kashagan）的石油蘊藏區，它位於裏海海底兩英里以下，該地區經常有每小時六十英里的狂風襲擊。在冬季不但有移動的海冰，而且強風會帶著海浪噴霧（sea spray），往往會把整個海上的生產設施埋進冰裡。卡沙干有全世界最糟糕的營運條件。

卡沙干有典型油田的特徵，它的油井是垂直的，從上到下超過兩英里，有差異極大的壓力，導致頻繁且壯觀的可怕井噴。它的石油硫含量如此高，以至於原油一抽吸上來就必須進行處理，並因而產生數英里寬的硫磺床。卡沙干號稱是全世界技術環境最惡劣的油田。

開採卡沙干油田需要業內最優秀的人才來開發全新的技術，以應對該領域的獨特挑戰。開發它的公司集團花費超過一千五百億美元——遠高於當年哈薩克全年的 GDP——和十四年時間才得以首次開始商業化生產。卡沙干的初始成本是世界上最高的。能源界的笑話說，「Kashagan」聽起來真的像「cash-all-gone」（現金全花光）。

一旦卡沙干的原油被抽吸、減壓和加工後，就會被輸送到一千多英里外的黑海，在那裡它被裝載到小型油輪上，以便運送通過伊斯坦堡市中心的土耳其海峽到地中海，然後再經由蘇伊士運河航行到紅海。接著它被重新裝載到長程超級油輪上，把原油再運送八千英里，途經巴基斯坦和印度，穿過麻六甲海峽，再經過整個越南和中國海

岸，然後到達最終目的地日本。

這是一條冒險的路線。哈薩克是俄羅斯過去的省分，雙方相處並不融洽。土耳其與俄羅斯曾打過十一場（或更多？）大戰爭，它們相處並不融洽。埃及是土耳其過去的省分，兩國相處並不和睦。沙烏地阿拉伯認為哈薩克是經濟競爭對手，它們相處並不和睦。這條路線經過相處並不融洽的巴基斯坦和印度，和相處並不融洽的越南和中國，以及相處並不融洽的中國和日本。對了，紅海和麻六甲都有海盜。卡沙干的出口路線是世界上最危險的路線。

（目前有幾個不確定的計畫想把卡沙干的石油，透過一系列拼湊和修補的蘇聯管道往東運輸到中國西部，然後再經由兩千英里的路途送往中國沿海的人口中心。考慮到走這條路線的人和沿途的基礎設施，暴露於冬季攝氏零下四十度到夏季四十度的溫差，所以現在還不清楚這是否會是一項後勤上的改進。）

每當我想到卡沙干的歷史、技術和出口路線時，我所能想到的就是：這是異想天開嗎？

卡沙干令人大開眼界的科學怪人式成就和它的出口路線，只可能在美國秩序的支持下發生。美國秩序長期以來確保了和平、穩定和富裕，讓在任何其他時代被視為先進好幾步的生產和運輸系統變為可能。

但它將無法持續下去。

卡沙干每日五十萬桶原油的產量顯然對這個世界來說並不多。但它將不是未來幾年唯一面臨完全崩潰的生產區。那將帶來毀滅性的影響。整體現代能源，特別是石油，是區別我們當代世界與前工業世界的主要因素。它分隔了我們定義的「文明」與之前的東西。

想想六千年的歷史中阻礙人類的運輸難題，石油確實是非常神奇的物質。石油提煉的液體運輸燃料把我們遠距離移動東西的能力提高了一千倍。石油直接或間接實現的電力對我們的生產力也有類似的影響。我們有史以來第一次可以隨時隨地做任何事。更好的是，「我們」指的不是哪個時代最強大的帝國，而是指每個人。只要你的家連上電網，每個人都可以使用低成本的電力。與木材或煤不同，汽油和柴油等石油基液體燃料的能量密度很高，很容易儲存，讓我們得以在運輸模式中儲存它們。

如果沒有石油，美國領導的全球秩序將永遠不會有機會實現。也不會有載客汽車，或全球食物流通，或全球製造，或現代醫療保健，或我們大多數人穿的鞋子。石油的力量如此大，以至於在許多方面它讓我們能夠忽略地理本身。

或幾乎能夠。石油並不是那麼完美。限制石油的不是技術性因素，而是如何取得它。石油並不覺得有義務存在於方便的地方。在整個工業時代，從石油存在的地方運送它到需要的地方一直是……麻煩事。在這方面，卡沙干並非特例。

我們最好從頭談起，從亞哈船長（Captain Ahab）開始。

通往現代能源之路

改善人類狀況的方法只有這麼多。一種是征服一大片土地，讓它成為你的。另一個是讓社會中盡可能多的人參與這個系統，以使他們的集體行動支援政府和經濟的各個方面。第三個辦法是縮短黑夜，並

在過程中製造最稀有的商品：時間。

到十八世紀末期，英國人愈來愈積極研究紡織產品，規模也愈來愈大。較新的織機、紡錘和珍妮紡紗機有幾個共同特徵。它們是那個時代最新和最昂貴的技術。保護這些資產免於損壞非常重要，同時使用它們需要很小心以保證高品質的產出和避免失去手指。如果你去過英國，你就能了解這個問題。英國的天氣通常是既潮濕又陰暗。倫敦的位置很偏北方，以至於十二月的平均日照時間不到八個小時……這是說如果不下雨的話*。這讓棉紡廠的內部很陰暗。傳統火炬會汙染紗線和布料，蠟燭無法產生足夠的亮光，而我作為長途背包客的經驗可以向你保證，棉花原料是極佳的火種。

解決方法是鯨油。鯨油乾淨、明亮、可以長時間燃燒，並且易於放在適當的燈中；鯨油也藉由減少傷害來保護員工，同時提高工廠可以運行的班次。這種東西很快成為從教堂服務、雞尾酒會、中產階級公寓等所有地方的照明首選。隨著早期的工業革命為歐洲提供過剩的食物，人類也迅速擴張到填補所有可用的空間，並需要更多的油來照亮更多教堂服務、更多雞尾酒會，和更多中產階級公寓。

鯨油也不只用於照明。早期工業時代生產了許多機械，有許多零件很容易卡住（包括前面提到的紡織設備）。為了避免對人和機器的損壞，解決方法就是潤滑。鯨魚變成靈丹妙藥：輕盈、潤滑，還有鯨排可吃。每個人都是贏家。

鯨魚除外。

---

* 而且總是下雨。

拜亞哈船長和類似他的人所賜，過去數量多達數百萬隻的鯨魚在很短的時間內減少到只剩數萬隻。鯨魚愈少，意味鯨油就愈少，鯨油的價格也隨之上漲。

解決辦法有兩種形式：

第一，煤。煤礦中常見的危險之一是甲烷，這種氣態物質就是我們所知的天然氣、牛屁和煤氣。對於煤礦工人來說，管理煤氣是一個隨時存在的挑戰，因為每當礦工挖進煤層時，就可能釋放出一些這種隱形的東西。常見的結果是窒息和爆炸。

既然有無法控制爆炸的風險，就有可能讓它以可控的方式燃燒。加上一些工業時代的化學知識後，我們很快找到了如何加工煤以依照需求產生甲烷的方法。然後我們將甲烷通過管道輸送到路燈（或紡織廠）用來照明。當時在英格蘭南部、美國東北部和德國可以看到許多這種作法。

第二種和更廣泛被採用的方法是一種叫做煤油的東西。與煤氣不同，煤油沒有爆炸的危險，而且使用它不必靠近煤供應的地方，也不需要安裝任何基礎設施。你只需要一盞燈。

早期的煤油來自煤，但蒸餾過程遠比乘坐風力驅動的船航行到半個地球外的海上與巨大的鯨魚搏鬥，然後爬進牠們的屍體、切下牠們的脂肪，然後在船上熬出鯨油，然後航行回來要昂貴和危險得多。在一八五〇年代初，美國和波蘭幾乎同時發明新技術，證明從當時被稱為「岩油」的東西提煉煤油成本更低，速度更快，也更安全。今天我們稱它為「原油」，或簡稱為「石油」。

然後我們開始尋找來源。人類自古以來就知道原油「滲流」。拜

占庭人利用這種來源取得的石油，為他們的敵人製造一種稱為「希臘火」（Greek fire）的派對禮物，而拜火教徒則更喜歡點燃滲流，以確保派對永遠不會結束。問題是數量。這種滲流很少一次產生超過幾夸脫的石油。但人類需要的數量是一百萬倍以上、十億倍以上。

美國人找到了方法。一八五八年，埃德溫・德雷克（Edwin Drake）把一些鐵路發動機零件用在賓州泰特斯維爾（Titusville）郊外的一具垂直鑽機上。幾週後世界第一座油井在幾個小時內生產的原油比滲流一年的原油還多。在短短幾年內，煤油被證明是既便宜又容易取得，使得鯨油幾乎完全從照明和潤滑市場消失。

然後真正的奇蹟發生了。我們把剛提煉煤獲得的材料科學知識應用在新石油世界。不需要很長的時間，取代鯨油的煤油就向我們展示以燃油取代風力，和以汽油取代馬匹的方法*。石油不再只是縮短夜晚和潤滑齒輪所需的產品。這種原料可以讓我們做……一切事情。而這意味著我們不只是需要更多，我們需要更更多！

你會到哪裡尋找你需要的東西？嗯，當然是你上次看到它的地方。當時的帝國展開了一場全球範圍的狩獵，尋找那些在古代被廣為傳述的著名滲流，以便從中鑽出黑油。拜火教徒土地（今日的亞塞拜然）北部的滲流現在由俄羅斯人控制。他們南部的滲流位於波斯領土，但這並未阻止英國人的控制。荷蘭人宣稱對爪哇的滲流有帝國的控制權。美國人不但擁有賓州和阿帕拉契盆地，還有更廣大的俄亥俄河谷和德州。在包括第二次世界大戰的帝國競爭中，對這些石油生產

---

* 時間長短是相對的概念。鯨油有很多用途，石油花了七十年的大部分時間才完全取代它。

區的控制不但是至關重要的問題，而且往往是戰略實力和落伍過時的差別。

石油時代早期幾十年的共同點很簡單：要是你有石油，你就可以裝備有瘋狂速度、射程和打擊力的軍事裝備，要是你沒有，你就只能⋯⋯騎在馬背上。因此，石油生產區是世界上最為人豔羨的地方之一。每個國家都緊緊守著它們的石油。

最後一點是關鍵。每個國家都有自己的主要石油公司——法國的法國石油公司（Compagnie Francaise des Petroles）、英國的英伊石油公司（Anglo-Persian Oil Company）、美國的標準石油公司（Standard Oil Company）等等*。它們的首要責任是供應國內的燃料，因此出口受到嚴格限制，外國產品被運往國內，而且每個國家都有自己的國內定價結構。這些隔離的系統價格經常相差超過三倍。美國人在國內生產他們需要的所有石油，因此不需要一個跨越全球的商船船隊，價格也幾乎總是訂在低端。

在石油相關技術還很新和石油供應被認為很重要的環境下，第二次世界大戰以人類歷史上前所未有的方式展示了資源的中心地位。帝國曾經為胡椒而戰，因為它的銷售可以創造金錢。帝國也為石油而戰，因為沒有石油它們就無法打仗。日本於一九四二年成功占領爪哇，取得荷蘭的石油資源，而美國在一九四四年底的無限制潛艇戰讓日本人陷於燃油短缺。德國人在一九四二年到一九四三年冬季對蘇聯亞塞拜然的舊拜火教資產的絕望追求，在史達林格勒遭到挫敗，而美

---

* 它們分別是今日的道達爾（Total）、英國石油（BP）和埃克森美孚（ExxonMobil）。

國人於一九四三年八月轟炸羅馬尼亞油田以減少納粹的石油產量。

另一方面，美國的原油來自美國本土，而不是遙遠土地的脆弱供應線末端。美國的戰爭機器不但從未面臨大規模燃料短缺，而且美國人還能繼續供應他們的英國、甚至蘇聯盟友燃料。如果沒有賓州和德州的石油供應，戰爭的結局可能大不相同。

當然，美國人在戰爭結束時重建世界的方式改變了一切。石油也不例外。

4.2 ｜美國秩序下的石油秩序

當美國人終結帝國時代時，他們也終結了管理帝國時代石油流通系統的帝國經濟結構。這麼做的部分原因是為了堅定地讓舊帝國制度走入歷史。畢竟，如果英國人不再完全擁有波斯石油，倫敦將減損對全球的影響力。

但更重要的原因是推動美國大部分戰略考量的「以經濟交換安全」的貿易。

美國遏制蘇聯的計畫需要盟友，而美國必須以經濟通路和成長的承諾購買這些盟友，通路和成長需要有燃料，而燃料的來源有這麼多地方。突然之間，我們不再有英國石油、荷蘭石油和法國石油，而只有全球石油……由美國海軍保證可以取得。任何原油現在都可以交運給任何買家。隔離的各種不同的定價模型都崩解並形成一個單一的全球價格，只根據距離和產自特定油田的原油化學特性而略有不同。

石油立即與這個新戰略環境息息相關。

已知的能源生產國如波斯和荷屬東印度因而重獲生機，成為我們今日稱為伊朗和印尼的獨立國家。名義上獨立但實際上一半由外國管理的新興能源生產國（例如伊拉克和沙烏地阿拉伯）被允許自己作主。不令人意外的，一些歐洲國家抵制去殖民化，但美國人一反常態地耐心等待，經常等到殖民地內的革命運動達到臨界點、或者直到雙邊關係的變化提供了機會才向盟友施壓。因此，奈及利亞（一九六〇年）和阿拉伯聯合大公國（一九七一年）等國家從英國獲得獨立，阿爾及利亞（一九六二年）從法國獲得獨立，安哥拉（一九七五年）從葡萄牙獲得獨立。最終的結果正如預期：愈來愈多樣、獨立、產量巨大的石油供應國，供應石油給一個全球化和特別是由美國管理的體系。

但儘管布列敦森林協定的秩序要求美國人建立、保護和擴大全球石油市場，但正是該協定的結果讓這個過程變得難以為繼。布列敦森林協定的核心宗旨——也是讓它如此成功地吸引和留住盟友的原因——是透過進入美國市場和全球體系來實現安全、穩定、可靠的經濟成長。隨著這些盟國的經濟成長，它們也使用愈來愈多來自愈來愈遠地方的原油。而隨著美國吸引愈來愈多國家加入聯盟，美國人也使用愈來愈多來自愈來愈遠的地方的原油。到二〇七〇年初，美國國內的經濟成長已達到美國自己的需求超過產能的地步。美國人不但不能再為他們的盟友提供燃料，而且已無法滿足自己的燃料需求。從許多方面看，這正是最終摧毀金本位的相同問題：成功促成更多使用、進而促成更多成功，再進而促成更多使用，最終導致失敗。一九七三年和一九七九年的阿拉伯石油禁運把美國之前的假設性討論變成了重大

的現實問題。

當情勢演變到危及石油的取得時，美國人的反應就好像末日即將來臨一樣，因為事實確實如此。如果沒有足夠且負擔得起的石油，整個美國秩序就會崩潰。美國（和英國！）的行動包括支援一九五三年在伊朗發動政變，推翻半民主制度，轉而支持親美的君主制。美國的行動包括一九六五至六六年在印尼支持一場幾近種族滅絕的清洗，以剷除共產主義分子。美國的行動包括一九六八年暗中支持獨裁的墨西哥政府，以壓制民主勢力。美國也在一九九二年展開二次世界大戰以來最大規模的遠征軍事行動，把伊拉克的軍隊趕出科威特。

冷戰結束後，布列敦森林協定的交互聯繫被更進一步廣泛應用，美國人刻意且有系統地持續擴大石油來源的範圍。俄羅斯在後蘇聯時代的經濟崩潰對俄羅斯工業的打擊遠超過石油生產，使得剩餘的石油生產流入全球市場。美國公司進入前蘇聯共和國——特別是哈薩克和亞塞拜然——為世界帶來更大量的原油。一如既往的，重點在於供應的多樣性和安全性，這導致柯林頓政府推動建設更多迂迴的石油運輸管線，以便在不通過俄羅斯領土的情況下，把盡可能多的新流量帶到全球市場。

在一九四五年以後的整個時期，這個過程為美國人累積了不少怨恨，幾乎所有人都感到不滿。歐洲人怨恨失去殖民地。新解放的殖民地不喜歡美國試圖把它們圈圍成一個集團，以壓制一個以前很少有人接觸過的國家——蘇聯。阿拉伯世界不滿意美國人把他們的能源齒輪強行併入布列敦森林機器（更不用說嘗試要他們與以色列人同床共枕）。墨西哥人對華盛頓的高壓手段感到不快。（後蘇聯的）俄羅斯人

厭惡美國人在他們的後院公然破壞他們的影響力。伊朗人真的對美國支持的政變很不爽。

但石油需求的規模一直在擴大。在布列敦森林時代初期，整個聯盟（不包括美國）每日使用不到一千萬桶石油，其中大部分來自美國本身。到了一九九〇年，光是聯盟的先進成員就使用遠超過這個數字的兩倍，其中九〇％來自進口，再加上美國人自己也進口每日八百萬桶。冷戰結束和美國秩序真正全球化，使一大批新國家加入了這個集團，並在石油市場增添了各自的需求。石油價格在二〇〇八年觸及每桶一百五十美元的歷史高點，比十年前上漲了十五倍，全球需求則已超過每日八千五百萬桶。

最初是為了利用美國的原油補貼建立的軍事聯盟，現在已經演變成一個臃腫、不可持續的、更重要的是成本高昂的混亂局面，而美國人自己現在在經濟上還依賴它。隨著冷戰結束，美國人可能希望在全球事務中扮演較不吃重的角色，減少他們的參與程度，但單一的全球油價意味這麼做將有不穩定和供應短缺的風險，而高漲的油價可能破壞美國的經濟。美國人在經濟上陷入自己的安全政策過於老舊的陷阱。

4.3 │ 石油地圖：當代版

二〇二二年所有國際的原油貿易大部分來自三個區域：

第一個也是最重要、最明顯和最有問題的是：波斯灣。

與過去五百年來的各個主要地區不同，波斯灣地區的地位一直不

是那麼重要。沒錯，在大約一千五百年前波斯灣是一切事務的中心，也因此它被稱為「中東」。過去「全球」貿易仰賴波斯灣周圍的土地和水域連接了歐洲和遠東之間的廣闊領土。但最早發現該地區的地位退化的並不是美國人。在很大程度上，大洋技術的存在本身就歸功於歐洲人試圖完全避開中東。從十六世紀初葡萄牙人能夠進入印度開始，通過或停留該地區的需要開始逐漸消失，從埃及到波斯的整個中東地區漸漸喪失了戰略上的重要性。

石油改變了許多事。舊拜火教徒地區的貨幣化提升了波斯的重要性，以至於引起英國的帝國覬覦，使波斯的地位變成一九三九至四五年戰事不可分割的部分。石油相關活動不久後就出現真正爆炸性的發展，在涵蓋今日的伊朗西南部、伊拉克、科威特、沙烏地阿拉伯、巴林、卡達、阿拉伯聯合大公國和阿曼的整個區域，許多探勘和開採石油蘊藏計畫紛紛展開。雖然多年來市場和軍事的演變和操縱使這些參與國個別的產量大不相同，但在過去七十年它們的集體產量一直維持在相當可靠的每日二千萬桶。截至二○二一年，每日二千萬桶原油約占全球供應量的五分之一，占國際貿易原油的一半。

這八個國家有兩個共同點。第一，它們沒有技術能力，或者最好的情況是懶惰。它們的教育制度是個可悲的笑話，幸運取得區域外技術學位的公民往往不會回國。當地人的無能也不限於能源業。這些國家必須仰賴進口數百萬外國工人來處理從電力系統、營建到民用基礎設施的所有事情。所有八個國家都依靠外來員工——主要來自美國、英國、法國、俄羅斯、土耳其、阿爾及利亞和埃及——來開採原油。該地區不需要所有這些外國參與者，但每個地區內的國家至少需要一

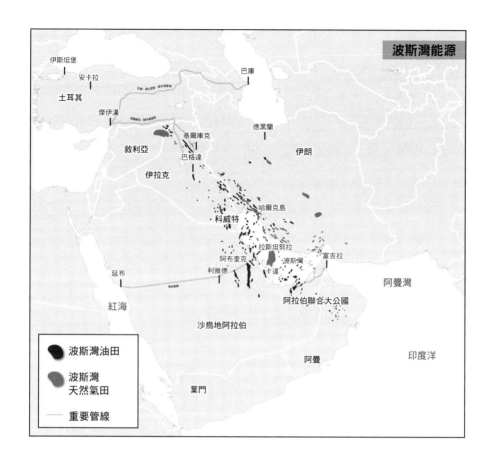

波斯灣能源

伊斯坦堡

安卡拉

土耳其

傑伊漢

巴庫

巴庫-提比里斯-傑伊漢管線

基爾庫克-傑伊漢管線

基爾庫克

德黑蘭

敘利亞

巴格達

伊朗

伊拉克

哈爾克島

科威特

拉斯坦努拉

阿布奎克

利雅德

波斯灣

富吉拉

延布

卡達

阿曼灣

紅海

東西管線

阿拉伯聯合大公國

沙烏地阿拉伯

阿曼

印度洋

葉門

■ 波斯灣油田

■ 波斯灣
天然氣田

—— 重要管線

個外來國家。

　　第二，這些國家不但缺少技術，而且在海軍行動方面的能力還更差。很少該地區的國家建造過比快艇更大的船艦，甚至大多數國家做不到建造快艇。特別是伊朗的海軍主要由充氣艇組成*。沒有一個國家有能力巡邏自己的海岸線，更不用說它們的貿易方式，更不用說它們的收入——他們的生存——所仰賴的貿易路線。所有此地區的國家都

---

*　當然是進口的。

完全依賴外部力量，來把它們的每一滴原油生產送到最終消費者手中。對其中一半以上的出口來說，這意味要運送到日本、韓國、台灣和中國等東北亞國家。對另外一半來說，這意味運送到歐洲或北美。沒有這些國家的石油，美國秩序可能無法存在，但如果沒有美國秩序的戰略保護，這些國家也可能無法生存。

石油生產的第二個主要區域是前蘇聯。

雖然這個地區的政治和地緣政治比波斯灣更擾攘、更混亂和更沉重，但該地區的石油情勢要簡單得多。蘇聯是石油生產大國，但絕大多數產出都在蘇聯帝國內消費。蘇聯解體後，情況才開始引起國際的興趣。蘇聯工業跟隨著崩潰，蘇聯在中歐的所有舊衛星國也紛紛脫離。隨著俄羅斯內部的需求銳減，加上前蘇聯帝國的需求現在是在邊境的另一邊，使得俄羅斯人必須為大量的剩餘石油需求尋找新買家。

在後蘇聯時代的第一波石油出口中，俄羅斯人不但關注他們已知的管道，而且關注他們的基礎設施所允許的出口：透過油管出口到他們以前的衛星國，其中一個衛星國現在是德國統一後的一部分。第二波浪潮擴大了俄羅斯人的管道，並把這些油管加大和經由中歐延伸到德國西部、奧地利、西巴爾幹半島和土耳其。

在執行第二波出口時，俄羅斯人發現波蘭的格但斯克（Gdansk）、拉脫維亞的文茨皮爾斯（Ventspils）和羅馬尼亞的康斯坦察（Constanta）等港口可作為俄羅斯原油的卸載中心，使其能夠透過水路出口到又遠又廣的客戶。第三階段是連接和建設俄羅斯自己的港口以達到同樣的目的：波羅的海聖彼得堡附近的普里莫斯克（Primorsk），以及黑海的新羅西斯克（Novorossiysk）和圖阿普謝（Tuaspse）。

在前三個階段期間，其他前蘇聯國家並沒有停滯不前。與前帝國主人離婚後，它們都需要建立自己的收入來源──最好是那些不受莫斯科影響的收入來源。亞塞拜然和哈薩克都向所有外國投資人招手，英國石油和埃克森美孚都興致勃勃。外國人執行了能源界有史以來最複雜的震波探勘、鑽井、加工和基礎設施計畫，並開始透過任何可能的路線把原油運出。一些路線利用了前蘇聯的傳統基礎設施，向北和向西運往文斯皮爾斯或新羅西斯克等地。但隨著時間流逝，原油流動愈來愈集中到一條油管走廊，這條走廊始於亞塞拜然的巴庫（Baku），並以土耳其地中海城市傑伊漢（Ceyhan）的超級油輪港為終點。

所有這些選項的共同點是，它們都流向歐亞大陸的歐洲邊陲地點。由於歐洲在人口結構上正達到頂峰，因此沒有理由期望歐洲的石油需求再度增加。當然，俄羅斯人正在滿足愈來愈大比例的全球石油需求，但市場飽和正在削弱他們的定價能力。俄羅斯人討厭這種情況。因此在第四階段，俄羅斯人展開漫長而昂貴的過程，把新的油管基礎設施向東輸送到太平洋。與永凍層、山脈和距離有關的問題層出不窮，但如果俄羅斯人有一件擅長的事，那就是他們永遠不會被規模嚇倒。截至二〇二一年，已經有兩條油管的主要線路在營運：一條是很長、很昂貴、在經濟上很有問題的管道，從西伯利亞西部延伸到日本海的俄羅斯納霍德卡港（Nakhodka）；另一條是較短的支線，把原油直接運送到中國古老的煉油中心大慶。

把所有這些加起來，我們說的就是大約每日一千五百萬桶的前蘇聯國家的石油（包括整整一千一百萬桶來自俄羅斯境內），其中略多於一半用於出口──很輕鬆的就成為全球國際貿易原油的第二大來源。

但有一些問題。

俄羅斯的大多數油田既老舊又遠離俄羅斯的客戶。北高加索的油田都已被開採，韃靼斯坦（Tatarstan）和巴什科爾托斯坦（Bashkortostan）油田的產量早已超過頂峰，甚至西伯利亞西部的油田十多年來也顯示報酬遞減的跡象。除了少數例外，俄羅斯新發現的油田都更深、更小、技術上更具挑戰性，甚至離人口中心更遠。俄羅斯的產量沒有暴減的危險，但維持產量將需要更多基礎設施、更高的前期成本，以及持續的技術投入，以避免穩定的產量減少惡化。

俄羅斯人在石油工作上並不懶惰，但他們從一九四〇年到二〇〇〇年已經青黃不接。在那段期間，石油業的技術人員發生了許多改變。外國人——最著名的是超大型石油業者英國石油公司和服務業者哈利波頓（Halliburton）和斯倫貝謝（Schlumberger）——負責當代俄羅斯產量的一半。任何大規模地把西方公司從這個組合移除，都將對整個前蘇聯地區的石油生產造成災難性的影響。烏克蘭戰爭正在對這個理論進行壓力測試。

就亞塞拜然和哈薩克來說，兩國的石油生產在技術上都遠遠算不上世界上最困難的（想想卡沙干！）。除了設計這些生產設施的超大型石油業者外，全世界沒有其他人可以維護它們。

然後是出口路線的問題。所有這個廣大地區的石油流動都先通過油管運輸——有些石油會途經數千英里——然後抵達客戶或卸貨港。油管無法……躲避，所以任何一英寸的油管受到阻礙都會關閉整條油管。在美國秩序下，這不成問題，但在後秩序時代，情況將大不相同。

大約一半的石油流量流入像德國這樣的最終使用者，另一半必須

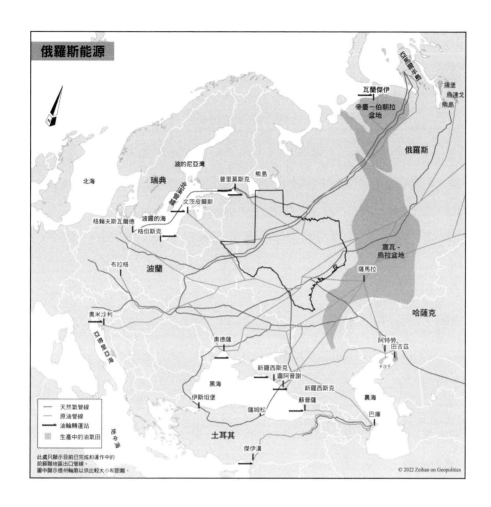

俄羅斯能源

天然氣管線
原油管線
油輪轉運站
生產中的油氣田

此處只顯示目前已完成和運作中的
前蘇聯地區出口管線。
圖中顯示德州輪廓以供比較大小和距離。

© 2022 Zeihan on Geopolitics

裝載在油輪上以便走水路運送。事情就是從這裡開始變得更加冒險。在太平洋邊的納霍德卡港位於日本、中國和韓國的勢力範圍。任何涉及這三國和納霍德卡港任何一方的重大衝突,都可能導致占領或演變成一場大亂 *。在遙遠的西方,透過黑海港口新羅西斯克和圖阿普塞的

---

* 或者,更可能的是被占領,接著是一場大亂。

出口完全依賴通過伊斯坦堡市中心的海運，因此與土耳其人關係的任何麻煩都會減損每日數百萬桶流量。往北看，從普里莫爾斯克出口的任何東西都必須在波羅的海和斯卡格拉克海峽（Skagerrak strait）航行，經過七個海軍軍力超過領土大小的國家，而這些國家往往對俄羅斯的一切懷著病態的恐懼和仇恨。再加上德國，再加上英國。

如果這還不夠複雜，還有一個更複雜的因素。西伯利亞的十月已經冷到足以凍掉你的鼻子，但它還不夠冷。

俄羅斯的大多數石油都產於永凍層地區，而在夏季的大部分時間，永凍層區都無法進入，因為它的頂層會融化成一個雜亂、橫跨地平線的沼澤。在這裡開採石油必須等待土地凍結，在荒野上修建堤壩道路，並在西伯利亞的冬天鑽探。如果俄羅斯原油的消費出現問題，原油就會透過數千英里的管道流回鑽井。如果出口減少——無論是因為遙遠的戰爭、對俄羅斯的戰爭，還是俄羅斯發動的戰爭——就只有一個緩解方法：全部關閉。恢復生產需要人工檢查一切，從油井一直到邊界。上一次發生這種情況是在一九八九年蘇聯解體時。在撰寫本文的三十三年後，俄羅斯仍未恢復到冷戰時期的生產水準。只有在以美國秩序下的後冷戰石油繁榮穩定期間，俄羅斯目前的石油綜合體國際化才可能發生。但隨著烏克蘭戰爭爆發，它已經結束。

全球原油的第三個、也是最後一個主要來源是北美。

美洲大陸的許多石油產於舊產區：在已經生產了一百多年的地區。墨西哥最早生產石油的時間可以追溯到一九二〇年代，從當時就提供墨西哥所需的所有石油，後來還生產更多。近年來許多墨西哥的舊大油田已經無法運作，部分原因是地質問題，但同樣重要的是墨西

哥國家政策經常禁止外國資本、專業知識和技術扮演較大的角色＊。自立更生的墨西哥人證明沒有能力維持舊油田的生存，和開採新發現的陸上和海上油田。儘管有如此明顯的缺陷，墨西哥的石油需求仍大致上保持平衡狀態。墨西哥向美國出口部分原油，然後進口類似數量的精煉油品。整體來說，墨西哥生產並使用約每日兩百萬桶石油。

在北方，加拿大石油業在一九五〇年代創建，並於一九七〇年在全球取得舉足輕重的地位。但直到一九八〇年代亞伯達省才開始突破一些大幅增加產量的重要技術。傳統上，石油會在岩石結構間流動，直到碰到無法穿越的岩層。例如，原油可能會通過砂岩，但花崗岩會完全阻絕它。然後壓力會在無法穿透的岩層後面蓄積。當鑽頭穿透岩層時，壓力和原油就被釋放出來。

亞伯達省的大部分石油都不是這種石油。

亞伯達省的石油不是封鎖在堅硬岩石後面的大型加壓液體池，而是滲進到遠為柔軟的岩石，進入固態岩石的結構中。將它取出必須把蒸汽注入地層以便熔出原油，或開採出含油的岩石並以熱水洗出原油。熔出或洗出的超濃原油必須再與等級較輕的原油混合，才能透過一般油管泵送。

無論用什麼標準衡量，加拿大生產的石油都遠超過其所能使用的量。它的消費量與墨西哥相似，但也出口這麼大的量。幾乎亞伯達省的所有「油砂」都運往南方的美國，主要供應在德州的加工處理。

在北美洲的中緯度地區，美國人一直⋯⋯很忙碌。他們在墨西哥

＊　過去數十年來，連北韓對其能源業的投資法規都沒有那麼嚴格。

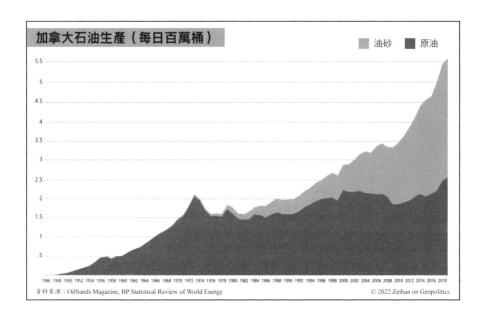

加拿大石油生產（每日百萬桶）　■ 油砂　■ 原油

資料來源：OilSands Magazine, BP Statistical Review of World Energy　　　© 2022 Zeihan on Geopolitics

灣有一個舊離岸原油生產區直到一九七〇年代才真正開始運作。賓州和德州的傳統原油生產區仍有源源不絕的生產，這些產油區有全世界最悠久的產油歷史。一直到很晚近，加州也成為美國最大的石油生產區，其中一口美國最多產的油井位於威爾希爾大道的一座購物中心，而另一口油井則巧妙地偽裝成猶太教堂。

　　整體而言，美國的傳統石油生產仍然舉足輕重：仍然每日生產約四百萬桶石油，相當於伊朗在一九七〇年代石油生產最高峰時的產量，也大約與今日加拿大總產量相當。

　　但真正精彩的故事是新玩家：美國的頁岩油業。

　　回到二〇〇〇年代初，石油世界被四個同時發生的不相關事件衝擊。第一，美國的次級房貸榮景已經失控，把所有與住宅營建相關東西的需求推升到不健康的水準：木材、混凝土、銅、鋼……和石油。

第二，中國的榮景也變得相當瘋狂。原本對價格不敏感的需求推高了全球商品市場的價格，包括石油。第三，二〇〇二年委內瑞拉一次失敗的政變導致對該國國有石油公司極成功的政治清洗——針對負責生產石油的技術官僚機構的清洗。此後該國的能源業未再復甦。第四，美國在二〇〇三年入侵伊拉克，搶走伊拉克的所有石油產量，此後該國的石油生產一直未能恢復到戰前的水準。在需求增加和供應減少的情況下，油價從一九九八年的每桶十美元以下穩步攀升至二〇〇八年的每桶近一百五十美元。

當你的工作為你賺十美元時，你會傾向於堅持已經驗證為真的作法。當您的工作為你賺一百五十美元時，你可以負擔得起嘗試各種事情！

經過幾年的實驗，美國的能源業綜合體已能破解我們現在稱之為「頁岩革命」的密碼。簡單的說，頁岩營運商照常往下鑽探，但當他們到達富含石油的岩層時，他們會大幅度轉彎，沿著整個岩層橫向鑽探。然後，他們以高壓把水和沙子打入岩層。由於液體不會壓縮，所以岩石會從內部裂開，釋出數兆個以傳統鑽探無法汲取的石油和天然氣小塊。懸浮在壓裂液中的沙子會把裂縫打開，而由已釋出的石油提供的反向壓力會把水推回管道。一旦水排出後，石油就會源源流出。看！一口頁岩油井誕生了。

在二〇〇五年頁岩時代誕生時，每個鑽油平台的橫向油井只有六百英尺長，每天只生產幾十桶石油。到了二〇二二年，許多較新的側向支井已超過兩英里，其中許多油井就像豎直的樹，每株有超過一英里長的側支，全都連接同一根垂直管道。隨著從水管裡、鑽井設備、

數據處理、震測成像到泵力等各個方面的改進,現在每座油井每天生產超過五千桶石油已很常見——這個數字已使美國的頁岩油井產量達到與伊拉克和沙烏地阿拉伯一些最多產油井的相同水準。

這些變化總共增加了約每日一千萬桶石油,使美國成為世界最大的石油生產國,同時使美國得以達成石油淨出口的獨立性。這種情況牽涉許多面向的優缺點考量,包括原油品質、天然氣、基礎設施和氣候變遷等——我們以後會談到——但重點不難了解:二〇二二年的世界能源地圖比起短短十五年前已發生急劇的變化,因為世界最大的石油進口國已變成淨出口國。

頁岩油革命改變了支撐全球能源業的戰略數學,全球化也隨之改變。簡單而直接地說,波斯灣和前蘇聯的石油生產和出口,都仰賴美國的全球安全架構和外國技術人員進入這兩個地區的能力。對照之下,北美的生產都不依賴這兩者。

有無數種可能性讓這些條件發生可怕的錯誤。以下是一些例子。

- 美國已把陸地和海上的軍隊撤出波斯灣,讓伊朗人和沙烏地人去為誰是老大爭吵。這將危及每日二千五百萬桶石油的安全。
- 印度對油價上漲的反應是扣押開往東亞的油輪。沒有一個東亞大國有能力在沒有印度的積極參與下向波斯灣投射海軍力量。這將危及經由荷姆茲海峽出口的每日二千一百萬桶石油,外加從奈及利亞和安哥拉運往亞洲的每日一百五十萬桶。
- 埃及再度限制貨物經過蘇伊士運河。這將危及每日四百二十五萬桶的石油出口,這些石油中有約六〇%是經由運河旁線油管

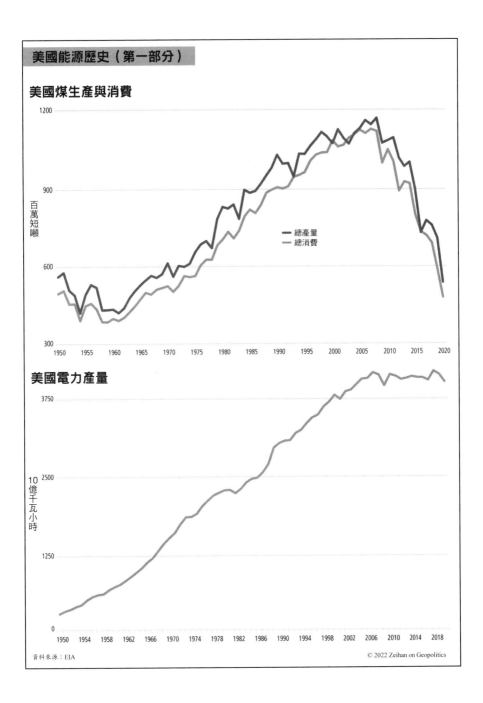

美國能源歷史（第一部分）

美國煤生產與消費

百萬短噸

總產量
總消費

美國電力產量

10億千瓦小時

資料來源：EIA

© 2022 Zeihan on Geopolitics

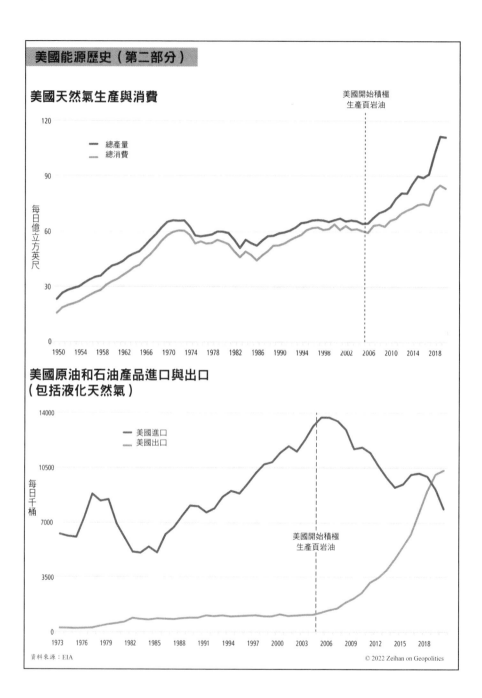

美國能源歷史（第二部分）

美國天然氣生產與消費

美國開始積極
生產頁岩油

每日億立方英尺

—— 總產量
—— 總消費

美國原油和石油產品進口與出口
（包括液化天然氣）

—— 美國進口
—— 美國出口

每日千桶

美國開始積極
生產頁岩油

資料來源：EIA

© 2022 Zeihan on Geopolitics

運送，因而可能易受埃及國內的政治暴力影響。

- 在沒有美國海軍護衛的情況下，海盜活動在西非和東非沿海地區日益猖獗。這將危及每日三百五十萬桶的西非石油出口，加上從波斯灣到歐洲的長途油輪可能航行時不小心距離海岸太近。

- 俄羅斯人對地區安全問題應如何解決的觀點，與挪威人、瑞典人、芬蘭人、波蘭人、愛沙尼亞人、拉脫維亞人、立陶宛人和丹麥人出現重大分歧。這將危及俄羅斯每日二百萬桶經由波羅的海出口的石油，加上每日二百萬桶的挪威石油產量。

石油專業知識的主要供應商——英國和美國——與俄羅斯的關係惡化。也許是因為發生戰爭。這將危及每日五百萬桶的俄羅斯石油生產，加上亞塞拜然和哈薩克各每日一百萬桶。

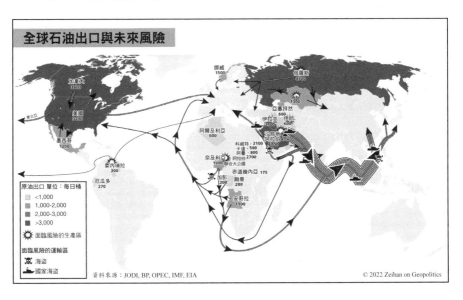

與伊斯蘭主義者有關的安全問題使外國石油工人無法留在伊拉克和沙烏地阿拉伯。這將危及每日二百萬桶的伊拉克石油生產，和每日六百萬桶的沙烏地石油生產。

西非和中非國家的國內政治……極度暴力。從一九六七年到一九七〇年，奈及利亞為了控制該國的石油打了一場內戰，導致約二百萬人死亡。如果沒有美國的保護，情況可能很快變得很棘手。這將危及奈及利亞的每日兩百萬桶石油生產，加上其他地區產油國的每日一百五十萬桶。

如果俄羅斯和中國沒有因為對美國的憎恨而結盟，從俄羅斯運送石油到中國就不會是絕對必要的安排。這兩個國家在一九六〇年代後期的領土爭端幾乎引發核子衝突，兩國人民彼此存在深刻的種族歧視態度，如果俄羅斯從未對中國施展過能源操控的伎倆，那麼中國就是俄羅斯人唯一沒有打過這張牌的國家。這將危及大約每日一百八十萬桶俄羅斯直接供應的石油，和俄羅斯人很容易干預的另外每日二百萬桶的中亞石油。

即使是這張清單也假設美國將對世界採取完全放任的態度——而非可能的破壞者。美國人喜歡制裁——在技術上，在運輸上，在金融上，在保險上。這些制裁中的任何一項都可能影響產品流向任何地方、任何時間和任何國家。而作為西半球持續安全的保障者，美國人將決定任何區域的石油流出西半球能否安全抵達。

雖然這些風險的任何一項都可能在美國秩序下發生，但不要忘了幾件事：

第一，美國在維持全球石油運輸上有既得利益，既是為了它自身

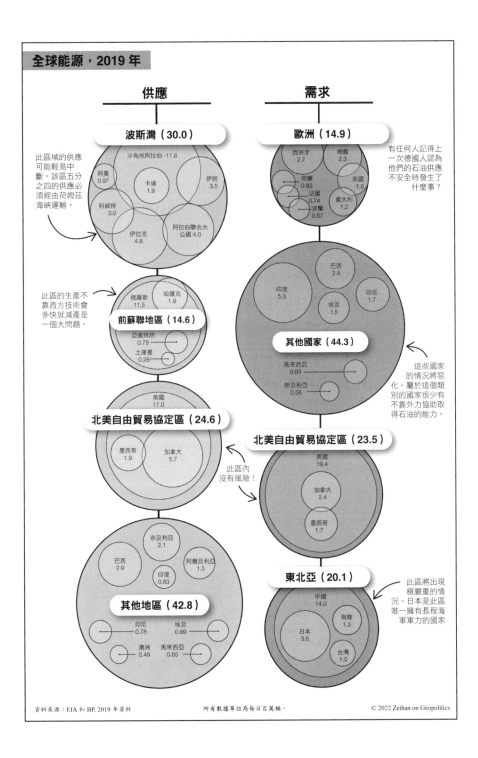

全球能源，2019 年

供應

波斯灣（30.0）

此區域的供應可能輕易中斷。該區五分之四的供應必須經由荷姆茲海峽運輸。

- 阿曼 0.97
- 沙烏地阿拉伯 -11.8
- 卡達 1.9
- 伊朗 3.5
- 科威特 3.0
- 伊拉克 4.8
- 阿拉伯聯合大公國 4.0

此區的生產不靠西方技術會多快就減產是一個大問題。

前蘇聯地區（14.6）

- 俄羅斯 11.5
- 哈薩克 1.9
- 亞塞拜然 0.78
- 土庫曼 0.26

北美自由貿易協定區（24.6）

- 美國 17.0
- 墨西哥 1.9
- 加拿大 5.7

其他地區（42.8）

- 奈及利亞 2.1
- 巴西 2.9
- 阿爾及利亞 1.5
- 印度 0.83
- 印尼 0.78
- 埃及 0.69
- 澳洲 0.49
- 馬來西亞 0.65

需求

歐洲（14.9）

- 西班牙 2.7
- 德國 2.3
- 荷蘭 0.83
- 英國 1.8
- 法國 0.74
- 義大利 1.2
- 波蘭 0.67

有任何人記得上一次德國人認為他們的石油供應不安全時發生了什麼事？

其他國家（44.3）

- 巴西 2.4
- 印度 5.3
- 印尼 1.7
- 埃及 1.5
- 馬來西亞 0.83
- 奈及利亞 0.56

這些國家的情況將惡化。屬於這個類別的國家很少有不靠外力協助取得石油的能力。

北美自由貿易協定區（23.5）

- 美國 19.4
- 加拿大 2.4
- 墨西哥 1.7

此區內沒有風險！

東北亞（20.1）

- 中國 14.0
- 南韓 1.3
- 日本 3.8
- 台灣 1.0

此區將出現極嚴重的情況。日本是此區唯一擁有長程海軍軍力的國家。

資料來源：EIA 和 BP, 2019 年資料　　　所有數據單位為每日百萬桶。　　　© 2022 Zeihan on Geopolitics

的經濟利益，也是為了它更廣泛的戰略目標。如果美國不再考量這些利益，沒有其他國家擁有像美國的能源技術能力或軍事力量。

第二，生產石油是需要花錢的，而且往往不便宜。委內瑞拉的石油生產十分困難，以至於前期投資相當於長期石油生產每桶約四千美元。在美國秩序後期廉價資本的時代這是行得通的，但在財政受限的情況下則未必行得通。

第三，由於供應集中，石油經常是運輸距離最長的產品。運輸距離愈長，平靜安全的環境就愈重要。

第四，石油生產計畫耗費很長的時間。典型的陸上計畫從初次評估到初次生產需要三到六年。海上計畫通常需要十年或更久。

截至目前，這四個因素在美國秩序下同時具備的最好例子就是卡沙干。但同樣的邏輯也適用於整個前蘇聯世界和波斯灣的能源生產。

但在未來世界從任何破壞中復原將是困難的。首先，要具足安全因素、成本投入、取得技術和技能，以及有足夠長的時間框架等生產原油的神奇條件，對於世界上大部分地區來說都是不可能的。一旦生產中斷，想恢復生產對絕大多數地點根本很難辦到。迅速恢復當然更是不可能。

具體情況將和後美國秩序的其他亂象一樣瘋狂和不可預測，但一個可靠的預測起點是假設全球四〇％的供應會類似卡沙干式的情況：太危險的出口路線無法在全球化終結後的世界繼續存在，太昂貴的計畫將無法在沒有外部融資的情況下維持，太難的技術將難以在沒有外來員工支援下運作。這類計畫將消失，幾十年內不會再回來，甚至不會再回來。斷絕石油供應幾週，更不用說幾十年，就足以摧毀我們所

知的現代文明。

這甚至不足以描述即將到來的廣泛破壞。

4.4 | 石油不只是石油

石油不是「一般」產品。它無數與眾不同的特性中，有七個特性在即將改變的世界中值得我們深思。

無彈性

快速基本經濟學：在一般情況下，價格是供需關係的結果。如果供應增加而需求保持不變，價格將下跌。同樣的，如果需求增加而供應保持不變，價格將上漲。這兩種說法的反面也是正確的。這個概念被稱為價格彈性，它適用於從滑板到麵包、盆栽植物到建築工人的所有東西[*]。

石油不一樣，因為石油對一切事物都很重要，從屋頂上的瓦板到你手中的電話、到廚房用裡的抹刀、再到家庭裡的水管和軟管、孩子的尿布、牆上的油漆、日常的通勤、再到產品如何跨越海洋，石油需求的些微增加或石油供應的些微減少肯定會導致價格不成比例的大幅波動。也許更重要的是，石油是運輸燃料。沒有石油，你的汽車無法

---

[*] 恭喜！我剛剛為你節省了三個月的大學時光。

工作，巨大的貨櫃船也無法從南韓帶給你那台閃亮的新洗衣機。你必須有石油。細節因地、因時而異，但一個很好的經驗法則是，需求變化約一〇％會導致價格變化約七五％。

在供給和需求特別不正常的二〇〇〇年代，油價很快就能上漲五〇〇％。同樣，當美國次貸泡沫在全球金融危機中爆破時，隨後的需求下降很快就使石油回吐了那些價格漲幅的五分之四。

可中斷性

所有產品都飄洋過海，所以所有產品都面臨著一定程度的運輸風險，但並非所有產品都是平等的。無論你是在評估木材或是攪拌碗的供應鏈，幾乎所有東西都有不同的來源和供應路線可以因應市場的要求。

石油不一樣。由於每個人都少不了它，也由於只有少數地方生產足夠出口的數量，所以運輸路線更加集中。更有問題的是，最密集的供應路線都很長。流出波斯灣的石油必須航行五千至七千英里到東亞的目的地、三千至六千英里到歐洲的目的地、五千至九千英里到北美的目的地。其他小供應國也好不到哪裡去。例如，委內瑞拉偶爾從南美洲跨越太平洋運送石油到中國北部——一段一萬二千英里的旅程，是世界上最長的供應路線，實際上環繞了地球半圈多。

這顯然是個問題。油輪很容易識識，它們行進緩慢，除了堅持最短的路線之外別無選擇，但那已經相當長。對於大多數石油的運送沒有好的選項。幾乎所有來自波斯灣的石油都必須經過荷姆茲海峽。即使是支線油管的使用也很有限，因為它們的終點不是在荷姆茲海峽東

側就是在紅海，運到那裡的石油仍需要通過蘇伊士運河或曼德海峽（Bab el-Mandeb）。繞過麻六甲海峽的石油仍然需要在不同的位置穿過印尼的群島。最後，許多石油運輸的終點站是無法避免的困難地點，不管是南海、東海、日本海、地中海或北海。

不可分離性

美國秩序的眾多革命性影響之一是把全世界合併為一個單一市場。除了少數例外，產品可以從高供給地區流向高需求地區。對於大多數產品來說，這可以緩解任何價格衝擊，因為通常某個地方會有剩餘的東西，可以供應給需求無法滿足的地方。

價格無彈性的石油卻剛好相反。供給或需求的任何突然變化都會迅速波及整個系統。例如，一九九七一九八年的亞洲金融危機可能只對區域性的石油需求造成輕微影響，但這些微小的變化導致全球性的原油價格暴跌了一半以上。這就像把世界大部分地區鎖在一個自殺協定中。在任何生產區或任何運輸路線發生的任何中斷，都將在整個世界引起反響。

但是會有一些例外，它們可分為兩個大類：

第一類是那些能以軍事手段強制鄰近特定生產區運出石油的原型帝國。這種不尋常的強制手段通常不會很乾淨、不容易執行，也受到石油生產國歡迎，但它們仍然會發生。第二類例外是在國內生產所需原油的大國，它們可以用行政手段或改變規定來阻止出口。

在這兩種類型的區域體系中，石油經濟學將與美國秩序前世界已

建立的模型類似。每個系統都有自己的供給與需求機制、自己的安全風險溢價、自己的原油等級模式，最重要的是自己的定價邏輯。

- 這些類型的系統最容易預測的是美國。大多數傳統油井需要多年的工作才能投產，但頁岩油井只需要幾週的時間。我預期未來將與世界隔絕的美國市場若出現價格飆升將很容易解決，使油價在平穩的價格結構中不致超過每桶七十美元。（加拿大將搭上美國的便車，因為所有主要的加拿大原油出口基礎設施都以美國領土為終點。）

- 緊跟在後面的是俄羅斯。自冷戰結束以來，俄羅斯的民間技術積累幾已完全崩解，工業能力也大幅下降。其結果是釋放了每日五百萬桶石油和約一百億立方英尺的天然氣可供出口。俄羅斯人從來都不是現代資本主義規範的奴隸，未來也不例外。長期來看，我深信俄羅斯在資本、勞動力和技術能力方面的短缺，將使石油和天然氣出口逐漸消蝕。不過，這裡的關鍵詞是「長期來看」。在任何不涉及核武衝突或極端公共秩序崩潰的情況下，俄羅斯人至少在二○四○年代初期之前將有足夠的能源來滿足自己的需求。而由於俄羅斯基本上將是一個封閉的體系，其國內能源價格將完全遵循克里姆林宮的命令。

- 阿根廷的石油系統可能經歷與美國類似的過程。儘管阿根廷採用一些極度……創造性的經濟管理方法，但該國擁有世界第二先進的頁岩油業，以及把國內頁岩油生產運送到其人口中心所需的所有基礎設施。

- 法國和土耳其看起來也相當不錯。兩國都靠近區域能源生產國——法國靠近阿爾及利亞和利比亞,土耳其靠近亞塞拜然和伊拉克——同時國內具備使這些油田發揮作用所需的技術和技能。此外,確保這些石油生產將需要採用一種新殖民主義的方法,以便在它們的區域製造……戲劇性事件。

- 接下來是英國、印度和日本。這三個國家都必須冒險往外尋求能源,但它們或多或少都有夠強大的海軍軍力足以通達潛在的來源。在這方面,英國人的最容易到達的航程:挪威可以就近供應,而英國海軍也可輕易到達西非以彌補不足。印度人看起來也不錯:波斯灣的距離不遠。日本的條件有點危險。當然,日本擁有世界上第二強大的長程海軍,但波斯灣油田卻遠在七千英里之外,遠得令人生畏。在可以取得所需能源的國家中,日本將面臨最高的中斷、短缺和高價格風險。

在這份簡短的國家清單外,情勢可能以各種想像得到的方式變陰暗。如果一九四五年後遍及全球的供應過剩和多樣性不復存在,任何單一的運輸中斷都會立即導致價格爆漲。更糟的是,許多石油供應國都不在我所說的特別穩定的地區[*]。如果一座油田受損——不管是因為衝突、戰爭、無能或缺乏維護——它不會只是單純的停產,而是會停產許多年。

我預期價格將極其不穩定,只有在極少數情況下才會低於每桶一

---

[*] 我正看著你,伊朗。還有伊拉克、科威特、沙烏地阿拉伯、卡達、南蘇丹、蘇丹、亞塞拜然、烏茲別克、土庫曼、奈及利亞和埃及。

百五十美元——而且這是假設供應的來源不成問題。

備胎不再可靠

全球石油的主要生產區不只是波斯灣、前蘇聯和北美等地，還有許多其他地方。感覺上它們之中總有一些能夠緩解未來的問題。這有一點道理，但也只有一點。

想想可能是哪些地方：

先從好消息開始：哥倫比亞、秘魯和千里達及托巴哥（Trinidad and Tobago）等西半球國家，沒有一個是大生產國，但都是相當穩定的生產國。在後美國秩序世界中，美國人將在整個西半球周圍建立安全警戒線，以防止歐亞大陸的大國涉足。交易將被允許。即使是拉丁美洲石油產品向東半球的出口也將被視為無害——只要沒有東半球的大國建立美國人認為具有戰略意義的足跡。這三國可能不是大玩家——我們談論的是總共不超過每日一百萬桶石油——但至少美國人能夠、而且將會確保西半球這邊的的海上運輸安全。

巴西比較複雜一些。巴西的大部分生產都在近海，其真正有前景的油田大多數不是在兩英里下的海床，而是在四英里的深處。巴西能源面臨極其困難的營運環境、極高的生產成本和極具挑戰性的政治背景。問題的嚴重性不亞於巴西作為一個國家未來能否和諧存在。美國建立的秩序向來對巴西很重要：龐大的全球市場、無饜的中國需求、廉價的全球融資。巴西位於熱帶和地形崎嶇的地理特性使其成為全球開發成本最高的國家之一……所有產業的開發都是如此。但美國的秩

序即將消失，現在還不確定的是後秩序的世界是否會有足夠的技術能力，和資本充裕的外國合作夥伴。即使答案證明是千真萬確的「是」，巴西要想達到能大量出口的大規模生產，也需要至少二十年和數千億美元的投資。

委內瑞拉曾經很重要。它曾經是世界上最可靠的石油生產國和出口國之一。從很多方面看，卡拉卡斯的決定最終打破了一九七〇年代的阿拉伯石油禁運。但那些日子早已過去。二十多年來可怕、蓄意、愈來愈多變和暴力的錯誤管理，幾乎摧毀了該國的能源綜合體。產量比最高峰時下降了九〇％以上，開採和運輸的基礎設施正在崩潰，同時政府內部人士透露該國的石油蘊藏量已受到不可挽回的損害。

過去委內瑞拉的大部分石油流向美國，但美國的煉油廠已放棄委內瑞拉重返市場的希望，並因而重新整備它們的設施以用於不同的石油來源。

隨著美國人喪失對委內瑞拉的興趣，該國生產的特殊超重原油甚至已失去專買這類石油的買家。政府財政已經崩潰，並拖累了糧食生產和糧食進口。饑荒現在是該國較好的假想情況之一，更可能的情況是文明完全崩潰。

如果委內瑞拉——關鍵詞是「如果」——想為全球石油供應做出貢獻，那就需要有人在該國部署部隊來執行安全措施，阻止該國崩潰，並提供數十億美元的物資以供應其人口所需，引進數百億美元以整頓能源基礎設施，同時還必須說服美國人不要嘗試任何「可愛」的動作。不可能？當然。但至少這會是一個三十年的重建計畫。一個較有可能的結果是，如果委內瑞拉的一個石油地區——特別是馬拉卡波

（Maracaibo）──脫離委內瑞拉並尋求外國保護，那麼保護最有可能直接來自美國或者來自鄰國哥倫比亞。這可能把每日兩百萬桶的石油產量帶回市場，而投資「只」需要幾年的時間和約三百億美元。

西非國家奈及利亞、赤道幾內亞和安哥拉對外國石油公司來說一直是很惡劣的經營環境。這在很大程度上是一個安全問題。非洲國家在掌控自己的領土方面向來表現拙劣，這往往使外國人成為綁架、破壞或更糟的對象──這還是假設石油生產不會成為內部政治鬥爭犧牲品的情況下，而石油生產確實經常成為政治鬥爭的犧牲品。在後秩序世界中，這種內部安全隱患幾乎肯定會加劇，進而迫使大多數外國參與者專注於非常特定的生產：那些位於離岸深海、距離海岸線數十英里的石油。這類海上平台將需要軍事化以避免海盜襲擊。最有可能參與的西方國家是那些與西非人最親近和技術與軍事能力最強的國家：英國和法國。未來肯定有波濤洶湧的大海，但這三個非洲國家可望在未來幾十年為東半球石油市場帶來僅有的一點好消息。

在東南亞，澳洲、汶萊、印尼、馬來西亞、泰國和越南等國都是理所當然的石油生產國。然而，近幾十年來這些國家經歷了足夠的經濟成長，不斷增加的區域石油需求消化了幾乎所有可得的區域供應。整體來說，這些國家不再是重要的石油淨出口國。但還有一個必須考慮進去的因素──地緣政治偏好。該地區不但與製造業整合緊密連結，而且與一系列友好和合作的政治與安全協議相連。這些國家真的寧可日益紛擾的世界別來打擾它們。如果辦得到的話，它們會挖一個洞，然後把自己埋起來。

北海是歐洲僅存的重要生產區，其中絕大部分產量來自挪威海

域。挪威人與他們在瑞典、芬蘭和丹麥的文化表親，以及他們的主要海洋鄰國英國有著良好的關係。坦白說，這些國家未來很可能發現自己站在法國人和德國人的對立面，況且它們現在已經處於俄羅斯的對立面。為了保護自己，這個集團幾可確定會採取聯合行動，以防止北海能源流向它們集團成員以外的任何地方。如果你在這個俱樂部裡，那就太好了。如果不在，那可就不太好。

幾十年來，阿爾及利亞一直是主要石油生產國，其產量有助於緩解波斯灣定期造成的油價混亂。這種情況不會持續太久。在後美國秩序世界，只有很少國家有能力照顧自己的經濟和安全需求，而這份很短的名單中排名在最前面的國家是法國⋯⋯而它就隔著地中海位於阿爾及利亞的正對面。法國是阿爾及利亞的前殖民宗主，但分手的過程很粗暴。阿爾及利亞的最佳作法可能是與西班牙或義大利交好，供應石油給它們，以使阿爾及利亞人無須與法國人打交道。這很可能行得通。如果不這麼做，阿爾及利亞人可以預期法國人會吞下他們全部的能源出口。至少法國人會付錢。可能會。

利比亞會變得更混亂，因為它⋯⋯是利比亞。利比亞曾經歷三次大叛亂，而且目前正在一場持續的內戰中，我的直覺告訴我應該忽略這個國家。但義大利就在對面。在前蘇聯和波斯灣原油受到限制、而法國實際上接管阿爾及利亞油田的世界，利比亞將變成義大利唯一的石油來源。除非義大利人選擇放棄自己的國家，否則他們將別無選擇，只能冒險確保利比亞的主要港口和利比亞沙漠深處的生產基地，以及兩者之間所有連結基礎設施的安全。考慮到義大利人典型的缺乏組織力、在殖民占領上的笨拙，以及對阿拉伯人赤裸裸的種族歧視，

未來將發生的這一小節的歷史篇章肯定會很有娛樂性。也會很驚悚。

好，剩下的還有什麼？

如果不計算北美、北海、北非或東南亞保留給自用的石油生產，以及波斯灣和前蘇聯極容易中斷的供應，然後把滿足北美和俄羅斯國內需求的供應放進一個不同的桶子，那麼全球可供出口、且還算可靠的石油供應總量只有微不足道的每日六百萬桶……而全球的需求則是每日九千七百萬桶。

石油不只是石油

沒有人會直接把原油加入他們的油箱。原油必須先經過煉油廠加工。石油的供應鏈可能不像電腦那樣複雜，但它的計算可能要曲折得多。任何兩個來源的原油化學成分都不盡相同。有些很黏稠、充滿了雜質，最常見的是硫，它的體積可能占原油的三％。這種原油被稱為「重酸」（heavey sours）原油。例如加拿大的油砂非常重，在室溫下是固體。有些原油則很純淨，它們的顏色和稠度就像指甲油去除劑，所以被稱為「輕甜」（light sweets）原油。

在這兩個極端間存在各式各樣的其他可能性，每種可能性都有自己特定的化學成分。全世界數以百計的煉油廠每一家都有偏好加工的原油混合物，有許多較舊的煉油廠還是根據特定油田量身訂製的。這也是美國秩序的結果之一。在安全的世界，沒有人能阻止特定來源的原油送達特定的煉油廠。但在後秩序世界呢？會擾亂能源業上游生產模式或中游運輸模式的事，也會擾亂下游煉油廠。

使用「錯誤」的原油可能會導致數十億美元設施的重大損害。即使在最好的情況下，也會導致所謂的「運行損失」——這個不怎麼花俏的術語指的是：不恰當的原油混合物在煉油廠加工處理時，會導致一定比率的原油損失。當煉油廠無法取得「正確」混合的原油而被要求不符合設施設計的提煉時，運行損失會很快增加。例如，歐洲人喜歡柴油，而俄羅斯的烏拉爾原油混合物（一種中酸性原油）是提煉柴油的好原料。如果停止供應烏拉爾原油，並以不同的原油等級取代，將使歐洲人面臨嚴重的產品瓶頸，即使他們能保持煉油廠保持原本設計的產能。考慮到石油價格的無彈性，即使煉油廠的運行損失只有一％也可能嚴重影響客戶。

我們預期未來將出現超過一％的運行損失。全世界大多數煉油廠的設計都使用較輕、較甜的原油，因為它們的汙染物較少，因此更容易加工。今日世界上大多數較輕、較甜的原油都來自美國的頁岩油田。翻修煉油廠是可以做到的，但這需要新世界短缺的兩樣東西：時間和金錢。此外，大多數翻修只是把你鎖定在一個新的原油配方。在不穩定的世界中，只有在很接近安全的供應來源時，才可能獲得可靠的特定原油。對於大多數煉油廠來說，這根本不可能。

4.5 ｜ 不只是石油，還有別的

還有一種叫做天然氣的東西，它和石油都是典型的化石燃料。

這兩者在許多方面很相似。兩者都有相同的三個集中的供應來

源：波斯灣、前蘇聯和北美。兩者都有相同的三個集中的需求區域：東北亞、歐洲和北美。兩者都可用來做類似的事情，從作為運輸燃料到石化原料等。

不過，它們有一個關鍵的差異，決定了它們的使用、使用的普遍程度和它們對世界的影響。

石油是液體。它可以透過管道或駁船、油輪或卡車來運輸，並可儲存在非加壓槽中。主要港口的大型油槽甚至有浮動的蓋子，可隨著填注的水平而升高和下降。

你不可能用天然氣做到這一點，因為它是氣體。氣體不容易裝填和運輸，即使氣體本身不易燃（但天然氣肯定是易燃的），它們在加壓下也往往很容易爆炸。

這種差異有幾個直接的結果。

- 由於氣體燃燒遠比液體完全，所以天然氣是世界主要的發電燃料之一（現在幾乎沒有人在使用液體油直接發電*）。當在現代發電廠中燃燒時，天然氣產生的二氧化碳通常只有煤的一半多一些。美國減少排放的二氧化碳大多數發生在二〇〇五年以後，因為天然氣從當時漸漸取代了美國發電燃料組合中的煤。在世界其他地區，尤其是歐洲和中國，也出現類似的替代。
- 人類使用的大多數天然氣都透過管道運輸，這需要生產國和消費國之間有更緊密的經濟連結。但大多數管道運輸的天然氣都

---

* 雖然，好傢伙，有幾個波斯灣國家仍然直接燃燒大量石油來發電！

是在它的來源國生產的，這使得天然氣的地緣政治遠不如石油的地緣政治那麼敏感。當然，也有例外。俄羅斯是世界上最大的天然氣出口國，這在很大程度上要歸功於蘇聯時代留下來的基礎設施。但克里姆林宮認為（而且有其道理）以管道輸送天然氣會產生地緣政治依賴性，並已將其天然氣管道網擴展到德國、義大利、土耳其和中國，以便操縱這些國家的戰略政策。結果（從俄羅斯人的角度看）往往是有利的⋯⋯直到他們開始入侵客戶的鄰居。

● 天然氣可以冷卻並加壓，然後以船舶運輸，但這很昂貴，且需要專門的基礎設施，因此這種處理和運輸只占總數的約一五％。這種「液化天然氣」（LNG）的供需數學讓人想起石油。大多數液化天然氣來自卡達、澳洲、奈及利亞或美國，它們被運往歐洲，或特別是東北亞。這意味當涉及到液化天然氣運輸時，生產國和消費國都應該預期它們會像石油那樣容易中斷。

綜合來看，這三種差異未必表示全球能源系統的這個角落會有更光明的未來，而會是一種不同的黑暗。沒錯，就是黯淡無光。石油主要用於運輸燃料，因此短缺會大幅減緩人類的互動。天然氣主要用於發電，因此短缺意味燈真的要熄滅了。最脆弱的國家將最依賴來自不可靠國家和航行經過不可靠水域的天然氣：韓國、台灣、土耳其、中國、烏克蘭、德國、奧地利、西班牙、日本、法國、波蘭和印度，大致按照這個順序。

還有一個有趣的事實。天然氣對於這兩個缺少它的區域至關重

天然氣貿易

大多數天然氣貿易以液化天然氣形式進行。目前只有三條重要的天然氣運輸管線系統；最大的系統從前蘇聯國家和北非輸往歐洲。較小的系統鋪設於北美和東南亞境內。

北海的多條管線輸送天然氣到英國和北歐。

全球液化天然氣
供應與需求（%）

☐ 出口國
■ 進口國
── 天然氣管線

* 基於東南亞的破碎和多島嶼的地理環境，部分國家既是進口國也是出口國。

© 2022 Zeihan on Geopolitics

要：東北亞和西歐。兩個區域的人經常為每千立方英尺的天然氣支付十美元的價格，而且運輸必須經由喜怒無常的生產國、更喜怒無常的轉運國，和充滿敵意的鄰國。在烏克蘭戰爭爆發時，天然氣價格很快就超越四十美元。

但在美國，天然氣通常是開採頁岩石油的副產品。美國人經常必須燃燒這些東西，因為他們建立配銷基礎設施的速度不足以收集所有天然氣。天然氣一旦被收集後，通常以零或接近零的價格出售，甚至得支付處理和運輸成本，因此大多數美國終端使用者的成本不到世界其他地區的四分之一。如果全球體系發生變化，美國人要在天然氣設施做的唯一調整就是開始有計畫地生產更多天然氣，以便加工成為賣到國外的成品。

最後，遠處的天際線有火在燃燒。

氣候變化

我相信有許多人會想，我怎麼能在一篇談論能源的章節到現在幾乎完全沒有提到氣候變遷。不是我不相信數學，而是在過去的職涯中我曾接受成為有機化學家的訓練。不同的氣體具有不同的集熱和光反射*特性的概念是很基本的科學，有一百多年的證據支持它。但這不是問題所在。

問題是它牽涉⋯⋯更多。

第一，我的研究領域是地緣政治。地球、地理、地點、地方研究。數十個地理因素如何相互關聯以塑造文化、經濟、安全，然後人口出現並相互作用。如果你告訴我全世界的溫度將升高四度，我可以告訴你它會如何開展。但事實未必會如此發生。

正如不同的氣體有不同的集熱和光反射特性，不同的氣候也是如此。還有不同的土地覆蓋、緯度，和海拔。我們關注的不是均勻的溫度升高，而是極度不均勻的溫度升高，對陸地的影響大於水域，對北極的影響大於熱帶，對城市的影響大於森林。這不僅影響地方的氣溫，也影響區域風力模式和全球洋流。這種不一致不只是為緯度、海拔、濕度、溫度、土壤成分、表面角度等因素的混合增添了一個變數，讓我得以判讀這顆行星而已。整個地圖都在改變。我們只是從幾年前才開始分析氣候變化的地點。就本章的目的來說，我們將「只」從能源生產和替代的角度探討綠色科技的技術和適用問題，而不是從

---

*　專業術語是「反照率」（albedo），這樣聽起來可能聰明些。

氣候變遷造成的具體經濟和戰略結果[*]。由於一切都在變化中，因此先建立一個可靠的基線很重要。這就是為什麼我最後才談論氣候變遷，而非一開始就談。

其次，無論在政治上或技術上發生什麼，我們與石油的關係還遠遠尚未「結束」。石油引發的主要環境問題都與二氧化碳排放有關，但技術——像燃燒石油產品以產生這些排放物的內燃機技術——並不是唯一使用石油的東西。石油也是滿足世界大部分石化需求的基礎原料。

這個產業規模並不小。

現代石化原料提供我們今日視為很「平常」的大部分投入，包括食品包裝、醫療設備、洗滌劑、冷卻劑、鞋類、輪胎、黏合劑、運動器材、行李箱、尿布、油漆、油墨、口香糖、潤滑劑、絕緣材料、肥料、殺蟲劑和除草劑。它也提供紙張、藥品、衣服、傢俱、營建、玻璃、消費電子產品、汽車、家用電器和室內裝修的第二主要材料投入。石油衍生的運輸燃料確實構成了石油使用的大部分——具體來說，幾乎占了五分之三——但石化產品占了五分之一。這相當於整個波斯灣在正常年分的石油出口量。

許多這些產品確實有潛在的替代原料，但在幾乎所有例子裡替代的原料都是⋯⋯天然氣。如果不採用化石燃料，其他替代品的成本可能是原本原料的十倍，或者碳足跡超過原本原料的十倍，或者很可能兩項兼具。而且是即使是如此也假設一定有替代原料。

第三，綠色科技並不能使一個國家免於地緣政治的影響。它只是

---

[*] 我將在農業的章節中對每個地區的影響深入討論。

改變了視角。氣候、溫度、土地覆蓋、資源位置、距離和海洋扼制點並不是僅有的地緣政治因素。緯度、海拔、濕度、溫度、地表角度、風速、風可靠性、太陽輻射和季節性天氣變化也是因素。正如不同的地理特性對大洋航行和工業化的影響不同，它們對製造業、金融，以及對綠色科技和主流發電方式的影響也不同。如果技術因為位置的不同而有不同的效用，那就會有相對的贏家和輸家。正如大洋運輸或工業化或石油因為位置不同而有贏家與輸家。

我個人受到什麼影響？我曾住在奧斯汀，現在住在丹佛郊外。我已在兩地的住宅安裝了太陽能系統。在炎熱晴朗的德州，我花不到八年時間就賺回我的投資。如果是在科羅拉多州可能需要的時間更短。丹佛是美國陽光最充足的都會區，而且在高海拔地區沒有濕度（和較

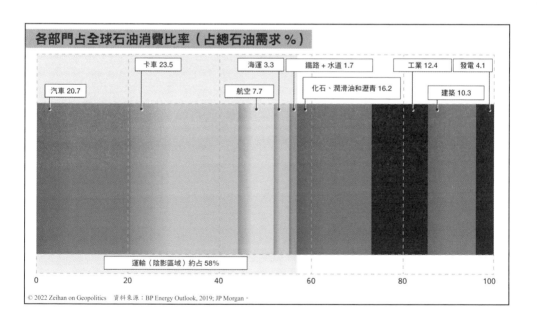

各部門占全球石油消費比率（占總石油需求 %）

汽車 20.7
卡車 23.5
航空 7.7
海運 3.3
鐵路＋水道 1.7
化石、潤滑油和瀝青 16.2
工業 12.4
發電 4.1
建築 10.3

運輸（陰影區域）約占 58%

© 2022 Zeihan on Geopolitics　資料來源：BP Energy Outlook, 2019; JP Morgan。

少空氣）會阻擋陽光。如果這項技術與正確的地理區匹配，我絕對相信它的效用。

但這種「正確」的地理區並不多。

世界的大部分地區既沒有很多風，也不是很晴朗。加拿大東部以及歐洲北部和中部，平均每年有九個多月的陰天，外加短暫而酷寒的冬天。沒有人去佛羅里達州或巴西北部去玩風箏衝浪。中國東部三分之二的地區、印度的大部分地區，以及幾乎整個東南亞——世界一半人口的家園——的太陽能和風能潛力如此小，以至於大規模的綠色科技建設排放的碳比它所能節省的還多。西非也是如此，還有安地斯山脈北部，以及前蘇聯人口較多的地區，和安大略省。

今天採用綠色科技符合環境和經濟效益的區域，只占人口稠密大陸土地的不到五分之一，其中大部分遠離我們的主要人口中心。想想巴塔哥尼亞的風能，或者內陸地區的太陽能。不幸的是，目前形式的綠色科技對大多數地方的大多數人來說根本沒有用處——無論是在減少碳排放上，還是在更混亂的後秩序世界中提供替代能源投入上。

第四，是密度問題。我住在農村地區，所以我的住宅很寬廣。我有一個十瓩的太陽能系統，它覆蓋了我大部分朝南和朝西的屋頂，生產的電力能滿足幾乎我的所有需求。但如果我住在城市呢？較小的屋頂意味著較小的太陽能面板空間。如果我住在公寓又如何？我的「屋頂」將是一個共享空間，它的太陽能面板必須為許多個住宅單位供電。如果我住在高層公寓呢？屋頂空間將很小，很多人共用很小的太陽能面板。

在物理形式上，化石燃料是高度濃縮的「能量」。相較之下，所

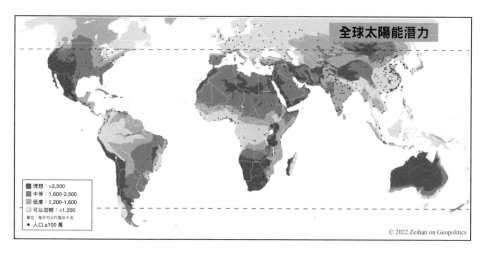

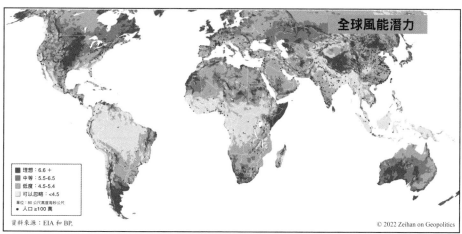

有綠色科技都需要空間。太陽能是其中最糟的:它的密度比更傳統的供電系統低一千倍。以美國的巨型都會區為例,從北部的波士頓到南部的大華盛頓特區是一連串連成一條線的人口稠密城市。總的來說這條線的沿海城市約占美國人口的三分之一,但占地面積很小。它們也恰好位於太陽能和風能潛力非常低的陸地。認為它們可以從當地生產

足夠電力的想法是愚蠢的──它們必須進口電力。有相當優越太陽能潛力（不只是「優越」，而是「相當優越」）的最近區域是維吉尼亞州中南部。那裡與波士頓相隔遙遠的六百英里，所以波士頓將是最後一個用到電的城市，排在華盛頓特區、巴爾的摩、費城、紐約市、哈特福（Hartford）和普洛威頓斯（Providence）之後。

這不只對位於多雲、少風位置的城市是個問題，對世界各地的城市來說都是個問題。每一項帶領我們進入工業化、城市化的技術發展都必須重新評估，才能讓今日的綠色科技行得通。但最大的挑戰正是城市本身。根據定義，所有城市都是人口密集的，而綠色科技的定義卻不密集。即使在陽光充足和多風的地點也需要大規模的基礎設施，來填補人口密集模式與遠為分散的綠色技術發電系統間的差距。這種基礎設施的規模和範圍將是人類從未嘗試過的。另一種選擇是清空城市，並逆轉六千年的歷史。我很懷疑這行得通。

第五，即使太陽能和風能的技術在可靠性方面可以媲美石油、天然氣和煤，電網的去碳（decarbonization）仍會是一項艱鉅的任務。目前，全球發電量的三八％是無碳的，這意味我們「只」需要把無碳的發電擴大為約三倍以取代有碳的發電？錯。水力發電已經使用了全球所有適用的地理位置。核能首先將需要大規模的公關活動來改善它的形象。如果只能靠太陽能和風能來提高無碳發電的比率，它們將需要九倍的建設才能完全取代化石燃料。

第六，即使在綠色科技效果良好的地理區，它充其量也只是一個局部的補丁。綠色科技只發電。理論上風能和太陽能可能在特定的地點取代煤，但不管來自哪種方式的電力都與既有的基礎設施和使用石

油衍生液體燃料的車輛不相容。

這種限制自然導致人們討論如何大規模地以電動汽車取代內燃機驅動汽車。但這做起來是知易行難。

全球電力業的發電量產生的力大致上與液體運輸燃料相當。用數學算一下：把所有運輸從內燃機切換到電力將需要人類的發電能力提高一倍。但水電和核能幫不上忙，所以原本要增加為九倍的太陽能和風能，現在必須增加為二十倍。你甚至不能從遠端完成這件事。你需要絕對龐大的傳輸能力，以連接風能和太陽能系統發電的地方與電力消耗的終端地方。就歐洲和中國而言，這些電力傳輸線必須跨越大陸。你還必須假設許多條件都不缺，例如風總是在吹、太陽永遠不下山，或者從利比亞沙漠到柏林或從內陸到北京的輸電從來不出問題。更可能的是，只有當我們增加生產環保主義者認為該從系統中去除的能源時，採用現今技術的電動汽車才可能普及。

依照我不怎麼謙虛的見解，我們必須先解決一些問題：我們必須在擴展電網之前綠化它。遺憾的是，這些努力的進展很緩慢：從二○一四年的太陽能熱潮開始到二○二○年，太陽能占總能源使用量的比率只增加到一‧五％。

第七，轉換成綠能的實際面需要的是超過神仙的能力，無論是在克服技術困難還是成本方面，而我說的並不是安裝夠多的太陽能面板和風力渦輪機，以生產四萬三千兆瓦／時電力這種相對簡單的任務——大約是二○一○年到二○二一年綠色科技建設總量的七十倍。

- 現代世界能夠運作的部分原因是有隨時可以滿足需要的電力。這需要可調度性（dispatchablility）才能辦到：發電廠可以調高或降低電力供應以滿足需求。風能和太陽能不但做不到這一點，而且它們是間歇性的，其供電水準受制於善變的力量：天氣。硬體升級可以避免電壓不穩定導致工業和住宅客戶端的電力短路或低壓，但這需要花錢。

- 可調度性如此吸引人的部分原因是，正常電力需求有高峰和低谷的時段。具體來說，大多數地區的電力需求高峰在下午六時到晚上十時，冬季的需求率還更高。不過，太陽能供應高峰是從上午十一時到下午三時，並以夏季的供應水準較高。而這還未考慮相同的面板在不同的地點會產生不同數量的電力。我在科羅拉多州高地的面板如果拿到陰晴不定的多倫多，只能產生不到五分之一的電力。再多的錢也無法讓我們忽視這個小地理問題。

- 與可以運到固定位置的煤或天然氣不同，風吹到風吹的地方，而太陽照射到太陽照射的地方。然後，任何綠色科技生產的電力都必須連接到可以使用的地方。這也是要花錢的，而且往往導致使用電力的價格增加一倍（或更多，視電力來自哪裡、將在哪裡被消費、連接的基礎設施、必須跨越哪些政治邊界等因素，而有極大的不同）。怪不得九五％的人從五十英里內的發電廠獲得電力。

- 解決這些問題需要並聯電力系統。基於二○二二年的綠色科技水準，大多數電力並行系統都是平淡無奇的傳統系統，使用天

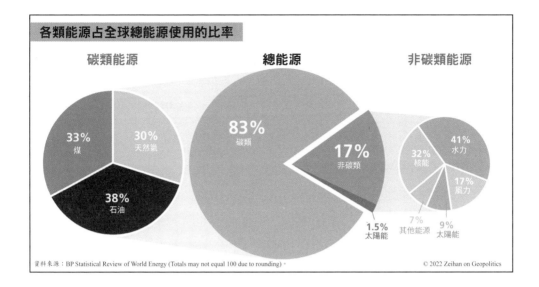

各類能源占全球總能源使用的比率

碳類能源 | 總能源 | 非碳類能源

33% 煤
30% 天然氣
38% 石油

83% 碳類
17% 非碳類
1.5% 太陽能

41% 水力
32% 核能
17% 風力
7% 其他能源
9% 太陽能

資料來源：BP Statistical Review of World Energy (Totals may not equal 100 due to rounding)。

© 2022 Zeihan on Geopolitics

然氣或煤發電。讓我強調一點：今日的綠色科技在大多數地點都極不可靠，使那些嘗試綠色科技的地點不得不保留一套完整的傳統系統——支付全額的成本——以因應高峰時段的需求。

　　目前的綠色科技水準根本無法降低化石燃料需求十幾個百分點，甚至這種「成就」也只可能在相當完美的地理區實現。少數幾個有優越綠色科技潛力的地方嘗試以綠色科技取代一半過去的常規發電，但解決電網容量、間歇性和輸電問題的高昂成本戒導致電價上漲四倍[*]。

　　儘管如此，有一種補強的技術可能——強調「可能」這個詞——解決這些問題：電池。這個概念是綠色科技產生的電力可以儲存在電

────────────────

[*]　在加州，價格上漲為近三倍，但那是因為加州。加州沒有完整的備用化石燃料發電系統，而是從鄰州進口化石燃料生產的電力。加州利用欺騙的會計手法稱這種進口為零碳，因為碳是在州界的另一邊產生的。這真讓人無語。

池中，直到需要使用時。間歇性？可調度性？供需不匹配？全部都解決！在一些例子裡連傳輸距離也可以縮短。

不幸的是，理論有效的方法在實踐時面臨了幾個問題。首先是供應鏈。就像石油的生產是集中的，當今最好的電池主要原料——鋰——也是如此。正如石油必須精煉成可用的產品，鋰原料必須加工成精礦、提煉成金屬，然後置入電池組中。今天的鋰供應鏈必須不受阻礙地出入澳洲、智利、中國和日本。這比石油簡單一些，但也沒簡單那麼多。如果東亞發生任何事——整個東亞將發生許多事——電池加值體系的大部分將必須在其他地方重建。這需要時間，還有錢，很多錢，特別是如果目標是大規模應用鋰電池技術。

規模是第二個問題。鋰電池很貴。它們是一般智慧型手機第二或第三貴的元件，而那還是只能儲存幾瓦時的電池。在大多數電動汽車中，鋰電池占了四分之三以上的成本和重量，而這種電池只能儲存幾千瓦時。

城市電網電池需要百萬瓦日（megawatt-day）的容量。實現有意義的綠色科技電力儲存將需要電網級電池系統，可以儲存至少四個小時的電力以供應每日需求高峰的大部分時間。假設自一九九〇年開始的電池技術進步持續到二〇二六年，那麼四小時鋰電網儲存系統的每百萬瓦時成本將是大約二百四十美元，相當於標準複循環天然氣發電廠的六倍，也就是目前美國最常見的發電廠。一個重要的提示：六倍這個數字不包括實際為電池充電的發電廠成本，也不包括把電力輸送到電池的傳輸設備成本。

截至二〇二一年，美國的發電裝機容量有一一〇〇個十億瓦

（GW），但電力儲存容量只有二三・二個十億瓦，其中約有七〇％是所謂的「抽水蓄能」（pumped storage）儲存容量，基本上就是使用多餘的發電量將水泵送到山上，然後視需要讓水流下水道來為發電機提供動力。其餘三〇％的儲存容量是人們家中的各種儲存容量。實際上只有〇・七三個十億瓦的儲存容量形式是電池儲存。美國各州中最努力實踐綠色未來意識形態的是加州。但整個加州擁有的總儲存容量——不是電池儲存，而是儲存——只有一分鐘的電力。洛杉磯是最積極計劃建設電網儲存安裝計畫的美國大都會區，但預計到二〇四五年才能達到一小時的總儲存容量。

請記住，這是洛杉磯目前電力系統的一個小時儲存容量——而不是實現汽車和輕型卡車全面採用電力的夢想所需要的兩倍儲存量。

即使達到神奇的四個小時儲存量也不過是未來漫長而曲折道路的第一步。要真正轉向碳中和，電力系統需要的不是數小時的容量，而是在缺風或不夠晴朗的季節提供數月的電力。我們還不能了解能源世界的一切，但我們可以肯定知道的是，整個地球上沒有足夠的鋰礦石來讓像美國這樣的富裕國家實現目標，更不用說整個世界了 *。

第八，有一個很少人討論到的財務問題，可能很快讓這整個討論變得毫無意義。

---

* 這是否意味電網儲存的概念是愚蠢的？不，這不是我想表達的。目前，大多數電力公司仍保留一套次級的發電設備，每年只有幾天啟動，用於滿足高峰的取暖或冷卻需求。這些設備的成本相當高昂。建置一小時的電網儲存容量不但可以使許多這些高峰時段發電設備除役，而且這種儲存容量可以每天用於降低正常的每日高峰需求。視地點和天氣而不同，這麼做可以降低四％到八％的燃料使用。如果應用到全國，雖然無法做到淨零，但絕對可以省下可觀的成本。

在擁有優越太陽能或風能資源的地方，大多數目前的價格評估顯示，綠色科技生命週期的燃料、維護和安裝的總成本與傳統發電的成本大致相等。從財務角度來看，主要區別在於何時必須投入資本。傳統電力整個生命週期的總成本中約有五分之一用於土地徵用和設施建設，其餘的則在運轉後幾十年內用於燃料購買和設施維護。相較之下，綠色科技幾乎全部資本都在前期投入，例如陸上風力渦輪機的成本有三分之二用於前期。畢竟，它的燃料成本為零。

　　在資本充裕的美國秩序世界中，這些成本微不足道，也不特別重要。在資金成本低廉的時候預先支付二十五年的電費沒有什麼不對。但在資金匱乏的脫序時代，資金關係到一切。如果投資資金難以獲得或借貸成本上升，所有這類前期投資都會難以負擔，變成不受歡迎的風險和成本。在這種世界裡，安裝成本低得多的傳統系統變得更划算。

　　目前形式的綠色科技就是不夠成熟或便宜，無法為大多數地區的大多數人做出有意義的改變。它主要仍局限於擁有豐富資本供應的已開發國家，而且局限於這些國家剛好靠近陽光或多風地方的大型人口中心。美國西南部看起來很棒，美國大平原、澳洲和北海沿岸國家也是如此。

　　幾乎所有其他地點仍將依賴較傳統的燃料來滿足大部分能源需求。從溫室氣體排放的觀點看，實際上這比聽起來還糟得多，因為絕大多數這些地方將無法繼續透過國際貿易獲得石油和天然氣。如果它們無法獲得石油或天然氣，而且它們的地理位置無法充分利用太陽能和風能，它們將必須做一個簡單的決定。選項 A 是從此不再有過去兩個世紀促進人類生活進步的產品，並必須忍受產品通路和糧食生產大

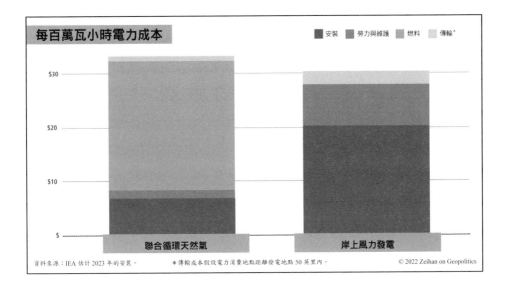

每百萬瓦小時電力成本

圖例：安裝　勞力與維護　燃料　傳輸*

$30

$20

$10

$

聯合循環天然氣　　　　岸上風力發電

資料來源：IEA 估計 2023 年的安裝。　　＊傳輸成本假設電力消費地點距離發電地點 50 英里內。　　© 2022 Zeihan on Geopolitics

量減少導致生活水準和人口大幅下降。過沒有電的生活。去工業化。去文明化。

　　或者選項 B——使用幾乎所有國家國內都有的燃料來源：煤。許多特別不幸的人將被迫使用褐煤——一種幾乎不合格的煤燃料，通常以重量計的含水量達五分之一，是迄今為止使用效率最低、最髒的燃料。今日的德國已經以褐煤作為其主要發電燃料，因為綠色科技對德國的地理環境來說極不合適，但是德國人——基於環保理由——已關閉了大多數其他發電選項*。

　　作為一個星球，我們完全有可能在大規模經濟崩潰的同時大幅度增加我們的碳排放量。

---

* 德國人並不像你想像的那麼聰明。

4.6 | 為未來加油

我們正在緩緩進入的世界，將是一個波斯灣和前蘇聯邊境地區的能源供應易受高競爭戰略環境影響的世界。即使這些地區的問題未爆發成正式的戰爭，它們的不穩定和不安全幾乎保證石油和天然氣的生產和流動將中斷許多年。或更可能的是幾十年。即使這種情況也假設在東亞沒有戰略競爭，以及東南亞或非洲沿海沒有海盜國家。可靠、廉價石油運輸的日子即將結束。

這將比聽起來還糟糕，而且不只是發生在高層次——例如國家的層次——而是會深入到個人層次。

從中國在一九八〇年進入全球體系到冷戰結束，全球石油需求總量增加了一倍，主要是因為新參與者開始邁向工業化和城市化的道路。現代工業城市的生活方式需要石油，而由於美國人失去維繫世界秩序的興趣，石油的供應將大成問題。運輸的連結將枯萎，這將影響從製造業供應鏈的一致性到食品流通等各方面。許多電力系統將因為缺乏燃料而停擺。城市化的實體集中——使我們能過著相對低碳、高附加值的生活——如果沒有充足的能源根本不可能持續。全球化的結束可能預告了我們所知世界的終結，但全球能源的結束可能預告了我們所知的生活的終結。

面臨最嚴重短缺的地區將是那些位於脆弱供應線末端的主要消費國：東北亞和中歐，包括德國、韓國和中國將面臨最大的威脅，因為它們都不毗鄰石油或天然氣來源，也沒有軍事能力冒險去取得別人的

資源。它們也將面臨電力問題。這三個國家都併用核能、天然氣和煤來滿足絕大部分的電力需求，全都仰賴進口燃料。其中，中國是最脆弱的國家。三十年的經濟成長使中國的電力系統不堪重負；中國沒有備用的電力產能——它用盡所有能生產的電力，不管使用何種燃料發電——因此任何燃料短缺都至少會導致大規模的輪流停電。這已經發生過。中國在二〇二一年底面臨新冠疫情和更嚴格環境規範的雙重影響，導致占中國 GDP 三分之一的地區實施輪流停電和限電措施。

對於擁有更多手段的國家來說，情況將比較光明，但仍然存在很多問題。英國、法國、日本和印度等國確實擁有軍事手段和地理位置，能夠自己走出去獲得資源，但它們都將面臨可怕的價格環境。它們的解決方法顯而易見：對供應系統建立某種程度的新帝國主義控制，以便把所有供應都保留在內部，並避免受到全球定價不可預測的變化影響。對這些新的原型帝國來說這是好事，但這種行動將使石油體系失去更多石油。

諷刺的是，美國是少數幾個不但不會面臨長期能源危機、而且可以大規模嘗試替代石油和天然氣能源的國家之一。美國是最接近赤道的已開發國家，有世界上第二好的條件可以大量建設太陽能裝置（澳洲是遙遙領先的第一名）。美國的大平原擁有大片風力充沛的土地，賦予它世界上最好的風力資源。美國人甚至在石油需求上也比對手更具優勢：大多數頁岩油井的副產品之一是穩定的天然氣。美國人，而且幾乎只有美國人，可以在他們的石化業系統中使用這種天然氣以取代石油。如果再加上相對穩定和強健的資本結構，和能取得澳洲和智利生產的鋰礦，美國人甚至可以嘗試採用目前的電池系統和電動汽車

技術——如果他們選擇這麼做的話。

　　就截至目前我們已經討論的所有主題——運輸、金融和能源——來說，美國確實是個幸運的國家。這種運氣深植於地理條件，而且這表示這些地理條件也適用於其他情況。因為如果你認為美國人在前三個主題已經成功了，那麼你應該繼續看美國人的運氣對接下來三個主題的影響。

CHAPTER 5

工業原料

在美國人拒絕參與的世界中，我們面臨不穩定的區域競爭，
不穩定的競爭意味著不穩定的材料獲取，也意味著不穩定的技術應用，
更意味著不穩定的經濟能力。我們很可能在競爭加劇和戰爭的情況下，
經歷急劇的經濟和技術衰退

5.1 │拆解歷史

我對本章沒有什麼特別標新立異的介紹,因為我們的技術和世界賴以運作的原料就已經刻在我們所稱的時代名稱上了:石器時代、青銅時代、鐵器時代。同樣的,許多人說二十一世紀初稱得上是矽時代(Silicon Age)。

但是坦白說,如果你在鐵器時代沒有鐵,那麼歷史往往會略過你。我想你知道我要說什麼。不管是石油還是銅,你要不是擁有它、可以取得它,或者你就是不擁有它,無法取得它。如果沒有它,你就沒戲唱。

但較不明顯的是,在近幾十年來,我們對各種工業原料的貿易和依賴逐漸變得愈來愈多面向。

同樣的,我們最好從頭說起。

在為爭奪原料發生衝突的初期,衝突往往不是發生在帝國間或國家間,因為當時還沒有帝國或國家可言。這類鬥爭大多與氏族、部落和家族有關。當時也沒有太多可爭奪的原料。在石器時代,你不必走那麼遠就能找到⋯⋯石頭。當然,有些岩石更適合切割或製作成箭頭——我想到黑曜石——但運輸的條件限制了人活動的範圍。你使用你所能取得的東西,而這塑造了你的文化。我們更有可能為食物(和能可靠地生產食物的土地)而爭鬥,而不是為岩石。

當石器時代讓位給青銅時代,情況發生了微妙的變化。埃及除了小麥、大麥、石頭、沙子、蘆葦、一些銅和幾乎用不完的勞動力外,

其他東西都缺乏。每個派出的貿易代表團、每一場戰爭，都是為了獲得不在清單上的資源。埃及人最需要的東西是鍛造青銅所不能少的砷和／或錫。美索不達米亞流域的城邦同樣有豐饒的小麥與大麥，同樣缺乏各種原料，因此經常彼此之間或與上游及山區的鄰邦發生戰爭和進行貿易，以獲得古代版的 iPhone*。

快轉到下一個時代——鐵器時代——情況又不一樣了。銅幾乎是一種獨一無二的原料，因為它是少數能以天然金屬形式存在而偶爾被發現的原料。這種事絕不會發生在鐵上，而且鐵也不像銅那麼常見。當然，那已不是新鮮事，特別是因為我們談論的是西元前八〇〇年的時代。帝國時代已如火如荼地展開，因此當時的管理系統有能力到達各式各樣的礦場。當時關注的重點不是原料短缺，而是技能不足。鐵礦砂本身沒有用途，把鐵礦砂轉化為真正鐵的技術需要數百個有經驗的人。大多數政府更有可能發動攻擊以綁架鐵匠，而不是保護鐵礦砂或銅礦。

從技術的角度來看，在石器、青銅和鐵器時代的技術帶來緩慢、漸進的進步後，進步又因為一些歷史事件的粗暴打斷而再度陷於低迷一千年，這些事件包括公元四七六年羅馬帝國滅亡、公元六二二至七五〇年的伊斯蘭聖戰，以及特別重要的公元六世紀到十一世紀歐洲黑暗時代的文化和技術中斷。三者間的約略重疊肯定不利於技術保存，更不用說進步了。

救贖以最奇怪的形式出現：大規模屠殺。在一三四五至四六年，

---

* 古印度河流域的城邦無疑地也做同樣的事情，但他們在文明崩潰時全部都滅亡了，沒來得及留下記錄，所以這只是一個沒有根據的猜測。

蒙古欽察汗國圍攻幾個克里米亞要塞城市。當蒙古人開始向卡法城（Kaffa）投射屍體時，一群熱那亞商人決定離開，並觀看戰事會如何結束。他們悄悄從海路逃脫（雖然逃走前仍從一個城市帶走最後一批奴隸，而且在那裡已完全不顧任何道德的偽裝）。

正如在人類歷史上的所有船隻都很常見的，那些熱那亞人的船上有老鼠，而且他們不知道這些老鼠攜帶腺鼠疫。那些熱那亞人的第一站是君士坦丁堡——當時的新加坡。在不到五年的時間，幾乎所有歐洲人、俄羅斯人和北非洲人都在與該區域歷史上最嚴重的流行病搏鬥。最後這個區域的三分之一人口被消滅，人口密度直到一百五十年後才恢復 *。

不管如何，如果沒有這場瘟疫，我們很可能仍然停留在黑暗時代。

關於大規模死亡事件有意思的是：對於那些大難不死的人來說，生活……仍會繼續下去。食物仍需要種植，馬蹄鐵必須鎚打，穀倉必須興建，石頭必須切割。不管瘟疫沒有區別地消滅了誰，在災難發生後各種技能組合都將出現區域性的不一致。隨著黑死病疫情平息，許多地方開始出現編織工、木匠或磚匠缺少的情況。只要是出現短缺的情況，都會發生兩件事。

第一，供求關係：相關行業的淨薪資增加，為我們現代技術勞工的概念奠定了基礎。第二，為了擴大這些技能組合的產出，當地工人、公會和統治者都致力於提高生產力。有些人藉由訓練新工人來做到這一點。有些人藉由發展新技能。有些人則藉由進口阿拉伯人在羅

---

* 別怪罪義大利人。雖然蒙古—克里米亞—君士坦丁堡—熱那亞路線可能是黑死病傳入歐洲的路徑，但肯定不是唯一的路徑。

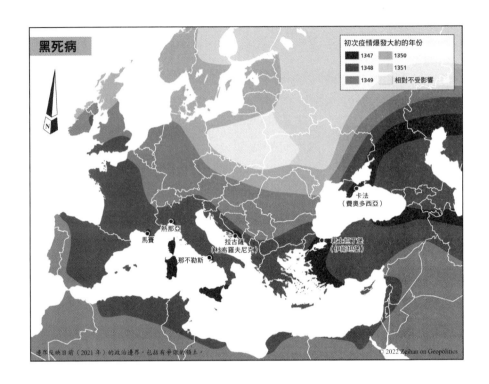

黑死病

初次疫情爆發大約的年份
1347　1350
1348　1351
1349　相對不受影響

卡法
（費奧多西亞）

熱那亞
馬賽
拉古薩
（杜布羅夫尼克）
那不勒斯
君士坦丁堡
（伊斯坦堡）

邊界反映目前（2021 年）的政治邊界，包括有爭議的領土。　© 2022 Zeihan on Geopolitics

馬滅亡後保存的古老知識 *。

　　到了十五世紀，這些進步和學習已經達到我們今日所知的文藝復興時期的臨界質量。社會思想、文化、數學和科學的進步，不但在一千年的黑暗之後重新啟動技術發展，而且使我們踏上另一個技術時代的道路：工業。廣泛拓展對自然界的知識與了解的眾多結果之一是，穩定地改進了檢測、分離和純化各種原料的方法。

---

* 感謝真主，穆斯林帝國保留了他們遇見的技術知識。如果他們沒這麼做，羅馬滅亡後歐洲的反覆分裂可能導致一個大不相同的現在。另一方面，如果穆斯林帝國大量應用他們學到的知識，我們現在可能都在其他星球系統度假。而且會說阿拉伯語或土耳其語。

回顧數千年前我們被限制在只能使用銅、鉛、金、銀、錫、砷、鐵和鋅。隨著化學和物理法則的編纂，我們擴大了這份清單，納入鈷、鉑、鎳、錳、鎢、鈾、鈦、鉻、鉑、鈀、鈉、碘、鋰、矽、鋁、錳、氦和氖。一旦我們知道這些材料，並知道如何讓它們與岩石分離，知道如何純化它們以供使用，我們很快就發展出在受控環境混合和調配它們的能力。結果是，現在我們擁有了從火焰噴射器到暴露在火焰噴射器下不會熔化的鋼、再到銅和金和矽構成的細線路——可以儲存比中世紀世界整個知識界還多的腦力——再到保險套。

每種材料都有自己的用途。每種材料與其他材料相結合都有更多的用途。有些材料是個別使用的，有些材料允許替換，但它們都有一個簡單的特徵。不管是用於建築、戰爭、城市化或製造業，它們都是工業時代的產物。它們需要工業時代的技術才能生產、運輸、精煉、純化、合金化，和重新組合成有附加價值的產品。如果工業技術的可持續性或使用範圍發生改變，所有這些都會逐漸消失——並帶走它們的所有好處。

我們經歷過這種情況，很多次。

許多昔日的帝國都曾發動軍事行動來確保某些原材料的安全，而一些國家則利用它們對某些原材料的控制來實現擴張，成為超越它們地理條件限制的強大國家。

波蘭曾經是歐洲的頭等強國，因為它擁有一個鹽礦的收入（鹽是十四世紀保存大量肉類或魚類的唯一可靠方法）。西班牙在波托西銀礦的經驗輕易延長了它作為全球超級強國的地位一個世紀之久。在世紀晚期，智利與秘魯和玻利維亞發生戰爭，為了搶奪阿塔卡馬

（Atacama）沙漠及其豐富的銅、銀和硝酸鹽蘊藏（早期工業火藥的關鍵成分）。英國養成了隨時航行到任何地方、攻擊任何人的壞習慣，只要他們擁有英國人想要的任何東西。英國人特別喜歡占領進出的扼制點，像是曼哈頓、新加坡、蘇伊士、甘比亞或伊洛瓦底，這些地點都讓他們能夠從區域的不易腐爛商品貿易賺到份額。

其中一些競爭是晚近一點才開始的。

第二次世界大戰在很多方面都是一場關於原物料的鬥爭。我們大多數人至少對農業用地和石油的戰略競爭有所了解，但針對工業原材料的鬥爭也一樣優先和核心。

法國有鐵礦砂，而德國有煤。這兩種原材料都是鍛造鋼所不可或缺。你可以看到問題所在。一九四〇年五月德國入侵法國解決了這個問題。至少對柏林來說。戰後，法國人帶頭成立了歐洲煤鋼共同體（ECSC），嘗試以外交而非子彈來解決同樣的鐵礦砂與煤的問題。我們知道 ECSC 就是今日的歐洲聯盟。

一九四一年六月德國入侵俄羅斯顯然標誌著德俄聯盟的結束，但這個關係的第一個大裂痕出現在十九個月前俄羅斯人入侵芬蘭，因為那威脅到德國取得納粹戰爭機器的主要原料鎳——一種高等級鋼的關鍵原料。

日本人在一九〇四至〇五年征服韓國的眾多原因之一是用於建築的木材。日本後來對東南亞的擴張常被正確地歸因為石油掠奪。但日本的本土群島不只是能源匱乏，也缺乏其他只能透過領土擴張獲得的核心工業材料，包括從鐵礦砂到錫、橡膠、銅和鋁土礦。

在所有例子中，這個時代的主要技術都要求每個國家必須充分取

得這些原材料，否則將淪落到受其他國家宰制。

自一九四五年，這份「必要」的原材料清單呈指數性增加……而這時候正值美國人已讓世界變得夠安全，使所有國家都得以取得一切原材料。這意味未來的原材料競爭將遠為廣泛和多面向，而未能取得這些原材料的後果也將更嚴重。

這些工業材料在世界各地的分布也不均勻。和石油一樣，它們各有自己的地理通路。

我們可以很容易根據可能的貿易區畫一些虛線，設想一個可以取得電子產品材料、但沒有鋼鐵材料的非洲；一個有核能、但沒有綠色技術的歐洲；或一個有老舊電池但缺乏輸電能力的中國。這類不匹配將不被允許長久存在。

這將是一場爭奪維持現代體系所需一切原材料的鬥爭。所以每一種工具都會被考慮使用。有些國家將嘗試以這個交易那個，另一些國家的嘗試將比其他國家更……充滿活力。

我老是談到國家海盜現在應該更有道理了吧？海盜有道理嗎？如果你認為我們都會待在我們的小泡泡裡得過且過，而不冒險出去至少嘗試得到我們沒有的東西，那將是對人類歷史做太有創意的解讀。我們正在進入電影《神鬼奇航》（Pirates of the Caribbeam）角色傑克船長很熟悉的世界，這不是適合弱者的遊戲。

這類取得原材料的挑戰將疊加在因應氣候變化這個已經難以克服的挑戰之上。回顧過去，石油的地緣政治學已證明……簡單明瞭得令人驚訝。石油只在少數幾個地點有夠多的數量能以商業手段取得。這可能令人馬上想到波斯灣。我們可能不喜歡這些地方帶來的挑戰，而

且這些挑戰可能在工業化晚期和全球化的時代占據了所有人過多的注意力，但至少我們熟悉它們。最重要的是，石油或多或少是一個單一原材料的問題。

這絕對不同於在去全球化世界中採用綠色科技將面對的問題。在「從石油繼續前進」中，我們將捨棄一個複雜、經常充滿暴力，且始終緊繃的供應和運輸系統，結果卻是以至少十個系統來取代它。

如果要有同樣的發電能力，綠色科技需要的銅和鉻是較傳統發電技術的兩倍到五倍，外加許多當前的發電廠不需要的材料：最明顯的是錳、鋅、石墨和矽。電動汽車呢？你認為為石油而戰爭是壞事？光是電動汽車動力系統所需要的材料就是內燃機材料的六倍。如果我們真的想做綠色轉型，那將使一切電氣化，而我們消費的所有這些材料將增加一個數量級以上。

更糟的是，這些材料的綜合供應鏈不像石油要求的那麼「簡單」。我們沒辦法「簡單地」只是與俄羅斯、沙烏地阿拉伯和伊朗打交道。我們將需要定期與智利、中國、玻利維亞、巴西、日本、義大利、秘魯、墨西哥、德國、菲律賓、莫三比克、南非、幾內亞、加彭、印尼、澳洲和剛果，當然還有俄羅斯打交道。

綠色科技不但未能在大多數地點貢獻夠多的電力來解決氣候問題，而且正是因為缺乏材料，所以以為大多數地點能夠製造足夠的零件本身就是可笑的想法。一個真正不幸的對照是，大多數地方確實都有低品質的煤。全球化的結束不只是意味著我們拋棄了人類歷史上最有利的經濟環境，它也意味我們可能很快就會把二〇一〇年代的碳排放視為美好的時代。

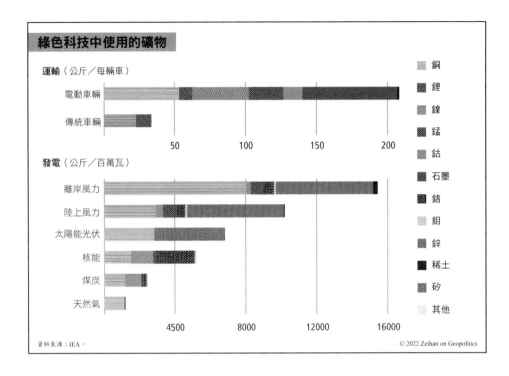

綠色科技中使用的礦物

運輸（公斤／每輛車）

電動車輛	
傳統車輛	

發電（公斤／百萬瓦）

離岸風力	
陸上風力	
太陽能光伏	
核能	
煤炭	
天然氣	

圖例：銅、鋰、鎳、錳、鈷、石墨、鉻、鉬、鋅、稀土、矽、其他

資料來源：IEA。

© 2022 Zeihan on Geopolitics

崩潰前的注意事項

本章的其餘部分將探討這些原材料對我們生活方式的重要性。它們來自哪裡。它們的用途。在一個退化的世界中，它們會發生什麼變化。

為了解答這些主題，請記住以下四點：

第一，我不可能討論所有重要的工業原材料。事實上它們的基本形式就有數百種，並且可以組合成數千種中間合金和混合物，製造出數百萬種終端產品。我們將專注於國際交易上的前十五種，並希望這足以描繪出我們的現在，以便我們一窺未來的可能性。

第二，有一個約略的共同脈絡可以探索。今日工業材料的故事就是大規模工業化的故事，它與美國秩序和中國的故事交織在一起。

美國秩序在很大程度上消除了原物料取得的地理限制。任何人都可以在任何時候取得任何原物料；與許多其他部門一樣，美國秩序把成功地理區轉變為一種全球公共財。這個簡單的事實無可避免地把許多原物料與中國難以持續的現狀綁在一起。中國已經是許多這些原物料的最大進口國、消費國和加工國。

世界將安然度過中國的墜落——工業原物料世界將安然度過中國的墜落——但反彈的過程將造成傷害、很多傷害，不是所有的反彈都是相同的。隨著工業時代趨於成熟，以及工業原物料變得愈來愈多、愈分散和愈專業化，它們的生產和加工的地理位置將比你能在樹林中漫步時撿到一些廢銅的時代要重要得多。

第三，工業化和美國秩序並不是故事的終結。大約從一九八〇年開始，人類進入了下一個技術時代：數位時代。正如青銅時代不可能先行於石器時代、鐵器時代不可能先行於青銅時代、工業時代不可能先行於鐵器時代，大規模數位化不可能缺少大規模工業化。工業化使我們能夠辨識、發現、開採、提煉和純化驅動現代社會的原物料。現在世界許多地方正處於去工業化邊緣，這意味它們取得工業原物料的通路將無法長久存在。也許更重要的是，即將發生的無法和難以取得原材料將使世界四分五裂。

第四，這並不全是（可怕的）壞消息。歷史告訴我們，我們可能正處於一系列材料科學的重大突破邊緣。正在發生人口衰減有可能在未來幾十年內導致人口大幅減少，造成類似於黑死病的效應。這對工

作年齡人口造成的衝擊將更大。無論未來具體情況會如何，我們都只能靠更少的勞工來度過難關。

雖然我們即將發現一個新的經濟模式，但我們的歷史強烈顯示，較少的勞工從定義上看意味著更昂貴的勞動力。這應該進而促使每個人設法讓稀缺的勞動力更有生產力。黑死病對勞動生產力的提高使我們踏上了材料科學突破的道路，並帶來了後來的文藝復興和工業革命。我們的整體人口下降意味著烏雲籠罩的天際線後可能有一道曙光。

這道曙光將仰賴後全球化時代地球上沒有去工業化的部分，但我們不太可能察覺到這道曙光——可能要等到我已來不及在第二次文藝復興中做出任何個人貢獻的時候——但誰也說不準。這個世界總是出乎我的意料。向來如此。

有了這些澄清和指導原則後，讓我們開始探究吧。

5.2 │ 基本原物料：鐵礦砂、鋁土礦、銅

第一種原物料可以說是最重要，因為它是讓從建築物到道路再到電信塔的一切成為可能的基本原物料：**鐵礦砂**。無論種類或品質如何，鐵礦砂至少占人類使用的所有鋼鐵中的大部分原料——通常超過九〇％。這使得了解鐵礦砂的世界很簡單：你只需要了解中國。

中國處於兩個現代重大趨勢的交匯處：一個是快速的工業化和城市化，另一個是中國獨特的超高額融資。任何成功的工業化和城市化

都需要新道路、新建築和新工業廠房,所有這些都需要大量鋼鐵。超高額融資可以幫助實現一切,但這麼做也會過度建設一切,而道路和建築不只是意味更多鋼鐵需求,還需要更多用於製造鋼鐵的工業廠房。

中國的工業化規模如此巨大、進行如此快、超額融資如此龐大,以至於中國不只是世界上最大的鋼鐵生產國,它也經常是世界四大鋼鐵進口國之一,尤其是進口較高品質的鋼鐵產品。但超高額融資也意味中國在生產鋼鐵時完全不考慮國內需求的現實,所以中國也是世界最大的鋼鐵出口國,特別是出口較低品質的鋼鐵產品。

這些都需要極其龐大數量的鐵礦砂。中國不但是世界最大的鐵礦砂進口國,而且進口量不只是世界其他地區的總和。中國的進口量是世界其他地區總和的三倍多。中國就是全球鐵礦砂市場。在生產方面,澳洲出口全球鐵礦砂量的一半,巴西出口了其餘部分的一半。不難想見,中國吞下了這些南半球大國的幾乎所有出口量,再加上來自俄羅斯、印度和南非的一大部分出口。

中國不是唯一使用鋼鐵的國家,但它是唯一鋼鐵經濟從根本上失衡的國家。大多數其他國家都使用距離本國較近(或者國內)的礦場生產的鐵礦砂。它們對鋼鐵的需求一部分靠回收的廢鋼來補足。已開發世界每年約有一%的建築物被拆除,用於強固這些建築的所有鋼鐵都被熔化、重新鍛造和賦予第二次生命,或第三次,或第十八次。

中國的無饜的胃口和其他國家相當平穩的鋼鐵需求呈現的巨大差異,使預測變得相當簡單。

在世界逐漸去全球化之際,世界鐵礦砂產量絕大部分來自那些面

臨很少或沒有安全威脅的國家：依產量順序分別為澳洲、巴西、印度、南非、加拿大和美國。不過，大量出口鋼鐵的國家——依出口量順序分別為烏克蘭、德國、俄羅斯、韓國、日本，特別是中國——都處於從「面臨嚴重併發症」到「將完全搞砸」的狀況。世界將出現嚴重的鋼鐵短缺，同時鋼鐵製造的原物料供應將氾濫溢出。

解決方法很簡單——世界將需要更多的冶煉能力——很關鍵的了解是，不是所有的鋼鐵都是一樣的。與大多數原材料不同，所有鋼都可以百分之百回收，但再生鋼與原鋼（virgin steel）不同。

把鋼想像成一張鋁箔，把它揉成一團，再把它攤平。糟糕，試試熨燙它。然後沖洗並重複這些動作。再生鋼與原鋼一樣堅固，但就是不夠漂亮。因此，再生鋼被用於鋼筋、工字樑和汽車零件，但高純度的原鋼被用於你看得到的外表應用，例如電器覆層和屋頂。

原鋼是以煤動力高爐製造的，以提高它的碳含量，讓鋼更堅固。這是極端碳密集的製程，因為它使用煤。此外，鋼鐵鍛造不但需要煤，而且需要一種用來燒出煤雜質的煤衍生物，稱為焦煤（coking coal）。基本上煤必須燃燒兩次。

類似的高爐也可以處理回收鋼鐵，但更有效的過程是使用電弧爐來使電流通過廢鋼，以便讓鋼鐵熔化*這。意味最具經濟效益的回收鋼鐵方法也需要便宜的電力。

美國在這三方面都是贏家，其中美國的墨西哥灣沿岸看起來最有潛力，因為同時具備電價低廉、有充足的綠地工業空間——特別是在

---

* #ScienceIsCool。

潛在的港口位置——和靠近大型當地和區域市場（想想德州、東岸和墨西哥）等三重優勢。再加上充足的煤供應，美國人也可以加入原鋼生產。

有利於鋼鐵回收的次要地點包括瑞典（水力發電）和法國（核電）。澳洲有很好的機會可以從挖掘礦砂的低價值營運，轉向鍛造原鋼的高價值營運。澳洲人要做的就「只是」把他們的鐵礦砂和煤，從生產的地方運到澳洲大陸的兩邊。如果在陽光充足、多風的內陸各地建立一支太陽能板和風力渦輪機大軍，澳洲人也可以廉價地回收鋼鐵。

這四個國家的巨大成功可能不足以讓全球鋼鐵供應維持在目前的水準。沒錯，那還差得很遠。但我們並沒有把這個選項視為可行的、甚至必要的辦法。一個沒有中國的世界需要不到一半的鐵礦砂和煤，而這還沒有考慮未來世界的建設和工業化步伐可能慢得多。

另一種現代世界的一切不可或缺的原材料是鋁土礦，也就是帶給我們鋁的礦物。

鋁的精煉過程相當直接。我們以露天開採方式取得**鋁土礦**，然後在氫氧化鈉中煮沸以製造稱為氧化鋁的中間產物。這種像古柯鹼的白色粉末在陶瓷、過濾器、防彈衣、絕緣材料和油漆中有多種用途。大約九〇％的氧化鋁基本上是被電擊直到它變成鋁，然後鋁繼續被模鑄、彎曲和擠型成從飛機到汽車零件、汽水罐、框架、管子、機械零件、電線等所有東西——幾乎任何與輕質量和／或低成本導電有關的東西。這個過程也相當可預測的，只要你從品質不錯的鋁土礦開始：四到五噸鋁土礦可變成兩噸氧化鋁，再變成一噸成品金屬。通常鋁土

礦和氧化鋁加工商由同一家公司擁有，而鋁冶煉是由不同國家的不同實體進行。

中國早已把它高品質的鋁土礦蘊藏開採殆盡，現在剩下的低品質礦場供應也正逐漸減少，這些礦場的產出需要更多過濾和更多電力，才能從每噸鋁土礦製造出較少的最終產品。這讓中國成為了一個胃口奇大的鋁土礦進口國。截至二〇二一年，中國吸收了三分之二的所有國際交易的鋁土礦，同時冶煉了約五分之三的鋁。以中國獨樹一格的方式，中國的大部分鋁產量幾乎立即被傾銷到國際市場。

這是好壞參半的事。好的是它簡化了對供應鏈的了解：中國對超額融資和過度建設的偏好使中國包辦了幾乎所有的鋁生產。但壞的是，這種世界上使用最多的金屬之一的全球供應鏈被包裹在一個失敗的系統裡。當中國崩潰時，世界將面臨全球鋁短缺，因為其他國家根本沒有足夠的冶煉設施來彌補短缺的幾個百分點。

問題不在於獲得鋁土礦的通路。在後全球化的體系中，鋁土礦將來自情況還不錯的國家：澳洲的出口量占世界出口的四分之一以上；巴西、幾內亞和印度各占十分之一。不，問題是電力。從開採鋁土礦到生產出最終的金屬鋁，電力占總成本的約四〇％——這個統計數據反映出一個事實，即在大多數冶煉鋁的地方都是電力便宜得離譜和／或得到大量補貼。擁有充足水電的國家——挪威、加拿大、俄羅斯——是大玩家。

這些條件限制了新冶煉廠的選址地點。最大的新玩家將是一個老玩家。美國因為頁岩油革命已經擁有世界上最便宜的電力。再加上一些世界上最好的綠色科技潛力，美國大部分地區的電價在未來幾年可

能會下降。最具競爭優勢的地方可能是德州，那裡的頁岩油和綠色科技發電趨勢，加上有充裕的港口容量，將足以容納一個或五個冶煉廠。

挪威充沛的水力發電容量加上它位於歐洲大陸北方的位置，為挪威大規模擴張鋁產能提供了理由，因為歐洲大陸只能生產其三分之一的鋁需求。幸運的是——對每個人來說——鋁很容易回收。在歐洲，回收計畫足以滿足三分之一的需求。

對人類來說，**銅**是一切開始的地方。銅很容易在陶罐中冶煉，用手和石頭等簡單的方法就能輕易塑形，所以銅是我們的第一種金屬。有時候我們還能很幸運地在自然界中發現它以真正的金屬形式存在。

這個故事一直延續至今。在銅裡摻雜砷或錫，你就能得到青銅，一種更堅固、更適合製造成工具的金屬。把銅做成管子或容器，它的天然防腐和抗菌特性讓我們得以長期儲存食品和飲料、減少疾病和延長壽命。快轉到工業時代的歷史，我們發現銅也是一種極好的導電體，使得這種古代世界的原物料一躍而成工業世界的原物料。

今日約四分之三開採出來的銅最後被用於某種電器應用，從燈的電線到發電廠的發電機，從手機的半導體再到微波爐中的磁鐵。另外四分之一流入建築領域，並以用於管道和屋頂材料占大部分。其餘的銅有很多用於電動機；隨著世界電動汽車的熱潮興起，我們在未來幾十年將需要更多銅。

但那是未來。就目前而言，中國是主角。國家大，人口眾多，快速工業化。中國的一切都需要大量的銅，因此中國從世界各地吸盡銅金屬和銅礦石，並擁有世界二十大銅冶煉廠中的十家。

這意味中期而言銅生產商面臨黯淡的未來。銅需求和銅價格與電

氣化、營建業和運輸業的需求密切相關。而由於中國是全球電力、營建和運輸最大和擴張最快的市場，大多數生產商將面臨持續多年的虧損經營。

當然，關鍵詞是「最」。智利和秘魯在沿著阿塔卡馬沙漠的許多斷層線有世界上最高品質的銅礦，它們的單位生產成本也最低。這兩個國家共同供應了全球五分之二的需求。智利也把自己的大多數銅礦石冶煉成銅金屬，這將使它成為後中國世界的一站式供應國。從安全的角度來看，智利位於友好的區域、是拉丁美洲政治最穩定的國家，這些都是優點。但要小心那些地震。

5.3 │ 未來的原物料：鈷、鋰、白銀

鈷將是個棘手的問題。

像所有原物料一樣，鈷有許多次要的工業用途，特別是在合金中，但比起對鈷的一項巨大需求，所有這些用途都微不足道：電池——特別是攸關電力儲存的可充電電池。較大的 iPhone 每一支使用的鈷將近半盎司，而特斯拉電動車的平均使用重量則為五十磅。

你認為讓一切電氣化和綠色化是未來唯一的出路嗎？截至二〇二二年，鈷是唯一能量密度夠高的材料，高到甚至我們可能用可充電電池來擺脫氣候挑戰。如果沒有鈷，我們根本無法克服氣候的挑戰——甚至無法嘗試——但我們需要比目前所能取得的多很多的鈷。在所有其他條件不變下（當然就本書的主題來說，這是個滑稽的假設），我

們需要二〇二二年到二〇二五年間的鈷金屬生產增加一倍到每年二十二萬噸，才能趕上綠色願景的步伐。

但這不會實現——不可能實現。

與鐵礦砂／鋼鐵的關係一樣，鈷礦石精煉成金屬成品的產業也完全被包裹在中國的超額融資模式中。全球十四個最大的鈷來源有八個為中國擁有，幾乎所有的鈷提煉都在中國進行（加拿大為遙遙落後的第二名）。

更糟的是，沒有「鈷礦」這種東西。鈷是與其他材料在相同的時候和相同條件下形成的物質。全球約九八％的鈷產量是鎳和銅生產的副產品。實際情況甚至比這更複雜，因為並非所有的鎳和銅礦都含有鈷。超過一半的商用鈷來自一個國家：剛果民主共和國（一個近乎獨裁的國家，既不民主也不共和，也與任何失敗國家不同）。該國的大部分鈷都是非法生產的，由工匠採礦者（形容那些拿起鐵鍬、翻越鐵絲網、躲避會當場開槍的警衛，以偷偷刮出一些原礦的人）把他們的產品賣給中國中間人以換取幾分錢。

在一個權力日益分散的世界，剛果肯定不在「成功」國家名單上，它的未來很可能是霍布斯式的饑荒無政府國家。隨著剛果的沉淪，世界的鈷來源也將沉淪。

未來只有四種選項，而且沒有一種是樂觀的。

選項一：從第三和第四大產鈷國澳洲和菲律賓開採這些焦油狀的鈷原礦。即使把生產大規模擴大到偏遠和崎嶇的地區，澳洲人和菲律賓人最多也只能生產五分之一的世界所需。與澳洲和菲律賓關係良好的國家——主要是美國和日本——將最先取得供應，但很快這些礦源

就會耗盡。這將把這兩個最有能力穩定全球鈷供應的國家，從關心鈷供應穩定的國家名單中刪除。

選項二：有人派遣許多部隊入侵剛果民主共和國，並控制通往礦場的路線。遺憾的是，剛果的鈷礦距離海岸很遠，位於該國南部叢林深處。權宜之計是與南非合作，開闢一條一直延伸到非洲南部高地山脊的長走廊。這正是二十世紀初英國人在當地領導人塞西爾·羅茲（Cecil Rhodes）帶領下所走的路線。南非於一九一五年獨立後，約翰尼斯堡接管了修築鐵路的計畫，並在整個地區保持完全的殖民控制——包括跨越辛巴威和尚比亞等應該是獨立國家的部分。帝國的不斷干預使這條路線保持開放，一直到種族隔離在一九九〇年代初結束，此後那條鐵路加快陷於失修的速度。

選項三：找出不需要使用鈷（或至少不需要那麼多）的更好電池材料化學成分。這聽起來不錯，很多聰明的資金正追逐這個選項，但很多聰明的資金已經多年來追逐這個選項，卻沒有明顯的突破[*]。如果你們在閱讀本節時電池技術出現突破，我們仍需要超過十年的時間才能建立大規模生產的供應鏈。在最好的情況下，我們至少在二〇三〇年代前仍會被困在鈷中。

選項四：放棄綠色轉型所要求的大規模電氣化。

那麼，做選擇吧：在多個國家／地區施展老式的帝國主義，以便露天開採特定的原物料，同時剝削或射殺想分一杯羹而鋌而走險的當地人，或者放棄這些作法而繼續使用煤和天然氣。未來充滿了這麼多

---

[*]　在二〇二二年初寫本節時，特斯拉已經在中國興建一座無鈷電池廠，但只用於極低儲電量的小型車輛，因為這類車輛在美國一直找不到市場利基。

有趣的選擇。

只要我們不得不繼續使用蹩腳的電池化學成分，讓我們還是研究一下鋰吧。

鋰占據了元素週期表上的第三個位置，意味它只有三個電子。其中兩個電子被鎖在一個叫做原子內殼的軌道裡，換個有趣的說法是，它們很樂於留在家裡而不會去任何地方。這使得一個電子能夠在鋰金屬內四處溜達，任意從一個原子跳到另一個原子。電子到處移動是用一種有點非技術性的方式來描述「電」。

每個鋰原子有一個電子可以如此溜達。這很差勁。鋰是我們在地球上所能獲得的能量密度最低的材料之一，這是為什麼特斯拉汽車需要一百四十磅的鋰才能開動的原因之一——也是為什麼生產不含鈷的鋰電池是一種效率極低的綠色技術。

幸運的是，鋰的供應系統比鈷容易得多。全球鋰礦石絕大部分來自澳洲的礦場，或智利和阿根廷的蒸發池——這些來源都不會面臨後美國秩序的問題。但和鈷與鐵礦砂一樣，約八〇％的加工發生在超額融資的中國。鋰加工的未來可能類似於鐵礦砂：原物料供應線沒問題，但冶煉和加工將必須在電力便宜的新地點進行。和鐵礦砂一樣，美國、瑞典、法國和澳洲似乎是不錯的地點。

在此同時，鋰的生產值得注意的事實是，冶煉成鋰金屬和把這種金屬摻入可充電電池盒是人類史上最耗能的工業製程之一。

讓我們談一些綠色數學的骯髒面。

典型的一個一百個瓩小時的特斯拉汽車鋰離子電池，是靠中國以煤發電為主的電網生產的。這種能源密集和碳密集的製造過程釋放出

一萬三千五百公斤的二氧化碳，大約等於行駛三萬三千英里的傳統汽油動力汽車釋放的碳汙染。而且這個三萬三千英里的數字是假設以百分之百綠色科技生產的電力來為特斯拉充電。較接近真實的情況呢？美國的電網由四〇％的天然氣和一九％的煤發電。這種較傳統的發電組合將把特斯拉的「碳平衡」點延長到五萬五千英里。至少電動汽車的綠色友好程度被過度誇張了。大多數汽車——包括電動汽車——是在白天駕駛的，這意味它們在夜間充電，所以太陽能發電無法成為燃料混合的一部分*。

但就目前而言，我們有的選擇就只有鋰和鈷。它們是我們截至目前已知可以用來大規模製造充電電池的材料。我們知道我們所走的「綠色」道路是無法持續的，但在我們的材料科學改善前，我們沒有更好的選項。

白銀是偉大的現代無名英雄。我們使用白銀在珠寶、高級餐具以及政府的貨幣準備，但白銀也常用在經常被忽略的電子產品、攝影、催化劑、藥品、電信塔、噴氣發動機、電鍍到太陽能板、鏡子、海水淡化廠、鍵盤、玻璃的反光塗層等用途。如果我們的綠色科技材料科學發展到足以實現更好的電池或長程輸電線路，那麼白銀無疑的將是讓這些技術發揮作用的超導體不可或缺的材料。

在供應方面有壞消息，也有好消息。先說壞消息。中國的超級工業化和超額融資對白銀的世界造成了類似對工業材料世界的影響。大

---

* 這還不包括令人討厭的細節，像是我們在電動汽車中使用鋁是基於重量的考量，但在傳統汽車中使用鋼是為了強度——而生產每磅鋁需要的能量是鋼的六倍。即使考慮到製造車架所需的鋁較輕，保守估計電動汽車的車架碳密集程度仍然是傳統汽車的兩倍。

量國內生產、大量進口礦石、大規模加工成金屬白銀，和大量出口。

現在再說好消息。大約四分之一的白銀產量來自專用銀礦，其餘的則與鉛、銅或鋅共同生產。銀金屬——特別用於珠寶的銀——也可以回收使用。在開採、加工、精煉和回收上，白銀生產週期的地理分布很平均。因此，儘管中國在白銀供應的各階段都是大玩家——實際上是最大玩家——但它遠不及占多數的玩家總和，所以中國也沒有能力利用優勢或劣勢過度威脅其他國家的白銀供應。

5.4 │ 永遠的原物料：黃金、鉛、鉬

人類向來喜愛**黃金**！它的耐腐蝕性讓它從法老王時代早期就備受珠寶商青睞。黃金與財富的關係加上其持久的光澤，使它至今仍是人們儲存價值和當作貨幣準備的最愛。在世界大戰和美元崛起之前，黃金是大多數國家支持經濟體系的東西。即使在美元霸權時代，黃金在大多數國家的外匯準備中也往往排名第三或第四。

在現代——更具體地說是在數位時代——我們也發現黃金更多較平淡無奇的用途。黃金的耐腐蝕性和高導電性的結合使它在半導體領域有獨特的應用價值，包括用於電源管理和資訊傳輸。

工業用途？是的。個人用途？是的。政府用途？是的。高價值？是的。儲存價值？是的。美？絕對是！

然而，黃金絕對是愚蠢的東西。在人類使用的所有材料中，黃金幾乎沒有冶煉或增值的用途。你無法把黃金與更好的材料混合以獲得

更好的導電性，因為黃金已是最好的導體。你不會把黃金與較差的材料混合以降低其導電性，因為你可以使用更便宜的替代品獲得相同的結果。黃金被用於合金的唯一時機是讓你的戒指不會在佩戴時彎曲。除此之外，黃金就只是黃金。黃金就只是一種產品，沒有其他用途。黃金如此完美的有限用途，使它用於鑄造運動獎牌的用途名列它年度需求的前十名。

這使得它的供應鏈……很簡單。先是開採礦石，然後純化成高純度的金屬……然後這樣就完成了。好吧，除了一個小小的步驟。

要為黃金建立信譽或增加價值最好的方法是，找一個你信任的人、一個你尊敬的人——一個很酷的傢伙——把黃金金屬變成那些精美的商業交易金條，就像我們在〇〇七電影中看到的，或我們想像諾克斯堡（Fort Knox）裝滿的東西*。精煉廠和回收商以飛機把黃金運送到進行這個最終讓它變酷步驟的地方；黃金不會以緩慢的船運送。這些很酷的人把黃金全部熔化，檢查它的純度，鑄成那些標誌性的金錠，並在最終產品貼上他們的個人保證印記。這些重要的傢伙不是瑞士人就是阿聯酋長國的人。就像我說的：酷†。

幾十年來中國一直在努力跨入最後這個步驟。乍看之下中國似乎很有機會：它是世界上最大的金礦石來源，也是許多中游精煉廠的所在地。但企業到中國是為了大規模生產和仿冒，而不是為了獨特性和

---

* 也確實是那些東西。

† 而且是就像我說的傢伙。瑞士最大的金條生產商 PAMP 實際上發表過一項性別研究報告，基本上是為沒有很多女性在黃金精煉廠工作道歉。阿拉伯聯合大公國的黃金製造商——基本上是個厭惡女性的奴隸制國家——覺得沒有必要跟著起舞。

真實性。除非發生一連串不幸的熔煉事故殺死了上述大多數酷傢伙，否則中國將進不了這個產業的最終步驟。

在一個沒有中國的世界，最大的打擊將是礦石來源，這對黃金來說並不像對其他原物料那樣嚴重。也許黃金最有價值的特質是黃金就是黃金；它永遠不會腐蝕。視整體經濟情況而定，回收利用的黃金占「產量」的六分之一到二分之一，在經濟蕭條時期，這個數字會大幅上升。去全球化的不利影響肯定會鼓勵很多人融化那些私藏戒指。供應鏈的全球化、精煉過程很簡單，再加上金條生產最講究技術的部分發生在世界其他地方，使得中國可能被輕易地排除在整個供應鏈外。

長期以來，**鉛**一直是一種神奇的物質。容易開採。易於冶煉。容易塑形。容易合金。容易摻入任何化學混合物中以實現我們想要的任何特性。鉛特別耐受水的腐蝕。到了工業時代中期，我們把鉛用在汽車、油漆、屋頂材料、玻璃、水管、釉料、塗料和汽油。

鉛只有一個缺點：它會讓你發瘋！鉛的毒性會在大腦製造無休止的健康危害，包括引發解離症狀和暴力行為。美國從一九七〇年代開始從系統中清除鉛，並且逐步禁止在產品中使用鉛。在接下來的半個世紀，美國空氣中的鉛含量下降了九〇％以上。與此同時，暴力犯罪事件從歷史高點下降到歷史最低點。相關？絕對是。有因果關係？很可能 *。

一旦鉛從可能被攝入的地方去除，它的剩餘用途就非常、非常少：一些（不與人接觸的）金屬合金、彈藥（鉛的毒性甚至可能被視

---

* 考古學中也有一派異議觀點認為，羅馬的輸水道使用大量鉛，導致羅馬帝國晚期管理不善和分裂。真的嗎？不知道，但不無可能。

為額外的優點），以及陶瓷和一些玻璃產品。但最大的用途是鉛酸電池，幾乎是所有或大或小車輛的關鍵部件。一九七〇年代之前的電池使用的鉛占所有鉛的不到三分之一，現在它們使用五分之四以上。

從供應鏈的角度來看，這使得鉛有點與眾不同。

在擁有數十年汽車文化的先進國家，更換電池的程序附帶回收的規定。在美國等國家，約九〇％的鉛需求是由回收的鉛產品供應的。

在較晚近以中國為首的工業化國家，這個程序較不……正式。大多數中國汽車電池被收回，但只有三分之一被正式回收，其餘的似乎都淪為無處不在的仿冒行為的犧牲品，被貼上新標籤後當成新品出售。* 由於過度使用的舊鉛電池容易洩漏，而鉛依然有毒，所以這恐怕不太妙。

無論如何，大規模的鉛回收意味已開發國家可以永續前進。而如果中國發現自己無法獲得進口鉛礦石，它至少可以放心，改善回收計畫既能解決大部分的供應不足，又能創造更健康的生活環境。

接下來談**鉬**。鉬是大多數人沒有聽過的材料之一，而這有充分的理由。鉬不會出現在普通的汽車保險桿或門把手裡。鉬的價值在於它能承受極端溫度而不會顯著改變形狀。這裡說的不是八月在拉斯維加斯度假時的燠熱溫度，而是像受到凝固汽油彈攻擊時的極端溫度。如果操作得當，鉬合金鋼甚至會變成超級合金，一種即使在接近熔點時也能保持其所有正常特性的材料。

軍隊喜歡在裝甲、飛機和卡賓槍管中使用鉬。在民用領域，鉬往

---

* 我說「似乎」是因為仿冒者通常不公開他們的生產數據。

往用於極高端的工業設備和電機,和各種極堅韌的不鏽鋼中,不管是建築、車輛防滾架、高級亞洲烹飪刀,還是超高端燈泡。粉末形式的?可以用於……給花椰菜施肥*?

鉬未來的前景可能還不錯。鉬的生產要經過一系列步驟,通常隨著不同類型的礦石和不同的設施而不同,而且生產地點通常在西半球,並與冶煉合金鋼的特定鑄造廠有關。其結果是一個不容易垂直整合的供應系統,與鋁土礦的情況不同。中國人在這個領域沒有掌控的優勢。

5.5 │ 珍稀原物料:白金、稀土

成品**白金**(鉑)非常漂亮,因此經常用於高端珠寶(像是我的「你是我的終身伴侶,所以不要嘗試任何蠢事」的婚戒)。其他白金家族金屬——例如鈀、銠和銥——沒有那麼閃亮,但那絕不代表它們沒有用。

整個家族在許多需要促進或調節化學反應的應用上都是不可或缺的要角。這些用途包括、但不限於使用任何燃料的排氣系統,用途是降低排放成分的毒性;用以防腐蝕的電鍍(特別是在高溫下);牙科材料(長期下來,牙齒和人類唾液幾乎可以破壞任何東西);以及任何需要選擇性地增加或阻止電流的產品,最重要的是各類型的半導體。

---

* 是的,我因此而被嘲笑。

約世界四分之三的鉑族金屬（PGM）來自單一國家——南非——而且幾乎全都來自一種稱作布希維爾德火成岩複合體（Bushveld Igneous Complex）的岩石形態。想像一下，如果一個六歲的孩子做了一個二十層蛋糕，而且能以某種方式從底部逐層注入糖霜，還能做出……糖霜爆炸（frosting explosions）。好，現在試想用岩漿來做這一切。

那就是布希維爾德火成岩複合體。這是一種奇異的地質現象，也是我們已知在地球上其他地方都看不到的，但它的一致性和變化性的奇怪組合使它成為人類發現過的最有價值的礦石蘊藏。布希維爾德火成岩複合體實際上富含鉻、鐵礦石、錫和釩，但南非人略過這些世界級的蘊藏直接尋找好東西：鉑族礦石在這裡——而且只在這裡——以純粹的狀態存在，不與其他次要的礦石混合——像是一樣奇怪的鈦。

在發現鉑族金屬的其他地方，鉑都是其他礦石——最常見的是銅和鎳——的副產品。排在南非之後的俄羅斯也是遙遙領先的世界最大鉑族金屬生產國之一，諾里爾斯克（Norilsk）開採的鉑族金屬就占了全球近五分之一。諾里爾斯克是蘇聯時期建造的北極流放地，那裡的工人在地下一英里處工作。近年來諾里爾斯克發生了許多可怕的事，讓那裡變成了有毒廢物場和酷寒地獄之間的綜合體。

第三名到最後一名總共占五％的全球產量。

即使你能找到合適的礦石，困難也才開始：冶煉出一盎司的鉑或其姊妹金屬至少需要七噸礦石和六個月的工作。

簡單地說，如果你想要鉑或其姊妹金屬，你必須與南非人或俄羅斯人打交道，否則沒有其他管道。而如果少了鉑，你在晴朗、微風習

習的日子開汽車所排放的廢氣將比汙染最嚴重的城市霧霾還糟糕。最最難得的是：中國不是鉑族金屬原料或成品的前五大生產國、進口國或出口國。使用鉑族金屬的技術超越了中國人的能耐。

稀土元素既很複雜又很簡單。

複雜的是「稀土」不止一種。正如「元素」一詞所暗示的，稀土是一類材料，包括鑭、釹、鉅、銪、鏑、釔和銩等。

複雜的是，稀土幾乎被用於現代的一切，從太陽眼鏡到風力渦輪機，從計算機到金屬合金，從燈具到電視，從提煉石油到汽車、電腦硬碟驅動器、電池、智慧型手機、鋼鐵、雷射[*]。複雜的是，稀土是由鈾衰變或者⋯⋯星球爆炸產生的。

但稀土也很簡單。簡單的是有幾種稀土元素根本不稀有；鈰在地殼中比銅更常見。簡單的是稀土礦石通常是許多其他類採礦的副產品。簡單的是，我們知道如何從開採的混合礦石提取每種稀土元素，簡單的是，沒有人願意做這項工作。

但有兩個問題。

第一，冶煉過程需要數百個、甚至數千個分離單位（seperation units）——這個新奇的術語主要是指裝了酸液的桶子——以使每個單獨元素脫離密度相似的其他單獨元素。這個過程除了非常危險外，在一切順利的情況下也會讓冶煉廠留下很多廢物。畢竟，稀土的主要來源是鈾的放射性衰變。這一切對於業內人士來說都不是新聞。稀土冶煉技術可以追溯到第二次世界大戰前，所以這個行業裡沒有祕密。

---

[*] 「pew！pew！」

第二，中國為其他人做了所有的骯髒工作。在二〇二一年，全球約九〇％的稀土生產和加工在中國。中國的環境法規會讓路易西安那人臉紅，而中國的過度融資和補貼計畫意味世界其他地方的生產都無法在數量上競爭。中國人在一九八〇年代末開始大規模生產稀土，到二〇〇〇年代時已迫使幾乎所有其他生產商倒閉。

從某些角度來看，中國人幫了所有人的忙。畢竟，他們吸收了所有的汙染和所有風險，同時以一九八〇年以前成本的四分之一為世界提供了精煉的稀土金屬。如果沒有這些廉價而充足的供應，數位革命將走上一條截然不同的道路。大眾使用的電腦和智慧型手機可能永遠不會誕生。

問題在於，世界是否已不可挽回地依賴中國的稀土生產，以及中國因為崩潰或愚蠢而使這些生產突然消失，進而毀滅我們所有人。早在二〇〇〇年代中國就首次公開威脅日本公司（並暗示地威脅美國公司）要切斷稀土供應。

我對這個憂慮投反對票。第一，稀土的真正價值不在於礦石（它們很尋常），甚至不是冶煉（這個程序在近一個世紀前就已經完善了），而是在於把稀土金屬轉化為最終產品的部分。中國人在這方面的表現平淡無奇。中國人承擔了所有風險並補貼所有生產，但非中國公司承擔了大部分增值工作並獲得大部分回報。

第二，因為礦石並不罕見，加工也不是祕密，而且因為中國第一次威脅是在十多年前，所以南非、美國、澳洲、馬來西亞和法國已經有備用採礦和加工設施。只是他們沒有積極行動，因為中國的東西仍然可用，而且仍然更便宜。如果中國稀土明天從全球供應中消失，備

用的設施將立即啟動，並可能在幾個月內取代所有中國出口產品。頂多一年。何況使用稀土的公司不會由白痴領導，它們早已儲備了幾個月的稀土。問題當然免不了，但不會是世界末日。

稀土是世界在等待中國崩潰的好例子，而且已經準備好它發生。

5.6 │ 可靠的原物料：鎳、矽、鈾、鋅

鎳是本身用途很少的材料之一，但它在與另一種材料一起加工中扮演不可或缺的角色，並因此對每個經濟部門都極其重要。標準鋼會彎曲、生鏽、腐蝕和翹曲，並在高溫或低溫下失去一些凝聚性。但是在鋼混合物中加入約三・五％的鎳和一點鉻，你將得到一種堅固而又大體上解決這些問題的合金。我們稱呼這種合金為「不鏽鋼」，它是幾乎所有應用產品的主要鋼材。這種不鏽鋼的鍛造占全球鎳需求的三分之二以上。其他鎳合金占五分之一，電鍍占十分之一，其餘的則用於電池。

正如你可能預期，中國是世界最大的鎳礦石進口國、冶煉國和消費國，但鋼鐵無處不在和用於幾乎每一種產品的性質，意味即使是中國大規模的快速工業化和城市化也無法主導整個市場。與中國生產的鋁金屬大部分出口不同，中國人冶煉和合金鋼的大部分鎳礦石都用於國內。因此，雖然中國對鋁市場的影響是一個大問題並已經摧毀全球競爭對手的產能，但中國對鎳市場的影響「只是」高度扭曲它。

鎳是全球貿易的內爆不會自動導致其市場內爆的少數材料之一。

它的前五大生產國中有四國——印尼、菲律賓、加拿大和澳洲——在自己的鄰近區域都有銷售鎳的替代市場。前五名的最後一名——法國領土新喀里多尼亞（New Caledonia）——極可能產量大幅滑落，因為該地對想成為一個失敗殖民地或失敗國家的爭論壓倒了所有其他想法。

排名第六的是俄羅斯，俄羅斯生產的鎳幾乎全來自那個可怕城市諾里爾斯克附近的單一工業區。再加上俄羅斯日益升高的地緣政治、金融、人口和運輸問題，我不會指望諾里爾斯克能在幾十年後成為全球金屬供應的主要來源。

如果把所有情況考慮進去，鎳市場實際上可能會達成某種未來世界大部分人很陌生的東西：平衡。

我不會談太多有關**矽**的廣泛用途。用來製造玻璃的矽通常來自普通沙子。純化顯然是必要的，但我們在羅馬之前近兩千年就破解了這個程序，而且在現代不需要特別複雜的工業基礎就能大量生產玻璃。我也不會談「沙子」的另一個主要用途——非傳統石油生產（也就是「水力壓裂法」）的使用材料之一。石油公司在採用這種技術幾年後就發現，幾乎任何基本的沙子用起來的效果都很好。不，我們將專注在談加值程度高得多，而且更與現代世界日常生活息息相關的矽產品。

第一，先談好消息。真正的好消息。矽非常普遍，約占地殼的四分之一。我們經常認為矽就是沙子，而且說到沙子我們會立即聯想到海灘和湖泊，但實際上世界上大部分的矽都被鎖在石英和矽質岩中。這種岩石比沙灘沙子好得多，因為它們沒有被藻類、塑膠、皮下注射針頭或小便汙染。如果你在製造玻璃，九八％的純度是可以接受的，但矽作為實際工業材料的最低等級是九九‧九五％的純度。要達到這

個純度需要高爐，而高爐通常需要大量的煤。整體來說，這個過程並沒有那麼複雜——基本上只是烘烤石英，直到任何不是矽的東西燃燒掉——而這意味大約九〇％的第一步處理往往在俄羅斯和中國等國家完成。這些國家擁有大量過剩的工業能力，但完全不在乎環境問題。

對使用矽的大多數產品來說，這種純度品質已綽綽有餘。大約三分之一的最終產品是我們所知的矽樹脂——這個廣泛的類別包括從密封劑到廚房用具、墊圈、塗料、隆乳，用於陶瓷、水泥和玻璃的矽酸鹽。近一半的矽與鋁合金做成所謂的矽鋁（silumins），主要用於取代許多產品中的鋼以便大幅減輕重量，最顯著的例子是用於火車和汽車車架[*]。

這些產品既重要又無所不在，但它們還不是最精彩的部分。精彩的是最後兩個產品類別。

第一個類別是太陽能板。九九・九五純度的「標準」矽還不夠。在高爐中進行第二輪淬鍊後，矽的純度可以高達九九・九九九九九％[†]。第二輪比第一輪的烘烤要複雜得多。中國的協鑫集團是唯一能夠大規模管理這種純度的中國企業，占全球供應量的三分之一。其餘的來自少數已開發國家的公司。這種純矽被用在太陽能電池中，以使太陽能板發揮作用。組裝工作通常在中國完成。

第二類是截至目前使用矽的數量最龐大的半導體。一些較新的半

---

[*] 不使用大量的鋁和矽，將無法提高車輛行駛的里程。電動汽車也一樣。綠色人士注意：冶煉鋁是電力密集型的。熔煉矽、形成矽和冶煉矽合金都是高耗電的工作。製造電動汽車的車架消耗的能源大約是傳統汽車的五倍。這是特斯拉在廣告中遺漏的一系列不環保的細節之一。

[†] 那是七個九。

導體的大小幾乎達到原子等級，所以矽的純度必須達到九九·九九九九九九九九％*。但這在中國無法做到。當一些第一世界的公司製造出這種超稀有的電子級矽時，它們就會被送到東亞邊緣的某個地方，在無塵室的大桶中熔化並製作成構成所有半導體製造基礎的晶體。

在一個後全球化的世界，所有這些國際分工都是絕對行不通的。我預期中國和俄羅斯將因為安全和供應鏈簡化問題而大體上被排除在全球加工之外。太陽能和電子應用產品以外的東西應該較不成問題。初級的工作在技術上較不困難。

好消息就到此結束。地球上一半的人口可以跟太陽能板的想法說再見了。問題不在於石英。我們已經在澳洲、比利時、加拿大、智利、中國、法國、德國、希臘、印度、模里西斯、挪威、俄羅斯、泰國、土耳其和美國生產高品質的太陽能石英。問題是純化：這只在中國、日本、美國、德國和義大利進行。

但真正的問題將是半導體。世界上大約八〇％的高品質石英最終被用來製造電子等級的矽，而且它們只來自北卡羅萊納州的一座礦場。想要維持現代化？你必須與美國人相處得好。他們很快就會擁有他們從未擁有過的東西：對數位時代基本材料的資源控制。（美國人也將主導整個高端半導體領域，但這部分將在下一章討論。）

鈾有點不同尋常，因為直到晚近對鈾需求最大的國家還試圖按下炸毀地球的按鈕。人類當然還有許多解決不了的問題，而隨著美國秩序的結束，問題將愈來愈多，但至少沒有國家儲存數以萬計的戰略原

---

* 那是十個九。

子彈頭。現實甚至比聽起來更好。從一九九三年開始，美國人和俄羅斯人不但開始將彈頭與運載系統分開，而且還從這些彈頭上移除鈾芯，並將它們轉變成核電廠的燃料。到了二〇一三年完成這個百萬噸變百萬瓩的計畫時，美俄兩國已經改造了大約兩萬枚彈頭，剩下「只有」各約六千枚彈頭。

這對全球和平大有幫助？當然！但這些努力扭曲了鈾市場。美國人和俄羅斯人利用這個彈頭換燃料的計畫為他們的民用核反應爐提供動力。在美國，這些改造過的核武原料為電網提供一〇％的電力將近二十年，而由於大部分核電燃料是可回收的，使得鈾市場將在未來幾十年內持續扭曲。

如果你不是美國人或俄羅斯人，你唯一的核電燃料來源是採購鈾礦石，將其研磨成一種叫黃餅的粉末，然後加熱成氣態以便把鈾與廢礦石分離，並通過一系列離心機旋轉鈾氣，使鈾的不同同位素至少部分分離。把特定的鈾同位素分開後，你會得到一種民用級鈾混合物，大約是濃度三％到五％的裂變材料，可以加工成發電廠反應爐燃料棒。如果把它們濃縮到彈頭級的九〇％裂變水準，美國政府可能幫你開一個驚喜派對，請來一支服用高咖啡因的特種部隊，外加一些精心策劃、現場演出的精確制導煙火。

在後美國秩序的世界中，鈾作為發電燃料可能愈來愈受歡迎。一座十億瓦的燃煤電廠運行一年需要三百二十萬噸煤，而一座十億瓦的核電廠只需要二十五公噸的核電燃料濃縮鈾金屬，這使得鈾在理論上成為唯一可以空運給最終使用者的發電材料。

像打造民用核子船舶這麼瘋狂的事應該不太可能發生，或至少在

航線受到限制的情況不會發生。世界四大核電國家是美國、日本、法國和中國。我們已經談過美國。日本和法國都有能力不靠外力協助取得需要的鈾。中國的鈾來自鄰近的哈薩克和俄羅斯。只要中國還在，它就能夠取得鈾。

在取得充分鈾供應上面臨最大風險的地方，將是那些沒有軍事能力以取得鈾原料，而且位於運輸安全沒有保障的地理區的中等國家——瑞士、瑞典、台灣、芬蘭、德國、捷克共和國、斯洛伐克、保加利亞、羅馬尼亞、匈牙利、烏克蘭和韓國。名單中愈後面的國家面臨供應不足的可能性也愈高。

不起眼的**鋅**已經陪伴我們很長時間了。鋅礦石經常被發現與銅混合，而且將它們一起冶煉會產生黃銅。我們製造這種東西至少已有四千年，儘管直到最近一千年我們才真正理解其中的化學原理（銅和鋅離子可以在合金的晶格中互相取代）。

鋅的獨特之處不在於它不會腐蝕——它很容易腐蝕——而是它如何腐蝕。鋅物件的外層會迅速氧化，形成綠鏽，並阻止氧氣滲透到更深的地方。瞧！腐蝕產生保護！在一些應用中，鋅只需要存在，而不必實際上與整個金屬物體結合。例如，把鋅拴入或纏在船舵或埋於地下的丙烷罐，鋅會在完全腐蝕的同時保護丙烷罐或船舵。我知道，這太奇幻了！

快轉到工業時代的電氣和化學知識，我們已經把鋅的使用升級到更廣泛的產品。

保護上述丙烷罐的那種電子特性也使鋅成為鹼性電池中的首選成分。我們仍然使用含有大量鋅的黃銅，因為它比銅更容易工作且更堅

固，同時還保持鋅神奇的防腐蝕特性。它可以用在從行動電話基地台到水管、長號等各種東西。鋅不但容易與銅融合，它也是冷軋成片狀或壓鑄產品的最愛。我們也喜歡把鋅塗在鋼和其他工業金屬上。一旦我們決定盡可能少用鉛後，鋅就變成一種安全可靠的替代品。

鋅最大的用途——約占我們使用的一半——是在我們製造鋅腐蝕層的鍍鋅過程。這個步驟在保護金屬免受天氣和海水腐蝕方面特別有效，它被用於你每天可以看到的所有金屬上：車身、橋梁、護欄、鏈環圍欄、金屬屋頂等。

整體來說，鋅是我們第四喜歡使用的金屬，僅次於鋼、銅和鋁。在未來的幾十年裡，它將維持在這個排名。

鋅是可回收的。大約三〇％的鋅產量來自回收材料，大約八〇％的鋅能夠第二度利用。鋅礦以單獨的形式存在，在世界許多地方也與鉛一起被發現。中國是最大的鋅生產國，但幾乎所有中國生產的鋅都供自己消費。秘魯、澳洲、印度、美國和墨西哥名列前六名。其結果是一個來源廣泛、多樣化的供應系統，提供價格比銅等更知名金屬低的鋅。在一個供應系統破碎的世界，至少我們仍會有鋅。

工期原材料

原材料	產值（百萬美元）	主要用途	主要來源	主要消費國*
鐵礦砂	$280,375	鋼	澳洲 (38%)、巴西 (17%)	中國 (73%)、日本 (6%)、南韓 (5%)
鋁土礦	$4,160	鋁	澳洲 (30%)、幾內亞 (22%)、中國 (16%)、巴西 (9%)	中國 (74%)、愛爾蘭 (3%)、烏克蘭 (3%)、西班牙 (3%)
銅	$120,000	電線、電子產品、水管	Chile 智利 (29%)、秘魯 (11%)、中國 (9%)、剛果民主共和國 (7%)、美國 (6%)	中國 (56%)、日本 (15%)、南韓 (7%)
鈷	$4,200	電池、合金、工業用途	剛果民主共和國 (68%)、俄羅斯 (5%)、澳洲 (4%)	中國 (56%)、美國 (8%)、日本 (7%)、英國 (4%)、德國 (3%)
鋰	$5,390	電池	澳洲 (49%)、智利 22/%)、中國 (17%)	南韓 (46%)、日本 (41%)
白銀	$14,985	珠寶、合金、電子產品、工業用途	墨西哥 (22%)、秘魯 (14%)、中國 (13%)、俄羅斯 (%7)、智利 (5%)	中國 (6%2)、南韓 (11.2%)
黃金	$148,500	珠寶、合金、防腐蝕和高導電性鍍層	中國 (12%)、澳洲 (10%)、俄羅斯 (9%)、美國 (6%)、加拿大 (5%)、智利 (4%)	瑞士 (34%)、美國 (12%)、中國 (12%)、土耳其 (10%)、印度 (9%),
鉛	$10,440	電池、合金、工業用途	中國 (43%)、澳洲 (11%)、美國 (7%)、墨西哥 (5%)秘魯 (5%)	南韓 (36%)、中國 (30%)、荷蘭 (6%)、德國 (6%)
鉬	$7,540	硬化鋼、合金、工業潤滑劑	中國 (40%)、智利 (19%)、美國 (16%)	中國 (22%)、南韓 (11%)、日本 (10%)
鉑系元素	$20,718	電子產品、金屬電鍍、觸媒	南非 (50%)、俄羅斯 (30%)	美國 (18%)、英國 (15%)、中國 (13%)、日本 (11%)、德國 (11%)
稀土	$210	消費者產品和電子產品，包括面板、智慧型手機、可充電電池	中國 (58%)、美國 (16%)、緬甸 (13%)	日本 (49%)、馬來西亞 (17%)、泰國 (5%)
鎳	$29,700	合金（不鏽鋼）、金屬電鍍	印尼 (30%)、菲律賓 (13%)、俄羅斯 (11%)	中國 (74%)、加拿大 (6%)、芬蘭 (6%)

矽	$18,502	玻璃、矽材料、陶磁、塗層、半導體、太陽能電池	中國 (68%)、俄羅斯 (7%)、Brazil (4%)	中國 (34%)、日本 (21%)、台灣 (10%)、南韓 (8%)
鈾	$2,565	燃料、武器、研究用途	哈薩克 (41%)、澳洲 (31%)、納米比亞 (11%)、加拿大 (8%)	＊＊
鋅	$35,100	防腐蝕合金、顏料、防曬乳	中國 (35%)、秘魯 (11%)、澳洲 (10%)	中國 (27%)、南韓 (15%)、比利時(10%)、加拿大(7%)

＊各數字代表精煉品終端使用國的消費。以鋰和稀土為例，中國是主要礦石消費國，但向其他製造出口加工
和精煉材料的國家出口精煉品。

＊＊由於鈾使用的敏感和戰略性質，公開報告的數據無法準確反映全球消費量。

資料來源：USGS, OEC, UNCTAD, World Nuclear Association

© 2022 Zeihan on Geopolitics

5.7 | 世界就是這樣結束的

在美國領導世界秩序期間——也是人類歷史上前所未見、短暫但極其重要的一段時間——所有這些材料和更多材料都在一個基本上自由公平的全球市場上流通。它們的可得性不但是我們現代生活的基礎，而且形成了一個良性的迴圈。美國秩序建立了穩定，進而促成經濟成長，帶來技術進步，並讓全世界得以取得這些材料，使它們能被納入現代的產品、現代性和生活方式中。

在美國秩序下，競逐原材料的唯一方法就是爭取市場通路。入侵他國以獲取原物料被明文禁止。你必須為取得原物料付錢。因此，資本雄厚的系統享有最好的市場通路。亞洲人的超額融資模式有點像作弊：中國的鉅額融資系統往往吞沒市場上的所有東西。

如果沒有美國秩序的規則和約束，光靠金錢無法打通市場通路和

取得原物料。

沒有美國秩序，一切都會解體。這比聽起來要糟糕得多。

在過去七十五年的美國秩序下，攸關我們現代生活的重要材料清單已擴增一個數量級以上。除了美國將保有進出西半球和澳洲的通道，和到達世界任何地方的軍事能力外，沒有其他國家能獲得所有必要的材料。它們實在是太分散，或者太集中了。幾個擁有國內礦藏或強大軍事能力的國家可以嘗試獲得這些材料，但這份清單很短：英國、法國、土耳其、日本和俄羅斯。對於其他國家來說，它們面對非常真實的風險，不但可能倒退回一九三九年以前的經濟和技術水準，甚至回到工業革命之前的時代。如果你缺少工業原材料，你將無法實現工業成果。出於需要，礦石、加工材料和／或成品的走私將成為一項蓬勃發展的生意。

這種分權的核心原因是美國人對維持世界秩序已不感興趣。美國人可以在沒有大規模軍事干預的情況下取得他們需要的東西。這不造成大多數國家厭惡的那種美國重度介入，反而會讓大多數國家感到害怕美國將大規模脫離。只要涉及全球超級大國，就一定會有一些規則。但在美國人拒絕參與的世界中，我們面臨不穩定的區域競爭，不穩定的競爭意味著不穩定的材料獲取，也意味著不穩定的技術應用，更意味著不穩定的經濟能力。我們很可能在競爭加劇和戰爭的情況下，經歷急劇的經濟和技術衰退。

所以這就是一切分崩離析的情況。現在讓我們轉向我們如何可能把它們重新組合起來。

CHAPTER 6

製
造

台灣是一群小魚。
或者，考慮到台灣商業環境的競爭有多激烈，
稱它為一群「食人魚」更貼切。

6.1 | 打造我們熟知的世界

二〇二一年是全球化時代下一個奇怪的年份。我們短缺一切：衛生紙、手機、木材、汽車、調味醬、果汁盒……印刷這本書需要的紙張！

一切都是新冠病毒惹的禍。

每次我們封鎖或開放時，我們都會改變我們消費的東西。在封鎖期間，我們會消費更多用於家庭裝修和電子設備的材料，以便我們在家有事可做。在開放時，會有更多人去度假和上餐廳。每次改變都需要全球性的工業重新整備，以滿足不斷變化的需求。每當我們遭到新變種病毒攻擊，或新疫苗推出，或新反疫苗抗爭時，我們的需求就再次改變。每一次我們的需求改變都需要一年的時間才恢復正常。

這不是一件愉快的事，但這比起即將發生的事卻微不足道。二〇二一年的供應鏈問題主要與需求劇變有關。但去全球化帶來的供應不穩定將輕易擊敗我們。

想想以下「簡單」例子中的弱點：藍色牛仔褲。

截至二〇二二年，美國最大的牛仔褲供應國是中國、墨西哥和孟加拉。如果回溯前一步的加工，這些牛仔褲使用的粗斜紋棉布很可能是在西班牙、土耳其或突尼西亞，以德國開發和製造的化學品染色的。至於布料的紗線來自哪裡，那將是印度、中國、美國、烏茲別克或巴西。再往前一步，棉花可能來自中國、烏茲別克、亞塞拜然或貝南（Benin）。

但故事並未就此打住——或從此開始。你最喜愛的皮鞋背後的設計工作可能發生在美國、法國、義大利或日本……雖然許多新興國家正在展現它們的設計才能，特別是孟加拉正積極投入這項腦力工作。

當然，牛仔褲牽涉的不只是布料、顏色和款式，還有銅和鋅鉚釘與鈕釦。它們可能來自德國、土耳其或墨西哥（雖然老實說，這些東西可能來自任何地方）。鍛造那些閃亮水鑽所需的礦石可能來自巴西、秘魯、納米比亞、澳洲或中國的礦場。拉鍊呢？如果你想要一條順暢的拉鍊，日本是首選。猜猜最容易出現障礙的拉鍊來自哪三個國家。然後是縫線，那很可能來自印度或巴基斯坦，但這又是一種來自哪裡都無所謂的產品。最後，由工人完成最終產品並縫上「XX 製造」的地點。通常，這些地點不提供原物料或零組件，而只是組裝東西。每一件牛仔褲至少經由十個國家的工人觸摸過。千萬別用水鑽黏著器在你的屁股上黏閃閃發光的水鑽——那組小工具的原材料系統實際上牽涉到太空旅行。

如果你深入探究技術面，我們現在談到的都只是「面向客戶」的一面。縫紉機當然不是憑空冒出來的，它們使用來自世界各地的銅、鋼、齒輪和塑膠。來回運送這一切的船隻也是如此。

而它的用途只是製作衣服。一部電腦平均有一萬個零部件，其中有些零部件本身是由數百個元件組成。現代的製造幾近瘋狂。我愈了解這個行業就愈不確定它的極限在哪裡。現代的製造也極其脆弱，很容易受到脫序所造成的各種破壞的影響。

造就這一切和更多可能性的技術名詞是「中間產品貿易」。實際上它就是全球化的體現。

從歷史上看，中間產品貿易向來是一個大禁忌。這需要一些解釋。

同樣的，讓我們從頭說起。

從零開始

最早的兩種有重要意義的製造技術是任何玩過席德・梅爾（Sid Meier）的《文明帝國》（Civilization）遊戲的人都很熟悉的技術：陶器和銅。燒製陶器使我們能夠儲藏收穫以備歉收季節使用，而銅是我們鍛造工具的第一種金屬，包括最早用來協助我們收穫小麥的鐮刀。製造這兩類產品所需的設備並不特別複雜。黏土可以用手塑形（或者用陶輪），而銅可以從礦石冶煉出來，方法是在——你猜對了——陶罐中加熱。一旦有了銅金屬，只要加熱就可以用石頭把它打造成你想要的形狀。早期的製造出現在退休人士的陶藝課上一點也不會顯得突兀。

慢慢地，我們在工藝材料和開發新材料方面都愈來愈在行。銅鐮刀讓位給青銅鐮刀。陶罐讓位於陶瓷罐。青銅長矛讓位給鐵劍。木製杯子讓位給玻璃瓶。羊毛線讓位給棉布。但從文明萌芽期到十八世紀的一切都共有一個特徵：有組織的簡約。

當時沒有家得寶（Home Depot）可以購買零件。大多數東西都得自己做。幸運的話，你有一個鐵匠鄰居，但即使是他的供應系統也與複雜性無關。那只是一名鐵匠、一間店鋪、一把鎚子、一些鉗子和一桶水。如果他想到未來，他會請助手和學徒……就只是如此。這種家庭手工業面對極端的限制。像這類鐵匠和技術工人不能直接到城裡的

廣場招聘勞動力；他們必須自己訓練這些人。所以有很長時期沒有快速的技術進步，也沒有快速的產能擴張。

工業革命以三種關鍵方式讓情況為之改觀。

第一，工業革命不僅給了我們鋼——比鐵不易碎裂、更容易加工、更耐用——它帶給我們大量的鋼鐵，讓工人無須自己買原材料來鍛造。在這個麻煩、昂貴、危險的步驟解決後，技術工人就能專注於增添價值和進一步專業化。在人類歷史上，多個領域的專家首度可以進行有意義的合作。互動帶來了進步。

第二，工業革命為我們帶來了包括工具和模具方面的精密製造。家庭手工業的主要缺點之一是沒有兩個零件完全相同，因此沒有兩個成品完全相同。如果有什麼東西壞了，沒有可即時更換的零件。不是整個東西被拋棄，就是要帶到熟練的鐵匠那裡製作全新的訂製零件。這在戰爭中特別惱人。毛瑟槍很棒，但如果一個零件故障，留下的就是一根昂貴的低品質棍棒。精密度的進步最後跨越了這個限制。現在我們可以一次製作幾十個完全相同的零件，或幾千個。製造在人類歷史上首度有了規模。

第三，工業革命帶給我們化石燃料。我們已經介紹過它們在發電方面和讓我們超越肌肉和水力扮演的角色，但石油和煤的用處遠不止如此。這兩種「電力燃料」的衍生物通常完全與能源無關：油漆、顏料、抗生素、溶劑、止痛藥、尼龍、洗滌劑、玻璃、油墨、肥料和塑膠。在人類歷史上，我們第一次不像從青銅到鐵那樣向前邁出一「小」步，而是經歷了材料科學應用的爆炸式成長。

這三項進步彼此密切契合。技術工人不再需要精通每一步驟，他

們可以只專精於一兩個步驟。於是，愈來愈多樣的技能組合和愈來愈複雜的產品紛紛出現。將這種高超的技術能力應用於更大規模，造就了幾乎任何產品的大量生產。於是，裝配線、機械、汽車和電話應運而生。把這些概念應用於數十種新材料，整個人類的情況從此完全改觀。於是，現代醫學、高樓大廈、先進農業誕生了。整體而言，這三項進步——專業化、規模化和產品的普及化——改變了各種可能性，使我們第一次真正見到我們今日所知的製造。

但仍然有很多限制。不是每個地方都有好煤或好鐵礦石，或其他工業材料。貿易仍然是不可靠的生意。如果你仰賴一個外國主權來獲得你需要的東西，那不只是與你信任一個外國主權有關，而是與你將必須一直信任所有外國主權有關。能進入任何供應鏈的任何部分的任何力量，都可能破壞整件事情，而且往往是無意中造成的。出於必要性和實用性，所有類型的製造都應該留在國內。

這很自然地使某些地理區受益。靠一支只有一個技術工人的勞動力是不可能達成規模經濟的。工業化使能做到兩件事的工業工廠得以發展，一件事是這些工廠能藉由讓每個工人專精於一種特定工作來倍增他們的工作量，另一件是讓非技術工人進來在裝配線工作。

隨著工業技術的突破，問題變成：這個工業工廠能擴張到多大？技術工人能變得多專業化？在你自己的系統中，你可以拓展到多大領土和多少人口？在了解這個問題時，舊的運輸數學扮演一個角色。在前工業時代，任何可以流通貨物和人員的地理區現在都可以流通中間產品。除了所有其他優勢外，擁有良好國內地理條件的帝國系統現在都可以建立製造業，實現其他國家夢寐以求的規模經濟。

第一個真正的大贏家是有許多運河的英國，接著是德國魯爾河谷，最後則是美國鋼鐵帶。不足為奇的，這些工業中心之間的經濟競爭是一八五〇年到一九四五年間地緣政治遊戲的核心。

儘管英國、德國和美國的體系龐大而且重要，地緣政治把它們的規模經濟限制在自己的邊界內。一直到第二次世界大戰結束後，整個地球才結合成一個單一系統，並把全球海洋轉變為一條巨大、安全的可通航水道。美國保證所有國際貿易的安全，防止聯盟成員相互交戰或建立殖民帝國，並向所有共同利益的各方開放美國消費市場，使那些從未夢想過工業化的國家突然可以工業化。一時之間，那些有優越地理條件的「安全」地方不得不與過去落後、未工業化的地方競爭。

規則改變了。製造也隨之改變。定義成功的新標準出現了。

它如何運作，為什麼有效

經濟發展變幻莫測的原因之一是，這個過程對每個國家來說都不一樣。英國最先，法國和低地國家其次，德國第三，美國的經濟大約第四發展，接著是日本。但因為牽涉的技術不斷在發展，所以即使在這批率先發展的國家中路徑也有所不同。英國的進程很慢，因為英國人實際上邊做邊嘗試各種新事物。

德國的發展要快得多，但不是因為英國人很好心做其他國家的開路先鋒。德國位處地緣政治的高壓鍋，四周環繞著戰略和經濟的競爭對手。更糟糕的是，萊茵河、多瑙河、威悉河（Weser）、易北河和奧得河（Oder River）周邊的德國土地都只是鬆散的相連。較整合的鄰

國很容易分裂德國。如果德國無法把每一個經濟發展過程推到極限，它就將不堪重負。因此，十九世紀末和二十世紀初的德國工業化經驗都極其狂熱。

在創造資本和建立供應鏈方面，德國也比英國具有一些顯著的地理優勢。德國的河流系統——特別是德國西部的萊茵－魯爾河系統——是世界上最密集的天然通航水道網絡。它是工業化的完美條件。特別是魯爾區擁有一些歐洲最好的煤蘊藏（沒有那些阻礙英國人的討厭地下水位問題）。整體來看，德國的工業化與其說是曲折緩慢，不如說是「我想有人在跟蹤我」的慢跑。

另一方面，美國人的進程要慢得多——幾乎和英國人一樣慢——但原因卻截然不同。雖然德國的工業化進程直到一八三〇年代才真正開始，但真正激烈的部分是在一八八〇年到一九一五年間——遠比人類的一生還短。在美國，這個過程的開始——鐵路時代的開始——同樣是在一八三〇年，但美國城市直到一九三〇年代才完全工業化，而美國農村遲至一九六〇年代才做到。在許多方面，美國人的經歷與德國的經歷相反：沒有地緣政治壓力，所以沒有必要加快速度，而且德國有很密集的工業、河流和人口足跡，但美國人散布在四處。美國的可用土地面積大約是第一次世界大戰前德國可用土地的二十五倍，而且美國人在第二次世界大戰之前沒有任何類似國家工業政策的東西。

對於美國人來說，一切都是——向來都是——閒散優雅的。

日本是第一批的後來者，一直到一八六八年的明治維新摧毀了舊封建秩序後，日本才真正動起來，但和德國人一樣，日本人是出於必要而迅速前進。日本本土列島幾乎缺乏所有想像得到的原物料，不管

是石油還是鋁土礦，因此日本別無選擇，只能建立一個帝國，以確保工業化所需的材料。由於這意味要搶別人的東西，日本人別無選擇只能迅速行動。

韓國人是日本擴張的早期受害者，一直到廣島和長崎原子彈爆炸後才脫離殖民地地位。然後韓國人扮演美國秩序最熱情的參與國之一，變成第二波工業化大浪潮的先鋒。他們的工業化進程最貼切的形容是恐慌的衝刺。即使在今日，韓國人也迫切希望保護自己的主權免受日本的一切影響。韓國人就是那種因為沒有夠大的乾船塢來建造超級油輪，所以把船分成兩個半艘船，然後在兩個半艘船周圍建造乾船塢來完成造船計畫的人。

東南亞國家各走各的路。基於類似的原因，新加坡走了幾乎和韓國一樣的道路，其中日本的反派角色由馬來西亞扮演。越南把政治統一放在比經濟發展優先的地位，因此直到一九九〇年代才逐漸脫離前工業化的貧窮……胡志明市（舊名西貢）除外，該市在一世紀前已由法國資本實現工業化。即使在二〇二二年，越南給人的感覺不但像是兩個不同的國家，而且更像兩個不同的星球。歷史上對擊退入侵者向來很有信心的泰國（泰國的核心地區被叢林山脈環繞），在現代化的進程和結果方面都介於新加坡和越南間。

這些從同樣的經濟理論得到的不同實際結果所呈現的是，並非每個國家都處於相同水準，或是以相同的速度前進。這可能造成很糟糕的後果，一些走在前面的國家經濟系統在生產力、財富和多樣化上往往更有實力，而且可以利用這種實力來宰制較不先進的系統。歡迎來到殖民主義——不管是不是新殖民主義。

但差異也可能很大，因為如果宏觀戰略條件不允許傳統的殖民主義——例如美國領導的全球秩序——那麼製造業整合就會有很多問題。

在美國秩序的地緣戰略環境變化和貨櫃化航運的興起下，自古以來阻礙跨邊界整合的安全和成本問題終於獲得解決。

在任何有多個部件的產品製造中，都有提高效率的可能性。拿一些很簡單的東西來說：木製陀螺。它有圓錐形的身體和軸芯，通常是黏在一起。雖然我們可以合理地預期由錐體和軸芯由同一個木工製造，但木工可能沒有製造膠水。所以這裡牽涉兩種不同的技能組合，兩個不同的價格點。再加上油漆錐體，牽涉的技能就有三種了。

將分工的基本概念應用於手機：螢幕、電池、變壓器、線路、感測器、照相機、數據機、資料處理器、系統整合晶片等（最後一項是一個精密的裝置，裡面包括視訊處理器、顯示處理器、圖形處理器，和手機的中央處理器）。沒有人會期望一名工人能製造所有這些，尤其是系統整合晶片。沒有人會期望做相對低技術布線的工人與測試感測器的工人報酬會相同。想像一下，如果所有的零組件都是在日本製造的，這個國家的人均所得約為四萬一千美元。系統整合晶片非常精密——它應該很精密，因為日本人擅長複雜的微電子工作——但我們無法想像會有日本工人從事操作塑料射出系統以生產手機外殼的工作，並賺取每小時一美元的工資。那就好像女神卡卡（Lady Gaga）教四歲小孩的鋼琴課一樣。她能做這種工作嗎？當然能。我敢打賭她會做得很好。但是沒有人會為了她一個小時的工作而支付她五萬美元*。

---

* 至少產油國酋長、虎媽（tiger parents）和超級活潑型同性戀老爸的文氏圖（Venn diagram）重疊部分很小。

廉價、安全運輸，加上幾乎無窮無盡的勞動力多樣性，使製造商得以把供應鏈拆分為更複雜、更分散的步驟。

如果你要追蹤汽車的整個供應鏈，你需要花不少功夫和預算，但以下是個簡要版：

包括鉑、鉻和鋁的金屬；纏繞和焊接的電線；全套診斷與性能增強電腦系統；製造輪胎的橡膠；石油成分製造的合成織物；車內裝潢的塑膠；玻璃和鏡子；齒輪和活塞；滾珠軸承，以及可以把收音機調到最高十一的射出成型旋鈕。這些零件以及我未列出的標準小汽車的三萬個其他零件中的每一個，都各有專門的勞動力和供應鏈。每個零件都必須由專門的工人組裝成中間產品（空調機、引擎、燈等），然後再由專門的工人組裝成另一個中間產品（儀表板、車架），如此一直持續到整個複雜的過程來到最終的組裝。美國汽車製造商福特的供應鏈是現有最複雜的供應鏈之一，涉及超過六十多個國家的一千三百家直接供應商，總共有四千四百多個生產地點*。

每一個步驟都擴大對原材料的需求。每一個步驟都擴大原材料流動的分化。每一個步驟都擴大對支援的基礎設施的需求。每一個步驟都擴大對作為燃料的石油需求。這一切都發生在一九五〇年代、一九六〇年代、一九七〇年代和一九八〇年代，發生在美國人及其核心冷

---

* 事實上，這還只是其中的一部分。如果最終組裝是在中國重慶進行，汽車將被經由長江運送八到十一天，然後在上海停留幾天再被運往洛杉磯，航行時間為二十天，接著被裝上火車前往區域配送中心，最後就是你在州際公路上常看到的專用卡車，把汽車從鐵路站場運送到經銷商。即使汽車組裝完成，仍需要大約六週的時間才能到達銷售點。組裝和運輸也不是「一切」。船運的保險可能來自倫敦，而確保油箱蓋不會在睡夢中謀殺你的規定來自歐盟。（歐盟的怪異法規比加州更惡名昭彰。）

戰盟國的所有生產活動中，但在冷戰結束後，分化的範圍才變得真正全球化，步調也加快到有如閃電般的速度。

這種複雜性和增值如今已體現在每一種製造產品上。其結果是，在一九九六年後的二十年裡──包括大衰退（Great Recession）時期──全球海上貿易量增加為兩倍，價值則增加為三倍。

在冷戰後的全球化世界中，一切不只是變得更大，也變得更快。

及時（Just-in-Time）生產管理

在一九七〇年代之前，採購中間產品的唯一方法是透過大量採購。在貨櫃之前的時代，運輸不但更昂貴，而且在組織上也很麻煩。兩次購買之間的時間會拖得更久，因此一次購買大量貨品囤積在倉庫更具成本效益。倉儲並不便宜，但是比每次下小量訂單卻容易受交付時程不穩定影響更划算。更重要的是，庫存是為了防止最糟糕的事情發生：萬一你因為用完了特定的小零件而不得不停止生產。

貨櫃化讓情況為之改觀，讓運輸更可靠，使公司能夠把庫存推回船上，並使較小的訂單能夠以更合理的成本生產。特別是豐田公司意識到，隨著運輸的常規改變，製造業可以從大批量模式演進為穩定的產品流。這種新的「及時」庫存系統允許公司在短至一個月之前，下可供應幾天需求的小零件訂單，讓這些新供應在上一次的訂單用完時到達。

這種系統有幾個好處。

最重要的是幫助企業保持現金流。簡單地說，公司的庫存愈少，

在任何時間占用的現金就愈少，使公司能夠利用節省下來的錢做其他事：有用的投資、產能擴張、工人培訓、研發等。以 iPhone 為例來了解這一點。蘋果在二○二○年共出售九千萬支 iPhone。透過及時系統從每支 iPhone 節省一美分成本就可以總共節省一百萬美元。光是在二○○四年，這種庫存方式就為美國公司節省八百億到九百億美元。

在全球化體系中，供應鏈不只是達成規模經濟，而且它攸關撮合經濟與勞動力的每個部分和流程，以便在盡可能短的時間內最有效處理工作。讓現代電算、電話和電子成為可能的眾多因素之一是，世界充斥著處於發展道路不同階段的勞動力和經濟體，而且宏觀戰略環境使所有這些不同的系統能和平、順暢地互動。

及時庫存管理是人類生產足夠剩餘食物以支援有分工能力者──例如曾經很重要的鐵匠──的合邏輯結論。與中間產品的製造和貿易一樣，及時系統得以實現只是因為全球運輸系統變得如此可靠。

這就是如何和為什麼，讓我們再談談哪裡。

6.2 ｜ 現在的地圖

東亞的製造業

首先，東亞是製造業的樞紐，主要歸功於美國領導的秩序。

當美國人為所有人提供自由和安全的海洋後，運輸成本就開始迅速下降，使製造公司不但搬遷到大城市或舊河流循環系統以外的地

方，甚至完全遷出主要經濟體。任何能建造港口和周邊基礎設施的國家，都可以參與低技術、低附加價值的製造業、食品加工和紡織品、水泥、廉價電子產品和玩具的世界，同時建設自己的工業廠房和技術組合。再加上貨櫃化使這個過程進入了高速發展階段。在一九六九年，第一條全年航行的貨櫃航線從日本到加州開通，使日本對美國的出口成長了近四分之一。

亞洲人把西方的消費視為他們通往穩定和財富的道路，並藉由出口導向的製造業重新塑造了他們的經濟和社會規範。日本率先完成這個過程，台灣、南韓、東南亞和中國也很快跟上。數十年的出口、成長和穩定使這些參與的國家穩步攀升到價值鏈的上游。例如，日本從生產廉價的音響*發展成生產一些世界上最先進的工業技術。台灣是塑膠玩具的發源地，但現在製造世界上最先進的電腦晶片。中國在二十一世紀初才真正進入這場競賽，但現在已成為明星。與其他亞洲國家相比，中國擁有更低廉的國內運輸，投入更多資源到經濟，以及擁有比亞洲其他地區總和更多的勞動力。

以下是截至二〇二二年亞洲製造業的明星國家：

日本、韓國和台灣幾乎處理所有高附加價值的製造工作，包括從白色家電、汽車到機械。這三個國家真正擅長的是顯示器和半導體，其中最顯著的是設計和製造高性能晶片。韓國人尤其專精於行動電話。

日本人和韓國人都透過龐大、垂直整合的企業集團來運作，分別

---

* 有人買過 Sanyo 隨身聽（Walkman）嗎？

是日本的經連會和韓國的財閥。想想豐田和三菱、三星和LG。這些企業集團跨足所有行業。舉韓國SK為例，它是煉油、石化、薄膜、聚酯、太陽能板、液晶顯示器和發光二極體（LED）燈、標籤、電池元件、動態隨機存取記憶體（DRAM）和快閃記憶體晶片的主要玩家。另一方面，SK的建築、土木工程、資訊科技和行動電話服務（與手機製造不同）業務也蓬勃發展。這些是大鯨魚！

對照之下，台灣是一群小魚。或者，考慮到台灣商業環境的競爭有多激烈，也許稱它為一群食人魚更貼切。台灣人培養的少數幾家大公司——例如半導體領導廠商台積電——比世界級公司更傑出，部分原因是它們利用了數千家小公司的技能，而這些小公司各自高度聚焦在廣泛半導體業中很小的部分。基本上，外國公司或聯發科等大型台灣公司會把各種新晶元設計的小改進發包給這些小公司，而這些小食人魚則會想盡辦法為整體製程的一小部分創造進步。然後，較大的公司再把整個台灣研發團隊的一流成果結合起來，製造出世界上最好的晶片。沒有一種附加價值比這更高了。

在品質和價值的量尺上墊底的是中國，儘管中國已經投入多年的精力和無數資金，但截至目前仍無法打入高端市場，甚至無法製造生產大多數中端市場產品的機器。雖然中國的低成本勞動力使中國人能夠支配產品組裝，但幾乎所有高端零件（以及相當數量的中端品質零件）都從其他地方進口。中國製造的產品——不同於組裝產品——往往是低端產品：鋼鐵、塑膠以及任何可以壓鑄或射出成型的東西。

從許多方面來看，中國正在倒退。自二〇〇六年以來，中國製造業生產占GDP的比率一直在下降，從企業獲利率看，這可能是中國

生產效率的高峰年。

中國原本應在二〇〇〇年代末期變成一個製造業失去競爭力的國家，因為它已耗盡了沿海地區的勞動力。但沿海地區從內陸進口了至少三億——甚至多達四億——名勞工[*]。這為中國經濟延長了十五年的壽命，但付出的代價是沿海各地區間和沿海與內陸間的硬體建設、所得的高度不平等，以及工業發展水準的巨大差距。

這也使得中國想建立一個國內導向、消費驅動、與國際隔離的經濟目標根本不可能實現。所有中國出口產品的收入很少流向工人（尤其是來自內地的工人），因此很少可以用於消費。中國現在面臨沿海人口迅速老齡化因而消費需求有限的問題，而最重要的則是人口尚未重新增加。沿海人口與來自內地的大量移民階級形成鮮明對照，後者生活於半非法的環境，在極度擁擠和近乎貧民窟的條件下長時間辛苦工作，而且無法再增加人口。相對的是一個人口空虛的內陸，其經濟活動主要來自國家對經濟效益可疑的工業工廠的投資，而且因為人口太老而無法再重新增加人口。這一切都發生在一個數十年來實施一胎化政策和鼓勵性別選擇性墮胎的國家，因此根本沒有足夠的四十歲以下婦女來重新填補這個國家的人口。

連續的高速成長浪潮——集中在世界可以看到的沿海地區——使中國的崛起似乎不可避免。現實情況是，中國借用了內陸地區的人口，以實現從歷史上看非常短期的提振。別相信任何人告訴你中國人善於長期規劃。在中國三千五百年的歷史中，他們的帝國沒有損失大

---

[*] 這個數字難以確定的原因是，中國的大多數國內移民嚴格說都是非法的，比從中美洲移民到美國還非法。

片領土的最長時期是七十年。而那正是現在——一個由中國人無法控制的外部力量創造的地緣政治時代。

回到中國製造業這個主題：是的，中國的勞動力已變得更有技術含量，從二〇〇〇年以來效率也許增加了一倍，或者如果更寬容地解釋數據，甚至是增加了兩倍。不過由於中國的人口崩潰加速，勞動成本卻上漲了十五倍。自二十一世紀展開以來，中國經濟成長的大部分來自過度融資的投資，而不是出口或消費。

這當然不是說中國無關緊要或落後，這只是告訴我們中國能做什麼和做不了什麼。擁有十億名工人投入工作和大量補貼一切，使中國成為低端之王和組裝皇帝。如果你想要一個互聯網肉品溫度計告訴你的智慧型手機你烤的肉有多熱，來自中國的一片廉價晶片就能做這件事。如果你想要一支精密的智慧型手機，以便把你修改過的視頻發布到抖音，你最好到台灣海峽的另一邊找晶片。

泰國和馬來西亞在從電子到汽車，當然還有半導體的各領域形成了一個中間層。它們很少進行組裝，而是專注於較吃力和較花體力的工作。如果說日本人、韓國人和台灣人建構大腦，中國人打造身體，那麼泰國人和馬來西亞人就是把內臟拼湊在一起，例如汽車、起重機和氣候控制系統的佈線、中層處理器，和半導體。菲律賓做的是甚至對中國來說都太低端的工作。另一方面，新加坡已經發展成為一個以太的、超凡脫俗的存在，擅長金融、物流、高端石化、軟體和製造業，而且精密到可以用在無菌實驗室的內部作業。

在邊緣的是正在為自己尋找利基的新玩家。擁有二億五千萬人口的印尼正在一點一點跨入中國的地盤。越南希望利用其密集的人口集

群、優良的港口、快速發展的教育系統，和由上而下、不允許異議的政治制度，以完全超越中國，成為下一個泰國。擁有無窮盡國內變異的印度，希望從一切分一杯羹。

公平地說，上述內容大大低估了亞洲體系的複雜性。想想美國加州範圍內的各經濟體。舊金山是旅遊和金融中心，也是美國經濟最不平等的都市區。矽谷設計和發明了亞洲各國製造的許多產品——甚至在高科技的日本——但它必須進口一切：混凝土、鋼鐵、電力、食物、水、工人。洛杉磯廣大的市區容納了大量小規模工業工廠。中央山谷既是農業重鎮，也有許多美國最貧窮的社區。而這只是一個州。

類似的模式和多樣性也存在於亞洲各地，尤其是在廣大的中國大陸。大香港和大上海是截至目前中國的金融和技術中心。華北平原——中國一半以上人口住在這裡——大體上是身體而非大腦。提供你參考，美國最富有和最貧窮的州——馬里蘭州和西維吉尼亞州——的人均收入差距不到二比一。在中國，最富裕和最貧窮地方的差距——最都市的香港和最農村的內陸甘肅省——幾乎是十比一。即使是這個比率也低估了協同效應的可能性。自一九九五年以來，中國的主要城市增加了約五億人，其中大部分來自中國極端貧窮的內陸地區，使得超低成本的勞工淹沒了每個城市中心。不只是國內有成本不一和品質參差的勞工，而且充斥於每個城市。難怪中國會變成世界工廠。

結合中國國內多樣的選擇性和亞洲各地多樣的選擇性，得出的結果就不足為奇了：全球一半的製造業供應鏈位於世界的這個角落，以及全球約四分之三的電子、行動電話和電腦產品來自這裡。

要讓它持續運作只需要一個戰略環境，使船舶能夠在沒有風險的

情況下航行，讓該地區無數的勞動成本結構能順利運行，以完美的協同作用製造出產品。

更智慧、更好、更快……為了出口

在許多方面，歐洲是東亞體系的重新詮釋，只是規模較小，多樣性也較少。歐洲國家向來偏好在自己國內實行一定程度的經濟平等主義，因而減損了在國內兼容並蓄高工資和低工資結構的潛在好處。

由於歐洲總人口「只有」五億人，所以理論上沒有能力建立一個像中國這樣龐大、多樣、擁有十四億人口的經濟體系。但歐洲確實有像日本、韓國和台灣的國家（德國、荷蘭、奧地利和比利時）。它也有自己的泰國和馬來西亞（波蘭、匈牙利、斯洛伐克和捷克）。

它甚至有以獨特的歐洲方式做出貢獻的依附國。羅馬尼亞、保加利亞，尤其是土耳其在這方面有點像越南——是的，它們的工資很低，但所有這些國家（特別是土耳其）在產品品質方面的表現往往令人驚喜。西班牙處理了很多關於金屬成型的繁重工作。

義大利……就是義大利。與北歐人不同——北歐人很早就透過擴大河谷上下游的管轄成為愈來愈大的政治體來整合他們的人民，因此很自然地接受像是供應鏈這類東西——義大利人從羅馬崩潰到十九世紀後期正式統一前，是一系列互不相連的城邦。義大利製造業是地方性的，與其說是一個產業，不如說是一個藝術特產。義大利人不採用組裝線，甚至不做區域整合。他們不製造，而是打造。因此，任何來自亞平寧半島（Apennine Peninsula）的產品如果不是在品質和美觀上

令人感到特別荒謬（想想藍寶堅尼〔Lamborghini〕），就是在缺乏品質和美觀方面令人感到絕對荒謬（想想飛雅特〔Fiat〕）。

因為是歐洲，所以一定會很複雜，該地區是其他三個製造迴路的所在地：

一、法國確實吸收了荷蘭，尤其是比利時的一些資源，而且它們也對德國的網絡做出了貢獻，但大體上法國人執著於把大部分製造業與其他歐洲夥伴分開。在歐盟的主要國家中，法國是整合程度最低的國家。

二、人口只有一千萬人的瑞典靠自己闖出一條路。它與工資水準接近的丹麥和芬蘭合作，同時也依賴愛沙尼亞、立陶宛、波蘭，和特別是拉脫維亞的低工資結構。

三、英國一直是三心二意。它在二〇一五年投票決定脫離歐盟，但直到二〇二〇年才完成這個程序……而且迄今還未建立替代的貿易網絡。英國人眼看著與歐洲大陸長期建立的供應鏈關係瓦解，卻沒有建立替代的系統。結果會是如何？短缺。所有東西的短缺。

在企業結構方面也有很大的差異。法國人很早就決定併用國家投資、排他性的貿易作法，和赤裸裸的間諜活動來鼓勵法國經濟各部門的工業整合，以打造重量級國內企業。荷蘭人也做類似的事，但不包括排他性貿易作法和間諜活動。高效率的德國人則偏好專精於特定產品（例如加熱裝置或堆高機）的中型公司，並利用中歐各地眾多的小公司來為其供應鏈提供動力。英國製造業的特色是高度專業化，而土耳其製造業則是高度一般化。

歐洲製造業最弱的一點是，它的高端和低端勞動力成本差距不像

亞洲那麼大，因此歐洲人在受益於較多樣勞動力結構的產品上，比較不具有經濟競爭力。先進的德國和較低工業化的土耳其間的工資差距為四萬六千美元對九千美元，而日本─越南的差距為四萬美元對二千七百美元。歐洲工資的「低端」遠高於亞洲的「低端」，因此許多成本結構取決於低工資的產品──包括從基本紡織品到先進電腦等各式各樣的產品──根本不在歐洲製造。整體而言，歐洲製造的產品總值只有東亞製造的約一半。

歐洲人擅長於較不複雜的製造系統。這並不意味較不先進的產品──完全不是如此，德國製造的東西是一流的──而是它們只生產高技術勞工與低技術勞工的投入成本差距較小的產品（例如高端的傳輸系統和低端的一體式吸震保險桿的技術差距較小，相對於精密的電腦晶片和平淡無奇的塑膠外殼間的差距）。汽車和航太占歐洲製造業很大比重，但德國人特別擅長的是製造用來製造其他東西的機器。從二〇〇五年以來，中國工業擴張的一大部分得以實現，是因為德國人製造了實現它所需的核心機器。

琳瑯滿目的選項：北美的製造

世界第三大製造業集團是北美自由貿易協定（NAFTA）涵蓋的區域，這是加拿大、墨西哥和美國的經濟聯盟。北美自由貿易協定和與它競爭的體系完全不同。這個體系有一個居主導地位的玩家──當然是美國──但這個玩家也是技術最先進的。加拿大的工資和技術水準與美國相似，因此整合主要發生在密西根州的底特律和安大略省的溫

莎（Windsor）交會的地區——北美汽車製造業核心的北半部。通過連接這兩個城市的橋梁的貨物量，比美國前三大貿易夥伴以外的所有貿易夥伴的總貿易量還多。

北美製造業有兩個獨特的優勢。第一個在美國國內。美國是一個大地方。它擁有的平坦、可利用的土地面積輕鬆地達到歐洲或中國的兩倍；歐洲和中國都有大片近乎無用的領土，包括山區、沙漠或苔原。兩者都已擁有飽和的人口，而美國則可以在讓人口增加一倍的情況下仍擁有大量的閒置土地（這正是二十一世紀末可能發生的情況）。美國可能不會有亞洲各國存在的薪資差距——甚至差距也比不上歐洲——但它的地理差異性足以彌補這個缺點。美國不同地區的食物、電力、石油產品和土地的成本差異很大。

每個地區都有自己的特性：

- 卡斯卡迪亞（Cascadia）以左派政治、嚴格的監管、工會化的環境聞名，但最重要的是，天價的城市土地成本。西雅圖坐落在地峽上，波特蘭則被擠在高地間。兩個城市的交通流量都和它們的房地產價格一樣高。從成本的角度來看，唯一稍堪安慰的是該地區的廉價電力*。太平洋岸西北地區在製造業世界的策略只有轉向高端市場，並提供盡可能高的附加價值。這裡是波音和微軟的地盤。

- 美國東北部的一切都很緊俏！土地成本高，勞動成本高，基礎

---

* 萬歲，水力發電！

設施超載，監管障礙多，高度工會化，人口稠密的城市，幾乎沒有額外的綠地。大多數製造業早已遷出該地區，留下了兩種奇怪的公司。第一種是可以追溯到美國工業化時期的傳統公司，如奇異（GE）、雷神公司（Raytheon）和賽默飛世爾科技（Thermo Fisher Scientific）。這些公司的生產大多不在當地，但公司總部和設計部門卻設在麻州。第二種仍留在該地區的產業都是能經得起成本愈來愈高的設廠、勞動力和法規要求考驗的公司。它們是混合了工業和腦力工作的行業：生物醫學、系統控制、科學儀器、航空和導航設備、電氣系統，以及各種航太、海上與海軍硬體的設計、最終組裝和維修。最重要的是，東北部是各種腦力工作訓練的地方，推動了美國各地製造業的發展。畢竟，東北部是耶魯大學、哈佛大學和最神聖書呆堂麻省理工學院的所在地。

- 弗朗特山脈（Front Range）──我最近居住的地方──和亞利桑那太陽走廊是另一個大不相同的世界。土地非常便宜。監管鬆散。但沒有多少人，而城市也靠得不夠近。這兩個地區的城市走廊總人口不超過一千萬人，從（很長的）丹佛地鐵南端的科羅拉多泉市（Colorado Springs）到阿布奎基（Albuquerque），是耗時四個小時的涼爽車程*。在經濟規模很小和地區內運輸成本很高的條件下，標準的製造供應鏈幾乎不可能存活。有什麼解決對策？技術服務和一體化製造中心，除非空運產品划得

---

* 即使是如此也只在交通順暢、天氣良好、員警睡著的情況下才能辦到。

來，否則不會與美國的其他地區高度整合。這是美國跨入日本和台灣式高端半導體製造的地區。

- 墨西哥灣沿岸是美國的能源走廊。石油和天然氣都在那裡生產和加工。頁岩油革命使該地區充斥大量低成本、高品質的碳氫化合物，促使該地區積極擴建工業工廠，不但生產丙烯或甲醇等中間產品，也製造安全玻璃、尿布、輪胎、尼龍、塑膠和化肥等下游產品。最大的問題是什麼？選址可能有點麻煩。大型煉油廠需要海上通道和大量空間。儘管如此，這個地區在兩方面還是很幸運。第一，德州海岸有連串的屏障島鏈，提供它比整個亞洲更優越的港口保護潛力（路易斯安那州南部的密西西比河下游一點也不差）。第二，大多數美國石化設施的安全距離都很遠（在高溫下處理大量石油和天然氣是高風險的工作）。至少有一部分空曠的地方可以轉化成（而且正在轉化成）更多工業產能。

- 一個不斷帶來驚喜的地區是美國的皮埃蒙特地區（Piedmont）。那裡有低於平均水準的教育系統，半崎嶇的地形既增加了運輸和土地的成本，又限制了整合和規模經濟的機會。河流運輸的選擇有限。南方給人的感覺是不會很成功，但當地人設法克服了不利的條件。他們不坐等投資人找上門來，而是大膽前往世界各地尋找潛在投資人，通常他們的代表團帶著大量波本威士忌，以便消弭任何文化障礙*。一旦南方人灌醉（或搞

---

* 有趣的事實：當努力喝酒的美國南方人遇上同樣努力喝酒的韓國人時，結果往往變成不可抗拒力量／不可移動物體的競賽。

定）一個投資人，他們就會回家開始工作，創造完美的客製化商業環境。他們擴大基礎設施；讓勞動力不但為投資人的業務量身訂製，而且為特定的工作量身訂製；改變稅法；南方人做他們最擅長的事情：讓外人感覺是家庭的一部分。令人難為情的是，美國本身很少投資南方，但外來投資卻處處可見。美國南部已成為德國的福斯（VW）和賓士（Mercedes-Benz）；日本的本田、馬自達、日產和豐田；韓國的現代和起亞；以及瑞典的富豪（Volvo）的熱門投資地點。即使是挑剔的空中巴士（Airbus）也在南卡羅萊納州查爾斯頓（Charleston）和阿拉巴馬州莫比爾（Mobile）設廠。

- 佛羅里達州。你到佛羅里達州是為了海灘、迪士尼樂園和退休——不是為製造和生產。我們正在散步……

- 五大湖地區曾被稱為美國的鋼鐵帶。十九世紀中葉的一些運河工程把東北部與五大湖和大密西西比連接起來，使該地區成為地球上最大的綜合製造區。這持續了一段時間。大蕭條期間美國人實施所謂的瓊斯法案（Jones Act），強制在兩個美國港口間運輸的貨物只能由美國建造、擁有，並且僱用美國船長和船員的船隻來運送。保守地說，這使美國水運的成本提高了五倍。造就這個地區一枝獨秀和成功的原因因此而喪失。加上全球化時代的國際競爭，使該地區從此淪為鏽帶——儘管這裡擁有全美國最好的教育體系。當然，製造業還存在這裡。伊利諾州是強鹿公司（John Deere）的所在地，即使在今日美洲大陸大部分大型農場設備也還在中西部製造。底特律的表現仍很耀

眼，但也不是該地區的常態。大多數公司屬於小型企業，主要從事高技術性客製化工作，且往往供應專屬零件給……

- 德州！德克薩斯三角包括休斯頓、達拉斯—沃斯堡、奧斯汀和聖安東尼奧等城市。從製造業的角度來看，這個三角區擁有一切：廉價的食物、廉價的電力、廉價的土地、零所得稅、極低的公司稅、寬鬆得可笑的法規。而且這不會改變。真的，德州立法機關每隔一年才開一次會，會期只有三十五天，憲法甚至禁止議員在前半段會期考慮立法。各式各樣的美國製造商紛紛湧向該地區。最大的產業是汽車，但這過度簡化了令人眼花繚亂的多樣性和活力。奧斯汀把矽谷的構想付諸實踐。達拉斯—沃斯堡利用其銀行中心，把奧斯汀的運籌帷幄變為大規模製造。聖安東尼奧把低於德州平均水準的成本與奧斯汀的技術結合，以生產任何可以放在裝配線上的東西。但德州大賽真正的明星是休斯頓。它在科技方面與奧斯汀合作，在自動化方面與達拉斯—沃斯堡搭配，在大規模製造方面與聖安東尼奧互補，而且它是金融首都，又是美國的能源中心，位於墨西哥灣沿岸地區，是美國貨物吞吐總值最高的港口，也是重要的鋼鐵重鎮。德國人最擅長機械製造，而休斯頓在全球排名第二。難怪休斯頓是美國財星五百大企業總部第二密集的地方。

美國大多數地區單飛都能做得很好，但它們不需要單飛。再加上美國有遍布各地的公路和鐵路系統可用於運輸中間產品，使得美國的製造業系統即使在沒有北部和南部鄰國的情況下，在許多方面都比亞

洲更具多樣化。

　　這帶我們來到北美自由貿易協定在製造方面的第二優勢。美國確實有一個可以補足其系統的鄰國：墨西哥。美國和墨西哥的平均工資差距大約為六比一，比亞洲小，但大於歐洲。不過，這還不是全貌。墨西哥與我們談論過的許多國家不同。反美主義直到一九九〇年代才停止支配墨西哥的工業政策，而且墨西哥直到二〇〇〇年才真正開始工業化——只比二〇〇一年加入世界貿易組織的中國早一點。

　　起步較晚肯定會造成一些問題，但阻礙墨西哥最大的因素莫過於它的地形。低緯度的墨西哥處於熱帶地區。熱帶的高溫、濕氣和蚊蟲的結合，使熱帶地區的工業化最容易受氣候影響：建築材料易受損害，混凝土的凝結經常因為濕度而出狀況，瀝青在高溫下熔化，人們必須與熱帶疾病搏鬥。墨西哥人藉由搬遷到馬德雷山脈（Sierra Madre）間的廣闊高原來解決這些問題，但這也帶來新的問題：生活在高地意味沒有沿海通道和可通航的河流，需要步步與地形抗爭的人工基礎設施。當火車在坡度小到只有〇・二五％的軌道行駛時，它只能載運額定容量一半的貨物，而在大多數山上的坡度卻遠超過〇・二五％。所有東西的成本都因此大幅升高。

　　搬遷上山的另一個「問題」是，爬得愈高，濕度和水蒸氣的壓力就愈低。對於那些生活在海平面的人來說，這意味水不但蒸發得很快，而且沸點更低，例如在墨西哥市城就比邁阿密低約十五度。

　　這些特徵把我們帶到兩個地方。第一，墨西哥確實存在造就東亞製造業的那種極端的勞動成本差異——該國支離破碎的地形確保了這一點——但要利用這種差異需要通路，所以必須等到墨西哥的基礎設

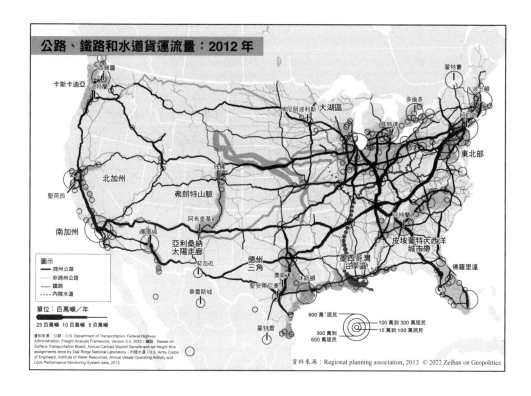

公路、鐵路和水道貨運流量：2012 年

圖示
━━━ 跨州公路
━━━ 非跨州公路
━━━ 鐵路
•••• 內陸水道

單位：百萬噸／年
25百萬噸 10百萬噸 5百萬噸

資料來源：公路：U.S. Department of Transportation, Federal Highway Administration, Freight Analysis Framework, Version 3.4, 2013；鐵路：Based on Surface Transportation Board, Annual Carload Waybill Sample and rail freight flow assignments done by Oak Ridge National Laboratory；內陸水道：U.S. Army Corps of Engineers, Institute of Water Resources, Annual Vessel Operating Activity and Lock Performance Monitoring System data, 2013

600萬+居民　300萬到600萬居民　100萬到300萬居民　15萬到100萬居民

資料來源：Regional planning association, 2013　© 2022 Zeihan on Geopolitics

施能夠趕上才能善加利用它。

　　第二，從墨西哥市往北走，高緯度、不同的風向和海流，以及各式各樣的山貌逐漸變成沙漠。通常這不是好事。降雨量低到墨西哥北部的農業幾乎都要依靠灌溉。這意味城市必須靠自己，內陸無法提供明日所需的人口。

　　但這反過來又創造了一種有趣的政治和經濟動態。當城市基本上是綠洲時，正常的演進是一個人或一小群人控制幾乎所有東西。如果需要建造基礎設施或工業廠房，必須有人支付錢，而支付錢的人喜歡控制它們。如果城市沒有被森林或農場包圍，叛軍真的無處躲藏。這

使得墨西哥的系統——特別是墨西哥北部的城市——相當寡頭化。

通常寡頭系統不富裕也缺少活力，因為老大會賺走大部分的錢。但就墨西哥北部而言，這些寡頭把持美墨邊界，扮演通往世界上最大工業和消費市場的門戶。這改變了我們以往的認知。墨西哥北部的商人仍然相互整合，至少在他們自己共有的都會區，但對他們來說，更重要的是進入美國的供應系統，特別是富裕的德州三角供應系統。

也許最重要的是，美國擁有已開發世界最健康的人口結構，而墨西哥擁有先進發展中世界最好的人口結構。在兩國邊境的兩邊都有大量的消費。

最終結果：德州—墨西哥軸心擁有日本的技術精密度、中國的工資差異，以及德國與鄰國的整合，所有這些條件都在世界最大消費市場的範圍內。

這就是我們現在所處的情況。但現在不是未來。

6.3 ｜ 未來地圖

在三大製造業環境中，亞洲的可持續性最差。

這……有點不知道該從哪裡說起。

亞洲公司的終結

從鄰居的角度看：

四個東北亞經濟體相處得並不融洽。只有美國的兩個最大的海外軍事部署——在韓國和日本——才能避免當地人互相攻擊。只有美國海軍力量的威脅才能阻止中國人的蠢動。不管是因為當地的歷史仇恨和焦慮，還是因為美國人的離開，東亞人絕不可能在逐漸成型的世界中進行有建設性的合作，以實現廣泛、多模式、整合與和平的製造供應鏈。東北亞國家在政治、戰略和文化上都無法達到媲美北美自由貿易協定所需要的信任，更不用說類似歐盟的那種聯合決策了。

　　從人口結構的角度看：

　　中國的出生率在二〇一九年出現有記錄以來最大的下降。可悲的是，這是意料之中的事。一胎化政策長期壓抑中國的出生率，以至於中國現在缺少二十多歲的人口，而二十多歲的人口正是生育小孩的年齡。年輕人口減少意味新的世代無法生育許多小孩。當他們都居住在擁擠的都市公寓裡時，即使是那些可以生育小孩的人也不想生育小孩了。

　　更糟的情況很快將發生。二〇二〇年的數據顯示出生率將出現更大的降幅。有人可能直覺地把這種下降歸咎於新冠疫情，但生一個孩子需要九個月的時間。因此二〇二〇年的大部分下降是因為二〇一九年的情況和選擇。中國的出生率不但是從一九七八年以來最低的，上海和北京——中國最大的城市——的出生率現在是全世界最低的。在撰寫本節時，我們仍在等待二〇二一年的最終數據，但來自中國各地傳聞證據呈現漢族人口占支配地位的可怕事實。

　　對非漢族人口來說，出生率的情況還更糟。不管你對毛澤東有什

麼評價，但毛版的共產主義對中國的許多少數民族特別心軟*，並允許他們不必遵守一胎化政策。但毛版共產主義早已不存在，取而代之的是冷酷的新法西斯極端民族主義。隨著中國在去全球化的世界面臨解體的恐怖，中國共產黨已開始有系統地迫害少數民族，甚至派駐共黨官員到人們家中以防止人們生育。新疆維吾爾族的出生率在二〇一八年到二〇二〇年間就下降了一半。事實上，中國的一些少數民族不但不再是一胎化政策的例外，而且是受到準零胎化政策的鉗制。整體來看，中國現在是世界上老齡化最快的社會。

東亞其他地方的人口狀況並沒有那麼極端，但那並不表示它們好得多。日本已經是世界上人口最老的國家（而且在二〇二〇年中國接手前，日本是老齡化速度最快的國家）。韓國的嬰兒荒比日本晚二十年開始，但進展更快。台灣和泰國比韓國落後大約十年。即使是人口眾多的印尼和越南——兩國人口加起來大約四億人——也受到了城市化的影響。兩國都沒有接近「不歸路」的點，但它們在二〇二一年的人口結構與一九八〇年代的中國類似。

快速老齡化給亞洲人帶來了三重束縛：第一，老齡化的勞動力通常可能更有效率，但他們也更昂貴。中國的低技能勞力供應在二〇〇〇年代初期達到頂峰。在寫本節時中國的技術勞工供應正逐漸達到高峰。最終的結果既明顯又不可避免：勞動成本升高。中國已不再是低成本生產國，而且中國並沒有快速向價值鏈的上游移動，以至於無法成為高品質的生產國。

---

* 在這裡，「心軟」指的是「沒有系統性地完全消滅他們」。

第二，快速老齡化使亞洲人——特別是中國人——無法擺脫他們的出口模式。亞洲沒有足夠的本地消費來消化亞洲人生產的所有東西。如果美國人不再賦予亞洲人向世界出口的能力，整個亞洲模式就會在一夜之間崩潰。第三、也是最後一點，快速老齡化的勞動力最容易透過大規模退休而被自己壓垮。

從取得原材料的角度看：

中國每天需要的一千四百萬桶石油中有超過七〇％仰賴進口；台灣、韓國和日本的需求分別為每日一百萬桶、二百萬桶和四百萬桶，其中九五％以上仰賴進口。所有這些進口有超過三分之二來自波斯灣，但波斯灣地區在美國的秩序下仍稱不上穩定，更不用說在美國撤出後會變得更加穩定了。中國是每一種工業商品的最大進口國，日本和韓國也持續保持在前五名。

除了能源以外，幾乎所有本書談到的關鍵工業商品來自南半球，其中澳洲、巴西和下撒哈拉非洲是最大的來源。另一個主要供應國是俄羅斯，雖然我不會把中俄衝突放在我的「可能出事清單」的首位，但也不會排在靠近墊底。畢竟，俄羅斯人有利用資源供應來獲取地緣政治讓步的悠久傳統。

也許中國人最大的問題會是⋯⋯日本人。中國海軍屬於沿岸和近岸海軍，只有約一〇％的水面戰艦能航行到距海岸一千英里，很少戰艦能航行超過二千英里。中國沒有真正的盟友（也許除了北韓），所以想投射力量到⋯⋯任何地方都是可笑的不可能。對照之下，日本擁有一支能在一兩個大陸之外航行和作戰的海軍。如果迫不得已，日本人只要派遣一支小特遣部隊越過新加坡進入印度洋，切斷中國的資源

流入——進而從遠距封鎖中國。

從規模經濟的角度看：

亞洲製造業模式的祕訣是該地區高度多樣化的勞動力市場，結合了美國提供和補貼的安全環境和全球貿易網路。人口崩潰正在推翻前者，而美國的撤軍正在結束後者。任何推升成本或增加安全疑慮的事都會降低東亞人在製造領域分工合作的能力。如果失去讓亞洲變得特別的條件，亞洲將沒有理由保住作為最需要差異化製造的市場——電子和電算產品——的全球樞紐地位。

從供應鏈的角度看：

任何提高製造或運輸邊際成本，或增加製造或運輸的不穩定性與風險的東西，都會導致及時庫存系統難以運作。這將迫使製造業更接近最終消費點。由於亞洲公司是世界最大的製造商和出口商，因此亞洲將因為未來的製造與消費共存同一地點而蒙受最大損失。由於及時系統的概念意味沒有公司囤積太多庫存，所以所有公司的庫存都將下降。

如果亞洲的人口結構和地緣政治使區域生產程序變困難（或更有可能的是遭到破壞），那麼電子、手機和電算等行業就沒有經濟理由在這裡被壟斷。打破亞洲對這個市場的宰制，哪怕是一點點，都會使東亞作為無可爭議的世界工廠的規模經濟逐漸消蝕。

特別是中國將面臨一項後續的挑戰：

中國能扮演世界工廠的角色完全依賴進口技術和零件。在半導體、電話和航空航太等高價值領域，中國已公布將成為全球領導者的國家計畫，但事實證明，中國已證明無法獨力製造低奈米晶片或噴射

機引擎等高附加價值零件*。大多數人以為中國人在家用電子產品、辦公室設備和電腦占主導地位，但實際上這些市場有九〇％以上的附加價值在中國以外的地方創造。在船舶方面，這個數字是八七％；在電信設備和大多數電子產品，它是八三％。即使是紙張、塑膠和橡膠等低技術工作，也有超過一半的附加價值發生在其他地方†。

中國未能取得進步已導致其工業模式的簡化：中國利用其超額融資模式來降低生產零件的成本；它進口無法自己生產的零件，然後組裝並出口最終產品。但這種模式只有在外部供應商積極參與的情況下才管用。從安全危機到制裁的任何事件都可能輕易結束它。中國已經歷行動通訊技術（華為）和航空航太（C919 客機）的封鎖。視政治情勢的發展而定，這種破壞可能（而且終將）發生在幾乎每一個產品類別。

最後，還有市場接近性（market proximity）的問題：

亞洲終端產品最大的兩個目的地是遙遠的美洲和歐洲。美國遠在橫跨太平洋七千英里的地方，而歐洲——視出口國、路線和進口國而定——距離從九千到一萬四千英里不等。在後全球化的世界中，我們有理由期待一些貿易關係會持續下去——例如法國和北非、土耳其和美索不達米亞、德國和斯堪地那維亞半島——但地方將是關鍵。

運輸路線愈長，任何特定路線沿途的參與者愈多，需要談成的交易就愈多，遭到破壞的機會就愈多。經由絲路運輸的貨物如此昂貴的

---

* 或者，如果很誠實地說，無法成功地逆向工程其他國家的產品。
† 別誤會我的意思：每當我看到一則中國間諜成功地把美國軍事技術輸送到北京的新故事時，我當然覺得不好。但請正確看待它。中國一直到二〇一七年才想出不靠進口零件製造原子筆的方法。不要以為中國可以拿到一套藍圖，然後立即湊出一架隱形轟炸機或一套先進導彈系統，這種想法太離譜了。

原因之一是，沒有一個單一的力量控制整條路線。通常數百個中間人都會增添自己的費用，使商品成本增加一千倍以上。

除了日本以外，沒有一個亞洲大國擁有達到美國和歐洲這兩個大型終端市場的海軍能力，而且在後全球化的體系中，亞洲產品首先就不太可能受到歡迎。再加上大多數亞洲人普遍彼此憎惡，使得該地區擺脫貧困和戰爭的整個模式注定會崩潰。唯一的問題是，會不會有國家嘗試製造事端。而事端將意味對供應鏈安全的威脅。

歐洲的解體

有點類似的，歐洲系統也會因為各種原因而步履蹣跚。第一個原因最為明顯可見、也最難管理：歐洲的嬰兒荒出現得比亞洲早，歐洲人甚至在二十一世紀之前就已踏上人口的不歸路。比利時、德國、義大利和奧地利的人口都將在二○二○年代上半大規模退休，而從愛沙尼亞到保加利亞等沿歐洲中線的幾乎每個國家，老齡化的速度甚至還更快。

更糟的是，光看人口結構就能確定我們所知的歐洲將在類似的時間崩潰。當中歐國家在二○○○年代加入歐盟時，它們成功地說服西歐人開放勞動市場。中歐地區大約四分之一到三分之一的年輕工人，為了更好的個人經濟前景而前往西歐。結論是：西歐的人口數據遠比實際看起來還要糟糕。不管是因為中歐人將在情況變得困難時返回故鄉而削減了西歐的勞動人口，或者因為更多的中歐人在情況變困難時前往西歐以把握僅剩的工作機會，總之，從二○○八年以來維繫著歐

洲經濟運作的勞動力平衡即將消失。

人口問題還以第二種方式困擾歐洲。歐洲已經老化到無法吸納自己的產品。歐洲必須保持高水準的出口才能維持其體系。最大的出口目的地是美國，但美國正在不斷內部消耗，在撰寫本節時，美國已逐漸陷入與歐盟的廣泛貿易戰。美國也在（同樣的在撰寫本節時）考慮與英國達成類似的廣泛貿易協定。由於美國未來與歐盟的任何貿易協議都將需要倫敦的同意，歐洲大陸的任何人都不應該指望情勢會很快好轉。

不出口美國的歐洲產品大多運往地球的另一端：東北亞。即使東北亞體系（以及東北亞對歐洲產品的需求）幸運地存活下來，美國人也將不再保證民間海運暢行無阻。從上海到漢堡的航線是一萬二千海里。如果以現代貨櫃船通常以每小時十七英里的速度航行，那將是很酷的三十五天旅程。商業貨船可以航行的最快速度是二十五節，那仍然需要花費整整三個星期——其中有大量時間將航行在海盜、私掠船、敵對海軍或三者的某種組合出沒的水域。

也許更糟的是，歐洲與中國保持最緊密貿易關係的國家是德國。銷售給中國的德國產品往往是用來製造其他產品的機械——用來製造出口產品。即使德國和中國能在它們缺乏直接戰略互動的世界中保持貿易關係，中國的出口也不會像現在這樣被需要，並因而削弱了德國—中國互動的根本理由。

歐洲人也和亞洲人一樣面對相同的廣泛戰略問題，儘管這些特定問題在不同的地方、基於不同的觀點，而獲得不同程度的關注。

首先是「更多」的問題。大多數歐洲國家在十九世紀開始工業

化，即使是落後的國家——主要是前蘇聯衛星國——最遲也從一九五〇年代開始。這意味歐洲的大多數礦場已開採至少幾十年。歐洲人已經工業化了至少幾個世代，他們消耗的原材料可能沒有亞洲人那麼多，但他們生產的更少。中國人可能會進口他們所需的絕大多數原材料，但通常歐洲人必須全部進口。

再來是「更少」的問題。現代生活所需的大多數大宗商品的來源距離歐洲比距離亞洲近——例如來自西半球和非洲。幾個歐洲國家——法國和英國、西班牙、荷蘭、義大利和丹麥，都有足夠的海軍能力來保護偶爾往返相關地點的船運。同樣很好的是，從這些地區到歐洲的大多數船運不會經過特別有爭議的水域。至於西半球的來源，美國人肯定會在他們的半球撲滅任何形式的海盜或私掠活動，只要歐洲的商業保持非軍事化就不太可能被禁止。

較難的將來自那些距離西歐最遠的歐洲國家，它們既缺乏通路又沒有海軍力量。它們必須從另一個「接近」的地點獲得原材料：俄羅斯。如果沒有美國人，德國將無法保持其富裕和自由國家的地位，但如果沒有俄羅斯人，德國也無法保持其現代工業化國家的地位。所有有關德國和俄羅斯的故事都牽涉到不情願的合作和激烈衝突的循環交替。這對德國人和俄羅斯人來說可能不好受，但對介於兩國之間的國家來說卻更糟——一些對德國製造業供應鏈很重要的國家。烏克蘭戰爭已迫使所有參與國思考一些棘手的問題。

當然，這一切還得假設歐洲內部沒有任何問題。歐洲有特別奇怪的地理特性，有剛好夠大的面積是平坦、河流密布且容易通過歐洲大陸的部分，使歐洲人相信他們應該組成一個整合的大國，但另一方面

歐洲也有夠多的半島、山區或島嶼，可以讓抱著不同看法的國家盤據並打破整合的夢想。只有在美國秩序期間的全球和平與財富，才壓制了這兩種願景自古以來的競爭。壓制，但沒有扼殺。儘管經歷了七十五年的療癒、成長、安全、保障、現代化、自由和民主，但歐洲內部仍然存在許多焦慮和不滿。發生在全球化高峰期的英國脫歐就是很好的例子。隨著美國的撤退，這種壓制即將結束。

簡單的說，這個以德國為中心的體系將無法維持其目前的地位，更不用說成長了，而且世界上沒有一個國家有拯救它的戰略利益。中歐面臨的挑戰將是阻止德國像「正常」國家一樣行事。德國過去七次這麼做時，事情都變成……歷史教訓。

有一個亮點是：歐洲的次級貿易網絡看起來都比以德國為中心的體系有利。

以瑞典為中心的體系也許能夠建立起來。北歐的供應鏈面對較少的潛在威脅，其能源供應更當地化，人口結構老齡化程度較低且較慢，這意味供給和需求的匹配得更好，對從區域外進口和出口的需求將較有限。斯堪地那維亞人在北海甚至有足夠的石油和天然氣來滿足他們的幾乎所有需求。他們需要做的就是設法從遙遠的地方取得他們所需的各種工業原材料。

他們有兩個選擇：

第一個選擇是至少部分與法國系統合作。法國除了擁有足夠的國內消費來吸收自己的生產外，它還有足夠的地理隔絕和地位來獲得所需的原材料。再加上一支強大的遠征軍和近乎無限的自尊心，法國可能走上自己的路。瑞典和它的盟友最好找到一種與法國人共事的

方法。

第二種選擇可能讓斯堪地那維亞人感覺比較舒服：與盎格魯人合作。斯堪地那維亞與英國合作反對歐洲大陸的一切事情已有數百年歷史。隨著英國人向美國人靠攏（從組織上說），一些有趣的可能性正在浮出檯面。美國人的軍事和經濟力量顯然比法國人自吹自擂的更強大。同樣，美國人也擁有更遠的通達能力，可以通達任何有必要資源的地方。美國─墨西哥市場是全球首屈一指的，同時英國仍然是歐洲除了法國以外最健康的市場（從人口結構上說）。

北美世紀

在評估北美自由貿易協定體系的前途時，大多數指標看起來都極為有利。

讓我們從基本結構談起：美國製造商感覺被全球化欺騙的部分原因是：原本的計畫就是這樣的。美國秩序的核心規則是，美國將犧牲經濟活力以達成安全控制。美國市場就該被犧牲。美國工人就該被犧牲。美國公司就該被犧牲。因此，美國仍然生產的任何東西都是美國市場、工人和公司結構最具競爭力的產品。此外，刻意犧牲意味大多數美國的製造業產品不是用來出口，而是為了在北美境內的消費。

中國的情況就不是如此。中國人製造他們在技術上能夠製造的一切東西，盡一切可能利用補貼、偷竊技術和外交壓迫來擴大產品清單。與美國不同的是，許多中國的產品是為了出口。換句話說，中國人製造的產品是美國人出於某種原因選擇不生產的產品。

中國的電信公司華為就是顯著的例子。華為直接透過中國政府專門駭客攻擊外國公司的分支機構，在過去二十年來奉行一套雙軌戰略：竊取任何能竊取的技術，並購買任何無法複製的技術。川普政府執行的制裁（拜登政府又加倍實施）阻止合法轉讓技術給華為，同時提高了美國公司對駭客威脅的意識。結果呢？華為的企業地位在不到兩年內就崩垮了，從曾經是全球最大的手機製造商跌落到中國前五名之外。如果沒有美國的積極參與，大多數中國公司根本無法運作。

反過來並不成立。當然，美國人將需要建造自己的工業廠房來彌補失去低成本的供應商，這說起來容易，做起來難，而且需要時間，但這並不表示美國人不知道如何做像是冶煉鋁、鍛造玻璃或彎曲鋼鐵、製造化油器或組裝主機板這類事情。

然後是貿易通路：加上所有的進口和出口，美國的經濟仍然有約四分之三由本國公司所創造，並因而限制了對全世界的曝險。加拿大和墨西哥的整合程度要高得多，兩國的經濟分別有三分之二和四分之三來自貿易，但大約四分之三的貿易是與美國進行的。以北美作為一個單位來看，超過八成的收入是在北美大陸產生的。這是世界上最與世隔絕的系統。

在北美以外，美國已經批准、實施和執行了與日本和韓國——美國六大貿易夥伴中的另外兩個——的貿易協定。加上與英國（六大貿易夥伴的另一個）懸而未決的協定，美國已有一半的貿易組合被帶入後全球化體系。

接下來是原材料供應：在工業商品或能源生產方面，所有北美自由貿易協定的夥伴都表現亮麗，都為全球生產大量且多樣的工業商

品、天然氣和石油。未來的生產還會更多。隨著全球海上民間運輸崩潰，在美國墨西哥灣沿岸進行的大部分原材料生產和中間加工將發現全球銷售的潛力有限，原因若不是終端市場崩潰，就是安全問題，或兩者兼具。這將把更多的產出困在北美。如果你是能源生產商或加工商，這將是壞消息；但如果你是能源產品使用者，這將是好消息。對大多數製造商來說也是如此。

如果需要更多的供應，南美將是不錯的起點。在半球範圍外的來源顯然問題會更多，但與所有其他製造地區不同的是，北美人擁有消費市場、資本、燃料和軍事力量，可以走出去取得他們需要的東西。

讓我們談談供應鏈。

過去五年的大多數研究顯示，到二〇二一年大多數北美製造程序的營運成本已經低於亞洲或歐洲。這聽起來可能令人震驚，但不需要深入研究就可以了解這個結論。北美系統具備大幅度的勞動力差異、能源成本低、最終消費者的運輸成本低、幾乎無限量的綠地廠址選擇、穩定的工業原材料供應，和充沛而穩定的資本供應等優勢。

更好的是，北美大陸的海岸和潛在供應國之間幾乎不存在安全的威脅。平均而言，北美產品面臨的供應鏈中斷風險可能只有德國面臨風險的三分之一，只有亞洲面臨風險的十分之一。工業廠房的建設不會是免費或一夕間就能完成的，但北美製造商可能碰上的那種中斷是可以靠成長克服的。

北美製造業存活能力與亞洲和歐洲製造業的差距，在未來幾十年只會擴大，這在很大程度上是因為發電的演進。美國和墨西哥有世界上最好的綠色技術可以選擇。大平原上的風力，西南部的陽光。墨西

哥在這兩方面也相當優越，特別是在與美國體系融合程度最高的北部。

但也許最重要的是，並不是每個北美人都已決定接受這個挑戰，投入競爭的製造業。

首先是千禧世代。儘管他們有許多缺點*，但美國的千禧世代占工作年齡人口的比率是所有已開發國家中最高的。他們的消費正在推動北美的體系，正如二十年後他們的投資將推動它一樣。正因為如此，北美將不至於很快面臨將嚴重影響亞洲和歐洲的消費與資本緊縮。

其次是美國的大型製造業地區並非很整合化（唯一的例外是墨西哥灣沿岸和德州三角）。美國聯邦、各州和地方政府是否改善這些地區的連結性，將攸關未來發生的全球貿易中斷將造成多大的影響。改善這些連結將使美國國內製造系統的整合將更加順暢和更有效率。

第三，不是整個墨西哥都在玩耍。墨西哥北部的城市把賭注押在與美國的整合，但墨西哥中部本身就是一個製造業區。這裡確實與美國有部分整合，但它不像墨西哥北部的整合那樣涵蓋一切。墨西哥南部也未被納入其中。南部是墨西哥最貧窮、技術最不發達的地區，當地的基礎設施也最糟，包括地區內的公路、鐵路，以及連接墨西哥其他地區的設施。

隨著加拿大人、美國人和墨西哥北部人建立更加一體化的系統，這個系統將自然地把整合擴展到更南的地方。畢竟，墨西哥市核心的人口超過七千萬人，而且與墨西哥北部城市間的連繫要緊密得多。在

---

*　很多，真的非常多。

我們正在進入的世界中，在任何系統增加七千萬名中等收入人口就是一個巨大的勝利。

第四，還有一個可能會發生的勝利，只是更大一點。英國在二〇一六年投票決定離開歐盟，但直到二〇二〇年才真正分手，而且到了二〇二一年倫敦才意識到它沒有做好善後的準備，完全沒有。歐洲大陸沒有表現出向英國人做出任何讓步的傾向，而英國本身也不夠大、不夠穩定或不夠多樣化。但如果把英國及其先進的第一世界製造能力添加到北美自由貿易協定中，數學將發生重大變化。將北美自由貿易協定式的貿易關係深化到墨西哥會很棒，但如果納入六千六百萬英國人呢？那可能還會更好。兩國一起加入。

有一個問題：最重要的勞動力多樣性。英國人的技術水準和勞動力成本與美國人和加拿大人類似，而墨西哥中部的水準則與墨西哥北部類似。墨西哥二十年來的溫和成長加上人口緩慢的老齡化，意味墨西哥現在需要一個低成本的製造業合作夥伴。換句話說，墨西哥需要⋯⋯墨西哥。

有兩個選項。第一個選項可能行不通。宏都拉斯、瓜地馬拉、薩爾瓦多、哥斯大黎加、尼加拉瓜和巴拿馬等中美洲國家已被納入與美國的貿易協定，稱為中美洲自由貿易協定。問題是基礎設施。為了把中美洲的低成本和低技能勞動力與美國市場連接起來，而在墨西哥多山的區域建造公路和鐵路網路似乎有點不划算。它的獲利率肯定比不上距離較近的德州三角與墨西哥北部。

那就剩下海路的連結。中美洲國家實際上是許多單獨的城市——每個國家有一兩個城市——被茂密的灌木叢包圍。祕訣在於找到一個

勞動力可以達成足夠獲利率的產業，進而可以用來從事出口。現在還不知道能否找到。除了營建施工外，紡織業也不太可能是理想的選項。這限制了該地區只能從事熱帶農業生產和加工。那也不錯，但也不是很好。而這些行業肯定無法僱用足夠數量的當地人來讓這些國家移出「幾乎失敗」的類別。

一個較可行的選項是哥倫比亞。與中美洲人一樣，哥倫比亞人已經與美國達成貿易協定。但與中美洲人不同，哥倫比亞的勞動力技術要高得多，工資水準約為今日墨西哥的三分之二。最大的挑戰、也是整個拉丁美洲很普遍的挑戰是基礎設施。和墨西哥單一隆起的中央高原不同，哥倫比亞有一個 V 形高地，麥德林（Medellin）和卡利市（Cali）在西側，因此更有可能透過該國的太平洋港口整合，而首都波哥大位於東側，更有可能與北邊的加勒比海沿岸連結。

截至目前，全球化已經……粉碎了哥倫比亞的夢想。在哥倫比亞的山區搬運東西的難度和成本，阻礙了國內和與更廣大的世界建立有意義的供應鏈。因此，該國主要以出口石油、超硬煤和咖啡而聞名。但在一個不穩定而導致生產成本飆升的世界裡，北美對包括勞動力在內的各種工業投入的需求激增，可望使哥倫比亞開始走好運。

如果哥倫比亞位於世界其他地方，談論它與北美有意義的整合將毫無意義。但以哥倫比亞獨特的價格點、獨特的地理位置和相對接近性，它或許能以一種很亞洲的方式在北美系統中發揮作用：及時。

及時庫存的整個基礎是，所有製造夥伴的穩定性都很可靠，以至於你可以把公司的未來押注在下一批及時到達的貨物。在亞洲大部分地區，這個概念即將崩解，但北美自由貿易區的情況並非如此。儘管

存在種種缺點，但加拿大、美國和墨西哥沒有面臨結構性挑戰，因此只要它們願意就可以繼續採用及時庫存。哥倫比亞也一樣。

此外，不管亞洲（和歐洲）能存活下來哪些製造業，它們都不太可能利用大規模裝配線所需要的規模經濟，但北美整合的基礎設施加

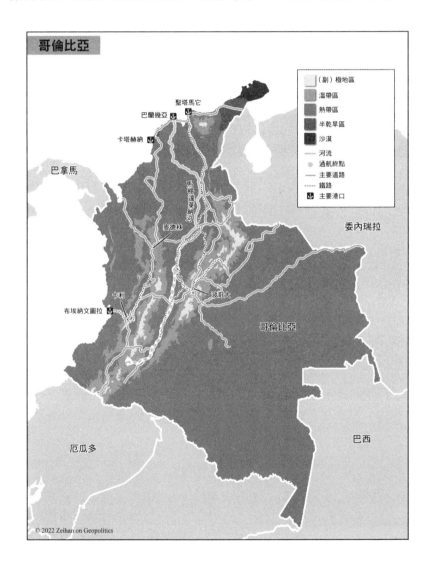

上更高的消費意味它可能繼續採用裝配線和有限的自動化應用。北美自由貿易協定三國只需要一些低價零件的協助。同樣的，哥倫比亞將派上用場。

大多數人認為布列敦森林協定是某種美國治世（Pax Americana），或者說美國世紀（American Century）。但事實並非如此。美國秩序的整個概念是，美國在經濟上陷自己於不利地位，以收買全球聯盟的效忠。這就是全球化。過去的幾十年並不是美國世紀，而是美國人的犧牲。

而這已經結束。隨著美國的撤退，人為支撐亞洲和歐洲體系的各種結構性、戰略性和經濟性的因素正在終結。剩下的消費將集中在北美。只有北美的人口結構無需立即適應全新、未知的金融現實。因此，大規模製造業向美國體系的回流已在進行中。

真正的美國世紀才剛開始。

這不意味其他地方不會有製造業。

新的樞紐群

九五％的加值製造業發生在東亞、歐洲或北美。其中大部分是基於我們已討論過的因素組合：地理、人口結構、運輸和全球化。

但政策也是部分原因。

在冷戰期間，有兩個地區基本上與全球化隔離。第一個是蘇聯，它是刻意為之的結果。全球化是為了孤立蘇聯而創造的。第二個棄權的國家是拉丁美洲國家巴西；巴西基於政治和意識形態的原因而避免

其體系的全球化。

　　冷戰結束後，兩國都對外開放，特別是對環東亞地區的廉價電子和電算產品開放。被保護了幾十年的俄羅斯人和巴西人都無法競爭。更糟的是，中國人進入這兩國成立合資企業，並從每家公司搜刮智慧財產權，其行徑甚至會讓臉書臉紅 [*]。

　　到二〇〇五年，中國人可以偷的東西已經不多。到二〇一〇年，中國人已經把所有竊取的技術完全納入其龐大的製造系統，並把更便宜的產品傾銷給這兩個前「合作夥伴」，輕易碾壓許多曾經是全球領導者的公司。在開發中世界的大部分地區也發生較輕微的這類情況。最重要的是，這就是為什麼東亞的製造業占全球製造業的約一半，而歐洲和北美的大國幾乎占其餘的全部。

　　在即將到來的世界，俄羅斯和巴西可望出現一些製造業的復興。任何鼓勵供應鏈變更短、更簡單、更接近消費者的事，都將有利於任何不在東亞或歐洲的製造系統。但即使是這種「可望」也附帶兩個嚴重警告。第一，復興將需要俄羅斯人和巴西人解決一連串問題，包括從教育系統到基礎設施。第二，任何製造業復興將主要局限於服務俄羅斯和巴西國內的顧客，或者頂多是服務鄰近的國家。這是好事，但這兩個國家理論上都沒有變成下一個中國、墨西哥，甚至越南的條件。

　　中國的終結同樣可能有助於非洲下撒哈拉的非製造業經濟體。它們都不能指望在成本上與以中國為中心的製造業競爭，如果中國不存在呢？該地區一些國家可能有成功的空間。但（許多）問題仍然存

---

[*]　雖然只持續一下子。

在。非洲大陸由一連串堆疊的高原組成，使各國難以把基礎設施連接在一起以實現區域規模經濟。一些國家也相處得並不融洽。它們也都沒有可以獨力興建基礎設施的充沛資本結構。要是中國從這個區域消失，這個目標至少有一絲希望。最有可能突破的國家是那些地理條件更容易把本國系統與外部世界整合起來的國家：塞內加爾、奈及利亞、安哥拉、南非、肯亞和烏干達。其中奈及利亞——具備人口規模、年輕的人口結構，和豐饒的當地能源生產——看起來處於最有利地位。

更樂觀的是，有三個區域能夠利用變化的戰略環境，大規模地進入或重新進入製造業世界。同樣的因素組合——人口結構、勞動力差異、安全、資源通路和運輸安全——將決定誰可以實現它。

這些區域中的第一個是東南亞——條件是沒有中國的干預。它具備許多有利的因素。

- 東南亞具備高勞動力差異：新加坡是超高科技和銀行業；越南和印尼是年輕、充滿活力的社會，可以處理低端的製造；泰國和馬來西亞占據中間地帶，在技術上甚至比一些歐洲國家和美洲國家更精密。
- 印尼、馬來西亞、菲律賓、泰國和越南等東南亞國家正經歷速度很快的城市化。該地區擁擠的城市壓低了相對於全球標準的勞動力成本，使東南亞人在任何形式的競爭都處於有利地位。
- 該區域具備許多工業原材料的充分供應；最值得注意的是近乎自給自足的石油和天然氣供應。特別是緬甸有大量尚未工業化

生產的礦產，以及巴布亞紐幾內亞有各種豐富的原材料。該區域無法自己生產的東西可以從澳洲取得——澳洲是煤、鋰、鐵礦砂、鎳和鈾的生產大國。

● 雖然東南亞各國的相處稱不上和樂融融，但區域地理的特性——豐富的叢林、山脈、半島和島嶼——使當地人難得發生比邊境爭執更嚴重的衝突。上一次較大的戰爭是越南在一九八〇年代入侵柬埔寨，但坦白說那場衝突並未改變兩國的經濟路線。柬埔寨在過去是貧困的小國，現在仍然是貧困小國。

在我看來，該區域的幾個重大弱點是完全可以控管的。

第一，由於絕大多數人生活在城市（並繼續遷移到城市），而且熱帶土壤肥力有限，使這個地區難以指望能養活自己。幸運的是大規模出口農產品的澳洲和紐西蘭就在隔壁，同時農產豐富的整個西半球就在太平洋的對岸。

第二，東南亞沒有明顯的帶頭國家。新加坡最富有，但國土也最小。印尼國土最大，但也是最貧窮的國家之一。泰國人最「有錢」，只不過每隔一陣子就會發生一次軍事政變[*]。越南人最有組織，但那是因為他們的政府近乎獨裁政權。這不只是一個為這個區域發聲的問題，而且是誰能維護海上通道的安全？這個任務大體上已超乎當地人能力。

幸好助力也是唾手可得。日本海軍具備強大的遠距能力——以國防

---

[*] 幾乎像是隨時可能發生政變。

術語來說是擁有藍水海軍——可以輕易地在該區域執行巡邏任務。值得注意的是，這已經不是日本帝國時代，因此不會再有帝國侵略。大多數東南亞國家的經濟發展可能落後日本一兩代，但該地區所有主要國家都已實現完全工業化。這將是一種防衛夥伴關係，而不是占領。

下一個國家是印度。在運作方式上印度有點像中國。這是一個幅員遼闊的大國，人口稠密的地區有極大的差異性。班加羅爾走廊是最早跨入科技服務領域的地方，而且印度在煉油、重化學品、學名藥生產和快速周轉的消費產品等產業也表現出色。

印度的問題在於它可能太過多樣化、人口太多了些。印度不像中國、越南、法國或波蘭那樣是以單一種族、由一個族群占人口多數並支配政府為定義的民族國家，而是擁有比非洲以外的任何大陸更多的種族和語言多樣性。許多這些種族不但有自己的文化，還有自己的政府。而且這些地方政府經常對國家政策行使否決權，有時是正式的，有時是非正式的。反過來也經常發生。這不是有利於建立連結和順暢商務關係的制度。

這就是印度一千五百年來的樣子，即便是世界崩潰這種小事也不會改變它。但如果全球的連結崩解，比印度標誌性的低效官僚主義更嚴重的問題將是缺少長程海上運輸能力。至少，變化的環境將使印度得以建立製造能力，以滿足十四億多人口的需要。光靠印度的規模就意味它不必成為全球玩家就能具有全球重要性。

東南亞和印度都面臨的一個問題將是資本供應。由於這兩個玩家的人口都相對年輕，所以當地資本生成較為稀缺。由於兩者都受到複雜而破碎的地形影響——叢林、山脈、半島和島嶼——它們對基礎建

設資金的需求都很高，但靠陸上基礎設施連接區域內各類勞動力的機會卻嚴重不足。隨著中國的分崩離析，這兩個區域都將接手製造業網絡的許多部分，但工業工廠仍需要建設——這不是免費的。除了新加坡之外，這些經濟體都沒有強勢貨幣或穩定的股票市場。即使它們能維持政治和總體經濟的穩定，也不會成為資本外流的目的地。

它們都需要外國直接投資（FDI）。外國直接投資的概念很簡單：用來購買或建造特定設施（通常是工業廠房）以生產特定產品的資金。東南亞和印度資金問題的解決方法可能一樣：日本。日本的勞動力正迅速老齡化，而日本的消費則在三十年前就已達到頂峰。但是日本人仍然實力強大。雖然日本的員工不會自己製造太多東西，但他們仍然很有能力設計要在其他地方製造的產品，並有資金為工業工廠支付費用來實現這一切。結合日本的技術與軍事實力和財富，以及印度和東南亞的製造業潛力、人口結構和工業原材料，你將擁有二十一世紀的偉大聯盟之一。

問題是其他玩家會不會獲邀加入這場派對。韓國人將是理所當然的選擇，雖然他們對日本在一九〇五至四五年占領朝鮮懷恨在心，但在高科技製造業方面卻與日本人一樣傑出。我們還不知道海軍力量不足的韓國人是否願意在後美國的世界與日本人合作。對照之下，台灣是理想的夥伴人選。台灣人和日本人本能地對北京懷有敵意，而且從韓戰結束以來在所有工業領域一直密切合作。

還有一個地區值得關注：布宜諾斯艾利斯。

對熟悉阿根廷的人來說，我相信你會以為我中風了。阿根廷有全世界對投資人最不友善的監管和關稅制度，而且該國對幾乎是直接沒

收私有財產的偏好已破壞了國內的製造業。對已經垂危的世界來說，這是真的，而且有關係。但對正在誕生、即將崩解成區域性和國際性貿易體系的世界來說，阿根廷的社會主義兼法西斯主義工業政策將變得更有效率。畢竟，如果廉價的製造產品再也無法從東亞獲得，阿根廷人只能將就過日子，或者設法在國內製造。而阿根廷人厭惡將就過日子。

這可能刺激地區工業欣欣向榮。阿根廷人是世界教育程度最高的人口之一，所以問題從來就不是智力。布宜諾斯艾利斯地區也接近巴拉圭、烏拉圭和巴西南部較便宜的勞動力市場。擁有四千五百萬阿根廷人的當地市場值得開發，而南錐體（Southern Cone）的其他地區——既有的阿根廷基礎設施已連結的地區——又增添二億五千萬人。整個南錐體也是所有農業和工業產品的主要生產區，而東半球沒有一個國家有能力打破美國環繞西半球的安全警戒線。在一個即將面臨從食物到工業加工、再到可持續製造系統的各種短缺的世界，阿根廷和它的盟友將可高枕無憂。

這是有關「哪裡」的問題。現在再讓我們看看「如何」。畢竟，我們正要跨進的世界不但將在不同的地方以不同的規模製造，而且還將以不同的方式製造。

6.4 ｜製造一個新世界

供應鏈愈長、愈複雜，就愈可能面臨無法修復的災難性崩解。

這句話隱含了許多憂慮和中斷。

從全球化世界的製造常態演變成非全球化世界的新常態，不會像拆解汽車然後在新地點重新組裝那樣。這就好像拆解一輛汽車，然後把它重新組裝成一架麵包機、蘋果採摘機和芭比夢幻噴射機那樣。我們製造東西的程序會因為環境的變化而改變。全球性的規模經濟將消失。我們在全球化下用來製造產品的許多技術，將不適用於正在興起的分裂世界。

這意味，在二〇二二年的今日，我們會有很多工業工廠將失去它們的重要性。

以中國為例：二〇二一年中國製造業的加值總額約為四兆美元，其中約四分之三是出口產品。基本工業工廠的原始價值肯定超過這個數值的十倍，這還不包括支援的運輸和電力基礎設施，也不包括運輸原材料和終端產品的成千上萬艘長程船舶，以及支援東亞各國間互相依存的供應體系的價值。

這一切都將陷入困境。去全球化——不管是由美國撤出或人口崩潰所引發——都將打破以中國為中心的製造業供應鏈，甚至在消費國開始保護本土市場之前就會發生。幾乎所有出口導向的工業工廠（以及相當比率的國內導向工業工廠）將全部倒閉。

並非所有產品都需要更換。人口減少意味全球消費在二〇一九年疫情之前的黃金時代已達到高峰，同時全球體系的崩解將進一步降低全球整體的所得和財富水準。但在許多較小的區塊將需要建造替代的工業工廠。畢竟，利用全球成品市場將不再是可行的選項。

新工業工廠的特點將反映一個完全不同的總體經濟、戰略、金融

和技術的環境。這種環境將視工廠所在的位置而不同，但它們存在一些共同的特徵。

一、大量生產的裝配線大體上已是過去式。任何類型的大規模生產都需要巨大的規模經濟。即使是在北美市場內，這種生產「只」需要服務約五億人，相當於約二十五兆美元的總經濟規模。是的，這是個巨大的數字，但這只是新冠疫情前全球總量的三分之一，而北美自由貿易區國家將主要為自己生產，而不是為全世界。

二、縮小規模經濟會降低自動化的機會。應用新技術在任何製造系統都會增加成本，自動化也不例外。自動化仍會發生，但僅限於紡織品和先進半導體等特定的應用。這種自動化應用已經比人力便宜。

三、製造業的技術改進步調將放緩。更廣泛地說，所有技術改進的步調都將放緩。快速的技術進步需要大量高技術工人，和這些工人大規模協作的機會，以及用來開發、營運化和應用的大量資本。人口結構崩潰正在摧毀第一項，去全球化正在破壞第二項，而兩個因素的結合將終結第三項。

四、供應鏈將變短很多。在一個脫節的世界中，任何暴露點都是失敗點，任何無法消除自身複雜性的製造系統都將無法生存。數十家地理位置隔絕的供應商構成單一龐大供應鏈的模式將消失。相反的，成功的製造將轉變成兩種新的、相互支援的形狀。第一種將在各自的地點執行更多步驟，以盡可能消除供應

鏈風險。這意味這些核心設施將變得更大很多。第二種將是提供客製零件的微型設施。特別是機械廠應該能蓬勃發展。它們可以迅速吸收資本、技術、新設計和新工人，並生產訂製或快速變化的零件，提供那些更大的核心設施使用。

五、生產與消費將在同一地點。在全球地圖崩解的環境中，服務一個消費市場意味在同一市場生產商品。對於較小、較孤立的市場來說，缺乏規模經濟意味生產成本極高，和難以採購必要的原材料。更大的系統（例如北美自由貿易協定）將做得更好。畢竟，來自猶他州的原材料可用於在多倫多製造、在猶加敦銷售的產品。「共用地點」是相對的。

六、新體系將特別重視簡單和安全，正如舊體系重視成本和效率。及時系統之死將迫使製造商做兩件事之一。選項 A 是在製造過程中盡可能預先庫存大量產品——包括製成品——倉庫最好設在主要人口中心邊緣。選項 B 是盡可能放棄傳統的製造程序，並在盡可能接近最終消費者的地點進行全部程序的製造。適合後者的一種技術是積層製造（additive manufacturing）或 3D 製造，其概念是把粉末或液化材料一遍又一遍地噴塗成薄層，直到產品被「列印」出來。是的，就每個產品的絕對值而言積層製造很昂貴，但標準已經發生改變。成本不再是驅力的焦點，而且就定義來說，3D 列印產品的倉儲成本幾乎為零。

七、勞動力將大不相同。在強調客製化和在一個地方執行多個製造程序的環境下，沒有技術專長的人將沒有存在的空間。工

業時代的一大進步是，低技術勞動力可以在裝配線賺取合理的收入。但現在呢？製造業對最低技術工作的需求將消失，而最高技術工作的報酬將大幅升高。對窮國而言，這將是一場災難。提升加值鏈的地位意味從底部開始。在地緣政治分權、人口結構逆反和技術變革之際，大多數這些工作將不復存在。此外，更短、更簡單的供應鏈將減少製造業的整體工作機會（以每單位產品創造的工作崗位來計算）。最終結果將如何？導致國內和國家與國家間的不平等擴大。

八、不是每個國家都能成為玩家。每個世界的碎片都必須設法建立自己的國內製造體系，而許多體系將缺乏能力。建設工廠的資本要求很高。人口老齡化將限制歐洲的選項。對資本轉移的可能限制將減少非東亞開發中世界各國的選擇。最能利用外部資本的地區將是那些最有能力取得資源、以可靠的方法製造產品，甚至能在區域外銷售的地區：東南亞、印度和大布宜諾斯艾利斯區。唯一可能完全自籌建設資金的地區是北美自由貿易協定區。

九、最後，也是最令人沮喪的是，正在成型的新世界中將出現不同類別的失敗國家。當然，如果其他國家有較好的地理條件可以製造某些東西，可能導致一個國家的製造系統失敗。這只是可能的原因之一。改變運輸、金融、能源或工業原材料的地圖，都可能使贏家或輸家的名單隨之改變。對於失敗者來說，這不是一個快樂的結局，但也未必是世界末日。取得資源的價格上漲和完全無法取得資源不同——很大的不同。

前者將導致工業空洞化，後者將導致徹底的去工業化。就像能源一樣，失去這項現代工業社會基石的國家不但會陷入衰退，還會失去參與的能力。

現在讓我們談談產品。

整個製造領域事實上有數百個子行業，每個子行業包括數千種中間產品和最終產品。光是列出所有產品就需要超過本書的篇幅。為了簡潔和節約紙張，我們把重點放在國際貿易金額前十一名的產品。

國際製造業貿易中最大的一塊是汽車。每輛汽車的三萬個零件都有自己的供應鏈。由於每個零件都有自己的勞動力要求和成本結構，所以有許多國家參與許多生產步驟，而且經常扮演彼此品牌和市場的供應商。在一輛福特汽車使用德國變速箱，或在一輛吉利汽車使用墨西哥汽缸，或在一輛寶馬汽車使用馬來西亞電線，都是很標準的作法。

當然，這麼密切的工業互動即將完全消失。這並不像聽起來那麼悲慘。由於每個人都建構每一種東西的一部分，所以假設在最終產品的消費者需求充足的情況下，任何既有供應鏈系統集中的地方都會產生顯著的網絡效應。在二○一八年汽車銷量已達到頂點的中國，這是壞消息。在幾十年前就已達到頂點的歐洲，情況將更糟。但德州—墨西哥軸心很完美。當二萬五千個零件已經在世界上最大汽車市場的緊密地理區內生產（或組裝）時，增加其餘零件的經濟性將顯而易見。

重型車輛製造——主要是農場、採礦和營建設備——在許多方面遵循與汽車相同的模式。許多國家生產許多不同的零件，並彼此交易它們的中間零件。零件就是零件……

……但也只達到一定的程度。在有數十億人想要一輛工程車的地方，並不是每個人都覺得有必要爭先恐後去挑選新和最棒的挖土機。還有一點也很重要，你不能把聯合收割機這麼大的東西設計成一個標準的貨櫃單元。光是運輸的困難就意味著，大多數需要農耕或採礦或營建設備的地方必須自己製造許多設備。

綜上所述，重型設備有點像汽車的縮影。和汽車一樣，重型設備製造業存在於三大製造中心——東亞、歐洲和北美——每個中心都主要服務自己的區域市場，但也為彼此的系統提供五分之一以上的零件。次級的大國——如阿根廷、巴西和俄羅斯——基於關稅壁壘和必要性，已經設法保存自己的重型設備製造系統。

展望未來，德國的體系將希望渺茫。德國的人口結構過於老化，以至於無法維繫生產，它也與其他老齡化國家過於整合而無法維繫它的供應鏈，它過於依賴工業商品進口以至於不敢嘗試大規模製造，它也過度依賴對歐陸以外地方的出口來維持其收入。

巴西正好與德國完全不同。巴西有容易取得的能源和原材料，它的工業主要由國內企業建立，不受其他國家影響。加上國內對營建、農業和採礦設備的殷切需求，將使巴西在其他國家紛紛退出這些工業的時候，可望大幅擴張在海外的銷售。

在維繫供應鏈、國內需求、取得原材料和人口結構等方面的優勢上，介於德國人和巴西人之間的是義大利人、法國人和日本人。基於各國的特性，義大利的生產傾向於較小的款式（較小的農田和擁擠的城市需要較小的設備），而恰巧這種款式較容易出口。法國的系統幾乎占據所有國內銷售，但仍然嚴重依賴出口。如果法國和日本不能與

美國保持良好關係，它們的產品銷往美國（兩國的最大市場）將受到阻礙。問題不在於需求，而在於通路。中國面臨類似的問題，儘管不是那麼嚴重（中國的國內需求比率遠超過法國或日本）。

儘管如此，製造八〇％的礦用卡車和製造整輛車還是有很大的區別。幸運的是，任何擅長生產汽車的國家應該也能在重型設備方面很出色。這個道理也適用於許多類似的技術組合和基礎設施。在北美，請注意德州—墨西哥軸心的採礦和營建設備，特別是休斯頓。想要農用設備嗎？你要注意的仍然是中西部。

木材業以複雜多變的方式橫跨農業和製造業世界。從樹木到木材，再到紙漿、木板、芳香物質的加值過程就是總值二千五百億美元的產業，而這還不包括把木材轉變成家具、飾板、香水、房屋框架的重要工作。正如你可能猜到的那樣，預測木材業的未來──甚至描述木材業的現在──不是一件容易的事。

所以，讓我們關注顯而易見的部分：

每個人都使用一切東西，只是多寡的不同。但每個人都使用木材來建造家具、當作燃料和製造紙張等。木材是人類生存的基本材料，而且從有人類以來就一直如此。

但不是每個國家都能大量生產木材。美國是擁有廣闊森林覆蓋的中高海拔溫帶大國，也是迄今世界上最大的木材生產國，但因為美國人喜歡裝滿家具的大型單戶住宅，它也是一個淨進口國。加拿大和墨西哥滿足了幾乎美國超額需求的全部。不必擔心後全球化世界將帶給北美的改變；北美已經為自己的利益而照顧這個產業。

在去全球化的世界中，木材業有三方面的問題：

第一，美國是更重要的全球貿易木材產品的來源，例如顆粒、鋸屑和刨花板等聚合木料；膠合板等面板；以及紙漿。在分裂的世界中，這類大批量和低價值的產品不會銷售到很遠的地方。這是美國皮埃蒙特地區的森林管理人和加工商要操心的問題，但在北美其他地區基本上沒有人會感受到。對於歐洲和亞洲各地的消費者來說，各類木材產品價格的通貨膨脹幾乎是必然的，特別是因為幾乎所有木材產品的替代品都以石油為原料。

　　第二，非來自美國的產品通常得通過我一直提到的地緣政治壓力點：來自東南亞茂密森林的東南亞木材流向東北亞，來自俄羅斯的木材流向中歐和西歐。未來木材貿易的各種中斷情況將隨著產品類別而不同。唯一可能不成問題的流動將是斯堪地那維亞的木材銷往歐洲其他地方。

　　第三，環境將是一個迫在眉睫的大問題。在二〇一九年，木材和各種木材副產品占歐洲發電燃料的二‧三％，主要因為歐盟有一些超級愚蠢的法規，認為木材和木材副產品的燃燒是碳中和的，雖然木材燃燒排放的二氧化碳比煤還多。

　　更重要的是，全世界大約一半的樹木被直接用作燃料，絕大多數在距離森林邊緣一天的步行路程內被燃燒，特別是在印度和下撒哈拉非洲。在後全球化的世界中，將很少國家規定不得以木材為燃料，甚至還可能有國家鼓勵燃燒木材。如果人們無法購買天然氣或柴油等全球貿易的能源產品，他們將不得不燃燒木材，否則必須忍受沒有暖氣和無法做飯。世界一半人口重新燃燒木材造成的破壞規模——碳排放、土地覆蓋、生物多樣性、霧霾、水質和安全問題——將是難以想

像和令人無法接受的。

接下來：隨著亞洲公司的衰落，半導體世界看起來將截然不同。

半導體的製造是一個極其困難、昂貴、精確，更重要的是集中的過程。從二氧化矽粉末的熔化到把液態矽拉成晶體，再到把晶體切片成晶片，晶片的蝕刻、摻雜和烘烤，再到把晶圓製成單獨的半導體片，再到將這些難以置信的精細部件封裝到具保護作用的框格，以便用在 GameBoys、智慧型燈泡和筆記型電腦中，這一切通常都在同一設施中完成。每個步驟都必須在無塵室中完成，因此與其用清潔鏈運輸來運送產品許多次，不如在同一地點完成所有操作會更安全可靠。

台灣、日本和韓國能做出最好的半導體。馬來西亞和泰國負責中端市場。中國占有廉價品市場。這些設施將不會遷移。

或者，至少它們沒有遷移。但世界正在變化，現在它們正在遷移。由於需要很高技術的工人、極其可靠的電力供應，和一系列大規模製造支持的系統，大多數晶圓廠設施別無選擇，只能遷往美國。

這凸顯一個問題。美國製造業——特別是在資訊技術領域——具有極高的附加價值。它參與用於伺服器、筆記型電腦和智慧型手機的高端晶片的大規模製造，即使是在全球化產業外移的高峰期美國的晶片生產仍占全球晶片總值的一半，雖然以晶片數量計算只占大約九分之一。

不幸的是，製造業的未來仍然需要大量非天才級的晶片。美國工人只有在大量補貼才願意屈就這種水準的晶片製造工作。墨西哥也幫不上忙：它缺少創造這類勞動力所需要的大規模精密教育文化。如果目標是製造近幾十年來才數位化的東西，這是個大問題。你可以對物

聯網*說「再見」了。我們可能應該為下一代更類比、而非更數位化的車輛做準備。

當然，半導體不只是半導體。晶片本身是無用的。在安裝到其他產品之前，它們必須嵌入電路和控制板中。這個中間階段需要眼睛和手指。這不但讓我想到了未來與墨西哥和哥倫比亞在中間製造步驟的合作夥伴關係，而且還暗示了圍繞半導體建立的各個產業——特別是電算、智慧型手機和消費電子產品——都應該建立廣泛的合作夥伴關係。

電腦組裝簡單得令人訝異（大多數重要零件實際上是半導體），實際上它歸結為價格點問題。如果是低品質的產品，而且可以手工完成，例如組裝主機板，墨西哥將是理想地點。如果需要更高的精密度，例如顯示器的安裝——因而需要自動化——美國將是不二的選擇。

對於智慧型手機用戶來說，後全球化的第一個十年將是艱困的。目前，幾乎整個供應鏈系統都在歐洲或亞洲。歐洲體系可能沒問題。大多數歐洲電池製造商都在斯堪地那維亞半島，該區域的供應系統不太可能面臨太多挑戰。但亞洲體系呢？韓國是最大玩家，但韓國能否繼續作為一個製造業或技術大國、甚至機能保持良好的國家，將取決於能否與日本人和平相處。只要走錯一步，整個安卓（Android）操作系統將失去大部分硬體。

至於蘋果生態系，蘋果在加州設計產品，然後把生產完全外包給以中國為中心的網絡，而這個網絡肯定會在不久的將來崩潰。整個製

---

* 不過老實說，我們真的需要數位溫度計把最新溫度傳送到你的手機，或是會唱歌的乾衣機嗎？

造系統將必須在美國國內重起爐灶。東南亞國家缺乏必要的規模，而墨西哥缺乏精密能力。即使在最好的情況下，一旦世界分裂，iPhone將只能每隔好幾年才能推出新款式。

電子產品——一個非常廣泛的類別，包括從白色家電到傳真機、路由器、攪拌機、吹風機的所有產品——有點像汽車，因為每個人都使用所有產品。但與汽車不同，它沒有太多的祕方。沒有人進行企業間諜活動，或威脅要對製造吊扇或車庫開門器所需的智慧財產權發動戰爭。

定義電子產品領域的是美國秩序時代製造業的最重要特性：勞動力差異。製造辦公室電話外殼的技術組合——和更重要的價格點——與連接電線或生產數位介面的技術組合不同。未來成功的電子製造商將是那些在毗鄰的地方有多重技術勞工和價格點組合的製造商。看看東南亞和美國－墨西哥邊境地區。與其他行業相比，電子產品是一門大生意。電子產品是一個龐大的產品類別，遠遠超過汽車或電腦，也是製造業中最勞力密集的行業之一。在國內製造半導體聽起來很吸引人，但如果想僱用數百萬人，那非靠電子產品不可。

另一個重要的子行業是航空航太業。和汽車一樣，三大製造業地區都有自己的系統：北美的波音，歐洲的空中巴士和中國的中國商用飛機公司（Comac；商飛）。這種情況不會一直持續下去。儘管商飛的強制技術轉讓和間諜活動持續了數十年，但事實證明它無法造出能飛的噴射機所需的所有零件。在後美國秩序的時代，商飛將無法進口所需的東西，只能坐以待斃。

空中巴士（Airbus）也好不了多少。空巴公司是一家西班牙、法

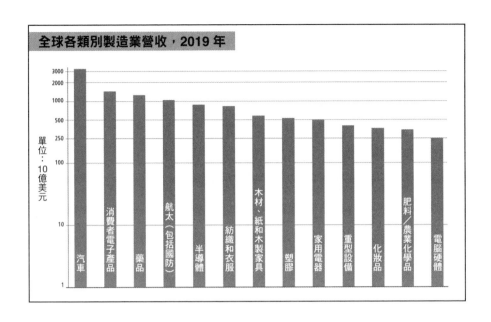

全球各類別製造業營收，2019 年

單位：10 億美元

汽車　消費者電子產品　藥品　航太（包括國防）　半導體　紡織和衣服　木材、紙和木製家具　塑膠　家用電器　重型設備　化妝品　肥料／農業化學品　電腦硬體

國、德國和……英國合夥的多國集團，而由英國提供機翼和引擎。在英國脫歐後的世界，空巴的未來已蒙上陰影。一旦懸而未決的美英貿易協議敲定，英國的航空航太業可望併入波音的大家族。更糟的是，空巴飛機的一些最大買家是阿提哈德航空（Etihad）、阿聯酋航空和卡達航空等波斯灣航空公司。它們的所有航班都以波斯灣為出發站或終點站。隨著美國撤出波斯灣地區，民用航空不可能繼續在該地區營運。如果空巴公司要有未來，它將必須重塑自己成為歐洲的軍事供應商，而不能再仰賴美國的戰略管轄。

　　未來的航空航太市場將由波音稱霸全球。全球航空市場將變小得多，但波音憑藉其優勢最終將能一枝獨秀。

　　機械是情況變得模糊不清的地方，不只是因為沒有人真正把機械歸入特定的資料蒐集類別。德國生產世界最好的機械，因為德國人注

重精確的文化傾向是造就好機械的原因。遺憾的是，文化無法轉移，不管在這方面花多少錢都一樣。問問中國人就知道，他們盜版德國設計和模仿德國產品的努力始終無法成功。

這帶來三個結果。第一，大體上美國將安全上壘。雖然美國人不像德國人那樣擅長製造機械，但休斯頓人已急起直追。第二，中國的工業地位正逐漸敗壞。即使沒有其他問題，中國人也完全依賴德國的機械來維持他們的工業巨頭。第三，世界將經歷技術發展速度放緩。少了德國人頑固地推動好機械的極限，未來這個領域的技術進步——製造其他一切東西所不可或缺的——將停滯不前。

這是在高端機械方面。低端的全面重組也迫在眉睫。變化最大的兩個子行業是紡織和電線電纜業。紡織業是低技術、勞動密集型產業，而電線電纜是低技術和電力密集型產業。從工業時代開始以來，這些產業一直是剛工業化的國家想在世界立足首選的產業。

未來將不再如此。

自動化的進步現在意味在已開發國家大多數紗、線、布料和衣服都可以用機器製造，成本還比孟加拉的半技術工人製造的更便宜。我預測以天然纖維製成的布料和衣服將轉移到生產羊毛和棉花的地方：特別是美國南部、澳洲和紐西蘭。至於合成纖維的製造，將很難找到比美國墨西哥灣沿岸更有利的地點。記住，比起一九八〇年代和一九九〇年代流出時，這些回流的「工作」將大不相同。一名系統工程師現在可以獨自操作一英畝大小的紡織設施。

至於電線電纜，美國的頁岩油革命將使美國獲得世界上最便宜的電力。不但金屬冶煉將重回美國，這一程序的下一步：電線電纜也是

如此。紡織品的成品加工和電線電纜的後續製造仍然需要人力，但這個過去的入門產業已發生了不可逆轉的改變。

這牽涉的不只是幾隻丟失的襪子。紡織品、鞋類和電線電纜通常是發展過程最早的步驟之一，較貧窮國家利用這些產業不但是為了獲得收入和開始城市化，而且還是為了積累組織和訓練經驗，以便往加值鏈的上層發展到更複雜的製造業和系統。這些產業將回流到開發程度較高的經濟體，特別是它們自動化程度的提高，將使還未開始發展的國家沒有機會跨入這些已被證明是發展進程最底層的產業。不管是玻利維亞、寮國還是剛果，風險不在於倒退到一九三九年以前的世界，而是倒退回一八〇〇年之前。

解析未來的崩解

本章對即將衝擊和碎裂全球製造業的影響可能太過於輕描淡寫了。任何提高運輸邊際成本的東西都會增加整個體系的摩擦。子公司的成本只要增加一％，就可能嚴重削減既有供應鏈的經濟性。而未來大多數地方的運輸成本如果只增加一〇〇％，它們應該感覺自己很幸運才對。

這就是我們正在進入的新世界。運輸、金融、能源和工業原材料取得的改變，將使它變更貧窮和更分裂，並將使我們視為現代的大部分進步倒退。而且這還是假設每個國家都能繼續滿足它們的需求，並因而繼續以現代國家的狀態存在。

不幸的是，這還不是故事的結局。現在我們必須討論誰將倖存並

看到這個未來。我們必須討論誰能夠做一件比其他任何活動更重要的事：吃。

現在我們必須討論農業。

CHAPTER 7

農業

很久以前，在一片遙遠的土地上，
人類馴化了他們的第一種植物：小麥。
有了這一項成就，其他一切也變得可能。
陶器、金屬、書寫文字、住宅、道路、電腦、光劍。
一切東西……

7.1 | 事關重大

本節討論的是一個最重要的產業。如果你買不到一個小零件，你可能就無法製造整輛汽車。如果加油站的燃料耗盡，你的整個生活可能就此陷入混亂。但如果沒有足夠的食物，你就活不下去。你的鄰居就活不下去。你鎮上的每個人都活不下去。你的國家將滅亡。由於糧食歉收而垮台的政府遠多於因為戰爭、疾病或政治內鬥而垮台的總和。這似乎是一個病態的笑話，但食物是容易腐壞的。我們絕對必須擁有的東西是在幾個月內就可能腐壞的東西——如果我們不小心翼翼，甚至幾天內就會腐壞。食物稍縱即逝，但饑餓卻是永恆的。

長遠來看還更令人沮喪。如果食品供應系統因為任何原因崩潰，你將無法輕易地生產更多食物。即使是快速生長的燕麥，從種植到收穫也需要三個月。玉米需要六個月。六個月通常也是屠宰豬隻最快的時間。牛需要九個月，雖然十二個月更好——這是假設吃飼料而不是自由放養。想吃有機和自由放養的食物嗎？你最少需要二十四個月。果園通常在前三年無法生產。有些甚至要八年。

也不是每個國家都能參與這種遊戲。最難運輸的大宗商品之一是水。單一水分子的兩側有強烈的負電荷和正電荷，使水分子緊緊貼附在一切東西，甚至彼此貼附。[*]泵送水時必須克服這種摩擦，而這只能藉由不斷消耗能量來完成。這是地球上大約一半的未凍結土地表面不適合農業的最大原因，也是為什麼我們耕種的土地有近一半需要工業

---

[*] 學化學的人會說那叫氫鍵結（hydrogen bonding）。

時代的泵送技術。去工業化不只意味工業的終結，也意味著大規模糧食生產的結束和大規模饑荒。

即便如此，我可能還是太過粉飾後全球化世界中糧食生產面臨的挑戰。要了解未來到底有多可怕，我們需要有一個最終的、真正殘酷的篇章。我們需要了解誰會幸運地在我們脫序的未來有飯吃。

我們需要最後一次從頭說起。

建立豐饒

很久以前，在一片遙遠的土地上*，人類馴化了他們的第一種植物：小麥。有了這一項成就，其他一切也變得可能。陶器、金屬、書寫文字、住宅、道路、電腦、光劍。一切東西……

作為一種糧食作物，小麥十分完美。它生長得相當快，不管生長季節是長是短，它都能成為主食。它很容易雜交以適應不同的海拔、溫度和濕度。有些品種可以在秋季種植，在春季收穫，從而縮短饑餓的季節。但最重要的是，小麥一點也不挑剔。正如許多農民半開玩笑說「小麥是一種雜草」。霜凍來得晚或早，洪水或乾旱：當天氣不合作時，有時小麥是唯一生長的作物。小麥因此是長期以來大多數人的首選穀物。隨著時光流逝幾千年，幾乎每個文化、每個地方都大量種植小麥，小麥成為大多數地方飲食經驗的中心。

小麥不只是養活我們，它還改變我們。小麥的生物學特性塑造了

---

* 大約在西元前一萬年在今日伊拉克的庫爾德斯坦（Kurdistan）。

人類技術、地緣政治和經濟成果。小麥的不挑剔不限於對氣候，它也不需要細心呵護。一旦小麥種子被丟在地上，你幾乎就可以開始等待收穫。小麥能照顧自己，讓農民一年有九〇％的時間可以用來做其他事情。

還有其他的古代穀物——法羅麥（farro）、小米、莧菜籽、苔麩——但都比小麥需要更多的土地或水或勞動力（通常三者兼具）——但都產生較少的卡路里。這對當代飲食來說是好事，因為我們都過胖，但對前工業世界來說不是好事，因為饑餓是隨時存在的威脅。對非小麥文化來說，與吃小麥的族群接觸往往是致命的。吃小麥的族群有更多人可以投入衝突，這不只是因為更多卡路里意味更多人口，還因為它們可以在一年中的大部分時間讓農民手裡握著長矛。小麥可以提供更多的卡路里，因為農民可以利用他們的「空閒時間」種植更多的作物，從而獲得更多卡路里，支援更多的人口。綿羊在中東特別受歡迎，乳牛是歐洲人的首選*。所有這些空閒時間意味更大的勞動力分化，和因而帶來的更快技術進步。不吃小麥的人根本跟不上。

如果說不加管理的小麥生產——差不多只是在地上撒種子——可以產生地緣政治力量，那麼有管理的小麥生產則將小麥培養提升到驚人的高度。祕訣在於經常被忽略的灌溉概念。我們都了解植物需要水和陽光，但大多數人都沒有內化那種奇蹟，這些奇蹟不但來自水管裡，也來自水控制。

我來自愛荷華州，那裡經常下雨，土壤濕度很充足，灌溉幾乎聞

---

* 是的，沒有錯。小麥帶給我們乳酪！

所未聞。愛荷華州的農業產量多、豐盛且規律。那裡沒有什麼神奇的發明。

我最喜歡去的地方之一是華盛頓州的內陸，因為那裡的地形、人民和文化——好吧……我去喝葡萄酒。華盛頓內陸的大部分地區都是乾旱的沙漠。年降雨量與契瓦瓦沙漠（Chihuahuan Desert）相當。冬季氣溫很少低於冰點，而夏季氣溫通常超過攝氏三十八度。土壤濕度極低。

工業化之前，那裡幾乎無法種植東西。但喀斯喀特山脈和落磯山脈的徑流形成了亞基馬河、蛇河和哥倫比亞河，所有這些河流都流經並匯聚在該地區。其結果是在西半球最乾旱地區之一的中心地帶形成一系列廣大的綠化帶。那裡幾乎每天豔陽高照。灌溉水來自北美流量最大的水系統。在谷歌地球上查看：連接亞基馬、瓦拉瓦拉（Walla Walla）、摩西湖市的三角形地帶如果不是河谷平原灌溉過的茂盛綠色，就是死氣沉沉的棕色沙漠 *。

愛荷華州特別適合種植玉米和黃豆——高濕度、單季的溫帶作物。在冬季降臨之前會有「標準」的六到八個月生長季節。但在華盛頓州，你幾乎可以種植任何東西：玉米、黃豆、堅果、蘋果、梨、核果、小麥、馬鈴薯、葡萄、甜菜、啤酒花、薄荷，以及陽光下幾乎所有的蔬菜。每英畝的生產力十分驚人，因為所有作物幾乎每天都能得到熱烈的陽光照射，同時能得到充分的水。產品選擇幾乎無限，農戶幾乎全年都可以種植。沙漠代表死亡。溫帶是季節性的。但沙漠加上灌溉就是無敵！

---

* 出於類似的原因，加州的中央山谷也採用很類似的模式。

古代美索不達米亞、埃及和印度河流域的河谷都有開闊的平地，因此不需要工業級的技術；工業化前的水道分流技術就已足夠。對那個時代來說，那是絕對完美的成功地理學。這三個文明都把小麥的潛力與灌溉結合起來，創造了世界上首見的大規模糧食盈餘，並因而需要陶器來儲存剩餘的糧食，需要道路來收集剩餘的糧食，需要書寫和算術來記錄剩餘的糧食，需要充滿非農民的城市來吃剩餘的食物。因此，美索不達米亞人擴展到安那托利亞和札格羅斯（Zagros），埃及擴展到蘇丹和黎凡特（Levant），印度河的人從馬希河擴展到奧克蘇斯河，再到波斯灣口。

隨著文明技術從初始三大文明散播到古代世界的廣大範圍，管理和不加管理的小麥生產的結合，使許多殖民地變成擁有自己糧食剩餘的次代文化，而次代文化又衍生出再次代文化。但不管是哪一種情況，糧食供應仍然是共通的問題，對人口、城市化、技術進步和文化擴張帶來絕對的限制。雖然小麥是門檻很低的穀物，但仍需要勞動力來播種和收穫（和管理灌溉系統）。

事實證明，解決此一限制的方法其實很簡單：征服擁有大規模管理小麥生產的某個國家，讓它的人民為你擴大的帝國種植糧食。在大多數例子裡，這些國家是擁有世界最佳小麥管理系統的地方，那裡的大部分人口生活在小麥種植奴隸制下，而這正是人類文明建立的基石。

在西元前六世紀，由居魯士大帝（Cyrus the Great）領導的阿契美尼德帝國（Achaemenid Empire）波斯人征服了他們的美索不達米亞先輩，開啟了持續至今的美索不達米亞—波斯敵對。不久之後，居魯士的後裔坎比塞斯（Cambyses）和大流士（Darius）把埃及和印度河納

入帝國。阿契美尼德王朝的擴張隨後停止了，原因很簡單，所有值得擁有的糧食生產都已被征服。停滯不前的軍事行動導致內鬥，導致薛西斯（Xerxes）的溫柔憐憫[*]，導致叛亂，導致西元前四世紀馬其頓人在亞歷山大大帝統治下的崛起，像他之前的阿契美尼德王朝一樣征服了整個已知的（吃得飽的）世界。而且，就像之前的阿契美尼德王朝那樣，當亞歷山大控制初始三大文明的糧倉後，他的征服基本上也停止了[†]。

歷史就這樣展開了：在接下來的二千五百年，帝國的崛起圍繞著取得可以延續擴張的土地。羅馬人征服西班牙，俄羅斯入侵烏克蘭，德國占領波蘭，英國人拿下南非，埃及在某個時候幾乎凌駕所有國家。

三個大發展打破了小麥引起的征服。

第一，工業時代為人類帶來合成農業原料，最重要的是肥料，還有殺蟲劑、除草劑和殺菌劑。已用於農業的土地在短時間內產量增加一倍，但過去一直被忽略的貧瘠土地可能出現工業化前產出水準的四倍（或更多）。農田開始遍布大地。在新技術時代，成功地理學發生了變化。曾經的荒地變成了糧倉。涼爽、潮濕、日照不足的德國北部突然變成幾與法國北部相提並論的糧食生產區，而西伯利亞種植作物的能力也使俄羅斯的生活變得不再那麼悲慘。

帝國仍然征服了埃及[‡]，但由於能取得工業技術，許多文化可以在自己的領土上控制可靠的大規模糧食生產。曾經被帝國征服的地方迅

---

[*]　對斯巴達！

[†]　此外，他在三十二歲時去世。所以也就到此結束。

[‡]　因為那太容易了。

速成熟為舊玩家的挑戰者。舊強權花了幾十年的時間才了解這種從根本發生改變的權力平衡。我們知道這個了解帶來了十九世紀的德國統一戰爭，以及不久後發生的更大衝突。

工業原料也不只是化肥和殺菌劑。電力和鋼鐵也是工業化農業的技術。把它們結合起來就能得到水力，使我們能把水泵送到山上或抽出含水層。我們可以藉由海水淡化來製造淡水。工業化不但增加我們每英畝的產量，它還讓我們能在貧瘠的土地生產糧食。

製冷也是一種工業水準的農業技術，這是一個不算小的奇蹟。肉類現在可以持續數週，而不是數小時或數天就腐壞。腐壞並沒有被完全解決，而是被管理。像蘋果這樣易腐壞的東西，一旦採用工業時代

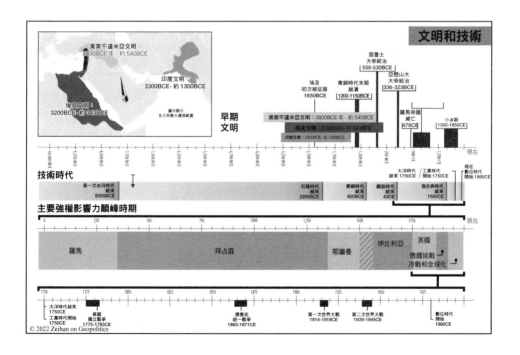

的技術在接近冰點的溫度、置於沒有光線且抽出氧氣的倉庫，就可以多存放一年多。當小麥放置在陰涼、黑暗、密封、乾燥的倉儲環境時，就可以保存長達八年。至於生鮮產品，現代遺傳學提高了產品對溫度變化的耐受力和延緩變質的時間。這些成果加上讓工業運輸變得如此便宜和可靠的地緣政治條件，使我們得以隨時從世界任何地方運送任何東西到任何地方。我們現在甚至運輸乾草。

令人驚訝的是，打破小麥世界的第二個因素是美國的秩序。藉由讓所有人都能安全地航行在海洋和禁止帝國擴張，美國人推翻了過去幾千年由農業驅動的征服。三大古文明的土地都做到和／或鞏固了它們不受帝國支配的獨立。過去世界各地處於邊緣位置的土地現在都出現爆炸性成長，因為進口的技術和原材料改變了它們的可能性。這場「綠色革命」最終證明使我們今天所知的開發中國家的農業財富幾乎成長了四倍。這種轉變的最大贏家是南亞、東南亞和東亞國家，它們的總人口占了全球的一半。美國的秩序加上工業技術的散播，使三十億人從生活在饑餓邊緣變為糧食安全無虞。更好的現代原料、更少的帝國時代限制、更多的農場和農耕面積、更大產量的更多產品種類，使全世界都成為贏家。

更多的作物種類是結束小麥時代的第三個、也可能是最重要的因素：人們選擇停止種植小麥。

在漫長的帝國時代，控制高產小麥產區是成功的必要條件。可靠的糧食供應直接帶來可靠的人口增長和可靠的軍事擴張。但在工業化的美國秩序時代，戰略考量發生根本的變化。全球貿易軟化了執著於小麥自給自足的必要性。美國的戰略守護消除必須為帝國進攻做準備

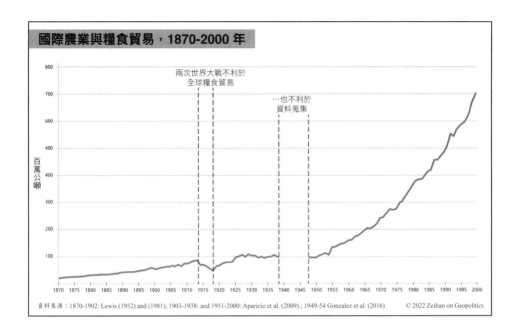

國際農業與糧食貿易，1870-2000 年

資料來源：1870-1902: Lewis (1952) and (1981); 1903-1938: and 1951-2000: Aparicio et al. (2009).; 1949-54 Gonzalez et al. (2016)　　　© 2022 Zeihan on Geopolitics

的偏執。新的原料與綠色革命結合，意味全球小麥安全已經實現。因此，全世界的農業學家開始著手調整全球糧食生產的地理格局，並特別關注明確的分工。

高卡路里和高蛋白質含量的產品，如玉米、黃豆、扁豆或燕麥，像雜草一樣蔓延。全世界較好的牧場紛紛轉向畜牧業。有灌溉系統的土地──不管是在伊拉克還是加州的中央山谷──都種植工業規模的果樹。

在剛採用工業技術的開發中國家，各種糧食生產大規模增加，小麥仍然是主要作物之一。在工業化之前沒有用處的土地現在更可能被用來種植小麥。

在工業技術較成熟的已開發國家，小麥逐漸被推向邊緣，而更多

的肥沃土地則被用來種植其他作物。

美國秩序鼓勵的規模經濟意味每一塊土地和小氣候都傾向於生產它最適合的單一作物，以滿足完全統一的全球市場需求。玉米和黃豆需要高溫和高濕度的氣候，所以種植在大陸的內地。只要一次霜凍就能摧毀柑橘作物，所以它們種植在亞熱帶地區。稻米不只喜歡高溫和濕度，大多數品種需要在不同的生長階段被水淹沒——非常適合溫暖潮濕的地方。燕麥和大麥喜歡涼爽、乾燥，所以適合更高的緯度。所有穀物在收穫前都需要一段乾燥期才能成熟。通常高緯度地區太冷，除了特定的小麥品種或甜菜*外，不適合任何作物生長；而熱帶地區不夠涼爽或乾燥，大多數作物無法正常發芽和乾燥——在這些地區可鼓勵種植完全不同的作物：從芒果到山藥等。

飲食改變了。隨著開發中世界的人有了國際貿易的管道，他們做了預期中的事：提高國內的農業產量、從原材料開採獲得比殖民地時期更大的份額、城市化、拓展到製造業、賺更多錢、吃更多和更好的食物、食物來自愈來愈遠的地方。在東亞，這意味逐漸從稻米轉移到小麥，和對豬肉需求激增。在伊朗，這意味種植更多稻米以搭配小麥。在中國東北部、加勒比海地區和下撒哈拉非洲，這意味逐漸減少高粱、小米和根莖類作物的種植，而稻米、雞肉和牛肉的產量逐漸增加。

在基本糧食安全得到保障下，今日的「農業」不只表示種植主食，在許多情況下甚至不只表示糧食。我們現在不但生產玉米、小麥、黃豆和稻米，還生產馬鈴薯、扁豆、蘋果、櫻桃、榛子、杏仁、

---

* 噁！

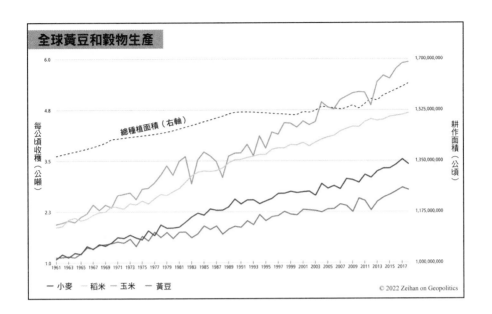

全球黃豆和穀物生產

每公頃收穫（公噸）

6.0
4.8
3.5
2.3
1.0

總種植面積（右軸）

耕作面積（公頃）

1,700,000,000
1,525,000,000
1,350,000,000
1,175,000,000
1,000,000,000

1961 1963 1965 1967 1969 1971 1973 1975 1977 1979 1981 1983 1985 1987 1989 1991 1993 1995 1997 1999 2001 2003 2005 2007 2009 2011 2013 2015 2017

— 小麥　— 稻米　— 玉米　— 黃豆

© 2022 Zeihan on Geopolitics

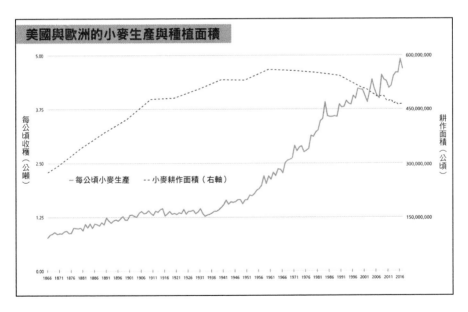

美國與歐洲的小麥生產與種植面積

每公頃收穫（公噸）

5.00
3.75
2.50
1.25
0.00

— 每公頃小麥生產　-- 小麥耕作面積（右軸）

耕作面積（公頃）

600,000,000
450,000,000
300,000,000
150,000,000

1866 1871 1876 1881 1886 1891 1896 1901 1906 1911 1916 1921 1926 1931 1936 1941 1946 1951 1956 1961 1966 1971 1976 1981 1986 1991 1996 2001 2006 2011 2016

酪梨、草莓、藍莓、藜麥、啤酒花、木材、棉花、亞麻、花卉和大麻。每個地區都有自己特殊的溫度、濕度區和土壤類型，而美國秩序使每個地區能盡可能發揮優勢，大規模生產，並銷售給胃口奇大、富裕且不斷成長的全球市場。大規模地從小麥改種其他作物現在已是常態。

想想兩個在地理、歷史、氣候、文化或經濟結構幾乎沒有共同點的國家：紐西蘭和埃及。紐西蘭是一個很潮濕的國家，而人口稠密的埃及則有很多額外的勞動力來照顧植物。在這個時代，兩國都可以輕鬆種植足夠數量的小麥來滿足它們的需求。事實上，如果它們願意，它們將成為世界上最賺錢的小麥生產國。

但兩國都沒有這麼做。

相反的，兩國都生產更符合它們環境和勞動條件的農產品——全球需求量極高的產品。紐西蘭超溫和的氣候使其成為世界上最高效的乳製品、木材和水果生產地，養牛場、工業林和果園排擠了利潤較低的麥田。同樣，埃及種植棉花和柑橘以供出口，而非小麥供當地消費。這兩個國家都以高價出口它們的農業產品，然後進口較便宜的食物如小麥，雖然在全球的農業經濟學迫使它們必須自給自足時，它們也可以自己種植。

這種把小麥放逐到周邊地區的作法，意味世界大部分小麥只種植在少數幾個地方：美國大平原、加拿大的草原省分、澳洲的墨累－達令盆地、非洲大陸的西南邊緣、阿根廷中部的旱地、英格蘭東南部、高度保護主義的法國無數小麥田、中國北方的華北、養活眾多人口而能減少進口需求的巴基斯坦和印度，以及俄羅斯小麥帶的廣大地區，

包括白俄羅斯、烏克蘭和哈薩克。（其中只有法國、巴基斯坦和印度在可以更有效種植許多其他作物的地區種植小麥，但對這三國來說，效率並不是政府的目標。）

工業化秩序不但讓我們能把攝取的總卡路里從一九四五年迄今增加七倍，也使地球上過去因為地理條件無法支持眾多人口的大片地區能有龐大人口。從一九五〇年以來，北非的人口增加了五倍多，伊朗增加六倍以上，而沙烏地阿拉伯和葉門的人口更增加十倍多。來自一個（或更多）大陸之外的大量糧食運輸已變成普遍現象。

對農業來說，工業技術改變了地點和數量的可能性，美國秩序改變了取得和範圍的可能性，而大規模的作物替代改變了內容和種類的可能性。更多的耕種土地——約一百一十五億英畝——比人類歷史上任何時候都多。二〇二〇年全球的農業總產值約為八兆美元，產量超過人類歷史上任何時候。這大約是全球 GDP 的一〇％，在所有行業中產值最高。這些糧食的價值有超過三分之一提供給國際貿易，比人類歷史上任何時候都多。其餘的部分有大多數不在當地消費（佛羅里達州的人能吃多少佛羅里達柳橙？）。

如果目標是效率和提高生活水準，這就很容易理解了。但全球貿易機制只需要小小的改變就能打破這個相互關聯的系統。如果能通達的地理區縮小了，「理解」就會發生巨大變化。

製造業、能源和金融都很棒。它們共同把整個人類帶入現代。但農業呢？這是從過去的悲慘恐怖邁向我們所知世界的第一步。如果沒有現代的農業，那將意味糧食的數量、種類、可得性和可靠性的大規模萎縮。那將意味那些利用現代農業技術和市場擺脫前工業化時代的

國家，勢必倒退回前工業化時代，倒退回工業化前的人口水準。

7.2 ｜脆弱性的地緣政治學

讓我們重新審視本書截至目前的所有其他主題，但從農業的角度來看。

讓我們從製造業開始。

美國秩序強調效率、規模經濟和擴大工業技術的範圍，這不但決定某些作物的種植地點，還塑造了它們種植的方式。其最大的影響之一是行栽作物（row crops）的誕生，這類作物可以用工業方式，以重型設備種植、施肥、除草和收穫。

按產量計算，最主要的行栽作物是小麥、黃豆、玉米、馬鈴薯、油菜、豆類、豌豆、蕎麥、甜菜、亞麻、向日葵和紅花。由於在斜坡或濕地附近操作重型設備容易發生代價高昂的工業事故，這類設備和行栽作物的結合實際上只適合平坦和較大的農業區。因此這類設備在加拿大、美國、巴西、阿根廷、澳洲、南非、荷蘭、波蘭、羅馬尼亞、保加利亞、白俄羅斯、烏克蘭和俄羅斯各地，以及在英國、法國、德國、西班牙、比利時、阿爾及利亞、玻利維亞、墨西哥、中國和紐西蘭的部分地區具有絕對重要性。這些國家的行栽作物加起來約占全球糧食總產量的四分之一。更大的農場意味更大、更專業的設備。專用設備意味專用的製造供應鏈。遺憾的是，專用的供應鏈很容易受到破壞。

對於大規模行栽作物生產國來說，潛在的設備供應商名單非常短。

　　在全球化後期，只有四個地方製造用於大規模行栽作物農業的相關設備。歐洲的製造能力是跨國的，受制於歐盟的統一標準。中國的設備偏小。中國的小麥田或玉米田的平均面積約為一英畝，不到美國相同田地的三百五十分之一。北美的製造能力很完備，但嚴重依賴東亞的電算元件。巴西人有一些製造能力，主要是供應自己的市場，但也出口一小部分到南亞和下撒哈拉非洲。

　　在去全球化的世界，歐洲供應鏈面臨嚴重的局限。德國製造的農業設備依賴與中歐和德國汽車業相同的供應鏈，在銷售上也仰賴全球市場。兩者都不可能繼續擴展。法國的設備製造能力可望通過嚴苛的考驗，原因是它完全占有國內市場，而且較容易進入北美市場。從生產和出口角度看，中國農業設備的生產和出口前景堪慮。巴西可望來填補一些空缺。

　　對所有農業生產國來說，問題將是它們能否與未來存活下來的設備供應國建立關係。幸好與設備製造國關係斷裂的大規模行栽作物國不多。如果區域地緣政治的發展不利於阿爾及利亞、保加利亞、波蘭、羅馬尼亞、西班牙和英國將令人驚訝，但如果發展沒有不利於它們將令人更加驚訝。澳洲、紐西蘭和南非都與它們的設備來源距離遙遠，但它們也沒有面對那麼複雜的供應路線。

　　除了行栽作物所需的超大型機器外，南亞和東南亞在較小的田地使用較小的設備。在中國退出供應國行列的情況下，將沒有明顯的替代者。印度確實製造了很多小型工作卡車和拖拉機，但其採購供應鏈

遍布全球（包括中國）。每一個有大型國內供應鏈和製作適合大小設備的國家——例如巴西和義大利——都距離很遙遠。泰國和馬來西亞最好重新整備部分汽車業，以填補即將出現的空缺。這不會——也不可能——在一夜間發生。

最嚴重的影響將發生在俄羅斯、烏克蘭、哈薩克和白俄羅斯等前蘇聯國家。當然，和大多數重型設備製造一樣，大多數重型農機的供應來源都來自鄰近國家。但你聽過的每一則有關俄羅斯拖拉機的笑話都是事實而非虛構。俄羅斯的崩潰是如此慘澹，以至於在後蘇聯時代很少農民有能力購買新設備。他們操作老舊的設備。雖然前蘇聯國家以製造品質低劣的設備聞名，但更出名的是它們把外國零件硬套到國內設備以保持運行。更糟的是，前蘇聯中最成功和最有生產力的農場是大型農場……它們都從其他地方進口設備。不管是因為舊設備終於解體或買不起新設備，世界這個角落的農業注定將窮途末路。痛苦將不局限於這個地區。在美國秩序時代後期，這些國家是四〇％世界小麥出口的來源國。

再加上全球運輸的考量，情況將變得更加黯淡。

大多數農產品的巨量性質需要龐大的散裝運輸船。大型農業設備的特殊性質也需要專門的運輸系統（無法把大型聯合收割機塞進小小的貨櫃）。美國秩序對大量生產特殊化產品的偏好，加上當代農業生產需要密集投入原料，造就了無數的商船隊。雖然「只有」二〇％到二五％的穀物和黃豆在國際間運輸，但國際運輸的原料投入約占八〇％。

所有這些流動未來都將受到某種程度的威脅，其中任何一種的中斷都會對供應系統產生毀滅性的連鎖反應，影響所及將達到個人。如

果化油器延遲三個月抵達裝配線，汽車仍然可以組裝完成——只是延遲三個月。如果農藥或化肥、柴油、生黃豆或製冷裝置延遲三個月，大部分食物本身將在種植—生長—收穫—加工—運輸的某個環節蒙受損失。

有一個不小的行星地理學問題。大約三分之二的人口生活在北半球的溫帶和近溫帶地區。這是一個糧食淨進口的半球。唯一的好消息是，與北半球相比，南半球溫帶——一個對即將到來的地緣政治風暴有很強抵抗力的半球——的人口很少。這將使得全球的南方國家成為主要糧食出口國。但由於整體南方國家農業區的規模不到北半球的五分之一……所以全球南方能幫的忙只有這麼多。北半球的糧食生產直接發生中斷，或對工業的支持間接發生中斷，都會立即變成人類從未經歷過的糧食短缺。

這一切還有另一個層面：

在全球化的美國秩序下，大多數國家分工生產各種非食物產品——例如愛爾蘭的輕工業、烏茲別克的棉花、阿爾及利亞的石油、日本的電子產品——然後利用出口的收入購買國際交易的食品。對大多數國家來說，這種交易將不復可得。打擊這個系統的任何部分——運輸石油或燃料的油輪、液化天然氣運輸船、天然氣管道、運輸半導體等高價值產品的貨機、汽車的貨櫃，以及運輸鉀肥、肥料或穀物的散裝貨船——不但會很快影響前端的核心農業生產，而且將波及糧食進口商在後端支付這些進口的能力。

最痛苦的將發生在我們不斷提到的區域和產業：

- 東亞、北歐以外地區的製造業產品。
- 波斯灣、東亞和北歐的加工工業商品。
- 進口到北非、東北亞、波斯灣和南亞的食物產品。
- 波斯灣和紅海、波羅的海、黑海、南海和東海的能源運輸。

其中，最關鍵的是原材料，這些原材料不但轉變成燃料，而且轉變為使工業時代的一切成為可能的各種產品。

這帶我們來到能源中斷的問題。

這個問題有一部分明顯可見。石油和石油衍生產品攸關農業的一切。如果它們的供應不足，攸關生產和運輸食物的拖拉機、聯合收割機、卡車、火車、碼頭和船舶就無法發揮作用。忘掉電動車輛熱潮吧。撇開一些細節不談，在收穫季節農民往往每天在田裡工作十八小時（或更長時間），世界上沒有電池系統可以處理這種用電時間而只需要六個小時（或更短）的充電，更別說電動船無法在茫茫大海中充電這種不算小的問題，因為電氣化技術還無法滿足重型設備或遠端遠洋運輸這類高功率和大小的需求。在農業部門，既有的技術或短期未來可能發生的技術革命，都將無法取代石油和天然氣。

那麼我們可能倒退回過去的技術嗎？為我們帶來現代文明的偉大技術進步之一是藉由水車和風車從流動的水和空氣中捕獲能量，以便把穀物碾磨成麵粉。我們現在用電動磨坊管理這種碾磨。但在一個難以取得發電所需能源的世界裡，能保持後水車時代的生活方式就已經很幸運了，何況是保持工業時代的生活方式。想想我們在第一篇就談過，全世界上有多少地方擁有良好的水車地理條件？你認為它們足夠

為八十億人磨麵粉嗎？

此外，不幸的是，能源問題不「只」是燃料的問題。為了解釋這一點，我們需要跳到農業受到的另一個限制：工業大宗商品。

記得石油和天然氣不只是用來運輸東西嗎？石油通常是殺蟲劑、除草劑和殺菌劑的主要成分，而大多數肥料的基本原料也包括天然氣。已開發世界在十九世紀後期集體採用這種化學原料，使穀物產量增加了約四倍，開發中國家在第二次世界大戰後的幾十年，特別是冷戰之後也採用這種作法。如果沒有這類原料，情況將大不相同。

每一種土壤——每一種作物——不只需要不同數量的肥料，還需要不同類型的肥料。每種肥料都有自己的地緣政治影響因素，產生錯綜複雜的影響組合。

天然氣是氮類肥料製造的核心。如果目標是多葉生長，氮是首選營養素，因為氮類肥料攸關玉米和小麥等禾草、水果和蔬菜（花是分化的「葉子」）的種植。無法取得原油供應國內煉油的國家都無法生產氮肥。

這幾乎是東半球所有國家的問題，但與廣泛的能源問題一樣，韓國、中歐和下撒哈拉非洲大部分地區的問題將特別嚴重。農業產出下降幅度最大的國家將是中國。中國人不但大規模種植所有作物，而且中國的土壤和水質如此低劣，以至於中國農民使用的每單位卡路里肥料往往比任何國家都多——在氮肥方面是全球平均水準的五倍。

對農作物比對地點更感興趣嗎？以下產品清單的前五大生產國至少有兩國將面臨長期氮肥短缺：

杏仁、蘋果、豆類、藍莓、青花菜、結球甘藍、胡蘿蔔、腰果、

木薯、花椰菜、櫻桃、椰子、玉米、黃瓜、黑醋栗、茄子、無花果、非洲傳統穀物福尼奧米（fonio）、葡萄、青豆、奇異果、生菜、小米、燕麥、秋葵、橄欖、洋蔥、桃子、豌豆、鳳梨、李子、馬鈴薯、豆類、木瓜、藜麥、覆盆子、稻米、黑麥、芝麻、南瓜、草莓、紅薯、蘿蔔、小麥和山藥。

不幸的是，這一切只是這個悲慘景況的開場。

肥料牽涉不只是石油或天然氣。還有第二類以磷酸鹽為原料的肥料。磷酸鹽本質上是化石鳥糞，適合用來取代……人類糞便。我有點過於簡化了，但實際上就是開採的鳥糞經過酸處理，磨成粉末，然後撒在農地上當肥料。事實證明它的大宗商品化和生產對工業化農業的興起十分重要，特別是因為（1）現在需要食物的人比一九四五年多很多，（2）大多數人都同意儲存和散播人類糞便是我們寧願不做的事。有什麼事實可以證明？從一九六○年以來，磷基肥料的產量和施用量增加了八倍。

不管你對人口的話題有何看法*，世界上最大的磷酸鹽供應商是美國、俄羅斯、中國和摩洛哥。希望現在你已經知道我對來自美國和俄羅斯以外的地方的供應有什麼看法了（美國將囤積以供區域內使用；俄羅斯將面臨帝國夢碎後的殘破局面）。中國的生產來自傾向分離主義的西部內陸省分，因此保持中國生產的國際化對中國來說將困難重重。

這使摩洛哥成為世界的希望，而且這一次是真正的希望。除了已經生產的磷酸鹽礦場外，摩洛哥還擁有西撒哈拉的一片領土，那裡蘊

---

* 或糞便的話題。

藏世界上最豐富的未開發磷酸鹽，其中大部分位於海岸幾英里內*。即使俄羅斯和中國的供應完全退出市場，美國加上增產的摩洛哥也應該能為整個北美、南美、歐洲和非洲提供足夠的數量。對這些地區來說當然很棒，但對其他地區則是惡耗。

　　這實際上比聽起來更糟糕。高度分工的全球化農業世界造成的眾多複雜性之一是，我們現在種植或飼養的每一種植物或動物，都是整個系統中最具經濟價值的。例如，牛隻飼養已轉移到大平原，而玉米和黃豆在中西部占主導地位。在美國秩序的年代，這兩類大多在相同的地點飼養和種植，以便農民使用牛糞為田地提供磷肥。如果不能直接供應動物糞便，農民現在別無選擇只能使用人工磷化肥。這需要國際供應鏈和加工磷酸鹽，以及使用汽油和柴油把肥料運到田間。但這整個模式將在後全球化的體系崩解。

　　但儘管氮肥和磷肥很重要，它們仍無法與鉀肥相提並論。大多數植物在收穫時的鉀含量介於○・五％到二・○％間，鉀含量最高的植物部分是進入人類供應鏈的部分。每種作物每年都需要大量鉀。在來源方面，世界上幾乎所有的鉀肥都來自一種叫做鉀的礦物，而國際貿易的鉀肥只來自六個地方：約旦、以色列、德國、俄羅斯、白俄羅斯和加拿大。約旦是一個瀕臨失敗的國家，即使有美國無限的安全和經濟支援以及以色列的準管理。在後美國時代的中東，以色列將扮演許多角色，但「貿易中心」不會是其中之一。德國的供應將無法幫助與

---

* 在非洲，有關西撒哈拉是不是摩洛哥的一個省、一片有爭議的領土，還是一個獨立的國家，有一段冗長而乏味的故事。由於摩洛哥在我有生以來就控制了西撒哈拉，而且本篇的主題是世界上有多少人很快就會在黑暗中挨餓，你可以想像我有多關心這些細節。

德國直接交界以外的國家。俄羅斯和白俄羅斯已經站在新鐵幕的另一邊。剩下的就只有加拿大——感謝上帝！南美洲和澳洲是就人口而言生產和出口糧食最多的大陸，但它們幾乎沒有鉀肥。中國一半的需求是進口的。南亞、歐洲和下撒哈拉非洲都十分缺乏鉀肥和磷酸鹽。

即將到來的全球肥料——和隨之而來的糧食——短缺仍有一絲希望：大多數農業科學家的大多數研究顯示，大多數農民幾十年來一直在過度施肥，尤其是在鉀肥方面。這顯示目前大多數地方的大多數農場已把過多的鉀埋入土壤中。這意味大多數農民可以在不犧牲產量的情況下減少肥料投入。問題是，這能持續多久？大多數資料顯示最長達十年。這似乎還不夠。不，這遠遠不夠。但它確實顯示或許我們將有一點時間來尋找解決方案，而不會在第一次有人劫持貨船時就陷入大規模的饑荒。

讓我們以農業和金融之間的相互作用來結束這場愉快的討論。這聽起來可能很理所當然，但農業工作者往往不會為他們的產品獲得報酬，直到他們……拿出成果。這聽起來可能更理所當然，但農業工作者不能加班或挑燈夜戰、或在相反的季節工作以生產更多產品。作物或牲口是在季節天氣允許的情況下種植或誕生的。作物或牲口是在適合的季節天氣下生長或飼養的。一旦成熟，它們就會被收穫或屠宰，幾乎可以肯定是在另一個季節。只有這樣，農業工作者才能獲得報酬。

但是，我們已經從工業化前的時代走了很長一段路，當時農業的唯一原料是幾袋上次收穫時被留下的未碾磨小麥，或者飼養動物的唯一成本是一個容易分心、想看星星的牧羊男孩。現代的工業化農業有一系列令人眼花繚亂的原料。它們可以分為三大類。

原料。用於種植的種子聽起來很簡單，但在許多情況下，雜交、基因改造或其他特殊種子比簡單地保留前一年的一些收成要昂貴得多。這些特殊種子能輕易帶來三倍於老種植方式的收穫。在二〇二一年，一英畝玉米種植的種子約為一百一十一美元。果園需要購買樹種。飼養牲口需要永無止境的選擇性育種，以創造更大、更高產量、更美味的肉製品。這有賴於不斷努力以取得完美的育種牲口。在二〇一九年新冠疫情之前的低通膨時代，一隻種羊得讓牧場主人花上六百美元，而一頭普通的種牛則需要一千五百美元。在寫到這個章節時萬物已陷於短缺的經濟中，這些數字已經翻漲了一倍。如果你想要一頭特別的頂級黑安格斯種牛，可能得在拍賣場上花七千美元。

　　生長原料。這包括肥料、除草劑、殺蟲劑、殺菌劑，可能還得加上作物的灌溉、青貯飼料、放牧權和牲口的醫療用料。這些費用可不是一次性的。不管是從事作物還是畜牧業，除了小麥之外，在整個季節幾乎所有東西都需要一定程度的照顧和投入。

　　設備。一部現代聯合收割機將讓農戶花上五十萬美元巨資。乳牛不但必須遮風蔽雨，還需要能夠每天多次擠奶的設施。大多數較新、低勞力的自動化設施安裝成本超過一千萬美元。隨著全球人口老齡化和勞動力成本上升，果園主甚至得投資節省勞動力的機器，它們可以噴灑果樹，執行自動化灌溉，以及採摘、分離、清潔甚至包裝水果的作業。

　　所有這些都得累加在燃料和勞動力等基本成本之上。明尼蘇達州一個典型的二百英畝玉米農場每年的投入支出約為八萬五千美元。蒙大拿州一個典型的五千五百英畝的家族企業小麥農場每年的投入支出

各類穀物平均生產力和投入成本

	連作玉米	輪作玉米	輪作黃豆	小麥	兩期作黃豆
每英畝平均產量（英斗）	169	180	55	77	38
收穫價格	$3.80	$3.80	$10.10	$5.70	$10.10
年收入	$642	$684	$556	$439	$394
較低變動成本					
肥料	120	111	47	71	35
種子	111	111	67	44	78
殺蟲劑	58	58	50	30	45
烘乾機燃料	33	27	0	0	5
機械燃料	12	12	8	8	5
機械維修	22	22	18	18	15
貨運	17	18	6	8	4
利息	12	11	7	6	6
保險與雜項	38	38	34	9	9
總變動成本	**$423**	**$408**	**$237**	**$194**	**$202**
每英畝淨利	**$219**	**$276**	**$319**	**$245**	**$192**

資料來源：Purdue Crop Cost and Return Guide, 2020　　所有價格為美元　　© 2022 Zeihan on Geopolitics

超過一百萬美元。除非一切都得到融資，否則一切都不可能進行。金融一中斷，整個系統就會崩潰。

在已開發經濟體，農業系統的金融化通常直接整合到管理體系中，以使這個過程更順暢，和保護農戶和牧場主免受金融、經濟和氣候景氣循環的影響。例如，支持美國農業生產者的農業信貸系統享有國會直接授予的特許權，也是美國最大的金融機構之一。

大多數國家缺乏這種組織和財力，並且更容易受到全球資金可得

性突然變化的影響。在一九九〇年到二〇二〇年的時代，這不是什麼大問題。來自前蘇聯世界的資本外逃、中國的超級金融化、歐洲和日本的鉅額農業補貼，再加上嬰兒潮世代退休帶來的可笑廉價信貸，已經讓全球農民淹沒在海量的資金。但在去全球化和全球人口倒掛之際，這種環境正由內而外轉變。隨著借貸條件收緊、流動性消失，借貸成本逐步上升。農戶將像其他人一樣受害，但當農戶無法獲得資金時，就會出現糧食短缺 *。

簡單地說，幾乎任何產業的中斷都會立即轉化為農業生產的中斷，並帶來災難性的後果。

7.3 | 逃避或接受最壞的情況

讓我們做一些排名。

第一類糧食出口國是那些從融資、化肥到燃料等各種供應系統都自給自足的國家，它們只需稍做調整就能繼續生產現有的農產品。法

---

* 喜歡有機產品，並認為它們可以有助於解決這些問題嗎？你必須數學很差。它們的投入要高得多。專門的種子。用水量更大。非化學的殺蟲劑和除草劑等用品、運輸、儲存和施用都更昂貴。」有機投入的效率要低得多，因此需要至少四倍於合成原料的施用，和更多的勞動力和燃料。與傳統農業相比，田地上所有這些額外的活動都會加劇土壤侵蝕和水汙染，並進而需要更多的投入。果園的主要有機「肥料」是不適合人類食用的雞隻部位。想像切碎的雞內臟黏稠、惡臭的物流鏈。當然，這需要一個冷藏鏈來防止完全失控的骯髒，進而大幅增加有機物的碳足跡。結果是每英畝的產量要低得多，這也意味需要更多土地和更多低效率的投入，才能生產與較主流作法相同數量的糧食。你可以食用有機食物或者環保食物，但兩者不可兼得。

國、美國和加拿大是地球上僅有合格的國家。俄羅斯還差一點點。俄羅斯的農用車輛都是……嗯，俄羅斯製造的。面對老齡化和人口崩潰的俄羅斯沒有足夠的勞動力來維持農業產量，而俄羅斯無法自己製造大型農場設備。

第二類是那些在區域裡具備大部分條件的出口國。它們仍需要有某種盟友的網路以滿足所有的原料需求，但即使在後美國秩序的世界，這也應該是可控的。

從面臨最少到最大挑戰的國家排名：紐西蘭、瑞典、阿根廷、澳洲、土耳其、奈及利亞、印度、烏拉圭、巴拉圭、泰國、越南、緬甸、義大利和西班牙。它們都有缺點——最明顯的是在取得設備、化肥和能源方面——但都不至於面臨會破壞脆弱地點生產的極端供應或安全挑戰。

白俄羅斯、哈薩克和烏克蘭也屬於這個類別。除了原料短缺外，在俄羅斯嘗試擴大掌控原物料的情況下，剩餘糧食能不能出口到需要的地方仍然是個大問題。別忘了俄羅斯在其邊緣領土種植大量小麥。在美國秩序全盛時期的俄羅斯農業歉收年代，俄羅斯人曾干預其他三個小麥帶國家的出口，以確保它自己的人民有足夠的糧食供應。

第三類是那些無法塑造必要的地緣政治條件，以至於不能維持必要的原材料流入的出口國。它們雖不會面臨災難性的產量下降，但必須習慣於農業經常受到地緣政治的威脅——在某些時候這意味農業生產無法滿足需求。這是巴西、克羅埃西亞、丹麥、芬蘭、荷蘭、巴基斯坦和南非的未來。

第四類的出口國是那些在美國秩序下為自己創造了農業強國地

位，但在未來的脫序世界毫無機會扮演重要角色的國家。它們的大部分供應鏈位於領土之外難以到達的地方，而且大多數面臨安全問題，使它們無法維持過去的正常運作：保加利亞、愛沙尼亞、捷克共和國、衣索比亞、芬蘭、德國、匈牙利、拉脫維亞、立陶宛、馬利、羅馬尼亞、斯洛伐克、尚比亞和辛巴威。

真正沒有希望的是歸類為進口國的國家。

第一類是在地理和外交上都與出口國夠接近而不必擔心需求斷絕的國家：智利、哥倫比亞、厄瓜多、冰島、印尼、馬來西亞、墨西哥、挪威、秘魯、菲律賓、葡萄牙、新加坡和英國。日本也屬於這一類，不是因為它靠近糧食供應國，而是因為擁有往外投射以確保所需物資的海軍力量。

第二類進口國是情況將變緊張的國家。糧食仍可取得，但將無法自己控制價格——而且不是純粹以金錢來決定的價格。這些進口國將不得不屈服於供應國的意志，否則糧食將被轉運到其他地方：

- 俄羅斯將利用這種糧食「外交」以鞏固對蒙古、塔吉克、土庫曼和吉爾吉斯的控制。視中亞河流在未來十年到三十年乾涸的速度而定，俄羅斯人可能發現自己必須與烏茲別克爭奪中亞的主導地位，或者征服因永久乾旱而走投無路的烏茲別克 *。
- 糧食超級安全的法國將變成一個徹底的新殖民主義國家。巴黎將與比利時建立宗主關係，並嘗試也與瑞士建立這種關係，同

---

* 或兩種情況都發生。

時與有意願的摩洛哥和突尼西亞以及沒有意願的阿爾及利亞建立連結。法國還將在石油資源豐富的國家建立盡可能多的屬地，這些國家是帝國時代被稱為法屬西非的一部分，最著名的是加彭、剛果（布拉柴維爾〔Brazzaville〕）和查德。

- 印度將花費一些食物來擁有孟加拉，孟加拉將發現自己處於世界最糟的境地。喜馬拉雅山脈南部的降雨量減少意味孟加拉稻田的整體生產力將下降。但降雨可能更集中在春季而使稻田遭到淹沒，進而對當地糧食生產造成雙重打擊。

- 奈及利亞是唯一能在沒有大量外部援助的情況下維持農業生產的非洲國家，它將建立一個包括赤道幾內亞、喀麥隆、查德、尼日、布吉納法索、迦納、多哥和貝南的勢力範圍。在十年河東、十年河西的逆轉下，富藏石油和天然氣的奈及利亞將發現自己與西非的法國人展開新殖民主義式的爭鬥，並且表現可圈可點。

- 土耳其已經成為東地中海的主人。它將善加利用其優越的土地品質，溫和的氣候以及對該地區石油和貿易流動的控制，不但保持其農業系統的運作，而且還從亞塞拜然、喬治亞、希臘、伊拉克、以色列、黎巴嫩和敘利亞獲得地緣政治讓步。

- 美國將以糧食換取與中美洲國家和加勒比國家與島嶼（包括古巴）在各種問題上的合作。在不太友好的情況下，美國人將利用糧食作為槓桿之一，迫使委內瑞拉建立更符合美國喜好的體制。在較友好的情況下，美國的糧食外交將逐漸改變哥倫比亞成為美國的盟友。

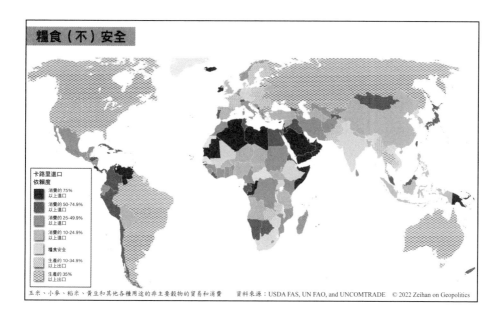

糧食（不）安全

卡路里進口
依賴度

- 消費的 75%
  以上進口
- 消費 50-74.9%
  以上進口
- 消費的 25-49.9%
  以上進口
- 消費的 10-24.9%
  以上進口
- 糧食安全
- 生產的 10-34.9%
  以上出口
- 生產的 35%
  以上出口

玉米、小麥、稻米、黃豆和其他各種用途的非主要穀物的貿易和消費　　資料來源：USDA FAS, UN FAO, and UNCOMTRADE　© 2022 Zeihan on Geopolitics

- 儘管日本和英國都需要從遙遠的地方進口食物，但日本和英國可能分別把糧食進口捆綁在與韓國和愛爾蘭交往的一連串工具中，以強加意志在這兩國國家。

其餘的國家將面臨沒有足夠糧食的困境。即使在美國秩序的年代擴大國內生產也從未使這些國家自給自足。它們可能獲得的糧食進口將是嚴苛交換條件下的結果，或者只是無法事先計劃、也無法指望長久維繫的權宜結合。在中東（就農業能力而言人口最過剩的地區）和下撒哈拉非洲，所有沒有提及的國家或多或少都得自求多福，而且隨著全球農業原料的取得已不再可靠，人口減少將是不可避免的趨勢。

儘管如此，這份清單可能還是太過樂觀了。從一九四五年以來，

特別是一九九二年以後，全世界一直生活在極端的卡路里過剩中。一項值得記取的經驗法則是，從動物食物產生卡路里所需的投入大約是植物的九倍，而二次大戰後人類才得以大幅增加他們的肉類消費。但我們都清楚地知道，即使在這個富足的時代，一些國家也沒有足夠的資源可以自給自足。這個問題的關鍵是經濟——或者由美國秩序所塑造的經濟。

　　長期低度開發的海地就是一個典型的例子。直到一九八〇年代中期，海地的飲食一直是以塊根作物、玉米和小麥為主，但這些食物不是卡路里不高，就是不適合海地的熱帶氣候。海地人民經常遭遇饑荒。但海地位於世界農業超級大國的海岸之外，所以到了二〇一〇年美國種植的稻米已成為海地人飲食的最大部分。美國稻米不但比本土種植的稻米可靠、卡路里更高，而且由於美國工業化農業的經濟性，美國稻米也比海地人自己種植的任何主食都便宜。

　　這種價格的差距導致三個後續的影響。第一，可以更可靠地取得廉價糧食在很大程度上摧毀了海地的農業，無論是在直接生產上，或是在保存將來恢復生產所需的技能上。第二，一個以農業為主的體系突然發生生計崩潰，導致這個島國的森林遭到大量砍伐，因為貧困的人口試圖建造木筏以划槳前往美國。第三，但海地人口還是增加了一倍，主要原因是食物太便宜。

　　海地還不是極端的例子。許多國家因為管理不善而正經歷更大的農業崩潰。我特別擔心阿富汗、古巴、北韓、伊朗、委內瑞拉、葉門、敘利亞、利比亞、辛巴威、宏都拉斯、瓜地馬拉、寮國、土庫曼、伊拉克、蘇丹、南蘇丹、尼日和馬利。這些國家都發生人口激增

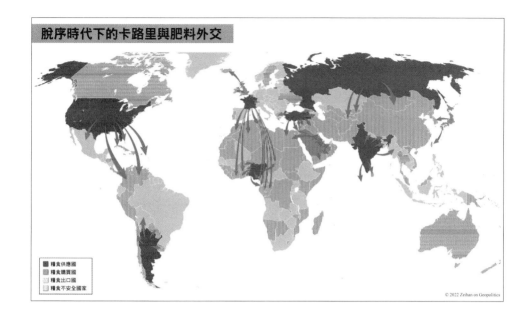

脫序時代下的卡路里與肥料外交

糧食供應國
糧食購買國
糧食出口國
糧食不安全國家

© 2022 Zeihan on Geopolitics

超出其系統養活他們的能力，同時又喪失了維繫美國秩序之前的人口所使用的前工業化時代技能。對於其中許多國家來說，美國秩序前、工業化前的艱困生活很快將被認為是難以重新返回的高點。

如果這些進口的糧食流通出了什麼事，文明崩潰將使社會陷於無政府狀態，人口也會隨之「修正」，這將不只是一個顯而易見的可能性，而且是最有可能的結果。畢竟，一個無法養活其人口的政府就是一個陷落的政府。

這是相對的最大輸家的故事。從絕對的角度看，最大的輸家將是中國。中國位於世界最長的供應路線的盡頭，而且它進口幾乎所有產品，包括約八〇％的石油需求。中國海軍缺乏保障農產品貿易或藉由征服取得所需產品的投射能力，甚至無法保障取得農業種植所需的原料。

中國的人口劇減凸顯出勞動力和資本供應即將崩潰。在美國秩序下，中國現有的農業體系已是人類歷史上融資最高的經濟體中融資最多的產業。在未來的世界這種情況不可能持續下去。後美國秩序的世界將經常發生饑荒，可能有超過十億人餓死，另有二十億人慢性營養不良。大約三分之二的中國人口面臨著這兩種命運之一。別忘了，中國也是史上老齡化最快的社會。那些被要求設法度過——或忍受——大規模營養不良和饑荒的人也將變老。

7.4 │ 緩解饑荒

可以避免本篇所描述的大規模滅絕的方法真的不多。幸運的是，「不多」和「沒有」不是同義詞。

投入的藝術與科學

避免饑荒的第一種方法是發明一些以前的東西或技術以提高產量。在二○二二年撰寫本節時很少有國家能做到這一點，未來更不可能辦到，因為屆時各種過去容易取得的原材料將變得難以取得。事實上，以工業時代農業的標準來看，我只能想到一個國家：緬甸。

在帝國時代於二十世紀初逐漸終結時，緬甸是歐洲人的亞洲殖民地中技術最落後的國家之一。日本人在第二次世界大戰期間從英國手中奪得緬甸時，它基本上還未工業化。英國人再也沒有返回緬甸。緬

甸在一九四八年正式獨立，到了一九六二年，民選的政府在一場軍事政變被推翻。新的軍政府認為沒有電和汽車的人不太可能反抗，因此刻意地採用去工業化政策。二〇一〇年代後期短暫復甦的民主遭到另一場政變鎮壓。簡單的說，如果世界崩解，它最後的樣子將看起來更像二〇二一年的緬甸，而緬甸看起來將……沒有什麼改變。

但緬甸擁有世界上最好的水稻生產地形和最便宜的勞動力，還有一條適合通航的河流——伊洛瓦底江——穿過最有前景的農業區。目前西方世界基於外交原因把緬甸列為不受歡迎的國家，但我們不需要太多的想像力就可以想像，一定有人會看到這裡的完美農業條件，並且想：「嘿，如果有人能運幾袋肥料，我們就可以從那裡得到更多的稻米。」這只需要一些外部國家願意忍受緬甸的專制和幾近種族滅絕的國內政策。對印度或泰國來說，這可能不是問題。這兩個國家（1）都是緬甸的鄰國，（2）也擁有足夠的工業基礎和能源採購選項可以滿足一些農業需求，（3）而且與今日的緬甸沒有嫌隙。再加上全球糧食短缺，兩國都可能與緬甸積極接觸，甚至可能建立合作關係。

還有另一類投入可能至少部分取代缺少的設備和肥料：勞動力。在這方面最需要密切關注的國家是中國。

在始於一九七九年的後毛澤東現代化時代，中國農村幾乎沒有拖拉機等設備，在人造肥料等領域也幾乎沒有發展*。當時的農村人口在政治、經濟、精神和營養上都遭到文化大革命的摧殘，文化大革命本質上是對任何與毛澤東扭曲的思想違抗的人進行的全國性清洗。重點

---

* 毛澤東曾認為許多肥料太貴，並禁止使用它們。

是當時的中國人基本上是一群被壓制的農民，以人力耕種小塊土地，親自照顧每一種作物，完全不使用過去兩個世紀發展的任何技術。從技術上講，那根本不是農業，而是園藝。

工業化前的園藝並不愚蠢。實際上它生產力很高。只是在先進世界我們認為那是一種愛好或補充。但如果園藝是一項全職工作、是唯一的糧食生產方法，且如果勞動力沒有窮盡和不需要成本，那麼它實際上可以在每英畝產量上讓某些形式的工業化農業相形見絀。

在中國即將面對的世界裡，中國人需要做出一些很艱難的選擇。石油要供車輛還是拖拉機使用？天然氣要供發電還是化肥使用？勞動力要為大規模製造業還是農業生產工作？這些都不是令人輕鬆的話題，但國家瓦解或饑荒也不是。中國最好的選擇可能是一場由國家組織的、殘酷的去城市化運動，有點類似於文化大革命，以便把大約五億人重新變成園丁。我們很快就會知道中國過去四十年的高速城市化運動是否已使人口喪失了所有與糧食生產有關的技能。不管如何，去城市化還不足以阻止全國性的饑荒——如果沒有能力取得全球系統提供的糧食和農業原材料，中國根本無法維持其現有人口——但大規模的去城市化可能帶來足夠的糧食以維持住中國作為一個政治實體的概念。

只是可能。

世界其他面臨大規模饑荒的地區也可能發生某種形式的去城市化，以釋放更多的勞動力供農業使用，而埃及也許是這份悲慘名單的首位，緊接著是下撒哈拉非洲的大部分地區，雖然下撒哈拉非洲人可能面臨的未來比埃及人稍微不那麼可怕。大約一半的埃及人口生活在以工業時代技術開墾的沙漠上。如果綠化埃及撒哈拉沙漠部分地區的

電力驅動泵發生任何問題，情況將很糟糕。下撒哈拉非洲的農業用地可能不是世界上最好的（差得很遠），但至少大部分地方有雨水。

還有另一種「投入」在完全不同的地理環境很可能被證明有用。世界上最好的溫帶農田，主要是位於不太可能遭遇嚴重中斷的已開發國家的農田，將有能力把數位技術應用於農業。

通常，當我們想到數位化時，我們會想到線上申請貸款，或在新冠疫情期間在家工作，或以智慧型手機與人交流，但數位化也被應用在一些與農業相關的技術。

第一種顯而易見的應用是基因組學。我們都聽說過基因改造植物，它們是一系列數位技術的結晶，讓我們得以修改植物的特徵，以使它們更能耐受鹽分、乾旱、熱、冷、害蟲和／或真菌。還有一種叫做「基因編輯」的技術，與基因改造很類似，但對基因組的修改更具針對性，至少理論上可以自然發生，或透過更傳統的方法如雜交而發生。基因編輯只是把這個過程從幾十代加速到一代。

結果是，我們現在已擁有一些技術來改造植物，讓它們花費更多精力在繁殖上（即生長人類最後食用的部分）。這可以提高產量，同時降低了原料的需求。也許從雜交到選擇性育種、再到基因改造和基因編輯等一切技術的體現最好的例子是玉米。

我們稱之為玉米的植物是一種玉蜀黍屬的禾草後代。野生品種的可食用部分是堅硬、堅韌、大約一英寸的籽粒突出，包裹在堅韌的殼狀種殼中。不令人意外的，它是迄今為止每英畝產量最低的古代植物。但經過大約一萬一千年人類不斷的改良，再加上工業時代的原料投入，使得玉米不斷創造出最高的每英畝產量。在即將到來的產量降

低和投入原料短缺的世界裡，你將看到玉米的優勢。

第二種不太明顯易見的應用：臉部識別。在民主國家，最常見的用途是解鎖手機。在中國，最常見的用途是讓政府知道你在哪裡、和誰在一起，以及你在什麼時候在做什麼。在農業，新興的用途是安裝在拖拉機上的電腦以便拖拉機穿過田地時評估每一株植物，先是識別它，然後確定該對它做什麼，最後向附加的設備發出採取行動的指令。這株植物是雜草嗎？噴除草劑。這株植物是否被蟲子感染？噴農藥。它是黃色的嗎？噴肥料。農民不再需要在整個田地上噴灑和每次噴灑所有植株，現在他們可以簡單地裝載各種不同原料的罐子，依照個別植株的需要噴灑不同的原料給予量身打造的照顧。與其說這是工業化農業，不如說是數位園藝，每株植物都得到專有的照顧……只不過不是人工照顧。

整體來說，經過基因調整的種子加上數位園藝，可望讓作物的每英畝產量到二〇三〇年至少增加一倍，同時減少化學原料和燃料的需求多達四分之三。

不過，這是假設農民有能力應用新的設備和原料。農業設備已是農民可以購買的最昂貴裝備之一，而新的數位園藝設備無疑將花費三倍於非數位化工業設備的購買成本和維護成本。這種投資只對資本供應充足的大農場行栽作物有意義：適合美國、加拿大和澳洲的大規模應用。法國、德國、荷蘭和紐西蘭有一些大規模行栽作物農場可能也符合條件。少數幾個政治關係良好的巴西大型農場也許可以採用。如果阿根廷政府承認它不可能在國內製造這種設備，並允許低關稅進口，那麼阿根廷將大獲成功。

但⋯⋯這是說，每個在設備原料方面有進步前景的國家，都可能成功。

逆轉「進步」

減少饑荒的第二種方法是種植更符合當地需求而非全球需求的產品。過去幾十年許多這類替代作物為全球健康和財富做出的貢獻，將逐漸消失。

我預期未來將因為氣候、地理和耕種方式而出現三種模式。

第一，大規模出口導向的單一種植將讓位給小規模地方導向的混合種植。這可望有助於滿足當地社群的卡路里和營養需求，但它無法實現規模經濟。無論你是從原料投入、面積、技術、資本還是種植偏好的角度來看，地球上生產的食物總量都勢必下降。

第二，小麥種植將大規模地捲土重來⋯⋯在它們大規模消失之後。

工業時代所有農作物投入的模式——更好的融資、更好的設備、合成肥料、殺蟲劑和除草劑——也適用於小麥。把一點也不挑剔的小麥與高效的工業投入結合在一起，你將了解為什麼全球小麥產量幾十年來大幅增加的原因。如此持續的高供應壓低了小麥的價格。這使得小麥變得完全不吸引人，不過由於幾乎所有小麥都是在貧瘠的土地種植，小麥農可以選擇種植的其他作物很少。

現在把本書的所有其他教訓都疊加起來：在運輸、金融、能源、工業原材料、製造等方面。大多數小麥只在小麥可以生長的地方種植，只要投入不中斷，它也只能在這些地方生長。但去全球化告訴我

們，在大多數這樣的地方將陷於慘澹的破壞。所以就全球而言，我們正瀕臨人類最重要糧食短缺的邊緣。

而且不只是小麥。缺乏投入使得大多數出口作物或經濟作物無法生存，甚至在全球運輸中斷導致這些穀物送達最終買家之前就發生。不管是因為你不能進口小麥，還是因為人們只能吃這麼多酪梨，全世界的農民都別無選擇，而只能改變種植方式。大面積種植小麥，加上取決於氣候的主食如較寒冷氣候的燕麥、大麥和黑麥，以及熱帶地區的木薯，將是未來大勢所趨。

想想這些情況：英國、俄羅斯、阿聯酋、波蘭和蒙古等國家目前都處於歷史上食物多樣性的高峰。在未來幾年，除非它們能加入其他國家的貿易網絡，否則在最好的情況下也只能回到十九世紀中葉的飲食，而且將無法獲得過去它們從各自的殖民與貿易關係中獲得的進口，以補足國內稀少的生產選項。這意味只有稀飯可吃——週日加點結球甘藍。

第三，這將造成農村嚴重貧困。取消單一種植會縮小規模經濟。回到種植小麥將減少經濟作物及其收入。從一九四五年迄今從事農業的人口減少了八○％，而農村總收入卻增加了。不是農村的人均收入，而是每英畝收入。如果以人均計算，農業用地更是經歷了人類史上最大的收入成長。如果沒有國際化的投入流或國際出口選擇，這些成長大部分將消失。

從前面談到的紐西蘭人和埃及人的例子，可以概括未來的減產、改變作物種植和影響農村的極端情況：

- 如果破壞太平洋的貿易常態，紐西蘭人將剩餘大量無法賣出的乳製品和水果，同時沒有足夠的小麥來製作麵包。破壞地中海的貿易常態，埃及人將只有許多剩餘的棉花和饑餓 *。

- 區域地理也很重要：紐西蘭很容易從澳洲和西半球的糧食盛產地區獲得食品供應，從而實現合理程度的持續專業化和食品貿易。特別是澳洲和紐西蘭，它們適合繼續成為彼此最可靠的貿易夥伴。相較之下，埃及位於地中海與東非交匯處——兩個原本就已糧食短缺的地區。

- 人口結構也將成為影響因素：從區域糧食供應的角度來看，紐西蘭的五百萬人口只是個小數字，而支持一億多埃及人則是個天文數字。埃及現在的人口如此多，即使該國能夠維繫工業投入，並將所有具有生產力的土地轉移到小麥種植，仍然不足以提供足夠的卡路里。但埃及人必須放手一搏，否則就只能坐以待斃。

- 即將發生的轉移到小麥種植意味其他農產品將面臨大幅減產。特別是在埃及，這意味國際市場的棉花和柑橘供應減少。但它們不是重量級的作物。就國際貿易的作物而言，棉花和柑橘排在第十七和第十六位。更重要的是黃豆、玉米、稻米和小麥一起提供了人類大部分攝食的作物。

---

* 我和其他人一樣喜歡柳橙，但雖然柳橙可以成為均衡飲食的一部分，卻不能當作主食。

7.5 | 擴大飲食，縮小飲食

讓我們從玉米和黃豆談起，它們分別在國際貿易食物商品中排名第四和第一。

和小麥一樣，玉米和黃豆都是在史前時代最早被種植和馴化的作物。數百代的選擇性育種使玉米能夠為馬雅和阿茲特克帝國提供動力，而黃豆則曲折些。黃豆可以確定是在東北亞某個地方被馴化*，但後來它隨著大多數已知的貿易路線散播到世界，一直到哥倫布探險的時代。黃豆在當時首度被引進西半球，而這改變了一切。

玉米和黃豆都有獨特的怪癖，使它們成為典型的當代西半球作物。

- 玉米喜歡高溫，喜歡高濕度。它在美國中西部、阿根廷彭巴草原和巴西塞拉多地區欣欣向榮，遠比較涼爽或較乾燥的歐洲或東北亞生長得更好。

- 玉米和黃豆都是典型的行栽作物。這鼓勵使用機械化，進而使田地變得愈來愈大以支付設備的成本。巧合的是，東半球沒有那麼多合適的大片農地†。（東半球的大部分大片土地都在澳洲或俄羅斯，但這兩國的土地不是太乾燥就是太潮濕，或者太冷，不適合種植黃豆。）

- 玉米需要協助才能繁殖。從歷史上看，馴化的玉米需要人工授

---

* 中國人、日本人和韓國人可以為細節進行激烈的辯論。
† 去雄蕊程序是悶熱、乏味、汗流浹背、令人發癢的工作，而逃避這種工作可能是我上大學的最大原因。沒有玉米吃，就沒有書唸！

粉，而現代的雜交品種需要藉由所謂的去雄蕊過程來進行管理授粉。基本上就是田裡的玉米植株必須去除它們的花朵（亦即穗），以便正確的基因組合可以傳給果實（玉米棒）。這是季節性的工作，符合新世界農業的大型農場、年輕的人口結構、小鎮文化和勞動力經濟學的要求。 即使俄羅斯或澳洲有氣候條件，它們還缺少能提供勞動力的農村人口密度。

- 當日照時數降至約十二．八小時以下時，黃豆的生長與花息息相關，但像玉米一樣，它也喜歡炎熱和濕氣。在東半球，只有黑海的西岸和北岸有這種溫度和濕度以及季節性變化的完美結合。但該地區所有的黃豆田面積還不到西半球適合黃豆氣候區的七％，最著名的是阿根廷的科爾多瓦，美國的愛荷華州和巴西的巴拉那州。不足為奇的，全球七〇％的玉米出口和八五％的黃豆出口來自三個國家：阿根廷、巴西和美國。

- 東半球最大的玉米和黃豆出口國是烏克蘭。這是一個世界不應該依賴的國家，有各式各樣的問題。這個國家太窮，負擔不起玉米和黃豆需要的機械化，而且該國的能源、煉油和製造能力很薄弱。但安全勝過一切。在二〇二二年二月二十八日修改本節時，俄羅斯人入侵烏克蘭正引起舉世關注。戰爭可能以多種方式展開，但至少二〇二二年的種植季節將被打亂，並將向世界預示未來糧食短缺的情況。上一次前蘇聯地區農產品出口中斷的事件發生在二〇一〇年，當時小麥價格暴漲了一倍。引發的結果之一是一連串的抗議活動、政府垮台和阿拉伯之春的爭戰。但更糟的情況還在後頭。

在大多數情況下，這種特定的作物替代和差異化將證明是好事。西半球的供應鏈在半球內大致是自給自足的，這意味任何中斷都應該有限和可控。反之，這意味去全球化不會迫使世界玉米和黃豆產量崩潰。

這並不是說種植的作物不會改變。它會改變，而且將發生巨大變化，但不是因為去全球化的痛苦和衝擊破壞了原材料取得的管道，而是因為市場需求的改變。

簡單的說，玉米已經完蛋。你買的用於燒烤或蒸煮的玉米棒不是產自內布拉斯加州、愛荷華州和伊利諾州一望無際田地的東西。你吃的是甜玉米，它占美國種植的玉米不到一％。你在中西部看到的是一種叫做田間玉米（field corn）或馬齒玉米的東西。透過加熱和使用某種鹼性溶液的所謂鹼法烹製（nixtamalization）程序，田間玉米可以變成像麵團一樣的食物，但對大多數人來說，玉米還有直接食用以外的用途。

世界上最大、最有創意的田間玉米消費者是美國人，他們生產的田間玉米數量如此多，所以他們認為把它加工成數千種產品是合理的，從高果糖玉米糖漿到人造塑膠瓶，從火星塞陶瓷到學校粉筆。到目前為止，這些產品中量最大的是俗稱乙醇的生物燃料。美國政府採取補貼措施，並強制規定美國的汽油必須含有一〇％到一五％的玉米產品——這聽起來似乎不太多，但在乙醇風潮的顛峰期時美國一半的玉米收成被轉化為汽油添加劑。這個強制規定吸收了大量玉米，不但推高玉米價格，而且因為農地改種玉米而推高幾乎所有作物的價格：小麥、黃豆、棉花和乾草在競價中明顯上揚，豬肉和牛肉價格也因為飼料成本上漲而攀升。

對世界其他地區來說，玉米的主要用途是動物飼料。

在收入增加的全球化時代後期這是好事。當人們賺更多錢時會想吃更多肉類，但在收入大幅減少的後全球化時代，大部分地區的大多數人將不夠富裕而無法每天享用動物性蛋白質。預料玉米需求將隨著大規模畜牧業崩潰而減少，因為依賴進口玉米來飼養動物的需求將難以持續。這將打擊烏拉圭和澳洲等肉類生產國，以及韓國和中國等肉類消費國。

玉米的損失就是黃豆的收穫。黃豆也是一種動物飼料。事實上，由於黃豆的蛋白質含量更高，在許多情況下黃豆是更好的飼料。但與田間玉米不同，黃豆很容易加工供人類食用。而由於黃豆是植物，與漢堡和豬排相比，黃豆蛋白質更便宜。在去全球化和碎裂的世界裡，不會有龐大的向上流動的肉類消費者來維持目前的全球畜牧業。這種從高成本動物蛋白質到低成本植物蛋白質的轉變是必然的趨勢，可能會使十億人免於餓死。* 如果你不住在西半球、歐洲或大洋洲，該是多吃豆腐的時候了。

不過，有一個顯而易見的可能性是，即使大規模的玉米生產讓位於更大規模的黃豆生產，我們仍然不會有足夠的黃豆。問題出在巴西，它將是是後全球化時代最大的黃豆出口國。巴西基於五項因素而具有優勢：

一、巴西科學家修改黃豆的基因組以對日照時間的要求，使黃豆

---

* 這意味著，如果轉變沒有發生，我們可能看到二十億人死於饑荒。

可以在巴西更靠近赤道的農地開花和成熟。（赤道附近的夏季和冬季日照長度幾乎相同，所以黃豆不知道如何隨季節生長，因而無法成熟。）這項科學壯舉使巴西能把黃豆生產從南部的溫帶州（例如南里約格蘭德）擴大到赤道和熱帶州（例如馬托格羅索州）。這種基改的黃豆約占全球黃豆出口的三分之一。

二、亞洲市場是巴西黃豆出口最遠的地方。它們需要繞南美洲最南端航行或橫越南大西洋到好望角，然後沿著最長的路線橫越太平洋或印度洋。以重量或體積比較，大多數糧食的價值極低。五十磅黃金價值約一百四十萬美元，你可以雙手抱起來。五十磅的鋁價值約五十美元，你可以把它裝進一個桶子。五十磅黃豆價值約十美元，需要一輛獨輪車來運送。除非你是那些幸運的帝國中心之一，擁有良好的內部水路運輸選項，否則直到十八世紀大多數人甚至不會考慮從距離產地幾英里外的地方採購糧食。在工業化的美國秩序下，這種考量已不重要，因為長途的低成本運輸已經無所不在。

三、巴西靠近熱帶的土壤極其貧乏，而且巴西的主要黃豆產區沒有冬季可以殺滅害蟲。從好的方面來說，沒有冬季意味大多數巴西黃豆（和玉米）農民可以增加生產到兩倍（甚至三倍！）。缺點是，不但昆蟲、雜草和黴菌是持續存在的問題，而且伐林以開闢農地消除了大部分自然的壓力，因此各種昆蟲可以把遺傳努力集中在抵抗農業化學品上。在美國中西部，每十年左右必須重新配製一次殺蟲劑、除草劑和殺菌

劑，在巴西則每二到三年必須修改一次配方。因此，巴西的
行栽作物農業每單位產量使用的肥料、殺蟲劑、除草劑和殺
菌劑成本高居世界之冠。在原料投入供應方便、農產品銷售
容易的全球化時期，這只是小問題。

四、和阿根廷及美國的黃豆生產一樣，巴西的大部分黃豆生產都
在內陸深處。但與阿根廷或美國不同，巴西缺乏平原綿延到
海岸的地理條件，無法透過廉價的鐵路和河流運輸系統運送
大量農產品。巴西的大部分黃豆都是以卡車運輸。這需要大
量廉價的進口資本來資助必要的基礎設施。在嬰兒潮世代開
始退休和中國超級融資的資本氾濫時代，這不是問題。

五、所有作物都會經歷供過於求和供不應求的循環，但如果說一
九九〇年後的世界有一個共同點，那就是全球人口一直在變
多、變愈來愈富有，這意味人們想要更多更好的食物。人口
更多更富有的最大國家是對價格不敏感的中國。中國人喜歡
的好食物是豬肉，所以中國養的豬數量比世界其他地區的總
和還大，但中國自己的農地嚴重不足，無法養活它的豬群，
因此養肥豬隻的最快方法就是餵牠們黃豆。不難想見，巴西
黃豆從二〇〇〇年以來一直供不應求。

除了基因改造的腦力工作外，所有這些因素都將在去全球化的世
界為巴西人帶來一條出路。這不意味巴西的農業生產將會崩潰，但產
量確實會萎縮——巴西的產量遠不如過去那麼可靠，巴西的產出將更
具週期性，而且巴西人將以阿根廷人和美國人無法理解的方式與國內

的運輸問題搏鬥。

接下來是稻米。從國際貿易看，稻米的貿易值「只」排名第九，但這掩蓋了它是僅次於小麥的世界第二最受歡迎穀物的重要性。問題在於有許多不同的品種，從燉飯使用的阿柏里歐米（Arborio）到印度菜餚中的巴斯馬提香米（basmati）、印尼糯米、泰國的茉莉香米到中國的黑米。亞洲人看待稻米就像美國人看待烤肉，有好吃的米，也有難以下嚥的米。這種態度往往會降低貿易量。

世界上的水稻品種並不像小麥那樣傳奇，主要是因為在許多方面稻米正好和小麥相反。稻米是一種難以種植且昂貴的作物，對原料投入、勞動力、機械和加工的要求比人類消費的任何其他主要食物都高。

水稻對水和勞動力的要求很高，以至於它的種植深刻地塑造並阻礙了食用它的文化。小麥只需要照料一次。好吧，如果你想到脫粒，也許要兩次。稻米？不可能。這都與水管理有關。

世界上幾乎所有稻米都不是行栽作物，而是種植在稻田中。稻田必須把土掘起來並墊一層黏土以免滲漏水。稻田不像農田，而更像巨大的露天鍋。水稻種子必須在另一個地方培育幼苗。在大多數例子裡，這些幼苗被手工種植於被水淹沒的稻田以便盡快成長，幾天後必須把水排乾，以使年輕的稻株能夠呼吸，獲得足夠的陽光，建立根系並生長。

然後是一系列的水管理：田地反覆被淹沒以淹死陸生雜草和昆蟲，然後排乾以殺死水生雜草和昆蟲。任何階段的水太多都會淹死作物。水太少會導致土塊乾燥。根據品種的不同，這種先淹水然後排水

的循環必須重複四次，才能在收穫前進行最後的乾燥。收穫後的稻稈必須再次乾燥。稻米必須脫粒兩次——一次把穀物與稻稈分離，第二次是去除穀物的外殼。那只是糙米。要獲得白米飯，還必須去除糙米的麩皮。

這可不是把一些種子扔在地上、等幾個月後回來就能收成。水稻種植是一項近乎全職的工作。當小麥大國開戰時，只要農民回來收割就好。當一個稻米大國開戰時，一年的饑餓就會被納入決策。

由於水稻有很多品種，各類型和地區的變化組合會有多少就不難想像了。印度次大陸的季風氣候有很有利於水稻的潮濕季節，也有有利於小麥的乾燥季節（但種水稻就得用稻田，所以農民必須選擇並準備他們的土地）。日本傾向於使用機械來種植幼苗。在密西西比州，水稻是一種行栽作物，但必須採用持續大量和嚴格控制的灌溉。在加州用飛機種植水稻。

美國秩序沒有像改變小麥世界那樣改變稻米世界。小麥在任何地方都有生長，所以美國秩序把它排擠到只有小麥才能生長的地方。但水稻種植需要特殊的條件，必須創造特殊的條件，要有超低成本的勞動力，農民幾乎不做其他事情，還需要大量的水，通常超過一個季節。不管美國秩序如何影響其他作物和其他地方，它都沒有導致水稻種植的重大改變，尤其是水稻種植的地點：稻米世界長期以來一直是從南亞、東南亞到東亞相當局限的新月形區域。這個弧形區域約占水稻總產量的九〇％，幾乎所有生產都採取水稻田形式。

展望未來，稻米世界將面臨兩個挑戰。

第一是糞便。

除了日本、香港和新加坡之外，南亞、東南亞或東亞只有少數地方在一九四五年之前實現工業化。因此，大多數水稻生產使用人類和動物糞便作為主要肥料。想想種稻人整天在糞便水中行走，你可以想像對壽命的影響 *。

在中國，文化大革命的破壞倒退了採用化肥的早期進展，迫使中國農民再度使用糞便肥料。直到一九九〇年代糞便才不再是農業原料投入。再加上其他收割和灌溉方面的工業技術，許多中國人終於享受到足夠的糧食安全，使他們得以集體離開稻田的生活到城市。收入開始增加。疾病率大幅下降。壽命延長。

如果這個過程倒退，進口管道斷絕，稻米世界將發現自己陷入嚴重的麻煩。

如果沒有這些磷肥，水稻就無法在稻米世界大量種植。數十年的大規模城市化已將糞便的來源與稻田分開。這意味要不是二十億人必須放棄水稻，就是這些地區必須以比城市化更快的速度去城市化，以便「天然」肥料可以再度與水稻的生產區共存。

在這一點上，中國有可能沒事。與東亞和東南亞廣大地區不同，中國人可以在國內買到磷酸鹽，雖然前提是中國保持完好無損。中國的磷酸鹽礦都位於遙遠的西部，特別是西藏和新疆，從一九五〇年代以來中共一直在這些地區進行不同程度的種族滅絕。這些地區與中國人口稠密的漢族占多數的種植水稻地區相距一千多英里。如果中國因為任何原因而崩解，要想維持合理的水稻生產唯一的希望就是回到糞

---

* 提供給喜歡追根究底的人參考，Google 一下「血吸蟲病」。警告：別在大吃一頓午餐後馬上這麼做。

便肥料的生活。

這種大規模人口遷移對製造能力的連鎖反應應該顯而易見。勞動力將回到農村，做一些與製造無關的事。對稻米產量的連鎖反應則比較不容易。中國的快速城市化意味人口老齡化也很快速，以至於從一開始就沒有為人口遷回農村做好準備。對人口規模的連鎖反應更是可怕。一九八〇年到二〇二〇年間，中國絕大多數的人口增加（約五億人）都來自延長壽命的健康改善而非新生兒。這意味如果中國必須從合成肥料轉向更多……自然肥料，中國的壽命延長——過去四十年的人口增加——將在短短幾十年內消失，即使是在沒有其他不利因素下。

稻米世界面臨的第二個挑戰不是那麼嚴重，但可能更難處理：供水。

水稻挑剔、耗水的性質意味它與小麥不同，無法在邊緣土地上種植。這種挑剔使稻米非常容易受到氣候變化影響。只要改變一個地區的水文條件，稻米產量將大受影響。

中國稻米最多產的地區是在長江下游沿岸，也是一萬年前水稻首次被馴化的地區。隨著中國的城市化發展，沿江城市不斷擴大，吸收了過去的稻田。剩下的稻米生產幾乎完全依賴有灌溉的高地。這使得長江的水稻區依賴長江上游無數氣候區的降雨，而其中許多氣候區正在沙漠化。中國南方——另一個大稻米產區——更潮濕，但由於地形崎嶇而有許多不同的微氣候區。即使該地區的總降雨量沒有變化，也會出現潮濕和乾燥的小地帶，導致供水不足或錯位。通常微氣候區的小差異並不會引起我的注意，但中國有十四億人口，而稻米卻非常挑剔。

中國具體面臨的水問題其實只是更廣泛的氣候變遷問題的縮影，而這是一個更大的話題。

7.6 │ 農業與氣候變遷

讓我們從一些值得深入探究的事實展開本節。

第一，和平對地球不見得是好事。當美國人制定他們的秩序時，他們不只是組建一個聯盟來對抗蘇聯人。這個戰略決定也使廣大人類步上工業化的道路，導致大多數人開始使用煤、石油和天然氣，進而造成溫室氣體排放量激增。

第二，冷戰結束後美國秩序擴大到所有國家，更加速溫室氣體的排放。當世界主要的工業化體系包括法國、德國、日本、韓國和台灣時，情況已經夠糟了，而當印尼、印度、奈及利亞和中國加入俱樂部後，情況更升高到另一個層次。在二次大戰前甚至無法展開工業化進程的國家現在占排放量的一半以上，使總排放量達到一九四五年的七倍。

第三，既然大多數人都已體驗過電之類的東西，可以想見即使全球化崩潰，人們也不會有意識地選擇回到工業化前的生活方式。現代環保運動經常忽略的一點是，石油和天然氣不但是世界的低碳化石燃料，也是國際貿易的燃料。在後全球化的世界，大多數國家可以在當地取得的主要燃料是煤，而且是低熱能、低溫燃燒、高汙染的軟煤或褐煤，它們產生的碳排放量遠超過燃燒……幾乎任何其他東西。人類完全有能力在邁向一個破碎、黑暗、貧窮、饑餓的世界時，同時仍在

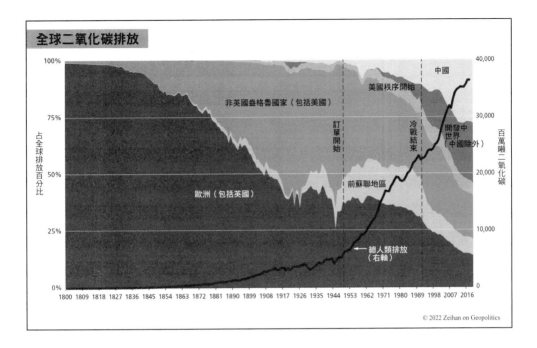

全球二氧化碳排放

（圖表中文字）

100%
75%
50%
25%
0%

占全球排放百分比

非英國盎格魯國家（包括美國）

美國秩序開始

中國

訂單開始

冷戰結束

開發中世界（中國除外）

歐洲（包括英國）

前蘇聯地區

總人類排放（右軸）

百萬噸二氧化碳

40,000
30,000
20,000
10,000
0

1800 1809 1818 1827 1836 1845 1854 1863 1872 1881 1890 1899 1908 1917 1926 1935 1944 1953 1962 1971 1980 1989 1998 2007 2016

© 2022 Zeihan on Geopolitics

增加溫室氣體排放。

第四，我們預測氣候影響的能力往往錯得令人尷尬。

晚近的絕佳例子是發生在二〇一二年年中的美國。一個高氣壓把太平洋西北部的暖空氣鎖在天空。然後這些暖空氣有一部分從喀斯喀特山脈下降引發了壓縮效應。結果呢？通常多雲、多雨、骯髒的當地突然連續數週變成一個大烤箱。奧勒岡州波特蘭市的氣溫徘徊在攝氏五十度以上。我看到許多氣候模型顯示，美國南部無可避免地將出現類似沙漠或更熱的高溫，但沒有一個預測波特蘭竟然會比拉斯維加斯更熱。

造成這種預測錯誤的原因很簡單：我們目前沒有足夠的數據能預測氣候變遷到郵遞區號編碼的範圍。任何嘗試預測的人最多只能從已

知數據做猜測。

我不喜歡猜測，也盡可能不猜測。所以我不看氣候預報，而是看天氣數據。不是當前或未來的天氣數據，是過去的數據。天氣記錄根據世界各地數十萬個報告地點，每天記錄數十次，且可以回溯到一百多年前。這些數據沒有爭議，它與政治無關，也不是預測。如果已形成一條變化的趨勢線，你就知道指針已經移動，你只要跟隨它往前挪一點。

基於本書的目的，我使用一百二十年的天氣資料趨勢線來預測未來三十年的情況。這一點都不酷？真的嗎？

兩個地方的故事

想想兩個很真實的例子，涉及兩個我們有可靠數據的第一世界地區：西南太平洋國家澳洲（更具體的說是占澳洲二分之一的東南部，那裡居住了大部分澳洲人口和生產大部分農產品）和美國中西部的伊利諾州。

從一九〇〇年迄今，這兩個地區的平均氣溫上升了攝氏一‧一度。我們也從真實世界的數據確知這兩個地區的氣溫上升造成了什麼影響。但這種影響在兩地卻大不相同。

澳洲氣溫升高表現為更熱、更乾燥的夏天。在二〇一九至二〇年夏天，澳洲經歷了一場乾旱，伴隨著幾近末日的叢林大火，燒掉該國五分之一的森林，殺死約十億隻動物，毀壞澳洲約七分之一的牧場。相較之下，在伊利諾州較高的氣溫表現為濕度增加，二〇一九年和二

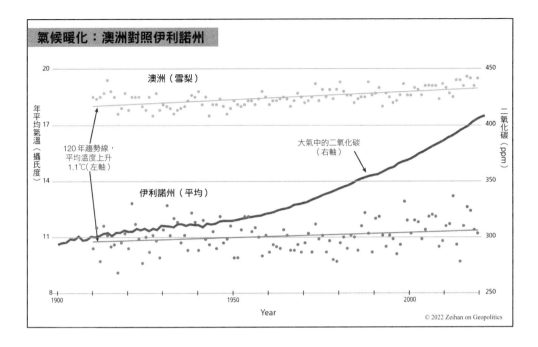

氣候暖化：澳洲對照伊利諾州

澳洲（雪梨）

120 年趨勢線，
平均溫度上升
1.1℃（左軸）

大氣中的二氧化碳
（右軸）

伊利諾州（平均）

年平均氣溫（攝氏度）

二氧化碳（ppm）

Year

© 2022 Zeihan on Geopolitics

○二○年的夏季也不例外。伊利諾州的玉米和黃豆田沒有發生火災，反而產量增加。

為什麼會有如此明顯的差異？簡單的說：地理。

十幾股主要洋流環繞澳洲大陸，有些溫暖，有些寒冷，有些有季節性。澳洲的最北部處於熱帶地區。最東南部邊緣已進入溫帶的寒冷地帶。結果是一片對比鮮明的土地。澳洲大陸中部的四分之三是硬地沙漠，而且季節和年復一年的氣候變化以反覆的洪水與乾旱模式詛咒著澳洲。彷彿澳洲的大沙漠就像心臟一樣脈動，每隔幾年內陸就有大降雨和乾旱交替的模式出現。澳洲人以他們獨特的方式稱這些階段為大濕（Big Wet）和大乾（Big Dry）。早在一九九○年地球大氣層加速累積碳前，甚至在澳洲人開始工業化前，這種模式就已經明確被記錄

下來。這不是氣候變遷。這是澳洲。

現在再加上攝氏一・一度的溫度升高。地形條件導致澳洲的乾旱。乾燥的空氣加熱很快，也冷卻得很快。因此，澳洲的氣溫上升大部分展現為白天氣溫升高。這提高了露點，使下雨的可能性降低。這導致澳洲乾燥，使它容易乾旱和發生火災，從而降低了農業潛力。澳洲的許多農業區——最引人注意的是東部藍山的西坡，以及東南部的墨累—達令盆地的大部分地區——可能會惡化成塵暴區。二〇一九至二〇年的火災給人很末日的預感。

拿伊利諾州的地理條件做比較。伊利諾州位於大陸內陸深處，因此有近乎發條般規律的四季變化。伊利諾州位於溫帶中部，每個月降水量相當穩定，最乾燥的月分（二月）降雨很少低於兩英寸，而最潮濕的月分（五月）很少超過五英寸。

其中一些降雨始於墨西哥灣的熱帶天氣系統。我們再次從真實世界的溫度測量中得知，幾十年來墨西哥灣上空的空氣一直在逐漸變暖。溫暖的空氣可以攜帶更多水分，使伊利諾州更有可能從熱帶風暴系統獲得降雨，但伊利諾州的大陸特性意味它從這些風暴得到的只是降雨，而不是能吹翻房屋的颶風。與二十世紀上半葉相比，熱帶風暴帶來額外的水分每年在三到九英寸間，視各州的位置而定，這意味伊利諾州的農業正在大爆發，產量愈來愈大。

但溫度升高的影響呢？截至目前，影響一直是……有利的。伊利諾州的地形條件使其潮濕。潮濕的空氣加熱得更慢，保持熱的時間更長。因此，伊利諾州的大部分溫度升高表現為夜間溫度升高。這減少了霜凍破壞作物的夜晚天數，增加了農業潛力。如果變暖趨勢持續下

去，到二〇二〇年代的某個時候伊利諾州大部分地區無霜的夜晚將多到農民每年將能種植兩期作物。

從氣候變遷的主流觀點看，澳洲的困境是顯而易見、可預測的，因此也是可以避免的。但現實已經打敗了對伊利諾州的主流看法。不同的地理位置導致不同的氣候結果，即使上升的溫度相同。我們很難想像澳洲的農業未來會愈來愈有利；我們也很難想像伊利諾州未來演變的不利面。

這種不一致正是重點所在。

雖然我們不能沒有天氣數據就做出具體和地方性的預測，但我們可以利用天氣數據來做一些概略性而不至於太聳動的陳述。一切事情都會影響農業世界。

了解氣候變遷 I：不是熱度，是濕度

第一節牽涉基本化學：雖然溫暖的空氣可以含納更多水氣，但溫暖的空氣也意味著需要更多水分來產生降水。在低濕度地區，較熱的空氣通常意味降雨量減少（澳洲），但在高濕度地區，通常意味降雨量增加（伊利諾州）。這在極端情況下差異也最大。大多數沙漠將變得更熱、更乾燥（變擴大），大多數已經乾旱的地區面臨沙漠化的風險，熱帶地區降雨量增加將把平坦地區變成濕地。沙漠和濕地無法種植糧食。

只有幾度的溫差只會改變幾個百分點的濕度。這似乎並不多。但別忘了，我們正面對一個運輸和供應鏈將削弱或在某些地方完全中斷

的世界。在這種環境下，為農業系統增添一點壓力就會產生巨大影響。最可能受影響的名單很難令人鼓舞。從這第一個因素看，首當其衝的地區包括：

- 馬托格羅索州，巴西的黃豆中心，也是世界最密集的黃豆產區。
- 中東的黎凡特（Levant）、北非洲的薩赫勒（Sahel）和中美洲，它們原本就是全球糧食最不安全的地區。
- 烏克蘭南部，無疑的是俄羅斯小麥帶產量最高的地區。
- 加州的中央山谷，以美元計算是地球上生產力最高的農業區。
- 恆河流域，是世界人口最稠密的河流系統，居住約五億人。
- 阿根廷的門多薩葡萄酒產區，真正肉體快樂的來源。

了解氣候變遷 II：觀察風

第二個影響因素是世界各地的暖化並不平均，兩極的升溫速度大約是熱帶地區的三倍。溫差產生風，更大的溫差產生更多的風。這是好是壞取決於你與赤道之間的地形地貌。如果有一大片熱帶水域，就會有更強的風帶給你更多的雨水。大量的雨水。

日本、台灣、韓國、墨西哥和中國應該為更多降雨做好準備。在前述六個最易受影響的地區中，水管理可能是大問題，因為所有地區都因為地形崎嶇而濕度上升。日本、台灣和韓國都是高度發展的國家，已擁

有穩健的水管理系統，農業生產可能像伊利諾州那樣大幅增加。

墨西哥、中國和北韓不太可能如此幸運。墨西哥西南海岸的降雨量可望大增，但墨西哥大部分地區都是崎嶇和高海拔的山地。農業的增產可能被土石流的破壞抵銷。中國南部原本已是該國最溫暖和潮濕的地區，未來也可能獲得最多額外的溫暖和水。更多的暴雨和難以恢復乾燥的濕地，將使該地區的水稻種植變得更困難，進而減少而非增加收成。北韓已出現定期的災難性洪水，一九九〇年代最後一個汛期導致近二百萬人死於饑荒。

降雨模式改變會影響水流，特別是當這些水流已經受到人類活動影響時。在世界主要河流中，近年來水量和流量變化最大的河流是東南亞的湄公河。中國人在青藏高原上開發湄公河上游的水資源以灌溉田地，寮國人和泰國人大肆建造水壩發電，柬埔寨人把文明建立在湄公河和季節性洪水氾濫低地的交匯處，而越南人則把湄公河的整個三角洲變成一片巨大的稻田。三角洲是河流匯入海洋的地方，你可以看到問題所在。即使是略低的河水流量也會導致陸地下沉一些，和海水向內陸推進。即使是海洋或陸地平面的微小變化，也意味湄公河三角洲的大片地區將淹沒在海水中，以及……沒有水稻能夠生長。這裡有超過一億人依靠三角洲獲得食物供應。

我也擔心印度次大陸這個人滿為患的區域，它靠近赤道地方的風將出現不同的情況。印度洋氣溫上升意味海洋和陸地的溫差正在縮小。較少的溫度變化意味較少的強風，進而表示一百年來有記錄可循的季風減弱趨勢將持續下去。季風減弱在上個世紀已使印度次大陸的降雨量減少了一〇％到二〇％。

通常在這麼長的時間出現這麼有限的減弱不會讓我感到困擾。綠色革命的技術加上美國秩序提供的原材料管道，已足夠補償這種影響，但這些技術和原材料未來將不再那麼可靠。更令人擔憂的是，印度已有三分之一人口生活在半乾旱地區，且印度人口在過去一個世紀擴增為四倍，使它成為世界上人均缺水最嚴重的國家。較弱的季風意味印度教帶（Hindu Belt）的降雨量減少，和喜馬拉雅山脈南部的積雪減少。最後一點對巴基斯坦來說尤其不利，該國依靠喜馬拉雅融雪來灌溉所有作物。同樣在次大陸但與巴基斯坦遙遙相對的是位於恆河三角洲的孟加拉。恆河水流減少意味人口約一億六千萬人的孟加拉，可能遭遇類似於湄公河三角洲的命運。在世界的這個部分無法容許太多錯誤……特別是因為較少的降雪量意味較少的稻米。

地中海的面積不夠大也不夠靠近熱帶，使它不至於造成濕度效應。反而更強的赤道—極地風模式已把北歐的一些製造降雨的鋒面推向大海。從法國東部一直到烏克蘭西部的歐洲北部六十年來一直在一點一點地乾涸。在美國秩序下這不是問題，歐洲只是轉向生產特色產品，然後高價出售給富裕而彼此連結的世界。我們無法確知歐洲大陸能不能倒退回舊模式，即使它能做到，也會因為歐洲照顧當地的需求而使許多食物產品從市場上消失 *。

俄羅斯小麥帶東部的四分之三地區位於內陸的大陸沙漠以北。更強的赤道—極地氣流將使俄羅斯小麥帶的東半部脫水，特別是哈薩克北部。更糟的是，任何風力導致的乾燥都會加劇一場完全不同且正在

---

* 順便一提，大量的古生物學證據顯示，歐洲的乾旱不但發生過許多次，甚至有幾次整個地中海盆地乾涸成巨人版的死亡谷（Death Valley）。

進行的氣候災難：

蘇聯把阿姆河和錫爾河系統的水改道，以灌溉中亞沙漠的棉田，這種作法幾乎摧毀了鹹海，而鹹海是該地區的主要濕氣來源。即使沒有氣候變遷引起的溫度升高，該地區持續的乾燥已在幾十年內導致天山西部和帕米爾山脈西部的積雪消失。沒有積雪，沒有區域河流，整個地區轉變成硬沙漠。這宣告了土庫曼、烏茲別克、塔吉克、吉爾吉斯、哈薩克南部和阿富汗北部的農業即將終結。就像在任何農業完全依賴灌溉的沙漠地區一樣，當水消失時，食物也跟著消失。還有人民。

這些風模式變化的輕鬆贏家是美國中西部地區。正是這種赤道一極地現象部分解釋了為什麼氣候變遷為伊利諾州帶來大豐收。如果你在愛荷華州或印第安納州，那就有好日子過，如果你在墨西哥灣沿岸，那就不怎麼好了，那裡的颶風是每年少不了的真實威脅。

了解氣候變遷Ⅲ：兩個比一個好

兩個是指降雨的兩個來源。美國中西部農業如此可靠的部分原因是，它不但從墨西哥灣的季風系統接收降雨，而且從北美的西─東向高速氣流接收降雨。兩個濕氣系統在同一年都未能帶來濕氣的情況極罕見。

不過，發生在美國中西部的事，未必發生在整個美國。主導美國大部分地區天氣模式的西─東向高速氣流，通常力量強過約西經一百度線的熱帶風暴氣流，能阻止它們向西移動。

在氣候正逐漸改變的世界，這條線以東的任何地方都可能出現更

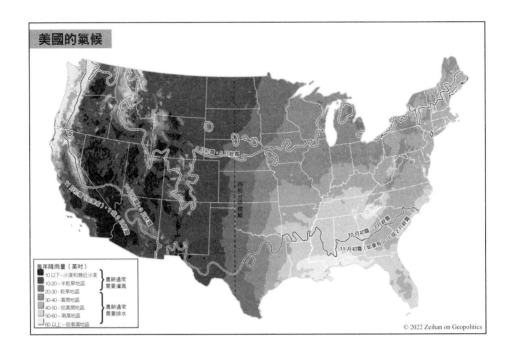

美國的氣候

每年降雨量（英吋）
- 10以下–沙漠和幾近沙漠
- 10-20–半乾旱地區
- 20-30–乾旱地區
- 30-40–濕潤地區
- 40-50–很濕潤地區
- 50-60–潮濕地區
- 60以上–很潮濕地區

農耕通常需要灌溉

農耕通常需要排水

© 2022 Zeihan on Geopolitics

多降雨。但以西的任何地方原本已經很乾燥，現在將更加乾燥。大多數大平原的農業社區都依賴灌溉，並聚集在落磯山脈東部依賴季節性降雪的沿河谷地，但未來的降雪可能變得更不頻繁、更小，而且融化得更快。

但在美國大平原造成遺憾的事，在印度、巴西、澳洲或東南亞等主要受季風影響的區域很可能造成重創，在主要受高速氣流影響的前蘇聯或下撒哈拉非洲也是如此。

事實上，除了美國中西部，世界上只有三個地方同時受益於高速氣流和季風濕氣系統：法國、阿根廷和紐西蘭——都是農業強國。它們都不會發生太嚴重的獲得投入的問題，不管是設備還是石油。更好的是，它們都不會遭遇重大的安全問題，可以確保整體生活或具體的

農業生產不受威脅。由於地緣政治和氣候情況的轉變，這三個國家的生產都可望大幅增加。

但這些增加將遠遠不足以養活八十億人。

而且這還沒有考慮到第四、也是最後一節的重點。

了解氣候變遷Ⅳ：邊緣地區的終結

農業能力受影響最大的地區將是那些原已處於邊緣地位的地區：乾旱但不是沙漠，炎熱潮濕但仍然可利用的地區。乾燥的地方將比潮濕的地方受到更強烈的不利影響，原因很簡單，就能源和基礎設施而言，過度潮濕地區的排水要比供水給過度乾燥的地區容易得多。

這類邊緣的土地面臨雙重打擊。要使邊緣土地變綠需要工業技術，而要讓工業技術通達許多這些邊緣土地有賴於美國的秩序。這些缺乏大規模灌溉所需的河流或含水層的地方，都面臨農業生產面積和每英畝剩餘農產量劇減的危險。

遺憾的是，這類邊緣地區占地球表面的極大比例，包括從玻利維亞、巴西、巴拉圭、義大利、西班牙、葡萄牙、阿爾及利亞、奈及利亞、剛果、巴基斯坦、印度、泰國、中國、越南、印尼、澳洲、墨西哥到南非等農業大國。保守估計，這將使養活約四十億人的農業生產區面臨氣候挑戰。

這帶我們回到小麥。今日的小麥主要種植在邊緣土地上，因為這類土地原本就已太乾燥而無法種植任何其他作物。這裡的關鍵詞是「乾燥」。在過去三十年我們發現一件事，即大多數植物和大多數人一

樣，只要它們能獲得更多水，就能相當耐高溫。水和熱之間的這種平衡是農業的一切。懷俄明州東部和蒙大拿州東部的降雨模式相同，但懷俄明州只是稍微溫暖一點就無法種植任何東西，而蒙大拿州則妥妥的位於小麥帶。只要有充足的灌溉就能善加管理熱效應。然而如果今日的小麥區有額外的水，它們就會種植比小麥更有價值的作物。回想一下有關華盛頓州內陸的討論。讓該地區成為農業聚寶盆的河流通道，就是把小麥排除在當地生產組合之外的同一因素。

在發電量充足的富裕地區，海水淡化可能是選項之一。近年來海水淡化技術穩步改善，電力成本只有二〇〇五年的三分之一。但在種植小麥的邊緣地區附近沒有很多海洋——大多數在相當遙遠的內陸。缺水將是這些原已乾旱、邊緣化的土地很快會面臨的問題，無論這些土地是在加拿大薩斯喀徹溫省、美國堪薩斯州、烏克蘭盧甘斯克還是澳洲南澳州、俄羅斯克拉斯諾達爾、衣索比亞謝瓦省、土耳其加濟安泰普省、加州聖塔克魯茲，還是印度旁遮普省。

真正的情況其實比聽起來要糟得多。對人類最重要的兩種作物正面臨最嚴重的危險：水稻是因為水循環中斷，而小麥是因為它種植在原已乾旱且即將變得更加乾燥的地區。

再往前走一點

這些都是來自明確天氣數據的相當短期的預測。更深刻的氣候變遷會在幾年或幾十年內發生嗎？有可能，很可能。好吧，幾乎可以確定會發生。我沒有數據可以做具體的預測，所以我不會做。但我可以

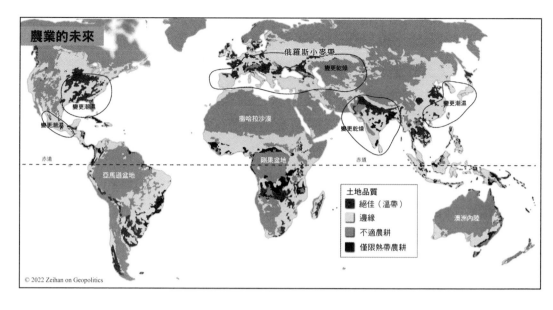

農業的未來

俄羅斯小麥帶

變更乾燥

變更潮濕

變更潮濕

撒哈拉沙漠

變更乾燥

變更潮濕

剛果盆地

赤道

赤道

亞馬遜盆地

澳洲內陸

土地品質

絕佳（溫帶）

邊緣

不適農耕

僅限熱帶農耕

© 2022 Zeihan on Geopolitics

回顧過去以獲得一些梗概。畢竟，氣候變遷對人類來說並不陌生。

- 今日的考古學家普遍認為，區域氣候變化對印度河文明造成嚴重衝擊，持續的洪水使印度河偏離文明的城邦，繼之以數十年的乾旱，導致每個人無水可用。文明城邦沒有聯合起來應對挑戰，反而陷入自相殘殺的循環，徹底摧毀了集體文化，直到十九世紀英國人在巴基斯坦中部偶然發現一些廢墟，才發現印度河文明的存在。我們在一個世紀後於現代城市哈拉帕（Harappa）附近的挖掘，才了解這項發現的重要性。

- 我在前面的章節提到青銅時代晚期崩潰，大約是在公元前一二〇〇年到一一五〇年間（可能由火山爆發導致）的乾旱時期。當時的人類已先進到能把事件記錄下來，所以我們對氣候變化

的影響有一些概念。顯然當時的情況很惡劣，地球上幾乎所有文明都遭到重創，包括我們所知的西方文明。

● 較晚近的小冰河期大約是從西元一三〇〇年到一八五〇年，這段期間的氣溫比過去下降了約攝氏〇・三度（也比一九〇〇年低約攝氏〇・八度）。受影響最大的是原已較寒冷的區域。有很多（相對較新的）歷史記錄記載了蘇格蘭、瑞典、俄羅斯、中國、韓國和日本等地的生活困境，許多地區出現連續多年「沒有夏天」的情況。你可以想見人們吃得有多差。那些沒有夏天的年分之一——一八一六年——即使在當時也特別寒冷：遠在南方的康乃狄克州八月的氣溫降到攝氏四度左右，倫敦更在七月降雪六英寸。美國小說家瑪麗・雪萊（Mary Shelley）整天被鎖在屋裡，躲避無休止的冷雨、雨雪和雪，創作出我們今日所知的《科學怪人》（*Frankenstein*）的精彩小說。

7.7 │ 餵養新世界

除了小麥、黃豆、玉米和稻米這四大作物之外，還有各式各樣的其他食物產品，各自有其前景。我們將分析前十七種。

農業世界中受到最大影響的將是畜牧業，至少就相對影響而言。小動物的馴化是人類早期的發明，甚至比小麥和水稻的種植更早。而這種帶來人類最好的朋友和穀倉守衛的同一技術，也為人類帶來從漢堡、雞翅、培根到鵝肝等各種食物。但正如所有其他事情，工業革命

與全球化的美國秩序結合才把肉類帶給大眾。

在工業化之前的時代，想吃肉的人面臨三個挑戰。第一，必須為家庭飼養動物。通常規模很小，因為原料投入的限制使動物無法快速生長。你把殘羹剩飯給雞吃，放牧乳牛並擠牛奶。除了牛奶和雞蛋外，動物蛋白質只是我們飲食的補充，不是我們每天都吃的東西。工業時代的化肥農業生產了過剩黃豆和穀物，可以為動物提供飼料。

和以往一樣，第二個挑戰是運輸。大批量長途運輸活體動物不可行，因為牠們需要餵食。唯一例外是綿羊，這種小動物可以最有效地新陳代謝草，因此可以靠吃草養肥。即便如此，羊（和牧羊人）也必須步行到鎮上。鐵路、輪船和卡車加快了速度，但真正的轉變直到二十世紀才發生——廉價冷藏運輸的興起。動物現在可以在運輸前被屠宰和冷藏，屠體不需要餵食。

第三是成本。從等量的動物肉獲得的蛋白質和卡路里大約是從植物獲取的九倍。在遠離農場的地方，動物蛋白質變成終極的奢侈品。但在美國秩序時代，所得隨著總人口增加而大幅升高。對各種肉類的需求激增，特別是在一九九〇年後。

當然，在後全球化的世界，這一切都將難以持續。用於飼料的作物（尤其是玉米）產量將下降。把玉米和黃豆運送到飼養場和把肉類帶到全世界的運輸將舉步維艱。全球所得將大幅下降，動物蛋白質將再度成為大部分人口的奢侈品。這裡的關鍵詞是「大批量的」。美國顯然仍會有大量的穀物和黃豆剩餘，使其能夠在畜牧業方面繼續遵循工業化農業的模式。

這是最大格局的圖像。不過，還有很多較小、但仍然相當大的

圖像。

交易最多的肉類是**豬肉**（以金額計算排名第三大的國際貿易農產品），而它的景況將是很簡單的悲慘。豬肉是東亞首選的動物蛋白質。全球一半的豬群飼養在中國，不久前中國也已成為世界最大的豬肉進口國。任何把農場押注在中國長期需求的人都將失去農場。丹麥和西班牙的次級豬肉生產中心將繼續存在——它們遠離中歐和東歐的混亂，這些地區將受到安全問題的干擾——但原料投入成本上升將削減未來的產量。這使得美國人得以主導其餘的市場，尤其是在和中國人一樣喜歡豬肉的東南亞（以人均計算，越南人吃的豬肉已超過中國人）。

下一個是**雞肉**（以金額計算的第十大國際貿易農產品）。它是最便宜和最容易飼育的動物蛋白質，但也只是因為有工業時代的投入。過去的雞隻又小又瘦，因為牠們的食物是殘羹剩飯、蟲子和草籽，但如果飼餵牠們穀物，牠們就能長得又大又肥。有人批評美國養雞業大量使用雞舍，但如果目標是把雞肉當作最便宜的動物蛋白質，這是唯一的飼養方法。（真正的放養雞每磅成本高於大多數牛排，而放養的無骨／去皮雞胸肉每磅成本則高於所有牛排肉塊，除了菲力牛排以外*）。雞舍養殖讓美國成為唯一重量級的雞肉出口國，也解釋了何以美國以外國家的雞肉價格往往是美國國內價格的三倍以上。

這讓預測變得簡單得多。美國雞肉生產不會受到去全球化的不利影響。對許多人來說，美國雞肉可能是唯一最容易獲得的進口肉類。

---

* 想請外國人吃一頓他們在自己國內吃不到的超級美食嗎？不要帶他們去牛排館，帶他們去肯德基。

幾千年來，**牛奶**（以金額計算排名第八）一直是人類飲食的核心，特別是在南亞、現在的非洲奈及利亞北部和肯亞的部分地區，以及整個西方世界。由於牛奶極容易腐壞，所以很少運送到生產國以外的地方，只有歐盟的單一市場是例外。歐盟有共同農業政策（CAP），它是一項補貼計畫，也是歐盟最大的預算項目。CAP 不但協助低競爭力的農業生產事業保持營運，而且無意中鼓勵了過去的非主要乳製品生產國出現許多大型酪農業者，尤其是荷蘭、德國和波蘭。結果是大規模的過度投資、生產過剩和各種乳製品傾銷到全球各地，特別是乳酪（按金額計算排名第五的農產品）。如果去除歐盟不算，CAP 將不復存在，一大部分歐洲的過剩乳製品和乳酪生產也將不復存在。

　　大致說來，美國的牛奶比歐洲的品質更好、更便宜，但易腐壞的問題限制了美國乳製品的出口，只能出口低價值的奶粉。美國人沒有發展出像法國等國家的乳酪文化。法國人和義大利人雖然是 CAP 的最大受益者，但他們專注於生產高品質、廣受歡迎的小眾乳酪。不管歐盟發生什麼事，對乳酪的需求都將持續存在——我可以保證一定如此。這些乳酪的國際銷售無疑會縮小，但它們仍能輕鬆地賣到北美和北非。

　　全球乳製品的真正未來在紐西蘭。紐西蘭氣候溫和、夏季涼爽、冬季溫暖、雨水充足、沒有掠食動物，因此它們的乳牛不需要畜舍，甚至不需要飼料。紐西蘭酪農業的成本結構甚至比美國低，它們生產的牛奶品質比美國高，而且它們正在發展一種極高附加價值的法式乳

酪文化 *。還有一件事：當乳牛不再產乳時，牠會被送去屠宰。這個小細節使紐西蘭成為世界第五大牛肉出口國。

牛肉（以金額排名第十一位）。除了紐西蘭以外，全球牛肉的主要生產國還有美國、澳洲、荷蘭、加拿大和愛爾蘭。在這六個國家中，美國具備有利條件，主要因為它擁有大片聯邦土地，牛肉生產商可以租用這些土地以放牧牛群†。另一方面，從長遠來看澳洲的氣候不穩定將使其成為最不可靠的主要出口國。荷蘭和愛爾蘭只有在歐盟CAP 的補貼支持下才可能出口牛肉。

從技術上說，印度和巴西也是主要牛肉生產國和出口國，雖然它們的「牛肉」不是來自牛，而是一種更適應熱帶地區悶熱的動物，稱作瘤牛（zebu）。這使它們的產品被歸於較低品質的類別，但沒有理由預期它會在去全球化的世界消失。巴西的基礎設施限制將使黃豆難以出口，進而鼓勵生產和出口更多的瘤牛肉，因為它將比出口黃豆更具附加價值。以牛肉的標準看，瘤牛的品質可能低落，但在一個成本受限制的世界，更便宜的肉本身仍有其吸引力。

對其他想吃牛肉的人來說，選擇很有限。典型的美國（以及加拿大、澳洲和巴西）肉牛都是巨獸，在屠宰時體重往往超過一噸。此外，牠們可以在幾個月內長到這麼大，主要是因為牠們被餵食穩定的玉米和黃豆飲食，並定期注射抗生素和激素以鼓勵生長和存活率。更傳統的肉牛是牧場餵養和較少人為操縱的，成熟時間需要三到五倍，

---

* 如果想見識一下好乳酪，請嚐嚐 Kapiti Kikorangi 藍紋乳酪──一種結合戈貢佐拉（Gorgonzola）乳酪和卡蒙貝爾（Camembert）乳酪最佳特色的紐西蘭乳酪。超好吃！

† 免費的人人愛！

肩部高度矮了一英尺，且通常屠宰時的重量減少三分之一——這也讓它們成為成本最高的動物蛋白質。這種「傳統」牛隻在某些人的嘴裡可能味道更好，但在一個貿易和出口通路受限的世界，它們高得多的成本將使大部分人只能偶爾吃得起牛肉，或幾乎完全吃不起。

沒有**咖啡**我的世界就無法運轉（以金額排名第七），所以我會……擔心。咖啡很像海洛因……就種植地點而言。它需要很特別的海拔、溫度和濕度條件的組合。太乾，咖啡會枯萎。太濕，它會腐爛。太熱，咖啡變很苦。太冷，它不會開花。大約七千五百英尺是理想的高度，這遠高於大多數人居住的高度，使得維護和運輸變困難。大規模咖啡種植只有在全球化的系統才有可能，因為生產投入才能運送到這種通常難以接近的地區。從麥當勞到你最喜歡的濃縮咖啡吧，你喝到的阿拉比卡咖啡將面臨最大的挑戰，而製造即溶咖啡的羅布斯塔咖啡則較耐熱和耐乾旱。去全球化和氣候變遷的結合顯示，世界大多數人喝的咖啡即將被降級。

棕櫚油（以金額排名第六）無處不在。在非食品中，它出現於肥皂、洗髮水、除臭劑和牙膏。它也存在於幾乎所有可以想像得到的加工食品中。雖然奶油和橄欖油可用於小批量的食材以供當地分銷，但除了一些尖端的加工技術外，乳製品和橄欖油在過熱或移動時往往會變質和變苦。總之，棕櫚油比兩者都便宜。所以保護質地和延長保存期限，不得不把原料換成棕櫚油，特別是在用於塗抹的產品。沒有棕櫚油意味著沒有人造奶油、披薩麵團、泡麵、冰淇淋，或花生醬。

棕櫚需要肥沃的土壤，絕對不能寒冷，並且要一直有大量的水，這讓它成為熱帶沿海地區的理想作物。目前棕櫚最大的生產國在東南

亞。未來主要的問題將是土壤肥力。東南亞人從事刀耕火種農業以產生必要的土壤養分，但這只能真正做到一次，如果不施肥將無以為繼，而東南亞未來可能出現肥料短缺，特別是鉀類和磷酸鹽類的肥料。

還有幾點補充。讓棕櫚油起作用的是它的脂肪成分：把氫添加到構成油分子碳氫化合物主鏈的碳原子中，它在室溫下會變成固體（這就是你在大多數加工食品的成分標籤上看到的「氫化」部分）。雖然棕櫚油是達成這個目的最好的油（也是最便宜的！），但也可以用黃豆油、玉米油或棉籽油來達成。雖然許多歐洲人會抱怨使用黃豆油和玉米油處理的美國加工食物不好吃，但它們還是管用。不過，在溫帶以外的地區這些選擇將變得更困難——特別是如果全球貿易正在崩潰。

對已開發世界來說，失去棕櫚油貿易是一個不太緊迫的問題：它與味道和質地有關。對於開發中國家來說，這關係到保質期，但保質期也會很快難保。許多人可能認為加工食品普及所有人是肥胖的根本原因，這說得有道理。但這種普及也是美國秩序的功勞之一。大多數開發中國家缺少在糧食匱乏的環境中維繫龐大人口方面的經驗。無法自己生產食用油的地區如果失去棕櫚油，將絕對無法避免發生季節性的饑荒。

在伊比利亞人以海軍武力推動的香料貿易打破絲路的壟斷後，許多歐洲帝國轉向為**糖**（以金額計算排名第十二位）而爭鬥。蔗糖很挑剔。它需要持續的灌溉，也需要高溫，而且偏好沖積洪水平原和無鹽的土地。地球上只有少數地方符合這些要求，其中大多在巴西和加勒比地區。在十九世紀，德國人與英國人爭戰，並因而失去從溫暖地區

取得所有東西的通路。德國人的解決方案是研究當地的植物，並雜交我們今日所知的甜菜。甜菜在寒冷的氣候長得很好，就像普通甜菜一樣*。這意味任何較寒冷的溫帶地區——包括德國、俄羅斯、土耳其、加拿大、法國和美國北部——都應該能取得甜菜糖。

蔗糖——讓我們老實說吧，味道比甜菜糖好得多——之鄉是古巴，它擁有完美的氣候能滿足這種一般而言很挑剔的作物。任何能夠與古巴人維持正常經濟關係的國家都將享受蔗糖帶來的甜蜜……這絕對會破壞較昂貴、品質較低的甜菜糖的經濟性†。

菸草（以金額計算排名第十四）是一種茄類植物，需要溫暖、水分、不能太熱或太濕。這意味一份有限的地區清單：南北卡羅萊納州、安那托利亞、巴西和印尼的乾燥地區、東非大裂谷高地的涼爽地區、印度沿海部分地區，以及中國的雲南、湖南和四川地區。沒有通達全球的能力不但買不到全球石油或全球製造業產品，也買不到全球菸草。如果你有香菸癮，而且沒有管道可以買到任何香菸生產區的產品，那麼去全球化將幫助你戒菸。法國、波蘭和俄羅斯的菸槍要取得這種致癌的嗜好產品將特別困難。

香蕉（以金額計算排名第十八）在品種上差異很大，但都具有三個關鍵特徵。第一，它們需要種植在熱帶地區，以及高溫、高濕度、不缺水和沒有冬天的環境。

第二，種植和收穫香蕉可以說是最勞動密集和肥料密集的農業程序。你不只必須種植在熱帶地區，必須是很貧窮、人口稠密的國家，

---

* 噁！

† 我正在看你，美國。

還必須擁有可靠的國際通路。

第三，香蕉——尤其是美國人喜歡的香芽蕉（Cavendish）品種——是以無性方式繁殖，使它們極易受到害蟲，尤其是真菌的侵害。如果一棵香蕉樹被感染，通常整個種植園都必須被夷為平地。對於那些拒絕吃任何基改食物的有機愛好者來說，只要有機香蕉種植園周圍約半英里範圍被（非有機的）殺蟲劑、除草劑和殺菌劑所汙染，都是不可接受的。有機作物往往必須在更高海拔和更乾燥的地區種植以便抑制害蟲，這意味香蕉需要大量灌溉才能生長。其結果就是化學品足跡和碳足跡最高的食物，以及任何行業和任何產品中最高的員工流動率。祝你吃得開心。

棉花（以金額排名第十七位）是一種奇怪的植物，它需要大量的水和陽光，並種植在地球上沒有那麼多沼澤的地方——沙漠。當然，解決方案是灌溉。埃及人引尼羅河的水，巴基斯坦人引印度河的水，土庫曼人和烏茲別克人則從阿姆河和西爾河汲取。光是去全球化就將迫使這四個國家的人放棄可以賣到國外的棉花，轉而種植他們需要的糧食；即使去全球化沒有發生，些微的氣候變遷也會減少四個國家可用於灌溉的水。

中國的棉花面臨更大的問題，不只是因為它種植在所謂的新疆種族滅絕拘留區，也因為新疆的河流不流入海洋，而是流入國內邊陲地帶早已被沙漠化的塔里木盆地。只要氣候略微異常就能使這些河流乾涸到滴水不存，再也不可能灌溉新疆乾渴的棉田。印度棉花可能更具可持續性，但它完全依賴季風，因此勢必喪失生產的可靠性。

不管你如何計算，我們都會面臨全球棉花短缺。

只有兩個大生產國可以繼續種植棉花：西半球國家巴西和美國。它們的棉花可能不是世界喜歡的長絨棉品種，但卻是在更安全的半球生產的，也不需要那麼多灌溉，所以巴西和美國的供應在未來的世界將更可靠。

柑橘（以金額計算排名第十位）有點像棉花，因為它們需要高溫和大量的水。幸運的是，它們也喜歡高濕度，使得種植的地區得以擴大。柑橘的未來很清楚。種植在氣候適宜的地方──降雨充足、不需要灌溉，主要在佛羅里達州和巴西北部──大片果園整個看起來都是橘紅色的。但在美國秩序下藉由投入大規模的資本、肥料和灌溉促成的種植地點──最顯著的是埃及和西班牙──你將不得不與柳橙和葡萄柚說再見。

任何多汁和長在樹藤上的東西都需要持續且控制得宜的澆水，不管是餐桌**葡萄**還是釀酒葡萄（依金額計算排名第二十位）。水太少，它們會乾癟；水太多，它們會裂開。關鍵是控制，這意味乾燥的氣候加上灌溉能力。世界上最好的葡萄都來自乾旱地區，尤其是加州、義大利、西班牙、阿根廷、澳洲、智利、伊朗和華盛頓州的大哥倫比亞河谷的沙漠。

葡萄的供應將下降。灌溉需要資本，這在過去三十年的葡萄酒界不成問題。但很快問題就會出現。不過，供應只會下降一點。大多數生產商要不是位於美國，就是至少有部分地區不會受到未來混亂影響的國家，像是南非和法國。

對照之下，需求將下降更多。一旦全球經濟成長減緩，全球對高成本酒類的需求將隨之下降。整體來說，葡萄酒是可能變得更便宜的

極少數農產品之一。不幸的是，葡萄酒是否會變得更好喝不是我能預測的事 *。

種植**向日葵**（以金額計算排名第十九位）和油菜籽（第二十三位）——兩種被用於榨油的行栽作物——最理想的氣候是在較寒冷的半乾旱地區。世界最大的供應地區包括可能退出市場的烏克蘭，和把幾乎所有生產銷往中國的加拿大草原省分，而中國市場卻即將崩潰。對加拿大人來說，幸運的是大多數向日葵和油菜籽的田地都可以改成種植小麥。

蘋果和**梨**（以金額合計占第二十一位）曾經是容易種植的作物，但在全球化的秩序中，我們都認為網球般大小的蘋果不合格。如果你想種出一個頭大小的蘋果，你需要肥料和灌溉。其結果是極度的市場區隔，不但是國家間的區隔，而且國家內還有區隔。這種多樣性需要能通達不同的微氣候區，但在一個我們的互動減少的世界裡，這種多樣性必將受限。未來將從全球市場消失的最大出口國是那些無法把產品運輸出去的國家：最顯著的將是大部分歐洲國家和中國。東南亞和拉丁美洲等大幅成長的市場應該不成問題，這對美國、阿根廷和智利等生產國將是利多消息。

最後，我們來看看造就美味、華麗的巧克力的東西：**可可豆**（以金額計算排名第二十二位）。可可豆就像較耐熱、種植在較低海拔、偏愛熱帶濕潤地區的咖啡。它幾乎只來自兩個地方：西非的生產在安全和貿易通路、原料投入和資本來源（可能還包括氣候）方面將面臨

---

* 雖然我對協助評估的過程樂在其中。

全球主要農產品貿易金額，2020 年

產品	金額（單位：10 億美元）
黃豆	64.3
小麥	44.8
豬肉	37.0
玉米	36.6
乳酪	32.8
棕櫚油	32.5
咖啡	30.4
奶粉	28.9
稻米	25.5
家禽肉	24.5
牛肉	23.3
糖	23.1
莓果	19.5
菸草	19.2
堅果	18.1
柑橘	16.0
棉花	14.1
香蕉	13.7
葵花油	13.4
葡萄	10.6
蘋果和梨	10.0
可可豆	9.3
芥花籽油	4.0

資料來源：UNCTAD

© 2022 Zeihan on Geopolitics

困難，而墨西哥看起來……完全沒問題。如果你更喜歡略帶果味的中美洲品種，你將不會碰到問題。如果你理想中的巧克力是超濃、超重、讓你欲仙欲死的西非可可豆口味，那麼人生即將變得不再那麼甜蜜。

7.8 │ 第三騎士的長騎路

在二〇二〇年新冠疫情封鎖的危懼期間，我回顧過去十年的工作經驗，得到的結論是我已經做了六百多場演講，針對不同的主題，在不同的國家，對不同的聽眾發表。在這麼多樣的主題和地點中，有一個問題一再出現：是什麼讓你半夜睡不著？

我一直覺得這個問題很……有意思。我不是一個以奇思異想著稱的人。

儘管如此，本章的核心是我對這個問題的回答。

帶給我們快速抵押貸款、智慧型手機、即時供應電力的神聖網路，不僅餵飽了八十億人的肚子，而且還讓我們四季都能吃到酪梨。現在這些成就大體上已經成為過去。網路正在崩解。不久後的未來將出現一個農業生產萎縮、可靠性降低、多樣性減少的世界。一個能源或製造業產品減少的世界，將使我們從富裕與安全淪落至貧困與衝突。但一個食物減少的世界意味人口也將減少。

比起戰爭和疾病，饑荒是國家的終極殺手。而這不是人類可以迅速或輕易適應的事。

工業化和城市化的神奇結合使得現代生活成為可能，而就是這兩

項彼此交織的因素正面臨極端的威脅。當這兩者遭到削弱甚至崩解時，要想重建能養活八十億人的金融通路、製造業供應鏈、技術進步和勞動力的組合，將至少需要三十年的時間。而在重建進行的時候……我們將無法供養八十億人。

未來五十年的歷史將是我們如何應對——或未能應對——即將到來的糧食短缺的故事。這些短缺——世界級的短缺——將如何改變環境？全世界的政治和經濟體系將如何應對一個重要性超過一切的短缺？

這就是讓我晚上睡不著的原因。

好吧！陰鬱夠多了。
讓我們談談這大圖像的一線希望。

可預期的黃金年代：二〇四〇

就這樣……本書只是節縮的版本。謝謝大家一路看完它。

更長（得多）的版本是我餘生的工作——為讀者和聽眾擴展對未來的視野，並寄望能以一點幽默來緩和這個主題無可避免感染人的悲觀情緒。

我在寫本書前曾經歷過人生的幾個階段，但對我個人影響最大的一個階段牽涉到放下我的個人信念。

身為歷史學的學生，我覺得我比一般人更深入認識過去七十五年的巨大進步。身為國際主義者，我相信我了解我們走了多遠的路。身為一個綠黨人，我認為我看到了前進的道路，即使這不是大多數綠黨人所相信的道路。身為一個篤信民主的人，我知道全民參與是「最不壞的政府形式」。信不信由你，我認為自己是樂觀主義者。

但這與我的工作沒有多大關係。預測很難，因為要不受個人偏好和意識形態影響很困難。我的工作是告知會發生什麼事，而不是我希望發生什麼事。告知哪些人群並不重要：政府、軍方或平民、製造業、金融業或農業。我不喜歡告訴別人壞消息，但我（經常）讓人不

開心。

現在情況好多了——這是指我已經習慣了，而非消息變好了。

由於歐巴馬令人沮喪和驚異的放任領導方式，和川普同樣令人沮喪和驚異的散漫領導方式，我們已經遠離我想看到的那種世界。對我來說，放下我的個人偏好來評估世界的情況——和寫這本書——反而變得更容易。

寫本書並不是為了號召採取行動。在我看來，我們在十多年前就已錯過走另一條更好道路的機會。即使我今天有一個可行的計畫，那些有興趣為了更美好未來而在重新塑造世界中扮演建設性角色的美國人也已輸掉了過去八次總統選舉。唯一的例外可能是最近的一次。在川普與拜登的角逐中，甚至沒有一個像我這樣的國際主義者參加競選。

本書也不是我對世界不如理想的哀歎。在冷戰結束時，美國人有機會做幾乎任何事。相反的，不管是左派還是右派，我們都開始懶惰地沉淪於自戀的民粹主義。帶給我們柯林頓、小布希、歐巴馬、川普和拜登的總統選舉結果並不是反常現象，反而代表一種對更廣大的世界愈來愈漠不關心的模式。這是我們的新常態。本書探究的就是這種常態將帶我們走向哪裡。

美國以外的國家也缺乏領導能力。沒有新的霸權在等著接管世界，也沒有國家會站出來支持共同的願景。沒有救世主在等待拯救世界。相反的，世界的次級大國已回到相互對抗的舊習慣。

歐洲人在他們歷史上最和平和最富裕的時期，已證明沒有能力制定出共同的乳酪政策、銀行政策、外交政策，或難民政策——更不用

說共同的戰略政策了。沒有全球化，過去近三代人的成就將化為烏有。也許歐洲對烏克蘭戰爭的反應將證明我錯了。希望如此。

中國和俄羅斯已經倒退回憑本能行事，無視於它們漫長歷史帶來的教訓。在後冷戰時代，這兩國從美國的參與獲益最大，因為美國秩序阻止了數世紀來導致兩國陷入貧困、破碎和被征服的強國欺凌，同時為它們的經濟穩定創造了最好的條件。它們非但沒有尋求與美國交好以維持它們的美好時光，反而是積極地——幾乎病態地——破壞全球架構的其他部分。未來的歷史將無情地對待它們，一如它們黑暗和凶險的過去。

也許人類的下一章將更加悲慘，因為現在我們已經可以把人口結構的研究納入預測中。大多數國家已在約一九八〇年超越了回不去的點。當時二十幾歲和三十幾歲的人開始不生小孩了。快轉四十年到現在，這個沒有孩子的世代正在紛紛退休。大多數已開發國家面臨消費、生產和金融同時崩潰的困境。先進的開發中國家——包括中國——的情況更糟。它們的城市化和工業化發生得更快，所以出生率崩潰也更快。它們還更快速的老齡化注定了更加快速的崩潰。數據告訴我們，這一切必將在這個十年內發生。

我無法提供你更好的前進道路。我也無法為你從未發生過的事情提供追悼詞。地理不會改變，人口統計不會說謊。我們有關於國家和人民如何對環境做出反應的歷史記錄。

不過，我能提供大圖像——以書籍的形式。

事先警告就是事先武裝。

好吧！陰鬱夠多了。讓我們談談這大圖像的一線希望。

貫穿我所有作品的主題，是我們歷史上的一個特定時刻──全球化的逆轉──只不過是一個短暫的過渡期。或者說中斷期。這類歷史時期以不穩定而聞名，因為舊時期讓位於新時期。英國─德國競爭到冷戰之間的中斷期包括兩次世界大戰和大蕭條。法國─德國競爭到英國─德國競爭間的中斷期包括拿破崙戰爭。當舊結構倒塌或在面對極端挑戰時「只」能勉強不倒時，事物就會瓦解。很多事物。

二〇二〇年代和二〇三〇年代對許多人來說將很不好過，但這一切都會過去。最重要的是，我們已經可以看到陽光開始穿透雲層。要考慮的幾件事：

資本可得性是人口結構的函數。嬰兒潮世代在二〇二〇年代的大規模退休對我們不利。他們正帶走他們的錢。但到二〇四〇年，最年輕的千禧世代將已經四十多歲，他們的錢將使系統再度充滿活力。

從人口結構看，二〇四〇年代將同時帶來兩個有益的結果。最年輕的千禧世代的孩子將進入勞動力市場，這表示美國勞動力市場將回歸「常態」。幾乎同樣重要的是，墨西哥的人口結構形狀將有點像煙囪，類似於二〇〇〇年的美國。那是美國的神奇時刻，當時美國有類似數量的兒童、年輕工人和成熟工人，為美國帶來充沛的資本、富裕的消費者、飛躍的生產力，同時有可以計劃和寄予厚望的下一代。墨西哥萬歲！

從現在到二〇四〇年，美國的再工業化將完成。事實證明，墨西哥和美國的連結將證明比美國與加拿大獲致的任何成就要緊密得多、重要得多。大多數美國煉油廠將使用北美生產的原油，而不是北美以外的進口原油。工業工廠迅速倍增帶來的通貨膨脹和系統性壓力將成

為過去。我們看待去全球化衝擊的方式將類似看待二○○七年的次貸危機：它們只是令人不舒服的記憶。二○四○年代應該是北美的盛世。

同樣到二○四○年，農業界將解決精密農業技術的所有問題。數位、基因、自動化和工程方面的進步結合起來，將使美國農民生產的卡路里增為三倍。我們可能仍然用手工採摘櫻桃和蘆筍，但自動化將包辦食物生產和加工的幾乎所有工作。這將不足以抹除二○二○年代和二○三○年代東半球糧食短缺的恐怖記憶，但整體來說，這些進步和其他方面的進步將提供未來發展的穩定基礎。

我們甚至很有希望在材料科學方面取得巨大進步，這將足以讓我們擁有比鋰電池更好的電池，以及超遠距的電力傳輸能力。再加上二○四○年代將是大多數燃燒天然氣的發電設施開始退役的十年。舊的化石燃料設施紛紛退場，新的綠色技術系統開始啟用。希望到時候這些新技術的價格將已夠低到它們可以在全球大規模應用，我們終於能開始真正的能源轉型。

也許最好的是，雖然我們的假設是很多事情將不會很順利，但上述的情況都能實現。本書的大部分內容都記錄了未來歷史中不太好的部分。資本、農業和文化的崩潰；運輸和製造業和國家的斷裂。但北美大陸在地理和人口結構上將不受即將到來的混亂影響。它將成為過去時代成果的寶藏庫，同時也是未來時代的實驗室。

真正的問題——真正的謎團——是會發生什麼？在人類歷史上，從未有過一個中斷期即將在如此廣闊的地球上粉碎如此多國家和文化。即使是青銅時代晚期崩潰也不至於這麼徹底。我們稱二十世紀為「美國世紀」，因為美國在一九四五年成為全球主導者。在即將到來的

時代，北美與世界大部分地區間的差距將更加顯著。在人類歷史上，從未有過一個舊時代的頂尖強國在新時代展開之初就如此無可置疑地支配全世界。

挑戰與機遇並存。不管是在文化、經濟、技術、氣候、人口、地緣政治上莫不如此。探索未來──探索美麗新世界──將是一個無比艱鉅的任務。

也許那將是我接下來要做的事。

謝辭

　　本書是一個大工程。至少在過去五年我一直在一點一滴地研究本書的內容，而且我職業生涯中所學的一切都或多或少以各種方式對它做出貢獻。

　　這意味這不是我全部的研究。還差得很遠。與其說我站在前輩巨人的肩上，不如說我站在每個人肩上。我的研究涉及一切。不只是運輸、金融、能源、製造業、工業商品和農業的細節，而是一切。如果我引用所有以某種方式為本書提供資訊或做出貢獻的人，那麼參考書目將比你剛閱讀的全文更長。

　　不過，一些人對本書的貢獻比其他人更多，所以我必須致上我由衷的感念和謝意。讓我們從負責製作圖表和提供重中之重——有關美國的——資訊的人開始。衷心感謝美國交通局和美國陸軍工程兵團提供從公路和鐵路運輸統計數據，到美國河流運輸網絡的地圖與維護的所有資訊。感謝美國各港務局不但促進了美國在海上貿易方面的地理優勢，還分享它們擁有的統計資料和見解。

　　我特別喜歡美國勞工部的人，尤其是勞工統計局、聯邦準備理事會和國稅局的數據編纂人員，因為他們對我的研究提供了無比珍貴的

內部研究。要量化世界最大經濟體和全球貿易的首要貨幣並非易事，我很感激他們為我們做了許多繁重的工作。

人口統計是我了解地緣政治的關鍵部分。我欠聯合國人口司和美國人口普查局的巫師們一大筆腦細胞債。他們不但提供美國或全球人口的簡單統計，還包括各種社會、歷史趨勢和未來預測的可靠、高素質的資訊。總之，他們蒐集和維護「所有人」的資料。

為人口數據添加背景和風味的是一大堆國家機構和非營利組織。我的團隊與許多機構和人交談，並依賴他們提供的許多資訊，但我特別要感謝加拿大統計局、日本統計局、韓國統計局、歐盟統計局和澳洲統計局的幫助和回應。這些機構的員工勤奮地彙整各自國家和地區如何運作的訊息，並慷慨而坦誠地回應我們的許多資訊索求——即使在它們罕見的無法提供我們資訊的為難情況下也是如此。

特別感謝 Richard Hokenson——他的研究促使我在許多年前開始把人口統計學與經濟學結合起來。我也特別感謝寫了《The Human Tide》的 Paul Morland，這是一本我認為歷來討論人口結構、歷史和國家權力交互作用的最佳著作。

如果你發現自己需要對能源相關理論進行壓力測試，曼尼托巴大學的 Vaclav Smil 可以作為你的一次購足式商店。這不太對：這傢伙寫的關於能源現況的書比我的襪子還多，而我玩的襪子遊戲次數可以輕易超過加拿大總理。Vaclav Smil 的作品對本書貢獻良多：《Energy and Civilization: A History and Prime Movers of Globalization》。同樣惠我良多的是霍夫斯特拉大學的 Jean- Paul Rodrigue，他是《The Geography of Transport Systems》一書的作者，它是我讀過資訊／頁數比率最高的

一本書。

需要能源資料嗎？沒有美國能源資訊署，你將一籌莫展。這個機構提供從傳統原油、頁岩油生產、煉油廠產量、歷史電力生產數據，到威斯康新州生物質量發電使用多少木材的所有統計數據。

在美國海岸之外，國際能源署、《BP世界能源統計評論》、聯合國聯合石油資料庫倡議，和石油輸出國組織（OPEC）為全球生產和消費趨勢提供了寶貴的見解。追蹤能源統計數據的方法與追蹤它們的機構一樣多，但這些資源背後的團隊提供了令人信服的觀點，讓我們了解有關燃料的一切。

非常感謝 Xcel Energy 和 Southern Company 的團隊在詳釋電力系統運作的繁複問題上的努力和耐心。（電學很難！）

對物體比電子更感興趣？那麼你的生活需要的是美國地質調查局和國家礦產資訊中心。這兩個機構不但追蹤幾乎所有可開採資源的國內和國際生產，還追蹤它們的使用。

有關農業和製造業的問題只受限於世界對食物的胃納，你可以盡情享用世界銀行、國際清算銀行、經濟合作與發展組織、聯合國商品貿易統計資料庫、聯合國糧食及農業組織、IBISWorld 和麻省理工學院經濟複雜性觀察站（Observatory of Economic Complexity）的資訊自助餐。整體來說，它們密切關注與人類經驗有關的無數或小或大的事物和價格。特別感謝 Farm Credit 的所有人和美國農業部的經濟研究服務部，特別是 Nathan Childs 和 Michael McConnell 的寶貴時間。

Eric Snodgrass 博士原本是氣象學家，後來擔任大學教授，後來又成為農業經濟學家，而且是一個很搞笑的人。除了他總是讓我捧腹大

笑外，他還幫我思考我們可以或無法預測哪些氣候變遷的大部分想法，以及從幾十年來的資料可以看出哪些已經顯露跡象的趨勢。特別是有關澳洲和伊利諾州農業的比較無疑是來自他的看法。

對離我更近一點的人：

在團隊快結束本書的工作時，我們聘請了新研究員 Quinn Carter，他很快開始做吃力不討好的事——告訴我哪些地方錯。歡迎他搭上這班瘋狂火車！

Melissa Taylor 擔任我的研究部主管六年。在她展開人生下一篇章前的最後一個工作就是為本書有關運輸的章節蒐集基本素材。想到如果少了她本書這一部分會是什麼樣子就讓我不寒而慄。想到如果少了她我最近的很多工作會如何就讓我不寒而慄。

Adam Smith 多年來處理我的圖表需求。雖然我很感謝他讓一切變得簡明漂亮的能力，但他為我的客戶和讀者還提供更多的服務。他的常識經常是我忙碌、分散的頭腦與正常人間的第一道防線。我要謝謝他的地方太多了。

Wayne Watters 和我在一起已經十八年了——以同性戀的年代來計算，這比拜登（Joe Biden）活著的時間還要長。我的共鳴板和靈魂伴侶，最好的朋友和簿記員，我無法想像沒有他的生活。雖然他不是本書團隊的直接成員，但如果少了他，我也不會成為本書團隊的直接成員。

Thomas Rehnquist 在本書撰寫的中期加入然後離開，但他和我們共事的幾個月裡一直是團隊矚目的焦點。除了處理主要的事實核查外，Thomas 的研究還為整個工業商品章節提供了架構。我很高興／生氣地說，他的工作讓我不至於大出洋相。

Susan Copeland 是……我該怎麼描述 Susan 呢？我已經和她共事十五年。從技術上講，她是我的管理員，但實際上遠不止於此。她是組織和情感的結締組織，讓我們在 Zeihan on Geopolitics 的所有人都既安全又理智。我很幸運，她還沒有感到無聊。

最後但肯定不是最不重要的一個人是 Michael Nayebi-Oskoui。我和 Michael 共事了十多年。這是他幫助我撰寫的第三本書。他已經不僅僅是我的幕僚長。很高興看到他成長為一個和我一樣萬能和疲憊不堪的分析師。沒有他，本書有關農業的章節就不可能寫成，他也提供了讓金融和製造業章節成為可能的大部分架構。

我只能對 Harper Business 的所有人致上無盡的感謝——特別是 Eric Nelson 和 James Neidhardt——他們允許我做一些最後一刻的調整和補充以說明最新的發展。你在本書任何地方看到的有關烏克蘭戰爭或二〇二二年二月的文字都是他們靈活變通的結果。那些修改當然還不夠，因為我知道目前世界情勢的變化極其巨大，但考慮到我們的生產和物流受到的種種限制，我還是很高興我們納入了一些更新的訊息。

最後要感謝的是各位讀者（或者 Kindle Krowd 的聽眾）。無論你是參考我的書來協助你的生活和商業決策，或者你只想找機會證明我是錯的，我衷心感謝有你們一起騎行。作為告別禮物，我想指引你上我的網站，那裡不但有一份你可以註冊訂閱的通訊，而且本書中的所有圖表都可以在那裡找到高清和全彩版。請上 www.zeihan.com/end-of-the-world-maps，你將找到 Adam 製作的精彩圖表。

好了，正如他們所說：就這樣了。

世界不再是平的

後全球化時代的供應鏈重組與地緣政治預測

The End of the World Is Just the Beginning:
Mapping the Collapse of Globalization

作者：彼得・澤汗(Peter Zeihan)｜譯者：吳國卿｜主編：鍾涵瀞｜特約副主編：李衡昕｜行銷企劃總監：蔡慧華｜行銷企劃專員：張意婷｜視覺：許晉維、薛美惠｜出版：感電出版｜發行：遠足文化事業股份有限公司（讀書共和國出版集團）｜地址：23141 新北市新店區民權路108-2號9樓｜電話：02-2218-1417｜傳真：02-2218-8057｜客服專線：0800-221-029｜信箱：sparkpresstw@gmail.com｜法律顧問：華洋法律事務所 蘇文生律師｜出版日期：2023年5月／初版四刷｜電子書EISNB：9786269702978（EPUB）、9786269702930(PDF)｜定價：700元

國家圖書館出版品預行編目(CIP)資料

世界不再是平的：後全球化時代的供應鏈重組與地緣政治預測/彼得.澤汗著；吳國卿譯. -- 新北市：感電出版,遠足文化事業股份有限公司, 2023.05

488面；16×23公分

譯自：The end of the world is just the beginning : mapping the collapse of globalization

ISBN 978-626-97029-2-3 (平裝)

1.國際經濟 2.經濟預測 3.地緣政治 4.全球化

552.1   112003169